Lutz Heck † · Günther Raschke †

Die Wildsauen · 2. Auflage

Die Wildsauen

Naturgeschichte · Ökologie · Hege und Jagd

Von Professor Dr. Lutz Heck †
und Forstoberrat Günther Raschke †

Zweite Auflage, überarbeitet und ergänzt von
Forstrat Günther Raschke jun.

Unter Mitwirkung von
Forstdirektor a. D. Dr. Friedrich Türcke

Mit 150 Einzeldarstellungen in 107 Abbildungen,
davon 29 farbig, 1 Karte und 17 Tabellen

Verlag Paul Parey · Hamburg und Berlin

CIP-Kurztitelaufnahme der Deutschen Bibliothek

Heck, Lutz
Die Wildsauen : Naturgeschichte, Ökologie, Hege u. Jagd / von Lutz Heck u. Günther Raschke. – 2. Aufl. / überarb. u. erg. von Günther Raschke jun. – Hamburg ; Berlin : Parey, 1985.
ISBN 3-490-06612-X

NE: Raschke, Günther

 Anschriften: Spitalerstraße 12, 2000 Hamburg 1; Lindenstraße 44–47, 1000 Berlin 61. Printed in Germany by Westholsteinische Verlagsdruckerei Boyens & Co., Heide. Umschlag- und Einbandgestaltung: Jan Buchholz und Reni Hinsch, Hamburg. Umschlagphoto: Reinhard-Tierfoto

ISBN 3-490-06612-X

Vorwort zur zweiten Auflage

In den wenigen Jahren seit dem Erscheinen der ersten Auflage dieses inzwischen berühmten Buches sind beide Autoren, Professor Dr. Lutz Heck und Forstoberrat Günther Raschke, gestorben. Beide Autoren haben aber noch zu Lebzeiten aus Zuschriften und Vorträgen Erfahrungen gesammelt und hinterlassen, so daß es nahelag, diese Hinterlassenschaft in die Bearbeitung einer zweiten Auflage einzubeziehen und damit das Buch zu vervollkommnen. Der Bearbeiter, Forstassessor Günther Raschke, hat die vom Vater und von Prof. Dr. Heck hinterlassenen Bemerkungen bei seiner Bearbeitung berücksichtigt und Forstdirektor Dr. Friedrich Türcke hat ihm dankenswerterweise zur Seite gestanden, so daß auch dessen langjährige Erfahrungen in diese neue Auflage eingeflossen sind.

Der Verlag hofft, daß auch die zweite Auflage den Jägern helfen wird, einen gesunden Wildbestand zu erhalten und jagdliche Erfolge und Freuden zu genießen.

Hamburg, im Juli 1985 Verlag Paul Parey

Vorwort zur ersten Auflage

Dieses Buch folgt einer Anregung der Verlagsbuchhandlung Paul Parey, die Reihe der maßgeblichen Wildmonographien um diese Arbeit über das Schwarzwild zu vervollständigen. Wir sind dabei von dem Grundsatz ausgegangen, daß gesicherte Erkenntnisse der Naturgeschichte und der Ökologie beispielhaft darzustellen sind, daß aber auch besonders in Fragen der Hege, der Wildstandsbewirtschaftung und der Jagdausübung unsere Erkenntnisse und Erfahrungen den Ansichten anderer Fachleute gegenüber- oder zur Seite gestellt werden sollten.

So ist eine zusammenfassende Monographie entstanden über eine Wildart, die schon immer die Herzen passionierter Jäger besonders bewegt, aber erst in den letzten 20 Jahren eine Beachtung und jagdliche Betreuung erhalten hat, wie sie anderen Schalenwildarten seit jeher zugekommen ist.

Es ist uns angenehme Pflicht, all denen zu danken, die uns bei den umfangreichen Vorarbeiten geholfen haben, den Landesjagdbehörden und Landesjägerschaften und den vielen alterfahrenen Schwarzwildjägern und -hegern, mit denen inhaltsreiche Gespräche und förderliche Diskussionen in der grünen Praxis bei Jagden und Schüsseltreiben geführt wurden. Wir danken den jagdkundlichen Instituten, insbesondere Herrn Prof. Dr. Dr. h. c. Josef Boch, München, Herrn Prof. Dr. Karl-Heinz Habermehl, Gießen, Herrn Prof. Dr. Reinhold R. Hofmann, Gießen, sowie Herrn Helmut Kinsky, Altenbeken, für Anregungen, Ergänzungen oder kritische Durchsicht von Teilabschnitten, nicht zuletzt aber auch dem Verlag Paul Parey für Schützenhilfe und die gediegene, repräsentative Ausstattung des Buches.

Jeder von uns hat – ebenfalls in Anlehnung an den unverwechselbaren Stil der großen Raesfeldschen Wildmonographien – auch seine persönlichen Erfahrungen am Beispiel eigener Erlebnisse dargestellt und beschrieben, um die Lebendigkeit praktischer Jagd auch auf das Buch zu übertragen und den Lehrbuchstoff aufzulockern. Die zoologischen, naturgeschichtlichen und jagdhistorischen Kapitel stammen im wesentlichen von Lutz Heck, während Günther Raschke sich vor allem der Schwarzwildhege, -bejagung und -bewirtschaftung angenommen hat. Den jagdlichen und ökologischen Abschnitten ist die langjährige Erfahrung beider Autoren – also zweier Generationen – zugute gekommen.

Möge das Buch eine gute Aufnahme finden, vielen Jägern ein nützlicher Ratgeber sein und zu jagdlichen Freuden verhelfen. Möge es auch zu weiteren Beobachtungen anregen und zu einem besseren Verständnis für das Schwarzwild als Voraussetzung für eine umweltangepaßte Hege und Bejagung beitragen.

Im Herbst 1980

Lutz Heck, Wiesbaden
Günther Raschke, Danndorf

Inhalt

I Wildschwein-Zoologie

Stellung der Borstentiere oder Schweine im gesamten Tierreich

Von den freilebenden großen Tierarten Europas verdient das Wildschwein besondere Beachtung. Es ist ja nicht nur das letzte wehrhafte Jagdwild unserer engeren Heimat, sondern auch der Stammvater unseres hochgeschätzten Haustieres, des Hausschweines. So dürfte seine Naturgeschichte sowohl für Jäger und Zoologen als auch für jeden Tierfreund von Interesse sein.

Die heute lebenden Schweine bilden eine Tiergruppe, deren früheste Vertreter bereits im Tertiär, also vor ungefähr 60 Millionen Jahren auftauchten. Während aber viele andere der damals lebenden Tierformen im Laufe der folgenden Erdperioden ausstarben oder sich doch weitgehend umbildeten, behielten die wildschweinartigen gewisse anatomische Merkmale fast unverändert bei. Ihre Lebensfähigkeit zeigten sie bis in die jüngste Zeit, denn es gibt heutzutage in ihrem ausgedehnten Verbreitungsgebiet Bestände von so hoher Kopfzahl, daß sie nicht zu den vielen vom Aussterben bedrohten Tierarten unserer Erde gehören.

Um dieses – sogar in dem von Menschen übervölkerten Europa – weit verbreitete wild lebende Tier in seinen Lebensäußerungen besser zu verstehen, ist es angebracht, seine systematische Stellung innerhalb des gesamten Tierreiches zu erläutern. Die Einordnung der Wildsauen und ihrer nächsten Verwandten in das zoologische System haben Wissenschaftler aufgrund langer Forschungen nach festgesetzten Regeln der sogenannten Nomenklatur vorgenommen.

Der Schwede LINNÉ war es, der bereits in der ersten Hälfte des 18. Jahrhunderts die mannigfaltige Tierwelt unserer Erde in ein übersichtliches wissenschaftliches System brachte. Er gab auch dem Wildschwein seinen noch heute gültigen, wissenschaftlichen Namen: *Sus scrofa* L., wobei das erste Wort *Sus* (lateinisch, wörtlich übersetzt: Schwein) die *Gattung* bezeichnet, also den Oberbegriff bildet, und das zweite Wort *scrofa* (griechischer Herkunft, wörtlich übersetzt ebenfalls: Schwein) die *Art* angibt. Der beigefügte Großbuchstabe L. gilt als Abkürzung für Linné, um damit den Autor der wissenschaftlichen international gültigen Tierbezeichnung zu nennen.

Die Gattung *Sus* mit ihren Arten wird nun eingereiht in die *Familie* der Borstentiere oder Schweine und diese wiederum in die *Unterordnung* der nicht wiederkäuenden Paarhufer, in die außerdem nur noch die Flußpferde gestellt werden.

So ergibt sich also die Stellung der Wildschweine im Tierreich folgendermaßen:

Unterstamm:	Wirbeltiere	Vertebrata
Klasse:	Säugetiere	Mammalia
Ordnung:	Paarhufer	Artiodactyla
Unterordnung:	Nichtwiederkäuer	Nonruminantia
Familie:	Borstentiere oder Schweine	Suidae
Gattung:	Wildsauen oder Wildschweine	Sus

Die wissenschaftlich systematische Aufteilung der Familie der Schweineartigen oder Borstentiere in 5 Gattungen und 8 Arten, von denen bisher, aufgrund besonderer Merkmale, ungefähr 1000 Unterarten benannt wurden, geschieht wie folgt:

Altweltliche Schweine, Suidae

1. Gattung *Sus*, 4 Arten
   Wildschwein, *S. scrofa* Linné, 1758 (mit zahlreichen geographischen Unterarten)
   Bartschwein, *S. barbatus* Müller, 1838
   Pustelschwein, *S. verrucosus* Müller und Schlegel, 1842
   Zwergschwein, *S. salvanius* (Hodgson, 1847)
2. Gattung *Potamochoerus*, 1 Art
   Flußschwein, *P. porcus* (Linné, 1758)
3. Gattung *Phacochoerus*, 1 Art
   Warzenschwein, *Ph. aethiopicus* (Pallas, 1767)
4. Gattung *Hylochoerus*, 1 Art
   Riesenwaldschwein, *H. meinertzhageni* Thomas, 1904
5. Gattung *Babyrousa*, 1 Art
   Hirscheber, *B. babyrussa* (Linné, 1758)

Neuweltliche Schweine, Tayassuidae

Gattung *Tayassu*, 2 Arten
   Halsbandpekari, *T. tajacu* (Linné, 1758)
   Weißbartpekari, *T. albirostris* (Illiger, 1811)

Artmerkmale

Für alle Schweinearten, also Wildschweine und Pekaris, gilt das Borstenkleid als besonderes Kennzeichen. Dies unterscheidet sie von den anderen Säugetieren so sehr, daß ihnen der Name „Borstentiere" gegeben wurde.

Die ganze Familie der Schweine hat noch eine andere besondere Eigentümlichkeit in ihrem Rüssel, „Wurf", wie der Jäger sagt. Dieser ist zur Nahrungssuche hochentwikkelt und durch Muskeln, einen besonderen Knochen und Stützknorpel befähigt, den Boden zu durchwühlen, lange Furchen zu stoßen und tiefe Löcher zu graben, um zur Nahrung zu gelangen.

Geographische Verbreitung und Lebensraum der Wildschweine

Im folgenden soll eine Übersicht aller Borstentiere unserer Erde, also der wildlebenden Schweine, gegeben werden.

Die für uns Jäger wichtigste Art ist *Sus scrofa,* zu der auch unser einheimisches Wildschwein gehört.

Die geographische Verbreitung der unter dieser Bezeichnung zusammengefaßten Wildschweine im engeren Sinne erstreckt sich in der nördlichen gemäßigten Zone auf einen breiten Gürtel, der sich vom westlichen Europa und nordwestlichen Afrika über die Mittelmeerinseln Sardinien und Korsika, das südliche und mittlere Europa, durch das mittlere Asien bis zum Fernen Osten dieses Erdteils hinzieht. Diese weite Verbreitung des echten Wildschweins oder der Wildsau in einem ausgedehnten Areal, in dem es sich dort, wo es günstige ökologische Bedingungen fand, bis heute erhalten konnte und zahlreiche Unterarten bildete, bedeutet eine beachtenswerte Fähigkeit zur Anpassung, wie sie sonst nur wenige Tierarten besitzen.

In diesem weiten Raum kommt es allerdings nicht überall gleichmäßig verteilt vor, sondern nur begrenzt dort, sei es in der Ebene oder im Gebirge, wo eine bestimmte Wald-, Sumpf- oder Kulturlandschaft mit Wassernähe und Morast vorhanden ist. So werden gerade diejenigen Landschaftsteile besiedelt, die feuchte Mischwälder mit mastspendenden Eichen und Buchen aufweisen, während dazwischen andersartige Gebiete, wie geschlossene Nadelholzwälder, die keinen geeigneten Lebensraum bieten, ohne Wildschweine bleiben.

Auch winterliche höhere Schneelagen und Vereisungen, die das Schwarzwild an der Nahrungssuche hindern, setzen seiner Verbreitung eine Grenze. Sogar in unserem Klima können einzelne besonders schneereiche Winter für das Schwarzwild zur Katastrophe werden. So wurde im Südschwarzwald einst in meinem Pachtrevier in einer Höhe von 600–1000 m eine durchwandernde Rotte von sieben Sauen durch einen plötzlichen Schneefall überrascht und im Kessel von einer dicken, später hart gefrorenen Schneelage zugedeckt. Im Frühling, als Tauwetter eintrat, fand man sie dort eng aneinander liegend verendet auf. Schneereichtum begrenzt also das natürliche Vorkommen. Dagegen können sehr niedrige Temperaturen bei trockener Kälte (nach HEPTNER 1966) im Januarmittel bis minus 20–25 Grad, ja sogar bis 30 Grad unter Null überstanden werden. Andererseits bieten gemäßigt warme, aber regenarme Landstriche mit offener Landschaft dem Schwarzwild nicht die geeignete Umwelt, da seine Ansprüche auf Deckung und Wasser groß sind. Auch erschwert oder hindert trockener harter Boden, der nicht aufgebrochen werden kann, die Nahrungssuche.

Am besten gedeiht das Schwarzwild überall in sumpfiger, laubwaldreicher Gegend an Seen und Flüssen, besonders solchen mit breiten Schilfgürteln. Wo es dabei in der Kulturlandschaft des Menschen vorkommt, nimmt es gern in noch niedrigen Nadelholzdickungen oder im Sommer in weiträumigen, hochgewachsenen Getreidefeldern seinen Einstand. Von hier aus wechselt es dorthin, wo ihm der Ackerbau des Menschen, oft sehr zu dessen Schaden, günstigen Fraß wie Kartoffeln, Mais usw. bietet.

In dem großen Gebiet seines Vorkommens zeigt es sich, daß die westlichen und südlichen meist dunkleren Formen kleiner, die nach Osten und Norden meist helleren größer sind. Dies entspricht der sogenannten Bergmann'schen Regel, nach der die allermeisten Tierformen von wärmeren nach kälteren Gegenden hin, so vom Äquator nach den beiden Erdpolen, an Körpergröße zunehmen.

Die europäischen Unterarten

Die folgende Aufzählung der europäischen geographischen Unterarten ist deshalb bemerkenswert, weil auf internationalen Jagdausstellungen die Trophäenbeurteilung unserer Wildschweine getrennt nach den einzelnen Vorkommen in den verschiedenen Ländern üblich ist. Die Bestände und dementsprechend die jährlichen Strecken sind so hoch, daß nächst dem Rehwild die Wildsauen als das häufigste europäische Schalenwild gelten müssen.

Jährlich werden im mittleren und östlichen Europa ungefähr 230 000 Stück Schwarzwild erlegt, davon in der DDR 65 000, in der Bundesrepublik Deutschland 42 000 und in Polen 33 000. Dazu kommt das europäische Rußland mit 50 000 und die Strecke unbekannter Höhe in den Balkanländern.

Diese Formen des Schwarzwildes in Europa werden gemäß der heute gültigen trinären Nomenklatur nach T. Haltenorth und W. Trense (1956), wie folgt wissenschaftlich bezeichnet:

1. Mitteleuropäisches Wildschwein, *Sus scrofa* Linné, 1758
   Verbreitung: Europa nördlich der Pyrenäen und Alpen bis West-Weißrußland (außer in Irland, in Großbritannien und im Großteil von Skandinavien).

In diesem Gebiet liegt Deutschland mit seinen reichen Wildschweinbeständen. Dabei ist auch hier feststellbar, daß innerhalb dieser Grenzen das Schwarzwild an Größe von Osten nach Westen stetig abnimmt, wie es die vergleichenden Gewichtsangaben, die Becker (Dillingen 1945) aufstellte, deutlich zeigen. Die stärksten Sauen stehen in Ostpreußen mit Keilern bis über 260 kg und Bachen bis über 120 kg. Etwas schwächer sind sie in Pommern und Schlesien, wo sie diese Gewichte selten erreichen. Dann folgen die in Brandenburg, und bis zum Rheinland sinkt ihre Stärke mit ost-westlichem Gefälle weiter ab, so daß grobe Sauen über 100 kg schon selten sind.

Im Süden Europas, in den Ländern um das Mittelmeer, gibt es mehrere Unterarten, deren Trophäen auf internationalen Ausstellungen getrennt nach ihrem Vorkommen in verschiedenen Ländern beurteilt werden.

2. Iberisches Wildschwein, *Sus scrofa castilianus* Thomas, 1912
   Verbreitung: Iberische Halbinsel
3. Sardisches Wildschwein, *Sus scrofa meridionalis* Forsyth-Major, 1882
   Verbreitung: Sardinien und Korsika
4. Italienisches Wildschwein, *Sus scrofa majori* de Beaux und Festa, 1927
   Verbreitung: Italien und Sizilien

Die kleinste der genannten Unterarten ist die auf Sardinien und Korsika, eine Inselzwergform wie auch der dortige Rothirsch.

In Osteuropa sind folgende Unterarten zu unterscheiden:

5. Polnisches Wildschwein, *Sus scrofa falzfeini* Matschie, 1918
   Verbreitung: Nordostpolen
6. Jugoslawisches Wildschwein, *Sus scrofa reiseri* Bolkay, 1925
   Verbreitung: Bosnien, Jugoslawien

7. Südosteuropäisches Wildschwein, *Sus scrofa attila* Thomas, 1912
   Verbreitung: Rumänien, ostwärts bis Kaukasus und Nordpersien

Zu den stärksten zählen die polnischen, deren wissenschaftliche Benennung aufgrund meines eigenen Sammeleifers möglich wurde. Als ich nämlich 1912 im Urwaldgebiet von Naliboki bei Novogrodek jagte und auch einige Frischlinge für den Berliner Zoologischen Garten fangen konnte, brachte ich mehrere Schädel mit, die an Länge und Breite sämtliche übertrafen, die das Museum für Naturkunde in Berlin bis dahin in seinen Sammlungen besaß. Daher gab der bekannte dort tätige Säugetiersystematiker Matschie dafür den wissenschaftlichen Namen *falzfeini*, zu Ehren des bekannten Tierkenners und Begründers des berühmten Tierparks Ascania Nova in Südrußland, Friedrich von Falz-Fein, in dessen Besitz dieses Waldgebiet sich damals befand.

Wie stark im Wildpret östliches Schwarzwild wird, erweist beispielsweise das einwandfrei festgestellte Gewicht eines am 3. November 1940 von H. Hommel in Rumänien erlegten Hauptschweines, das aufgebrochen 260 kg wog.

Der gewaltigste Keiler aus dem nahen europäischen Osten, von dem genaue Maße bekannt sind, wurde in Dondangen an der Nordostspitze von Kurland von H. Ilbertz am 21. November 1943 erlegt. Das Wildpretgewicht war 318 kg aufgebrochen. Die Schulterhöhe betrug 1,25 m, die Länge vom Wurf bis zur Pürzelspitze 2,75 m, wovon 75 cm auf den Pürzel kamen. Die Waffen dieses später als allerstärkstes weitbekannten Hauptschweines erreichten nach der internationalen Schwarzwildformel die Rekord-Punktzahl 148,6. Noch stärker aber werden Keiler im Kaukasus, von denen Radde Wildpretgewichte von 350 kg und darüber angibt, über die mir aber keine Vermessungen nach der Formel vorliegen.

Asiatische und nordafrikanische Wildschweine

Die bisherigen Angaben über das Vorkommen des Wildschweines betrafen Europa. Aber im Anschluß an unseren Erdteil nach Osten liegt in Asien das am weitesten ausgedehnte gewaltig große Verbreitungsgebiet der echten Wildschweine, reichend von Vorderasien und dem Kaukasus südwestwärts bis Persien, Afghanistan, Israel und Westjordanien ostwärts über den riesigen Kontinent bis Japan. Aus der Vielzahl der beschriebenen Unterarten seien nachstehend einige bedeutende oder besonders interessante herausgegriffen:

Südosteuropäisches Wildschwein, *Sus scrofa attila* Thomas, 1912
   Verbreitung: Nordpersien, Nordtürkei, ferner vom Kaukasus und Südostbalkan bis Rumänien
Palästina-Wildschwein, *Sus scrofa libycus* Gray, 1868
   Verbreitung: Südtürkei bis Israel und Westjordanien

Wie bereits hervorgehoben, hängt die Stärke des Schwarzwildes im wesentlichen mit dem Klima zusammen. Daher müssen von den im folgenden genannten Unterarten die allerstärksten in kälteren Gegenden besonders im Norden und Osten auftreten.

Mandschurisches Wildschwein, *Sus scrofa ussuricus* Heide, 1888
   Verbreitung: Mandschurei, Ussurigebiet
Mongolisches Wildschwein, *Sus scrofa sibiricus* Staffe, 1922
   Verbreitung: Vom südlichen Transbaikalien über Ostmongolei bis Westmandschurei und Jehol

Turkestanisches Wildschwein, *Sus scrofa nigripes* Blanford, 1875
Verbreitung: Tianchan bis Afghanistan (Ost- und Westturkestan)

Die riesigsten Wildsauen wohl unserer Erde überhaupt kommen im Fernen Osten im Gebiet der Flüsse Ussuri und Amur vor. Dort werden Hauptschweine so stark, daß sie befähigt sind, im Kampf die größte Raubkatze der Erde, den sibirischen Tiger, abzuwehren. So erwähnt A. Moltrecht den dreimal wiederholten vergeblichen Angriff eines solchen ausgewachsenen männlichen Tigers auf einen starken Keiler: Man stellte im Schnee fest, daß schließlich beide stark schweißend auseinander gegangen waren. Der Tiger jener Gegend lebt hauptsächlich von den Frischlingen und schwächeren Stücken, daher hält sich das Raubtier, immer wieder Beute machend, in der Nähe der Rotten auf und wird deshalb von den eingeborenen Jägern als „Hirte" der Sauen bezeichnet.

In den klimatisch gemäßigten Breiten des mittleren östlichen Asiens entspricht das Schwarzwild in seiner Erscheinungsform weitgehend dem europäischen.

Nordchinesisches Wildschwein, *Sus scrofa moupinensis* Milne-Edwards, 1871
Verbreitung: Von Szetschuan über Mittelchina bis Jehol
Südchinesisches Wildschwein, *Sus scrofa chirodontus* Heude, 1888
Verbreitung: Südchina mit Hainan
Koreanisches Wildschwein, *Sus scrofa coreanus* Heude, 1897
Verbreitung: Korea
Formosa-Wildschwein, *Sus scrofa taivanus* Swinhoe, 1863
Riukiu-Wildschwein, *Sus scrofa riukianus* Kuroda, 1924
Verbreitung: Ischigaki, südliche Kurilen Inseln
Japanisches Wildschwein, *Sus scrofa leucomastix* Temminck, 1842
Verbreitung: Japanische Inseln

Die asiatischen Wildsauen in der tropischen Zone sind auffallend klein.

Bindenschwein, *Sus scrofa vittatus* Müller und Schlegel, 1842
Verbreitung: Sumatra, Java, Bali, Lombok, Sumba, Banka und Sumbava
Flores-Wildschwein, *Sus scrofa floresianus* Jentink, 1915
Timor-Wildschwein, *Sus scrofa timoriensis* Müller und Schlegel, 1845
Nikobaren-Wildschwein, *Sus scrofa nicobaricus* Miller, 1902
Verbreitung: Groß-Nikobar, Nikobaren
Andamanen-Wildschwein, *Sus scrofa andamanensis* Blyth, 1858

Von diesen gewann das Bindenschwein von Sumatra und anderen südostasiatischen Inseln besondere Bedeutung für die Frage der Abstammung des Hausschweines. Es erreicht nur die Größe eines verkümmerten mitteleuropäischen Wildschweins, und da nun das älteste Hausschwein zu Beginn seiner Domestizierung eine auffallend kleine Form war, ähnelte dieses, wie an seinen Schädelknochen festgestellt wurde, weniger einer der europäischen Wildformen als vielmehr dem asiatischen Bindenschwein. Dies veranlaßte seinerzeit namhafte Haustierforscher, die Abstammung des Hausschweines vom südasiatischen Bindenschwein abzuleiten, was sich, als die den Schweinen eigene Formbarkeit der Erbmasse unter Domestikationsverhältnissen erkannt wurde, als nicht zutreffend erwies.

Indisches oder Kammwildschwein, *Sus scrofa cristatus* Wagner, 1839
Verbreitung: Vorder- und Hinterindien bis Ceylon und Malakka

Dies galt lange Jahre in Indien als hochgeschätztes Jagdwild. Es wurde früher von den waidgerechten Engländern jener Gebiete ohne Schußwaffe zu Pferd mit der Lanze bejagt, und bei diesem Pigsticking, dem Erlegen vom Sattel aus, wurden die höchsten Leistungen von Roß und Reiter gefordert.

Papua-Wildschwein, *Sus scrofa papuensis* Lesson und Garnot, 1826
Verbreitung: Inseln nördlich von Australien, Neu-Guinea und andere wie Admiralitätsinseln, Bismarck-Archipel, Salomoninseln

Von allen genannten Arten ist, wie HEDIGER berichtet, das Neu-Guinea-Schwein zum vollkommensten Nestbau befähigt. Dieses soll über seinem Kessel als Schutz gegen tropische Regengüsse stets ein wasserdichtes Dach errichten, unter dem es vollständig geschützt und verborgen bleibt. Die eingeborenen Jäger schleichen vorsichtig dicht an das gefundene Versteck einer Mutterbache heran, und wenn sie darin das Atmen hören, durchbohren sie das Lager mit Spießen und töten so die Bache, um dann die Frischlinge lebend zu greifen und wie Hausschweine aufzuziehen und zu mästen.

In Afrika südlich des Wüstengürtels der Sahara, der eine scharf trennende tiergeographische Grenze bildet, fehlen unsere Wildschweine ebenso wie Bär, Wisent, Urrind, Rothirsch, Wildschaf, Wildziege und andere palaearktische Tierarten, die in Asien und Europa heimisch sind. In dem begrenzten afrikanischen Verbreitungsgebiet nördlich der Sahara sind nur zwei geographische Formen beschrieben und genannt:

Palästina-Wildschwein, *Sus scrofa lybicus* Gray, Ägypten und Libyen, das nach FLOWER Anfang dieses Jahrhunderts ausgestorben ist.
Nubien-Wildschwein, *Sus scrofa sennaarensis* Gray, 1868, das – lange Zeit angezweifelt – nach neueren Untersuchungen als echtes Wildschwein bestätigt worden ist.

Zusammenfassend ist zu dieser Aufzählung der zahlreichen echten Wildschweine der Art *Sus scrofa* L. mit ihren Unterarten in den verschiedenen Erdteilen und Ländern als Grundsätzliches folgendes zu wiederholen: Im ganzen Verbreitungsgebiet von Nordafrika und Westeuropa bis Südostasien treten im Süden kleinere, dagegen im Norden größere Formen auf. Dabei sind allmähliche, durch verschiedene Umwelteinflüsse bedingte Übergänge von den schwachen zu den stärkeren ökologischen und geographischen Rassen oder nur örtlich ausgeprägte Typen feststellbar.

Alle diese besitzen jedoch gemeinsam die artspezifischen Merkmale der Wildschweine, nämlich das Borstenkleid, die Form des Gebisses mit den herausragenden Eckzähnen, den zum Wühlen geeigneten Rüssel sowie ähnliche Lebensweise als Allesfresser.

Dies berechtigt die wissenschaftliche Forschung, sie allesamt zu dem *Formenkreis Sus scrofa*, also zu einer einzigen Art zusammenzufassen. Diese, wohl ursprünglich in den Tropen beheimatet, ist von dort auch in die gemäßigten Klimaregionen vorgedrungen und bildet in ihrer auf drei Erdteile ausgedehnten Verbreitung zahlreiche unterscheidbare Unterarten und geographische Rassen, die bei ähnlicher Behaarung und Färbung besonders in der Körpergröße sehr verschieden sein können. So sind tropische und Inselformen, wie die auf Korsika und Sardinien zwergenhaft, während es im östlichen Europa und in der Mandschurei wahrhaft Wildschweinriesen gibt.

Andere Arten aus der Familie der Borstentiere in Afrika und Asien

Die *Familie* der Borstentiere umfaßt, wie wir eingangs gesehen haben, außer der bisher in ihrer Verbreitung geschilderten Gattung *Sus* noch vier andere mit tropischen Formenkreisen in Asien und Afrika, von denen mancherlei Merkwürdiges zu berichten ist.

In *Afrika* südlich der Sahara, meist in feuchten Gebieten, lebt das sogenannte Busch- oder Flußschwein: *Potamochoerus porcus* Linné, 1758, zu dem zwei Unterarten, das Kapbuschschwein und das Pinselohrschwein (Abb. 2) gehören. Das letztere, im westafrikanischen Urwald weit verbreitet, ist farblich durch sein wundervolles leuchtendes Rotgelb gewiß das schönste Wildschwein unserer Erde. Ganz in der Nähe von Dörfern der Eingeborenen nimmt es gern seinen Einstand und macht in Feldern oft erheblichen Schaden. Deshalb wird es viel bejagt. Ich habe in Kamerun eine erfolgreiche, durch jagderfahrene Urwaldzwerge wie üblich mit kurzem Spieß ausgeübte Schweinejagd miterlebt. Dabei gelang es den Jägern sehr bald, einen im niedrigen Busch eingeschobenen Keiler zu finden. Rege gemacht, mußte er in voller Flucht einen engen Wechsel halten, dicht vorbei an einem dort anstehenden kleinen Jäger. Dieser traf genau in das Blatt mit seinem Spieß und stieß, ohne diesen aus der Hand zu lassen, mit Wucht tief hinein. Blitzschnell riß er dann seine Waffe zurück, und ungehindert flüchtete das Pinselohrschwein weiter, um genauso wie von einem Kugelschuß ins Herz getroffen nach zwanzig Schritten plötzlich verendet umzufallen. An einer Stange hängend wurde

Abb. 1. Afrikanisches Flußschwein (Phot. Fred Kleinschmidt)

Abb. 2.
Westafrikanisches
Rotes Pinselohrschwein,
Potamochoerus porcus
(Phot. WITTENBECK)

die Beute zum Festmahl für meine Träger ins Lager gebracht. Ein derartiger Jagdablauf schien so alltäglich, daß außer mir niemand den so erstaunlich gut sitzenden „Blattschuß" mit dem Spieß auf das flüchtende Wild bewunderte (Abb. 3).

Abb. 3. Pinselohrschwein in Kamerun – mit Spieß durch „Blattschuß" hochflüchtig erlegt!

Eine andere Unterart des Flußschweines hat auf seiner ostafrikanischen Expedition im Jahre 1861–62 M. Th. von Heuglin entdeckt und beschrieben (*Potamochoerus hassama* Heugl, 1863). Einige Frischlinge davon habe ich während meiner abessinischen Tiersammelreise von Eingeborenen erhalten und nach der etwas schwierigen Aufzucht lange gepflegt. Dabei zeigte es sich, daß sie in ihrem Verhalten unserem heimischen Schwarzwild außerordentlich ähneln, aber weniger angriffslustig waren.

Eine andere afrikanische, der unsrigen heimischen völlig fremde Schweineart, lebt in den weiten trockenen Buschsteppen, das Warzenschwein (*Phacochoerus aethiopicus* Linné), so genannt nach den auffallenden warzenförmigen Auswüchsen am Kopf. Die Hauer des Oberkiefers wachsen riesenhaft bis zur Weltrekordlänge von 60,96 cm, weil sie sich nicht an denen des Unterkiefers abschleifen (Abb. 4).

Die unteren Eckzähne bleiben dagegen klein, ähnlich wie die Haderer im Oberkiefer des europäischen Wildschweines. Diese starken Haderer sind meist sehr abgenutzt, weil sie zur Nahrungssuche gebraucht werden und sogar der von der Tropensonne hartgetrocknete Boden damit aufgebrochen wird. Dabei rutschen die Warzenschweine auf den schwieligen Handgelenken der Vorderläufe kniend hin und her, eine Verhaltensweise, die sonst keine Schweineart hat.

Diesen sonderbaren Anblick hatte ich selbst erstmals an einer Wasserstelle im Somaliland. Es war eine Gruppe von vier dieser grotesk aussehenden, sich stets nur in kleinerem Familienverband haltenden Wildsauen, in deren langen, seitlich vom Rükken herabhängenden Mähnen der Morgenwind spielte. Sorglos brachen sie längere Zeit beim Äsen den harten Boden auf. Dann kam aber eine Störung, denn es nahte ein vollerwachsenes Dromedar, das erste einer von Somalihirten aus der Ferne zur Tränke getriebenen Herde. Zu meiner Überraschung wurde das ihn weit überragende Riesentier von dem Keiler sofort angegriffen und verjagt.

Viele Berichte bestätigen, daß Warzenschweine wehrhaft sind, sogar Löwen, Leoparden und andere Feinde abwehren und dabei schwer verletzen können. In der freien Wildbahn zeigen sie sich gegen Menschen selten angriffslustig. Jedoch in Zoologischen Gärten sind ernste lebensgefährliche Begegnungen und sogar ein tödlicher Unfall vorgekommen. Die meisten der heute so zahlreichen Besucher Afrikas bekommen kleine Rotten Warzenschweine zu Gesicht, weil diese tagesaktiven Bewohner übersichtlicher Steppengebiete gern im hellsten Sonnenschein zu Wasserstellen wandern. Aber erstaunlicherweise verschwinden sie manchmal in scheinbar deckungslosem Gelände ganz plötzlich von der Erdoberfläche in, meist von Erdferkeln angelegten, geräumigen Erdhöhlen. Warzenschweine graben auch selbst enge, tiefe Löcher, in die sie sich rückwärts soweit einschieben, daß der Kopf gerade noch oben an der Erdoberfläche bleibt. So können sie die Umgebung genau wahrnehmen, um bei drohender Gefahr mit einem Ruck aus dem Loch herauszuspringen und schnell die Flucht zu ergreifen.

Als letztes afrikanisches Wildschwein wurde eine recht seltsame Art im Jahre 1904 entdeckt, das Riesenwaldschwein (*Hylochoerus meinertzhageni* Thomas, 1904), so genannt wegen seines Gewichtes von 200–250 kg. Anatomische Merkmale ließen es als eine Tierart von erdgeschichtlich hohem Alter erkennen. Sein Gebiß hat eine Zwischenstellung zwischen dem der echten Schweine und dem der Warzenschweine, und so wurde die vorher oft erörterte und umstrittene Frage nach der systematischen Stellung des Warzenschweines geklärt. Die Entdeckung des Waldschweins erfolgte so spät, weil es im unübersichtlichen tropischen Urwald dem europäischen Forscher verborgen blieb. Erst Graf Döhnhoff konnte 1938 über seine Lebensweise Genaueres berichten.

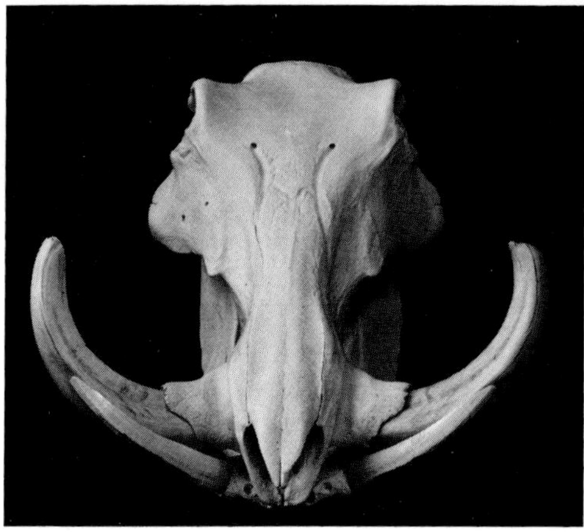
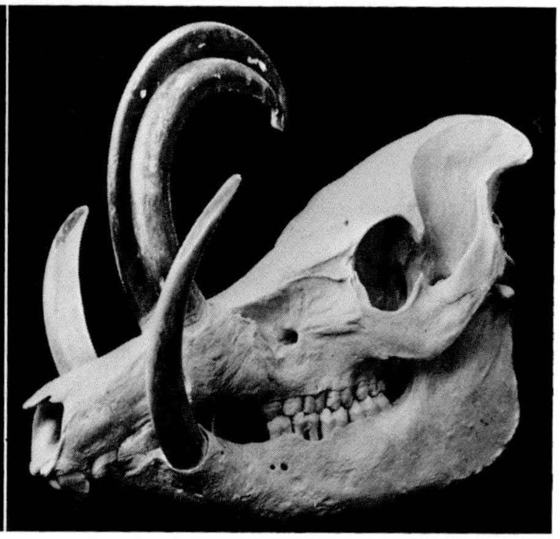

Abb. 4 (links). Schädel des Warzenschweines (Südwestafrika). Hier werden die oberen Eckzähne länger als die unteren, bis zu 60 cm. – *Abb. 5 (rechts).* Der Hirscheber (*Babyrousa babyrussa* L.), bei dem die oberen Eckzähne durch den Oberkiefer hindurchwachsen, sich nach hinten krümmen und sogar wieder in den Schädel einwachsen können, wird häufig als Beispiel für unzweckmäßige Entwicklungen im Tierreich angeführt

In den tropischen Gebieten Südasiens und auf den großen Inseln leben noch zwei Vertreter unserer Borstentiere, die Pustelschweine und die Bartschweine. Am bekanntesten ist das Pustelschwein von Java (*Sus verrucosus* Müller und Schlegel, 1842), das ähnlich wie das afrikanische Warzenschwein Auswüchse am Schädel hat. Die Bildung derartiger Knochenwucherungen ist also der Familie der Borstentiere mehrfach eigen. Obgleich die Pustelschweine mit den Hausschweinen Kreuzungen eingehen, sind sie doch mit unserem europäischen Wildschwein nicht nahe verwandt. Dasselbe gilt für das südasiatische Bartschwein (*Sus barbatus* Müller, 1839).

Diese Bartschweine haben eine für Wildschweine sonst unbekannte Eigentümlichkeit. Sie werden gelegentlich vom Wandertrieb erfaßt, so wie die Lemminge, Wildrens oder Bisons. Dann gehen gleichzeitig Tausende einzeln oder in Rotten auf Wanderung, über viele Hindernisse wie Gebirge und Flüsse. Dabei verlieren sie die Menschenscheu, beachten kaum Gefahren, sind also zeitweise gänzlich dem Wandertrieb unterlegen.

Die eingeborenen Jäger dieser Gegenden, so die Dajaks im Innern von Borneo kennen die Wanderwege. Sobald es ihnen dann gelingt, eine große Rotte zu umstellen oder sie in der Mitte eines Flusses anzutreffen, wo sie ihnen nicht entrinnen kann, schlachten sie unter wildem Geschrei möglichst alle Schweine mit Haumessern ab. Als Beute bildet das Wildpret und besonders das ausgelassene Fett dann ihre Nahrung für lange Zeit.

Schließlich ist noch ein merkwürdiges Wildschwein zu nennen, das zu den seltsamsten Tieren der ganzen Erde gehört: Es ist der Hirscheber (*Babyrousa babyrussa* L.), dessen wissenschaftlicher Name dem Malayischen entnommen ist, in welcher Sprache Babi Schwein und Rusa Hirsch bedeutet. Bei dieser nur auf Celebes und einer Nachbarinsel vorkommenden Art durchbrechen die dünnen, spitzen, oberen Eckzähne den Oberkiefer und entwickeln ein unerklärlich starkes Wachstum (Abb. 5). Sie krümmen sich dabei so stark zurück, daß sie den älteren Keilern in die Haut und manchmal sogar in den Schädel einwachsen und so den Tod herbeiführen können. Um dies zu verhindern, mußte ich dem Zuchtkeiler im Berliner Zoologischen Garten von Zeit zu Zeit diese langen Hauer durch Absägen kürzen lassen, damit er überleben konnte.

Wegen dieses unzweckmäßigen, sich zum Verderben auswirkenden Zahn-Wachstums gilt in der Zoologie der Hirscheber als Musterbeispiel für Unzweckmäßigkeit im Tierreich. Als Erklärung wird von vielen Forschern angenommen, daß eine einmal in bestimmter Richtung verlaufende Entwicklung einer Tierart nicht rückläufig wird und auch dann noch weiter fortschreitet, wenn sie zum Schaden führt.

Über die Borstentiere Südamerikas

In Südamerika gibt es zwei sonderbare fremde Tierarten, die wegen ihres Borstenkleides zu den Schweinen im weiteren Sinn gerechnet werden: die sogenannten Bisam- oder Nabelschweine, die nach ihrem Kennzeichen so benannt wurden, einer nabelartig eingesenkten auffallend stark riechenden Drüse auf dem hinteren Rücken. Die zwei hierzu gehörenden Arten, das Halsbandpekari *Tayassu tajacu* Linné, 1758, und das Weißbartpekari *Tayassu albirostris* Illiger, 1811, sind auch insofern beachtenswert, als ihnen Kopfwarzen und äußerer Schwanz fehlen. Die Bachen haben nur vier Zitzen und bringen meist in einem Wurf nur 2–4 Frischlinge zur Welt. Bei beiden Arten ist die Verschmelzung gewisser Fußknochen weit fortgeschritten, auch weist der Magen eine Dreiteilung auf, was von manchen Forschern als Beginn einer Entwicklung zum Wiederkäuermagen aufgefaßt wird. Dadurch gelten sie in ihrer Evolution weiter fortgeschritten als die altweltlichen Wildschweine.

Ihre Verbreitung beschränkt sich in Südamerika auf das tropische und subtropische Gebiet, sie geht südlich kaum über den Wendekreis des Steinbocks hinaus, nördlich knapp bis zu dem des Krebses, womit gerade noch Nordamerika erreicht wird, wo in den Halbwüsten des Südens Kakteensprosse die Hauptnahrung bilden.

Diese kleinen nur 40–50 cm hohen Tiere, die sich oft zu großen Rotten zusammenfinden, werden von Reisenden als recht bösartig geschildert und deswegen in Freiheit und in Gefangenschaft gefürchtet. Mit lautem Wetzen und Zuklappen des Gebrechs greifen sie jedes Lebewesen an, das sich ihnen gegenüberstellt, sind also leicht reizbar und darin den echten Schweinen ähnlich.

Hans Krieg, der als Biologe die Tierwelt von Südamerika auf seinen Forschungsreisen genauer kennenlernte und schilderte, schreibt über die Pekari: „Man pflegt den Neulingen über die Gefährlichkeit dieser Schweine tolle Dinge zu erzählen, was alles halb so schlimm ist, aber manchmal scheinen sie allerdings kleine Teufel zu sein. Ein alter Freund erzählte mir, daß er einmal, obgleich er zu Pferde saß, von einer großen angriffslustigen Rotte umstellt worden sei, und daß eines der Tiere sogar hochgesprungen sei und ihm seine Ledergamasche zerbissen habe.“

Weil andererseits diese Schweine sehr leicht zu zähmen sind, findet man sie bei den Siedlungen von Indianern und Mischlingen frei herumlaufend. Einmal, im Chaco, kam ich zu einem Mischling, der eine ziemlich große Rotte sein eigen nannte. Sie weideten frei, und er fing sich ab und zu eins, um es aufzuessen und die Schwarte zu verarbeiten. Von den getöteten Schweinen pflegt man möglichst bald die Drüse herauszuschneiden, welche als dichtes Paket unter der Haut des Rückens sitzt. Tut man dies nicht, dann nimmt nach Ansicht der Paraguayer das Wildbret leicht einen unangenehmen, etwas moschusähnlichen Geschmack an.

Vielleicht dienen die Drüsen dazu, durch Abstreifen des Sekrets eine Geruchsspur oder Markierung zu hinterlassen, die das Zusammenfinden der Geschlechter erleichtert. Bei „sozialen", also in Sippen oder Rotten lebenden Tieren erleichtert ein solcher Gruppenduft das Zusammenbleiben in der Gemeinschaft oder das Zusammenfinden, wenn der Verband zersprengt worden ist.

Eine dritte Art Pekari wurde 1975, also kürzlich, im westlichen Paraguay entdeckt. Es erhielt von den Wissenschaftlern den Namen *Catagonus* und wird als unverändertes Relikt aus dem Pleistozän, also der Eiszeit, betrachtet. Bisher gab es nur fossile Funde dieser Form, und sie galt als ausgestorben. Da sie nun als das neubeschriebene Nabelschwein noch heute existiert, kann dieses als lebendes Fossil bezeichnet werden, wodurch es unter den Säugetieren eine beachtenswerte Bedeutung erlangt.

Einbürgerung europäischer Wildsauen in anderen Erdteilen zu Jagdzwecken

In Nordamerika kommt ursprünglich kein freilebendes Wildschwein vor. Während die Vorfahren anderer Tierarten, wie z. B. von Hirsch, Bison, Wildschaf, Bär, Wolf, Fuchs und von Vögeln, Reptilien und Insekten aus Ostasien über eine in geologischer Vorzeit an Stelle der heutigen Behringstraße vorhandenen Landbrücke einwanderten, konnte diese Wildart den neuen Erdteil nicht erreichen.

In den letzten Jahrzehnten wurden aber in die Vereinigten Staaten Wildsauen als Jagdwild eingeführt – und damit in verschiedenen Gegenden eine ganze Reihe von sich gut entwickelnden Beständen herangehegt. Bei einigen davon läßt sich mehr oder weniger Erbgut von verwilderten Hausschweinen erkennen. Andere sind rein wilder Abstammung und werden wegen ihres starken Gewaffs bewußt aus jagdlichen Gründen erhalten.

In folgenden Staaten entstanden Schwarzwildgebiete: Nordkarolina, Georgia, Tennessee, Texas, Oklahoma, Kalifornien (Monterey- und Buttegebiet, sowie Santa-Cruz-Insel), New Hampshire (Corbin-Schutzgebiet). Im Nordosten Pennsylvaniens und im Staat Vermont sind erst in letzter Zeit Schwarzwildvorkommen neu gegründet worden.

Wie hoch in Nordamerika die Gelegenheit zur Schwarzwildjagd geschätzt ist, erhellt sich aus den zahlreichen Ankündigungen in den dortigen Jagdzeitschriften. So wird zur Jagdzeit im Oktober alljährlich im von Jägern vielgelesenen „Outdoor Life" in ungefähr 20 Revieren „Wild boar hunting" angeboten und mehrfach dabei betont, daß es sich um die Erlegung von Trophäenträgern, also nicht um jüngeres Wild oder gar um verwilderte Hausschweine handelt, sondern um starke Keiler reiner, z. T. ungarischer oder russischer Abstammung. Ein derartiger Hinweis ist nötig, denn die deutlich erkennbare Einkreuzung von Hausschweinen ist weit verbreitet. So stammen die Wildschweine der völlig freien Wildbahn in den Adirondacksbergen nördlich von New York im wesentlichen von verwilderten Haus- bzw. Weideschweinen ab, was wenig bekannt, aber auf Grund einiger ihrer Eigenschaften mit Sicherheit erkennbar ist. Die meisten sind nämlich einfarbig schwarz mit kurzen Borsten, haben einen langen geraden Rücken und kurzen Kopf mit wenig Gewaff (s. S. 25 ff.).

In einigen Staaten von Nordamerika werden zur Schwarzwildjagd Hundemeuten angesetzt, wie es dort auf Bären üblich ist, und es ergibt sich erstaunlicherweise, daß der alte Keiler für Hund und Mensch gefährlicher wird als ein Bär. Genauso wie dieser stellt er sich zwar in ein Dickicht ein, um sich gegen die Verfolger zu verteidigen, bleibt aber nicht wie der Bär am Platz, sondern stürmt, wenn er sich allzunahe bedroht fühlt, in angeborenem Trieb zur Verteidigung gegen den Schützen weit vor.

In seinem Buch „Hunting Hounds" beschreibt dies D. M. Duffey: „Es muß als völlig sinnlos bezeichnet werden, wenn ein Jäger an den von Hunden gestellten Keiler nahe herangeht, denn ein Schlag mit seinem Gewaff ist kein Scherz, sondern macht reif für das Krankenhaus." Daher gibt er demjenigen, der sich doch heranwagen will, den ernsten Rat, sein Augenmerk auf einen nahen, leicht erklimmbaren Baum zu richten, um sich notfalls in Sicherheit bringen zu können. Weiter fährt er fort: „Der Besitzer einer Meute muß mit der traurigen Gewißheit rechnen, daß kaum eine Schwarzwildjagd ohne die Verletzung von mindestens einem Hund abläuft, und er soll sich glücklich schätzen, wenn kein Hund getötet wird. Da Bär und Keiler gleichartige Einstände aufsuchen, um ihre Verfolger abzuwehren, muß jeder Jäger auf beide Wildarten vorbereitet sein. Wenn die Meute ein Wild stellt, sollte er nicht überrascht sein, wenn statt des langsameren Schwarzbären, den er erwartet, ein gefährlich schnell zum Angriff anrennender Keiler erscheint."

Auch in Mittel- und Südamerika sind zu jagdlichen Zwecken europäische Wildsauen eingeführt worden. Dazu geeignet sind besonders die nicht tropischen Gebiete, wie beispielsweise Argentinien. Dort wurden sie zuerst auf der Viktoriainsel im See Nahuel Huapi an der chilenischen Grenze ausgesetzt und später auch im Gebiet der Pampa 600 km westlich von Buenos Aires.

In einigen Gegenden Südamerikas ist das eingebürgerte Schwarzwild zur Landplage geworden, so daß es nach diesen bitteren Erfahrungen nur noch in Saugattern, aus denen ein Ausbrechen in die freie Wildbahn unmöglich ist, gehalten werden darf. Dies gilt für Argentinien und für Chile, wohin es im Jahre 1930 eingeführt wurde.

Die gute Anpassungsfähigkeit verbunden mit einer hohen Vermehrungspotenz des Schwarzwildes kann also auch in anderen Erdteilen zur Überpopulation führen.

So auch in Australien, wo der Pressedienst der Regierung aus Sidney im Herbst des Jahres 1975 meldete: „Mit Giftködern und Spezialfallen versuchen die Farmer in den westlichen Teilen der australischen Bundesstaaten Neusüdwales und Queensland einer Wildschweinplage Herr zu werden. Tausende von Wildschweinen durchstreifen ein Millionen Hektar großes Gebiet, zerstören Zäune, Wasserstellen, Ernten und Viehweiden. Das Schwarzwild ist im 19. Jahrhundert aus Europa nach Australien eingeführt worden. Inzwischen hat es sich so vermehrt, daß es mit den Rindern und Schafen um das Weidefutter kämpft."

Die ungeheuerliche Vermehrung zur Plage durch die in Australien als fremd eingeführte Tierart erklärt sich dadurch, daß das Schwarzwild dort, wie früher das dafür allgemein als Musterbeispiel geltende Kaninchen, günstigste ökologische Bedingungen vorfand. Dagegen unterblieb eine Verminderung durch natürliche Feinde, auch Krankheiten, Parasiten usw., die nicht mit importiert worden waren, oder durch regelmäßige scharfe Bejagung wie bei uns.

In Neuseeland wurden nach Haltenorth und Trense (1956) die ersten Hausschweine europäischen Ursprungs schon im 18. Jahrhundert von dem Weltumsegler James Cook ausgesetzt, später noch von anderen Seefahrern und auch von den Maoris. Bis heute leben diese verwildert auf beiden Hauptinseln und mehreren Nebeninseln in allen geeigneten Landschaften.

Die nächsten Verwandten der Wildschweine – die Flußpferde

Von allen heute auf der Erde lebenden Tieren stehen die Flußpferde den Wildschweinen am nächsten und bilden mit ihnen innerhalb der Ordnung Paarhufer die Unterordnung der Nichtwiederkäuer – Nonruminantia.

Die Familie der Flußpferde (Hippopotamidae) umfaßt zwei Gattungen:

1. Gattung Flußpferde *(Hippopotamus)* 1 Art
   Großflußpferd, Nilpferd *(Hippopotamus amphibius)* 4 Unterarten
   Verbreitung: Afrika südl. der Sahara bis Südafrika
2. Gattung Zwergflußpferde *(Choeropsis)* 1 Art
   Zwergflußpferd *(Choeropsis liberiensis)* keine Unterart
   Verbreitung: Guinea, Sierra Leone, Liberia, Elfenbeinküste, Nigerdelta

So unwahrscheinlich auf den ersten Blick eine nähere Verwandtschaft zwischen dem landbewohnenden Wildschwein und dem vorwiegend im Wasser lebenden Großflußpferd erscheinen mag, so groß ist bei näherem Hinsehen die Ähnlichkeit zwischen diesen beiden Tierformen.

Da ist zunächst als auffälligstes Merkmal, daß wie bei den Schweinen auch bei den Flußpferden die Eckzähne besonders stark ausgebildet sind und während der ganzen Lebenszeit dauernd weiterwachsen. Die Flußpferdbullen verwenden ihre Hauer ebenfalls als Waffe, aber die Wucht und Wirkung eines solchen Angriffs ist bedeutend stärker. Wie ein riesenhafter Keiler von 1500 kg greifen sie mit ungeheurer Kraft an, bringen Boote zum Kentern, und es ist vorgekommen, daß sie in ihrer Wut Menschen mitten „durchgebissen" haben. Flußpferde sind ähnlich reizbar wie Wildschweine, und so zeigt sich auch in diesem Verhalten eine Verwandtschaft, die der körperlichen Evolution entspricht. Der Afrikaforscher Dr. Richard BÖHM berichtet, daß während seiner Reise durch Ostafrika ein aus unbekanntem Grund gereiztes Flußpferd in voller Wut zwei Negerfrauen auf schreckliche Art umbrachte. Und Dr. Eduard RÜPPEL, der Forscher des Senckenbergmuseums, erlebte es auf einer seiner vier nordafrikanischen Forschungsfahrten in der ersten Hälfte des vorigen Jahrhunderts, daß ein Flußpferd vier Zugochsen an der Tränke so übel zurichtete, daß sie eingingen. PITMAN berichtet nach HEDIGER (1966), daß zwei kämpfende Flußpferdbullen in ihrer Erregung ein plötzlich erscheinendes Auto als Angriff und Herausforderung empfanden, darauf losgingen, es umwarfen und zertrümmerten.

Diese Reizbarkeit, welche der eines Keilers sehr ähnlich ist, lernte ich selber in Ostafrika kennen. Mit einigen Wasser holenden Schwarzen stand ich abends beim Dunkelwerden an einem inmitten der Steppe gelegenen kleinen Tümpel. Plötzlich stürzte von der anderen Seite angriffslustig ein Flußpferdbulle auf uns zu. Wie ein annehmender Keiler raste er mit erstaunlicher Geschwindigkeit durch das flache Wasser, so daß eine weiße Bugwelle vor ihm aufschäumte. Erlegen wollte ich ihn nicht, also mußten wir uns schleunigst in Sicherheit bringen. Beim Wasserholen an den folgenden Abenden bot sich jedesmal dasselbe Geschehen, nur kam der Bulle immer früher zum Angriff und wurde immer schneller. Wenn wir nur in die Nähe kamen, brüllte er schon vor Erregung.

Flußpferde können „nachtragend" sein, und einzelne von ihnen werden nach schlechten Erfahrungen mit dem Menschen dauernd aggressiv. Verhält sich nicht unser Schwarzwild ähnlich? Während die meisten Keiler durchaus harmlos sind, werden manche durch Verwundungen oder Beunruhigungen so erregt, daß sie für lange Zeit aggressiv bleiben, und zwar oft ohne erkennbaren Grund.

Diese Beispiele zeigen, daß gewisse Verhaltensweisen bei Borstentieren und Flußpferden recht ähnlich ausgeprägt sind.

Die systematische Zoologie faßt aber beide aufgrund weiterer körperlicher Gemeinsamkeiten enger zusammen, insbesondere wegen der Ähnlichkeit der anatomischen Ausbildung des Fußes, der nur je ein Paar vordere und hintere Zehen besitzt. Dazu ist kurz ein entwicklungsgeschichtlicher Gedanke zu erläutern. In den Anfängen ihres Entstehens besaßen die Säugetiere wie die Amphibien einen Fuß mit fünf Zehen; das ist bei vielen so geblieben bis zu den hochstehenden Affen und Menschen. Aber vom Stamm der Säuger zweigten sich die Huftiere ab mit der Entwicklungstendenz, die Zehen zu vermindern. Dadurch entstanden zum schnelleren Lauf besser geeignete Fußgliedmaßen mit weniger Reibung am Boden, und durch Streckung und Verwachsung der Knochen längere Beine, wie sie sich z. B. bei Hirsch, Gams und Steinbock oder in höchster Vollendung bei Einhufern wie Pferd, Esel und Zebra ausbildeten. Wildschweine und Flußpferde besitzen beide einen Fuß, bei dem der Daumen zwar verschwand, aber die Mittelfußknochen noch getrennt sind. Dadurch ähnelt er dem ursprünglichen Säugetierfuß und wird als „primitiv" bezeichnet. Von den vier verbliebenen Zehen sind die beiden äußeren, der 2. und 5. Strahl, schwächer und nach rückwärts gestellt. Beim Flußpferd erscheinen sie in jedem Fährtenbild ebenso wie

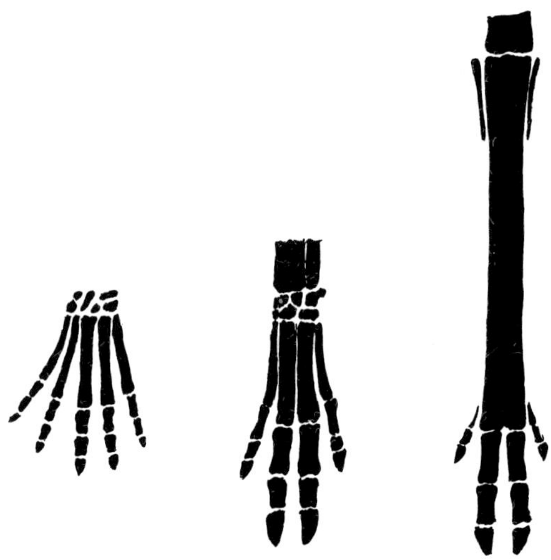

Abb. 6. Entwicklung vom fünfzehigen Säugetierfuß bis zum Paarhufer. *Links:* Fußskelett eines Urhuftieres im Tertiär. Nach Rückbildung des Daumens (= 1. Zeh) verbleiben vier Zehen mit zunächst noch getrennten Mittelfußknochen. *Mitte:* Skelett des linken Vorderfußes eines Wildschweines. Die mittleren Mittelfußknochen (3. und 4.) sind wesentlich stärker und länger als die äußeren (2. und 5.). *Rechts:* Vorderlauf eines Rothirsches. Die Mittelfußknochen (3. und 4.) sind zu einem langgestreckten Röhrenknochen verwachsen. Der 2. und 5. Zeh sind noch weiter zurückgebildet und etwas höher gerückt, deren Mittelfußknochen sind verschwunden bis auf zwei Rudimente am oberen Ende. (In der weiteren Entwicklung zum Einhufer sind auch noch der 2. und 5. Zeh verschwunden und der 3. und 4. zum Huf zusammengewachsen.)

beim Schwarzwild als „Geäfter". Diese vier beim Aufsetzen gespreizten Zehen sind besonders geeignet, ein allzu tiefes Einsinken in feuchten Boden zu verhindern, was für beide Tierarten von gleicher Wichtigkeit ist (Abb. 6).

Vom Wildschwein zum Hausschwein

Das europäische Wildschwein ist die ursprüngliche Stammform unseres europäischen Hausschweins. Diese Entwicklung vom Wildtier zum Haustier, sozusagen an Ort und Stelle, hat für uns heute etwas Natürliches und Selbstverständliches, doch hat sich diese Anschauung erst spät durchgesetzt. Noch vor hundert Jahren waren viele Gelehrte der Ansicht des Haustierforschers RÜTIMEYER, der in Schweizer Pfahlbauten ein kleines, primitives Hausschwein entdeckte, das von ihm sogenannte Torfschwein, und der nach vergleichenden Schädeluntersuchungen am ebenso kleinen südasiatischen Bindenschwein letzteres für den Stammvater unseres Hausschweines hielt. Merkwürdigerweise wurde damals auch bei anderen Haustieren die Abstammung von fernen Wildformen angenommen, ja, keines unserer Haustiere sollte von dem nächstverwandten in derselben Gegend wild lebenden Tier abstammen! Diese Theorien werden verständlich, wenn man bedenkt, daß zu jener Zeit jede Tierform als völlig konstant und unveränderlich angenommen wurde. Erst später, als die Wandelbarkeit der Formen, ja sogar mancher Erbanlagen erkannt wurde, konnte auch die Frage der Abstammung des Hausschweines gelöst werden.

NEHRING, der um die Erforschung des Ursprungs unseres Hausschweines besonders verdiente Zoologe der Berliner Landwirtschaftlichen Hochschule, hat dann durch sein umfassendes und vielfältiges Vergleichsmaterial bewiesen, daß das Hausschwein der ältesten Zeit sich von den Wildschweinen Mitteleuropas ohne weiteres ableiten läßt. Heute gilt als sicher, daß unser Hausschwein durch Domestizierung des europäischen Wildschweines entstand, und zwar unabhängig voneinander an verschiedenen Orten, nach HERRE und RÖHRS schon beginnend um 8 000–6 500 v. Chr.

Diese Abstammung wurde auch durch prähistorische Funde nachgewiesen, die in Dänemark aus der Bronzezeit, also 2 000 Jahre v. d. Z. stammten. Ferner durch andere aus den Pfahlbauten in den Seen nördlich der Alpen und auch weiter südlich aus Laibach. Ein Entstehen des Hausschweines an noch anderen Orten in Europa ist wahrscheinlich.

Wegen der Schwierigkeit, es als Begleiter menschlicher Wanderungen mitlaufen zu lassen, kann es wohl kaum wie Rind, Ziege, Schaf und Pferd eine größere Verbreitung erreicht haben. Es muß als typisches Haustier des seßhaften Ackerbaus gelten, woraus auch verständlich wird, daß es von den Nomadenvölkern, wie Juden und Arabern, sogar aus kultischen Gründen für unrein erklärt wurde. Gewiß mag dabei auch die erkannte Gefahr einer Übertragung von Trichinen oder anderen Infektionen und Krankheiten eine Rolle gespielt haben.

Jahrtausende lang wurde das Wildschwein durch Zuchteinflüsse des Menschen nur wenig geändert, denn die Schweinehaltung bestand in jenen frühen Zeiten hauptsächlich darin, die Herden halbwild zu weiden. Da waren die Weideschweine den wilden noch sehr ähnlich, und sicherlich kamen vielfach Paarungen mit Wildschweinen vor, was im Erbgang manchenorts bis heute noch erkennbar ist.

Im ersten Jahrtausend unserer Zeitrechnung, als es noch genügend Waldweide mit Eichelmast gab, stand das Schwein als Nutzvieh mit an erster Stelle. Als aber die Besiedlung dichter wurde und eine immer intensivere Ackerbauwirtschaft einsetzte, wurde der Weideraum durch Rodungen eingeengt, was eine Abnahme der Schweinehaltung zur Folge hatte. Die lichtstehenden Laubwälder, die sich mit relativ geringem Aufwand roden ließen, wurden nämlich bevorzugt in Ackerland umgewandelt; gerade diese – mit breitkronigen fruchttragenden Bäumen – waren als Schweineweide besonders geeignet. Später hat man sogar solche „Hutewälder" oder „Hütewälder" durch Pflanzungen von Eichenheistern in weitem Verband künstlich wieder angelegt, in die außer Schweinen auch anderes Vieh – Rinder, Schafe, Ziegen und auch Gänse – eingetrieben wurden. Noch bis heute haben sich bei uns, z. B. in Niedersachsen, Schweineweide-Interessenschaften erhalten, die als gemeinsames Eigentum solche, aber inzwischen auf rein forstliche Nutzung umgestellte Waldflächen bewirtschaften. Allgemein ging jedoch die Waldweide ständig zurück, da der Wald, insbesondere durch den Verbiß am Jungwuchs, empfindlich geschädigt wurde, und weil man zu intensiveren Formen der Viehhaltung überging.

So wurde in der Schweinehaltung zu Anfang des vorigen Jahrhunderts ein neuer Aufschwung durch neuzeitliche Stallhaltung und Mast möglich. Diese Vermehrung der Hausschweinebestände ist bis heute weiter fortgeschritten, denn vor 60 Jahren kam auf jeden vierten Einwohner Deutschlands ein Schwein und heute bereits auf jeden dritten.

Vor ungefähr 150 Jahren trat in der Schweinezucht eine große Veränderung ein, als englische Züchter mit frühreifen chinesischen und auch indischen hochgezüchteten Tieren neue Rassen bildeten. Ihre bis dahin ursprünglicheren Hausschweine wurden im Aussehen völlig umgewandelt und vor allen Dingen viel rentabler. Diese asiatischen, auf die dort wildlebenden Schweine zurückgehenden Hausrassen sind im Körperbau walzenförmig und haben auch zwei Paar Zitzen mehr als das europäische Schwein. Mit ihren hochwertigen Eigenschaften wurden die englischen Zuchten veredelt und durch englische Eber dann auch weitgehend die deutsche Schweinezucht. Von unseren sieben wichtigsten Rassen hat das so entstandene veredelte Landschwein mit über 70 % den größten Anteil.

Bei diesen Hochzuchten, wie von Anfang an bei der Verwandlung vom Wildschwein zum Hausschwein, wurden bestimmte, ursprünglich vorhandene Eigenschaften der Wildform wie die Wehrhaftigkeit durch starkes Gewaff oder die Angriffslust unterdrückt, dagegen andere wie die Fähigkeit, Fett anzusetzen, die unbegrenzte Freßlust und die große Fruchtbarkeit erheblich gesteigert.

Im wilden Zustand der freien Wildbahn müssen die Sauen in der Lage sein, ein reiches, aber nur kurzzeitig dargebotenes Nahrungsangebot auszunutzen, denn mit den aufgespeicherten, im Herbst mit Eicheln und Bucheckern angemästeten Reserven muß ein karger Winter überstanden werden. Außerdem hat die Bache noch die sich in der Tracht entwickelnde Nachkommenschaft zu versorgen. Die angeborene Gefräßigkeit befähigt die Wildsau, große Nahrungsmengen über die Sättigungsgrenze hinweg, sozusagen auf Vorrat, aufzunehmen, so daß ein Wildschwein bis zu einem Drittel des Körpergewichts oder noch mehr Fett ansetzen kann, „Weiß" oder „Weißes", wie es der Jäger nennt.

Beim Hausschwein wurden diese ursprünglich vorhandenen Wildtiereigenschaften, das rasche Wachstum und die Gewichtszunahme, züchterisch so verbessert, daß heute Ferkel in sechs bis sieben Monaten mit 110 kg schlachtreif werden und erwachsene Zuchteber Gewichte von über 500 kg erreichen können. Der schwerste im Berliner

Zoologischen Garten zum Vergleich neben starken Keilern gehaltene Eber wog über 450 kg und war über einen Meter hoch.

Ein besonderes Augenmerk der heutigen Schweinezucht gilt dem Ausschlachtungswert. Er liegt um 80 %, während er beim Rind (Mastbulle) 60 % beträgt. Die nutzbaren Teile des Körpers, wie z. B. die wertvollen Schinken und die Rückenpartien, sollen möglichst gut entwickelt sein. Dazu hat man durch Auslese Schweinerassen mit längerem Rücken durch mehr Lendenwirbel gezüchtet.

Dagegen wurde der Kopf mit seinen wenig nutzbaren Knochen und Muskeln klein gehalten. Dies ist verhältnismäßig leicht zu erreichen, denn bei der Hausschweinwerdung ändert sich besonders schnell gerade der Schädel (Abb. 7). Er wird kürzer, und der Schnauzenteil bekommt einen Knick. Dies erklärt sich daher, daß die vielseitige Muskelarbeit des Gebisses als Werkzeug beim Kauen fehlt und die Tätigkeit des Rüssels oder „Wurfs" beim Wühlen ausbleibt. Deshalb werden gewisse Kopfknochen als Muskelansätze nicht mehr so stark ausgebildet. Schon mein Vater wies darauf hin, daß ein aus der Freiheit stammender, aber im Zoologischen Garten mit vorbereitetem Futter aufgewachsener Frischling später einen kürzeren, im Profil mehr eingebogenen Schädel bekommt, als seine in der Wildbahn verbliebenen Wurfgeschwister.

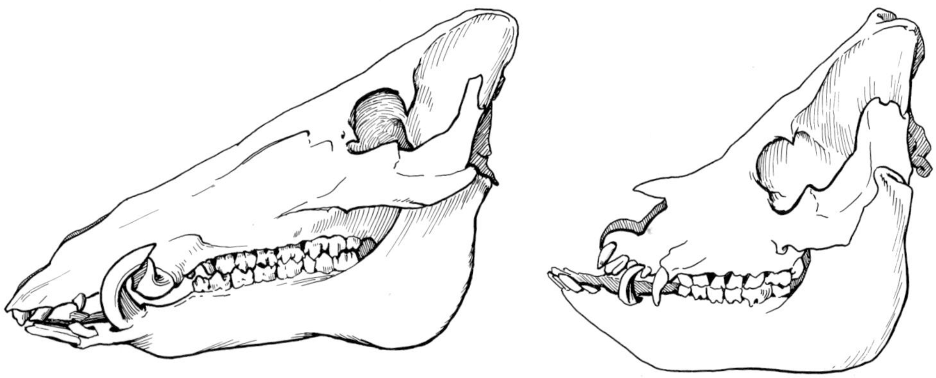

Abb. 7. Aus dem kräftigen, langgestreckten Schädel des Wildschweines – hier Keiler aus dem Odenwald – (*links*) hat sich durch Domestizierung und Züchtung die kurze, eingeknickte Schädelform des Hausschweines (Yorkshire-Eber) entwickelt (*rechts*)

Diese Umwandlungen des Kopfes wurden noch verstärkt, weil, ebenso wie bei unserem Hausrind die Hörner des Urstieres, auch das Gewaff des Keilers möglichst klein und kurz gezüchtet wurde, um diese Waffen weniger gefährlich zu machen.

Schließlich wurden auch noch die von Natur aus große Vermehrungsfähigkeit und das Aufzuchtvermögen der Wildform verbessert. Freilebende Bachen bringen alljährlich vier bis acht, oft noch mehr Frischlinge zur Welt. Bekanntlich können auch Frischlinge schon beschlagen und tragend werden und vor Ablauf des ersten Lebensjahres bereits frischen. Damit übertrifft das Wildschwein in der Vermehrung sämtliche anderen wildlebenden Huftiere, ja die meisten Säugetierarten. Um so erstaunlicher ist die demgegenüber noch gesteigerte Fruchtbarkeit des Hausschweines. Beim veredelten Landschwein gibt es einzelne Würfe bis zu 22 Ferkel, der Durchschnitt ist etwas über zehn. Die höchste Zahl von Ferkeln, die gleichzeitig von einer deutschen Landschweinsau ausgetragen wurde, ist 35. Der Wurf stammte von zwei Ebern, die kurz hintereinander gedeckt hatten. Es sei noch darauf hingewiesen, daß bei der Domestikation die Zitzenzahl auf durchschnittlich 12,5 zunahm und die Trächtigkeitsdauer herabgemindert wurde auf im Mittel 115 Tage – gegenüber 130 beim Wildschwein (W. u. M. STUBBE, 1977).

Das Hausschwein, der für die menschliche Ernährung äußerst wichtige Fleischlieferant, ist also aus dem Wildtier durch planmäßige Zuchtauswahl und Verstärkung gewisser erblicher Eigenschaften entstanden, wobei andere verkümmern mußten.

In diesem Zusammenhang ist das bittere Wort von Konrad LORENZ von der „Verhausschweinung" des Menschen zu verstehen, der damit im besonderen Freßgier, Fettsucht, Trägheit und übersteigerte Sexualität geißelt.

Oft wurde die Frage gestellt, ab wann paßt die Bezeichnung Hausschwein? Das ist schwer zu sagen, denn diese Tierart kann, ohne weitgehend domestiziert zu sein, halbwild bis völlig zahm gehalten werden.

Echte, aus der Freiheit stammende Wildschweine gehören zu den Tieren, die sich auch in engeren Gehegen regelmäßig fortpflanzen. So werden laut Statistik des Internationalen Zoo-Jahrbuchs in jedem Jahr in ungefähr 50 Tierparks und Zoologischen Gärten aller fünf Erdteile gegen 500 Frischlinge großgezogen, zweifellos eine Überproduktion. Ein solcher übermäßiger Nachwuchs im Berliner Zoologischen Garten führte während des Krieges zur ersten behördlichen Auslegung des Begriffs „Hausschwein". Bei der streng getrennten Bewirtschaftung von Wildpret und Haustierfleisch entstand nämlich die offizielle Frage, nach welchem Paragraphen dies überzählige Schwarzwild zu behandeln wäre. Nach den jagdlichen Bestimmungen durfte nur Wild verwendet werden, das einen Ursprungsschein hatte, aus dem das Revier, in dem es erlegt wurde, erkenntlich war. Weil der Zoologische Garten kein Jagdrevier war, konnte er diese Vorschrift nicht erfüllen. Von der landwirtschaftlichen Stelle für Fleischbewirtschaftung wurde eine Schlachterlaubnis verweigert mit der Begründung, daß Wildschweine, die nachts im Haus schlafen, Hausschweine sind, die privat keinesfalls geschlachtet und verteilt werden dürfen. Diese Schwierigkeiten waren unlösbar. Es blieb nichts anderes übrig, als die zoogezüchteten Überläufer in die Wildbahn auszusetzen, wo sie erlegt und dann rechtmäßig mit Ursprungsschein gemäß den Erlassen zur freien Verwendung wieder mit nach Hause genommen wurden.

Hausschweine und Wildschweine haben sich oft vielerorts miteinander verpaart, und für den Heger in der Wildbahn ist die Frage von Interesse, ob sich in seinem Schwarzwildbestand das Erbgut vom Hausschwein befindet. Da es sich um Wildform und Haustierform derselben Tierart handelt, sind die folgenden Generationen unbegrenzt miteinander fruchtbar, und es ist oft nicht leicht zu erkennen, wie weit ein Wildschweinbestand mit Hausschweinen vermischt ist. Am ehesten lassen dies gewisse Färbungen vermuten.

Die normale Färbung des Wildschweines ist grau-meliert, Pfeffer und Salz, und zwar ist der Farbton je nach der geographischen Rasse nuanciert. Es wurde schon darauf hingewiesen, daß die Wildschweine West- und Süddeutschlands mehr dunkel-wildfarbig, die in Norddeutschland und nach Osten zu immer heller sind, bis sie den aus Süddeutschland stammenden Namen „Schwarzwild" fast nicht mehr verdienen. Aber auch bei den dunkleren Wildschweinen sollte graue Farbe im Haarkleid vorhanden sein, welche dadurch entsteht, daß das einzelne Haar mehr oder weniger dunkle oder helle Farbringe hat. Wenn ein Wildschwein vollständig schwarz ist, handelt es sich entweder um einen reinblütigen wilden Schwärzling, wie er bei jeder Wildart vorkommt, z. B. bei schwarzen Rehen, schwarzen Damhirschen, schwarzen Muffeln usw., oder man muß den Verdacht haben, daß die schwarze Einfarbigkeit durch Hausschweinerbgut hervorgerufen ist. Das letztere kann man aber erst mit Sicherheit sagen, wenn auch andere Anzeichen für Hausschweineinkreuzung hinzukommen.

Ein rein wilder Schwärzling kann nämlich überall durch Mutation entstehen, wobei die verschiedenen Farbringe des einzelnen Haares wegfallen oder, durch den vorhandenen Dunkelfarbstoff überdeckt, das Haar einfarbig schwarz wirkt. Dieses Auftreten von Melanismus kann aber nicht erwünscht sein, da der weitere Erbgang zu Farbaufteilungen der Wildfarbe führen kann.

Auch Albinismus, also weiße bzw. weißliche Exemplare können bei reinen Wildbeständen auftreten. So schoß im Jahre 1974 Oberförster Kallweit, Revierförsterei Neuhaus im Solling, einen völlig weißen Frischling aus einer Rotte von insgesamt fünf normalfarbigen heraus. Mit Erbgut von Haustieren hat dieser Fall nichts zu tun, ebensowenig wie bei einem weißen Hirsch, der wenige Tage vorher im Forstamt Winnefeld im Solling erlegt worden war. Derartige pigmentlose Exemplare kommen bei allen Tierarten und auch Pflanzen vor. Reine Albinos, also gänzlich weiße Wildschweine, sind verhältnismäßig selten.

Häufig tritt dagegen eine albinotische Aufhellung des Haares auf. Solche Schweine sehen dann weißlich aus mit hellen Klauen, zeigen öfters Scheckung, also einzelne weiße oder dunkle Flecken oder Platten. Derartige Farbänderungen lassen auf übernommene Domestikationseigenschaften schließen.

Als ein Zeichen von Hausschweineinkreuzung darf auch angesehen werden, wenn ein Wildschwein so lange Teller hat, daß sie wie Schweinsohren in der Spitze umkippen und mit besonders langem Haar besetzt sind. Der Pürzel ist hierfür kein sehr gutes Anzeichen, denn der gerade Pürzel des Wildschweins scheint sich stärker zu vererben als das Ringeln des Schwanzes beim Hausschwein. Wenn aber Anfänge dazu bei einem verdächtigen Exemplar vorhanden sind, so ist, sofern es sich nicht um eine Verletzung handelt, die Frage, ob rein wild oder nicht, sowieso schon entschieden.

Der Schädel und das Gebiß des Schweines haben – wie schon beschrieben – durch die Haustierwerdung erhebliche Veränderungen erfahren. Ist die lange gerade Stirn-Linie des Wildschädels vom Hinterkopf bis zum Nasenbein eingeknickt und eine Verkürzung vorhanden, so ist das in der Regel das Zeichen einer im Erbgut vorhandenen Hausschweineigenschaft.

Gelegentlich werden aber auch reinblütige Wildschweine erlegt, die einen eingeknickten und etwas schief stehenden Wurf haben. Solche Stücke haben sich mit der beim Hausschwein vorkommenden Schnüffelkrankheit infiziert, die eine derartige Deformierung des Rüssels zur Folge hat. Sie ist nicht tödlich, aber in Schweineställen gefürchtet, weil daran erkrankte Ferkel in der Entwicklung zurückbleiben.

Die Wildeigenschaften der Wildsau gehen beim Hausschwein nicht gänzlich verloren, wie das Verwildern einzelner beweist. Über solche Fälle wird oft berichtet und in letzter Zeit wieder einmal aus Schleswig-Holstein von Klaus von Hippel (1978). Dort entsprang im Juni 1976 aus einem Transport ein Ferkel und verschwand in einem weiten Getreideschlag, in dem es nicht wieder eingefangen werden konnte. In freier Wildbahn hielt es sich dann eineinhalb Jahre, bis es Ende Dezember 1977 erlegt wurde. In seiner Vereinsamung hatte es sich zeitweise zur Befriedigung des Geselligkeitstriebes an ein Rudel Sika-Hirsche angeschlossen und flüchtete bei Störungen mit diesen. Als es zur Strecke kam, ergab die Ausschlachtung 185 kg reines Fleisch und dünnen Speck. Es handelte sich um einen schon frühzeitig beschnittenen Eber, der also keine Abmagerung infolge Brunft durchzumachen hatte.

Bekanntlich kommt bei im Stall gehaltenen Hausschweinen öfters Kannibalismus vor, indem die Muttersauen sofort nach der Geburt die Ferkel auffressen.

Auch Schwarzwild, meist in überbesetzten Gehegen, selten in freier Wildbahn, vergreift sich manchmal an den gerade zur Welt gekommenen Frischlingen. Es können Mutterbachen, aber auch einzelne Keiler oder andere Bachen sein, die dem Kannibalismus verfallen, wozu sie durch Mangelerscheinungen veranlaßt werden. Bei zu großer Wilddichte durchwühlen Wildsauen oder auch Hausschweine, die in den Wald getrieben werden, den Boden nach Würmern, Engerlingen, Mäusen und sonstigen Kleintieren so gründlich, daß dieser bald leer ist, und um ihren Bedarf an tierischem Eiweiß zu decken, werden dann in krankhaftem Trieb die Jungen gefressen. Auch die Hausschweine im Stall tun dies, um mangelndes tierisches Eiweiß aufzufüllen. So manches Mal gibt sich der Bauer dann vergebliche Mühe, dies zu verhindern. So konnte die tragikomische Erzählung entstehen, daß ein Junge, der eine Sau beim Ferkeln beobachtete, hinterher berichtete: „Nur ein einziges Junges ist zur Welt gekommen, wurde von der Sau sofort ins Maul genommen und verschluckt, es erschien dann aber hinten wieder und zwar zehnmal hintereinander!" Die Muttersau hatte also ihre zehn Jungen gefressen.

Wenn schon in diesem zoologischen Kapitel von Bachen und Frischlingen, Teller, Pürzel usw. die Rede war, so mag der Leser, der nicht Jäger ist, und dem diese Ausdrücke nicht geläufig sind, das verzeihen. Für einen alten Waidmann ist die Waidmannsprache Bestandteil der Muttersprache und fließt einem unversehens in die Feder, auch wenn man sich bemüht, nur „hochdeutsch" zu schreiben. In vielen klassischen Jagdlehrbüchern beginnen deshalb die Kapitel über die einzelnen Wildarten meist erst mit einer Erläuterung dieser „Fachausdrücke". Es sei deshalb hier auf das Kapitel „Brauchtum" verwiesen und empfohlen, dieses gegebenenfalls als Einführung vorweg zu lesen (S. 200).

II Unser einheimisches Schwarzwild

Naturwissenschaftliche Beschreibung des Wildschweines

Auch für unser einheimisches Wildschwein ist das Borstenhaarkleid charakteristisch, das sich am Hals und besonders auf dem Rücken kamm- und mähnenartig verlängert. Wenn man es im Körperbau mit dem Hausschwein vergleicht, so wirkt es schmaler, höher, hat eine längere, keilförmige Schnauze, stehende Ohren und längere Beine, was besonders im Sommer auffällt. Denn im Sommer – nach dem jährlich nur einmal stattfindenden Haarwechsel – ist das Borstenkleid dünn, so daß die Haut durchschimmern kann. Das Wildschwein wirkt dann ungewöhnlich schlank (Abb. 8, 21, 24). Im Winter wird eine dichte, wärmende Unterwolle gebildet, die sich im Frühjahr verliert (Abb. 35, 36). Als ein wesentlicher Kälteschutz kann auch die dicke Schwarte aufgefaßt werden, namentlich wenn viel Weißes eine Fettunterlage bildet (Abb. 18b). Der Schwanz ist nicht gekringelt, sondern hängt glatt nach unten, in erregtem Zustand, z. B. bei der Flucht, wird er hochgestellt getragen; er endet in einer Quaste.

Die Farbe des Schwarzwildes genau zu beschreiben, ist außerordentlich schwer, denn obwohl jedes Stück in der Wildbahn einfarbig und meist unauffällig wirkt, sind doch die einzelnen Borsten nicht einheitlich gefärbt, sondern mehrfarbig in gelblich, bräunlich, grau und schwärzlich aufgeteilt. Die Spitzen sind durchweg hell und zu Fransen aufgesplittert, was als Kennzeichen beim Bestimmen einzelner gefundener Haare gilt. Im allgemeinen kann gesagt werden, daß die Färbung aller Wildsauen im Osten meist heller, im Westen dunkler ist, daher konnte wohl nur hier der Name Schwarzwild entstehen.

Die Jungen (Frischlinge) sind bei der Geburt auf dem Rücken und an den Seiten bräunlich-gelb und hellbraun sowie dunkelbraun längsgestreift, Kopf und Beine sind hellbraun, die Unterseite fast weiß (Abb. 9). Im Sommer verblaßt diese Zeichnung immer mehr (Abb. 12), und sie werden schließlich einfarbig wie die Alten – zunächst noch mit einem bräunlichen Schimmer an den Flanken.

Beim einzelnen Stück heben sich die Läufe zumeist mehr schwarz ab, und auch das Gebrech vorne am Kopf ist dunkler als die Rumpffarbe; aber besonders schwarz wirken die Ohren. Sie sind relativ groß, und ihre Bewegungsmuskulatur ist stark und so vielseitig entwickelt, daß sie sich auswärts und einwärts drehen, heben und niederziehen lassen und so als Schalltrichter zum Empfangen von Geräuschen in bestimmte Richtungen überall hin genau gezielt aufgestellt werden können.

Der Rumpf des Wildschweines ist seitlich etwas zusammengedrückt. Die Rückenhöhe schwankt von etwa 80 cm bei Bachen, die niedriger sind, bis zum Keiler mit 1,10 m und mehr, je nach den geographischen Rassen.

Abb. 8. Vorjähriger Frischling bzw. ab 1. April (siehe Kap. VII) Überläuferbache im Haarwechsel. Das Borstenkleid ist dünn. Der Pürzel ist klein und noch ohne Quaste; sie wächst noch bis zum Winter. Daran lassen sich dann schon äußerlich schwache Überläufer von gegebenenfalls gleichgroßen kräftigen Frischlingen unterscheiden (siehe auch Abb. 24)

Die Läufe sind dünn und kurz. Jeder hat 4 Zehen mit gut entwickelten Schalen (Hufen), von denen die vorderen sehr stark, die hinteren, das Geäfter, mehr zurückgebildet sind, aber letztere werden stets beim Ziehen namentlich in weichem Boden abgedrückt, was als typisches Kennzeichen der Schwarzwildfährte gilt (Abb. 6, 32, 33).

Der Kopf der Wildsauen ist kegelförmig mit langer Schnauze, welche vorne zu einer runden Scheibe verbreitert ist, in der die Nasenlöcher liegen. Dieser Rüssel oder Wurf ist durch reiche Muskulatur der Oberlippe sehr beweglich und dazu durch Verknöcherung so verstärkt und gestützt, daß er außerordentliche Kraft zum Wühlen entfalten kann.

Das für einen Allesfresser typische, kräftige Gebiß besitzt insgesamt (bis) 42 Zähne, beim Milchgebiß 28. In jedem Unterkieferast ist eine Reihe von 11 Zähnen, nämlich 3 Schneidezähne, 1 Eckzahn und 7 Backenzähne, von letzteren 4 Praemolaren (häufig nur 3) und 3 Molaren. Im Oberkiefer sind 3 Schneidezähne, 1 Eckzahn und nur 6 Backenzähne (Abb. 40, siehe auch Kap. VII, Abschnitt Altersbestimmung). Die Eckzähne sind vergrößert, besonders beim Keiler. Die oberen („Haderer") krümmen sich gleich nach ihrem Austritt aus dem Zahnfleisch seitlich nach außen und nach oben. Die unteren („Gewehre") kommen seitlich etwas weiter vorn aus dem Unterkiefer und wachsen halbkreisförmig schräg nach oben und hinten, so daß sie spitzwinklig auf die Haderer treffen. Diese wirken dadurch als Anschärfer der Gewehre, die dem Keiler als Waffe dienen. Die Eckzähne wachsen ständig nach, haben eine weite, offene Wurzel, von der – bei den Gewehren – zwei Drittel bis drei Viertel der Gesamtlänge im Unterkiefer verborgen sind. Infolge des gegenseitigen Abschleifens der Eckzähne des Unter- und

Oberkiefers wird ein Allzulangwerden verhindert und zugleich bewirkt, daß die Gewehre immer spitz und scharfkantig bleiben. Die Eckzähne der Bachen sind kleiner, kürzer und wachsen nur begrenzte Zeit (s. Abb. 42–45 und Abschnitt Altersbestimmung). Mit den Eckzähnen kann lebende Beute gut festgehalten werden, und die flachen, höckerigen Backenzähne sind gut geeignet, die von dem Allesfresser aufgenommene verschiedenartige Nahrung zu zermalmen.

Abb. 9. Die zunächst auffallend scheinende Zeichnung eines Frischlings ist in Wirklichkeit eine gute, konturenauflösende Tarnfärbung. Wenn er sich im Spiel von Licht und Schatten, im Gewirr von welkem Laub, Reisig und Bodenbewuchs drückt, ist er den Blicken seiner Feinde entzogen (Phot. HANS REINHARD)

Das Gebiß des Wildschweines blieb seit dem Alttertiär, also seit über 50 Millionen Jahren, ziemlich gleich. Besonders typisch sind seine Eckzähne; die des Keilers liefern dem Waidmann die begehrten Trophäen, in der Jägersprache „Waffen" oder „Gewaff" genannt (Abb. 41, 49).

Im Skelett ist der – im Unterschied zum Hausschwein – langgestreckte und keilförmige Schädel typisch für das Wildschwein (Abb. 7). Auffallend sind auch die auf der Rückseite stark verlängerten Fortsätze der Brustwirbel (Abb. 10).

In der Brusthöhle vor dem Zwerchfell befinden sich Lunge und Herz, letzteres im Herzbeutel verhältnismäßig tief liegend mit der Spitze über dem Brustbein bis zum 5., 6. Rippenansatz reichend. Seine Form ist stumpfkegelförmig, etwas abgeflacht, seine Höhe übertrifft die Breite nur wenig.

Die Lunge füllt die beiden Brustkammern aus.

Die Leber ist auffallend stark in Lappen aufgeteilt. Zwischen diesen befindet sich in einer Einbuchtung die Gallenblase. Daß Sauen eine solche im Gegensatz zu Rot- und Rehwild besitzen, ist zu beachten, denn sie muß beim Aufbrechen unversehrt ausgeschärft werden, damit nicht durch den ausfließenden Inhalt der Geschmack der Leber verdorben wird.

Der Magen ist ungeteilt und hat die Form eines scharf eingeknickten Sackes, der nach dem Darmausgang hin enger wird und als Artmerkmal der Schweine überhaupt einen aufsitzenden kapuzenförmigen Blindsack besitzt. Sein Fassungsvermögen ist außerordentlich groß, so daß Schwarzwild jeden Alters im Verhältnis zu seiner Körpergröße erstaunliche Mengen vom plötzlich angebotenen Fraß, wie z. B. von Eicheln bei einsetzender Mast, aufnehmen kann, wodurch große und schnelle Gewichtszunahmen und das rasche Ansetzen von Weiß möglich werden.

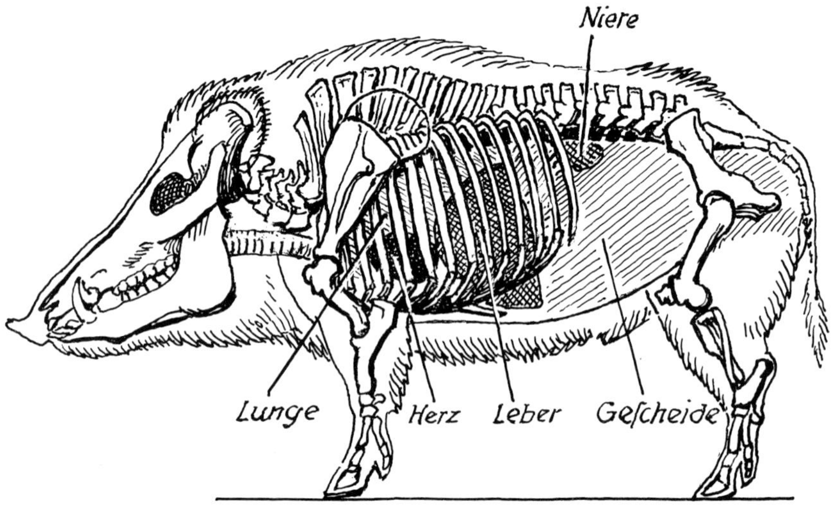

Abb. 10. Knochengerüst eines Keilers. Tief nach unten gehende Wirbelsäule, daher häufig Krellschüsse, sehr tief liegendes Herz (Zeichnung: Fritz Laube)

An den Magen schließt der Dünndarm mit seinen Untereinteilungen und der Mastdarm an. Letzterer ist von Fettgewebe umgeben und endet am After, der durch einen willkürlich zu betätigenden Ringmuskel verschlossen ist.

Davor liegen die inneren Geschlechtsorgane, beim Keiler neben der Harnblase die Samenblase und in einer Tasche eingebettet die Rute oder der Penis, bei der Bache der Eierstock oder das Ovarium, der Tragsack oder die Gebärmutter und die Scheide.

Das Gesäuge der Bache hat im Höchstfall 14 Zitzen in zwei Reihen, meist nur 10.

Vom Kurzwildpret des Keilers sind äußerlich die beiden Hoden mit Hodensack als in der Mitte eingeschnürte Wölbung unter dem Waidloch deutlich sichtbar. Der Pinsel mit seinen langen Haaren hebt sich am Bauch so deutlich ab, daß daran mit Sicherheit jedes männliche Stück erkennbar ist.

Die inneren Organe sind zum erstenmal bei einem aufrechtstehenden Überläufer im Gräflich Erbach'schen Revier Eschau (Spessart) von Prof. Dr. R. R. Hofmann fixiert worden und in ihrer natürlichen Lage aus der Abbildung 11 zu ersehen.

Besonders erwähnenswert ist, daß die Anatomie gewisser Organe des Schweines in groben Zügen der der menschlichen in Brust und Bauch ähnelt. Daher wurde im Mittelalter, als die Zergliederung menschlicher Leichen aus religiösen Gründen verboten war, das Hausschwein auf den Seziertisch wissenschaftlicher Institute gebracht, um Ärzten und Anatomen wenigstens einen ungefähren Begriff von Aussehen und Lage menschlicher Organe vermitteln zu können.

Diese entfernte, aber doch erkennbare Ähnlichkeit einzelner innerer Organe der beiden „Allesfresser" Mensch und Schwein ist wohl ein Grund dafür, daß in vergangenen Zeiten gewisse Südseeinsulaner, deren einstige wilde Gebräuche als Menschenfresser Jack London so meisterhaft in seinen spannenden Erlebnisberichten schilderte, den zum Verzehr (Kai Kai) bestimmten Artgenossen als „Kai Kai", Langschwein, bezeichneten.

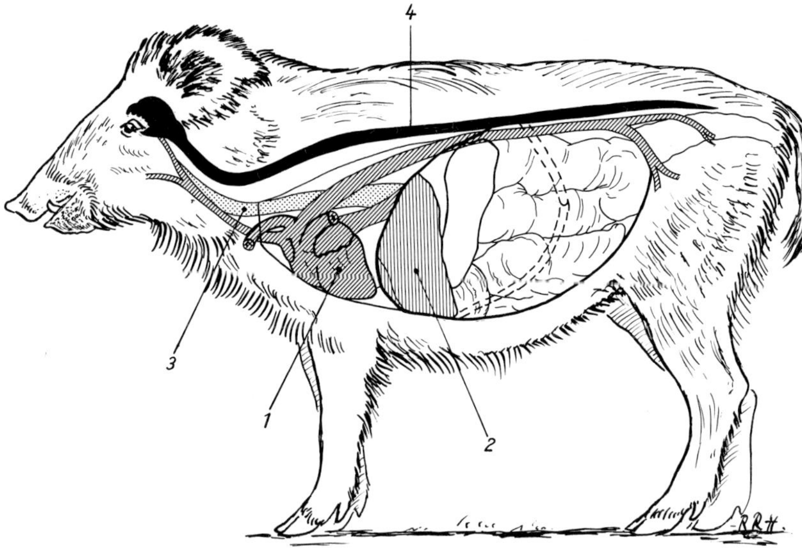

Abb. 11. Als vorläufiges Untersuchungsergebnis eines in stehender Körperhaltung formalinfixierten Überläufers und ohne Allgemeingültigkeit für andere, insbesondere ausgewachsene Sauen, wurde von Professor Hofmann (AKW Gießen) diese Skizze von der Lage der Organe angefertigt. – 1= Herz und große Blutgefäße, 2= Leber, 3= Schlund, 4= Gehirn und Rückenmark. Die Lunge wurde nicht dargestellt. Hinter der Leber sind Milz und Dickdarm sowie letzte Rippe und Rippenbogen abgebildet

Sinnesorgane

Der *Geruchssinn* (das Winden, wie der Jäger sagt) ist beim Schwarzwild am besten ausgebildet. Das zeigt sich schon bei der Nahrungsaufnahme, denn Eicheln, Bucheckern, Kastanien werden unter Laub und im Boden gewittert, sogar im Acker liegende einzelne Maiskörner, was jeder Landwirt peinlich feststellt, namentlich wenn es sich zu seinem Schaden um Saatgut handelt. Wurzeln, Pilze, Insekten und deren Larven, Mäusenester werden gerochen und ausgegraben, wozu ein feiner Tastsinn des Wurfes befähigt. Auch kleine Geschmacksunterschiede werden dabei erkannt.

Sauen sind befähigt, den Geruch verschiedener Menschen zu unterscheiden, also die bekannten „Düfte" der Holzhauer oder futterbringenden Jäger von anderen, fremden. Die Fähigkeit, über Wind auch auf erstaunlich weite Entfernung den einzelnen pirschenden oder angestellten Schützen zu wittern, ist vergleichbar mit der eines feinnasigen Vorstehhundes, der mit hoher Nase großräumig riecht. Aber das Schwarzwild nimmt ebenso wie aus der Luft auch Spuren am Boden auf, ähnlich einer Bracke, die mit tiefer Nase sucht. Bei jeder Gemeinschaftsjagd auf Sauen heißt es also, den gerade

Abb. 12. Schwarzwildrotte beim morgendlichen Einwechseln über eine Waldwiese. Bei der sichernden Bache ist deutlich eine der Zitzen zu erkennen. Die darf nicht etwa mit einem Pinsel verwechselt werden; Keiler sind (außerhalb der Rauschzeit) nicht bei den Rotten. Die Streifung der etwa drei Monate alten Frischlinge ist schon verblaßt (Phot. HELMUT ORTH)

herrschenden Wind zu beachten, und der Jäger im Alleingang, der unbemerkt sein will, muß in erster Linie bemüht sein, ihr feines Witterungsvermögen zu berücksichtigen und, um sie nicht zu vergrämen, sogar seine eigene Spur nicht an falscher Stelle abschreckend wirken zu lassen.

Das *Gehör* ist ein weiteres gut entwickeltes Rezeptionsorgan. Das weiß jeder Jäger und bemüht sich deshalb, lautlos zu pirschen. So mancher alte Keiler hat seine Schwarte gerettet, weil er durch nahes Knacken eines einzigen Astes gewarnt wurde oder sich durch ferne ungewöhnliche Geräusche – wie Motorenbrummen, Schritte vieler Menschen – vor einer Drückjagd beunruhigt fühlte und sich rasch aus der Gefahrenzone verdrückte. Gehöreindrücke allein können also das Verhalten der Wildsauen bestimmen. Nur manchmal scheinen sie taub zu sein, wenn nämlich eine völlig vertraute Rotte beim Brechen oder sonstwie durch ihre eigenen Lautäußerungen und gegenseitige Stimmfühlung „Krach" macht. Dann kann der Schall aus fremder und sogar feindlicher Ursache nicht durchdringen und überhört werden. Das ist aber die Ausnahme; in der Regel sind Sauen selbst sehr leise und dabei hellhörig. Bei verdächtigen Geräuschen werfen sie sofort auf und sichern in Richtung der Schallquelle (Abb. 12).

Das *Sehvermögen* (Äugen) des Wildschweines ist nicht sehr ausgeprägt und pflegt sein Verhalten wenig zu beeinflussen. Der Blickwinkel ist wesentlich kleiner als bei anderen Schalenwildarten und reicht nicht so weit seitlich rückwärts wie bei diesen, die hinter sich oft mit nur geringer Kopfbewegung einen Verfolger erkennen. Daher kann man Sauen bei gutem Wind besser von hinten anpirschen.

Wahrscheinlich ist im Auge der Sau kein optisch scharfes Bild möglich. Außerdem sind Sauen, wie unser anderes Schalenwild, in gewisser Weise „farbenblind", worüber meines Wissens abschließende Untersuchungen bisher noch nicht vorliegen. Es werden wohl nur Helligkeitswerte wahrgenommen. Ein derartiger optischer Eindruck unterscheidet sich von unserem menschlichen wie eine Schwarzweiß-Fotografie von einer Farbaufnahme. Rot erscheint als grau verschiedener Stärke, hebt sich also von einem grauen Hintergrund nicht so deutlich ab. Blau wirkt ähnlich wie schwarz, leuchtend gelb wie weißlich. Dieses weniger lebhafte, farblose Bild scheint den Vorteil zu haben, daß von den optischen Eindrücken besonders alle Bewegungen auffallend gut wahrgenommen werden. Daher wird ein sich bewegender Jäger leicht eräugt. Nur wenn er regungslos verharrt, kann er in einer ihn etwas schützenden Umgebung nicht erkannt werden. Das Unvermögen, einen ruhig stehenden Menschen als solchen zu erkennen, geht soweit, daß keine Reaktion ausgelöst wird, wenn sich die Gefahr nicht durch Winden oder Vernehmen bestätigt.

Um die an sich schwachen Gesichtseindrücke des Schwarzwildes noch mehr auszuschalten, muß der Jäger in seiner Kleidung unauffällig sein, und zwar besonders in den Helligkeitswerten. Das leuchtende Rot, das in Amerika Vorschrift ist, um einen Jäger dem anderen auffällig zu machen, erscheint für das tierische Auge farblos und grau in der Landschaft, stört also gar nicht. Ein dunkelgrüner Lodenmantel aber hebt sich gegen lichtere schilfgrüne, gelbliche und hellgraue Farbtöne in der Natur deutlich ab. Daher hat schon Hermann Löns scherzhaft den zünftigen Waidmann im langen Lodenmantel als auffallende „grüne Stange im Wald" bezeichnet.

Zusammenfassend sei bei Beurteilung ihrer Sinnesorgane darauf hingewiesen: Die Wildsauen leben in einer Welt von Geruchseindrücken, die wenig ergänzt werden durch solche des Gehörs und noch weniger durch die des Sehens. Nach ihrem Hauptsinnesorgan können sie also als Nasentiere bezeichnet werden.

Lebensweise und Verhalten

Im folgenden soll ein Überblick der Verhaltensweisen unserer Wildsauen gegeben werden, und jeder verständnisvolle Leser mag dadurch angeregt werden, eigene Schlüsse zur Beurteilung vom Benehmen des Schwarzwildes bei Jagd und Hege zu ziehen. Zum Verständnis der Ökologie ist es angebracht, kurz zu schildern, wie seine Verhaltensweisen stets in gleicher Weise ablaufen, wobei einige – immer wiederkehrend – dem Wandel der Jahreszeiten genau angepaßt sind.

Wichtig ist zuvor noch der allgemeine Hinweis, warum jedes Tier einer Art sich in der Regel wie ein anderes seinesgleichen verhält. Die Ursachen dafür sind zweierlei. Die Handlungen erfolgen angeboren aus Instinkt und werden dann zweckmäßig ergänzt durch erlernte Informationswerte. So sucht ein Frischling bald nach der Geburt das Gesäuge der Bache. Anfangs kennt er nicht die richtige Stelle und tastet umher, manchmal sogar auf dem Rücken, dem Kopf oder Hals (Abb. 13). Dabei lernt er durch Versuch und Irrtum, wo die milchspendenden Zitzen sind und findet sie später schnell immer wieder. Zu dem angeborenen Suchtrieb kommt also das durch Erfahrung

Erworbene. Beides zusammen ergibt dann eine gezielte Handlung. Dies einfache Beispiel zeigt, daß angeborene Instinkthandlungen zu Informationswerten führen, die dann dauernde Gültigkeit bekommen.

Abb. 13. Unerfahrene Frischlinge suchen in den ersten Stunden Zitzen bei der Bache auch an falschen Stellen, lernen aber bald das richtige Saugen

Einige Beispiele ererbter Instinkthandlungen seien gegeben: Jede Bache besitzt als angeborenes Können, ohne es lernen zu müssen, die Fähigkeit, rechtzeitig vor dem Frischen – wie ein Vogel ein kunstvolles Nest – einen warm ausgepolsterten, zum Teil überdachten, seitlich geschützten „Kessel" zu bauen, in dem sie dann ihre Frischlinge geborgen zur Welt bringen kann.

Jeder Keiler, der sich bis dahin einsam hielt, zieht im Spätherbst zur Rauschzeit zu der sonst gemiedenen Rotte weiblichen Wildes, bleibt bei ihr zum Beschlagen rauschiger Bachen und kämpft gegen zu anderer Zeit unbeachtete Rivalen, befolgt also im sexuellen Benehmen fest angeborene Triebhandlungen (Abb. 14, 15, 17).

Das gesellige Verhalten des Schwarzwildes ist einem jahreszeitlichen Wandel unterworfen. Ähnlich wie unser Rotwild sich außerhalb der Brunft nach den Geschlechtern trennt, indem es Rudel aus Alttieren, Kälbern, Schmaltieren und jüngeren Hirschen bildet, während die älteren, reifen Hirsche andere Einstände nehmen, verhält sich das Schwarzwild.

Zu Beginn des Jagdjahres (1. April) ziehen die Bachen einzeln oder zu mehreren in Rotten mit ihren Frischlingen und Überläufern, jedoch ohne Keiler, umher. Diese Gruppe bleibt gewöhnlich zusammen bis zum nächsten Frischen der Bache, gelegentlich auch noch darüber hinaus. Meist gehen aber dann die vorjährigen Frischlinge, nun als Überläufer, ihre eigenen Wege, teils noch vereint, teils nur zu zweien oder dreien, besonders die kräftig entwickelten weiblichen Stücke. Die jungen Keiler werden bald aus der Rotte verdrängt und – ihrem späteren Lebensrhythmus entsprechend – zu Einzelgängern, aber die jungen Bachen bleiben gesellig. Oft bilden mehrere zusammen Rotten unterschiedlicher Größe und Zusammensetzung, wenn vielleicht frühere Wurfgeschwister zusammenhalten, auch wenn sie schon selbst Frischlinge führen (Abb. 27).

Die Frischlinge halten sich möglichst bei ihrer Mutterbache. Miteinander bleiben sie auch dann zusammen, wenn sie verwaist sind, entweder im Verband einer größeren gemischten Rotte oder im ungünstigsten Fall als Frischlingsrotte, die dann meist einem ungewissen Schicksal preisgegeben ist.

Einzeln ziehende Stücke sind fast immer Keiler, denn einsam übriggebliebene weibliche Stücke suchen baldmöglich wieder Anschluß. Nur kurz vor dem Frischen sondern sie sich ab.

Die Größe der Rotten ist abhängig von der Altersstruktur eines Bestandes. Gibt es nur einzelne alte, erfahrene (somit ranghohe) Bachen, bilden sich die – im Hinblick auf Wildschaden so gefürchteten – Großrotten. Ist aber der Bachenbestand gut strukturiert und die Zahl der „Führungsbachen" größer, steigt die Anzahl der Rotten; jede Bache bildet mit ihren Familienmitgliedern eine eigene (kleinere) Rotte.

Die Kopfzahl beträgt in der Regel bis zu zehn, manchmal bis dreißig. Wenn sich aber mehrere solcher Rotten an einer Stelle mit reichlicher Mast oder in besonders günstigem Einstand einfinden, können zeitweise 50 Stück und mehr zusammenkommen. Das Schwarzwild einer ganzen Gegend ist dann zeitweise auf kleinstem Raum unter mastschüttenden Eichen und Buchen konzentriert. Die größte in der Eifel kurz nach

Abb. 14. Rauschzeit (November/Dezember). Die rauschige Bache „steht"

Abb. 15. Nach dem Beschlagen löst sich die Bache sofort wieder vom Keiler. Als typisches Merkmal des starken Keilers ist das Gewaff zu erkennen. Durch die hochgestellten Rückenborsten („Federn") wirkt er noch imposanter

dem Kriege beobachtete Ansammlung gibt LOSENHAUSEN mit 120 Stück an. Dabei handelt es sich nicht um Bildung einer zusammengehörigen riesigen Rotte, sondern um ein lockeres, mehr zufälliges Zusammensein ohne soziale Bindung, für welche der Fachausdruck „Aggregation" geprägt wurde. Innerhalb einer solchen Aggregation gibt es einen wirklichen Zusammenhalt nur zwischen den Stücken der ursprünglich gesondert ziehenden Rotten, im Familienverband.

Jede Rotte Schwarzwild hält stets eine geregelte Rangordnung ein. Dazu äußert sich Z. PIELOWSKI (1976): „Die Keiler stehen höher als die Bachen, Überläufer sind den Bachen unterstellt, und ganz unten in der Hierarchie stehen die Frischlinge. Auch zwischen den Rotten bestehen Dominanzverhältnisse. Rotten mit älteren Bachen sind in der Regel ranghöher als Rotten mit jungen Bachen oder Überläufern. Ansässige Rotten sind dominant zu fremden Rotten oder Einzeltieren. Bei Keilern hat meistens die Stärke Einfluß auf ihre Rangstellung; bei Bachen nicht unbedingt. Hier scheinen auch psychische Eigenschaften ausschlaggebend zu sein. Daraus geht hervor, daß die Schwarzwildpopulationen durch eine ausgeprägte Sozialstruktur gekennzeichnet sind."

Beobachtungen in Gehegen oder bei Fütterungen im Revièr lassen darauf schließen, daß mit dem höheren Alter auch eine höhere Rangordnung verbunden ist. Das gilt jedoch nur, solange sie gesund sind. Durch Krankheit oder Verletzung geschwächte Stücke werden z. B. bei der Futteraufnahme von den anderen – auch von sonst schwächeren – abgedrängt oder vertrieben. Das ist zwar nicht „human", aber Naturgesetz und hat seinen tieferen Sinn im Ausleseprinzip: Das Stärkere setzt sich durch, das Schwache wird ausgemerzt, und die Übertragung von Krankheiten wird vermieden im Interesse der Arterhaltung.

Sauen sind überwiegend bei Dunkelheit rege, aber wohl nicht von Natur aus Nachttiere, sondern beeinflußt durch die Störungen bei Tage. Bei Licht liegen sie daher meist gut verborgen in Dickungen oder im Schilf im Kessel dicht nebeneinander, wobei sie sich gegenseitig wärmen, denn das Schwarzwild ist auffallend wärmeliebend. Dies mag vielleicht damit zusammenhängen, daß unser einheimisches Wildschwein als einzige Schweineart in nördliche, kältere Breitengrade vorgedrungen ist, während seine Verwandten in den Tropen und Subtropen vorkommen. An das kältere Klima hat es sich angepaßt durch eine isolierende Fettschicht und seine dichte Schwarte mit Unterwolle und Borsten, aber es ist in „Erinnerung" an seinen tropischen Ursprung auch heute noch unser wärmebedürftigstes Wild (Abb. 16, 18).

Damit hängt wahrscheinlich dieses angeborene, bei unseren Wildarten einmalige Verhalten der Sauen zusammen, beim Ruhen körperlichen Kontakt zu nehmen, indem sie sich gern ganz nah aneinander legen und sich so gegen die Witterung schützen. Gern schieben sie sich an trockenen Erhebungen von Bruch und Schilf oder an sonnigen Hängen ein, möglichst dort, wo es warm und windstill ist. Bei umspringenden oder neu auftretenden kühlen Winden werden deswegen gewohnte Lager verlassen und woanders günstigere aufgesucht. Dies zu beachten ist für Jäger und Heger wichtig, wenn sie das Wild finden und bestätigen wollen. Die Sauen sind gar nicht so unstet wie ihnen oft nachgesagt wird. Bestimmte Rotten, die sich wiedererkennen lassen an einzelnen markanten, z. B. gescheckten Stücken, trifft man immer wieder im selben Revier, wenn auch nicht immer an derselben Stelle. Das ist bedingt durch die Größe ihres Reviers und durch ihre Klugheit. Innerhalb ihres Aktionsradius suchen sie sich jeweils die Einstände aus, wo sie ungestört sind und sich – je nach Witterung – am wohlsten fühlen und ebenso die Fraßplätze, wo sie – je nach Jahreszeit – die schmackhafteste Nahrung finden. Wenn man sich die Mühe macht, sich in die Lage einer Sau hineinzuversetzen, lassen sich da durchaus Gesetzmäßigkeiten erkennen wie bei anderen Wildarten – auch beim Einhalten bestimmter Wechsel.

Zu Beginn des Frühjahrs, kurz vor dem Frischen, sondern sich die hochtragenden Bachen einzeln von der Rotte ab, jede sucht sich einen ungestörten Einstand, in dessen unmittelbarer Nähe keine anderen Sauen, auch nicht die eigenen Frischlinge des Vorjahrs, geduldet werden.

Abb. 16. Sauen sind wärmebedürftig. Besonders Frischlinge sind empfindlich gegen Kälte und Nässe. Beim Ruhen liegen sie dicht gedrängt beisammen, halten Kontakt und wärmen sich gegenseitig

Das Frischen des Schwarzwildes ist zeitlich nicht so streng begrenzt wie die Setzzeit bei unserem anderen Schalenwild. Die eigentliche Rauschzeit ist im November und Dezember, das Frischen 16–18 Wochen später, also meist im März und April. Aber anders als beim Hirsch und Rehbock, die normalerweise alljährlich längere Perioden nicht befruchtungsfähig sind, da sich der männliche Samen nicht voll entwickelt, bleibt der Keiler zu jeder Zeit zeugungsfähig. Wenn also bei guter Mast in manchen Jahren die Bachen zum zweitenmal rauschen und sogar Frischlinge im ersten Lebensjahr schon geschlechtsreif werden, kann der Beschlag zu jeder Zeit fruchtbar stattfinden und ebenso infolgedessen auch das Frischen. Dazu wählt die Bache eine warme, geschützte Stelle und baut dort meist in einer flachen Mulde erstaunlich kunstvoll ihren Kessel.

Einen solchen fand ich am Müritzsee in Mecklenburg in einem trockenen Schilfgürtel. Er hatte in der Mitte eine mit Moos und Schilfstücken ausgepolsterte Mulde von 1 × 1,50 m, umgeben von einem hohen Rand, der aus 40–50 cm hoch gepackten Schilfstücken bestand. Obenauf lagen ringsherum grüne, frisch abgebissene, aus einer nahen Schonung herbeigeholte Kiefernzweige. Die sieben Frischlinge hatten sich seitlich unter das Dach geschoben und wurden von mir erst entdeckt, als ich den Kessel genau untersuchte. Die Bache war vorher wohl bei meiner Annäherung unbemerkt verschwunden. Zu meiner Überraschung fand ich 30 m neben dem ausgebauten Kessel ein zweites einfaches Lager, aus dem zwei Überläufer herausspritzten, die wohl seit dem vorigen Jahr zu ihrer Mutterbache hielten und sich deshalb so nahe, wie sie von ihr geduldet wurden, eingeschoben hatten.

Um zu beobachten, wie der Nestbau in angeborenem Können als Instinkthandlung erfolgt, habe ich in der Freisichtanlage des Berliner Zoologischen Gartens den Bachen allerlei Baumaterial hingelegt. Sie beachteten es kaum bis kurz vor dem Frischen. Dann schafften sie das umherliegende Laub, Stroh, dünne Zweige, Kiefernreiser in eine vorhandene, von ihnen noch vertiefte Mulde. Hier zerbissen sie einen Teil davon ganz klein zu einer weichen Unterlage, während sie das andere Material ringsherum hoch auftürmten, so daß ein geräumiges Nest mit erhöhten Rändern entstand, genauso wie das an der Müritz in freier Wildbahn.

Infolge der angeborenen Triebhandlung des Nestbaus der Bachen kommen die Frischlinge fast immer in einem trockenen, warmen Unterschlupf zur Welt, wo sie in den ersten Tagen ihres gefährdeten Daseins gut verborgen, gegen Feinde und Wetter geschützt, aneinander geschmiegt und schlafend verbleiben. Erst nach einigen Tagen werden sie munterer und entfalten mit der Zeit ein erstaunliches Leben. Wenn sie ungestört bleiben, sind sie ununterbrochen rege, jagen einander im vollsten Tempo, führen nebeneinander, wie später die Keiler, seitliche Scheinkämpfe, stoßen sich gegenseitig in die Seiten, und zwar oft so heftig, daß sie beiseite fliegen oder vom Boden hochgehoben werden. Dabei quietschen einzelne laut auf.

Genau untersuchen sie die Mutter, rupfen an ihr herum oder klettern auf sie hinauf, sobald sie sich niedertut. Wenn sie hungrig werden und Milch begehren, quieken sie und stoßen kräftig in das Gesäuge der Bache, bis sie stillsteht oder liegenbleibt und die Nahrungsquelle freigibt (Abb. 9).

Dieses lebhafte Getummel herrscht, bis die Frischlinge müde sind oder aber die Bache bei nahender Gefahr ihr kurzes, warnendes Schnauben ausstößt. Dann sammelt sich die Rotte in größter Eile und verharrt augenblicklich regungslos, so daß von ihrem Vorhandensein kaum etwas zu bemerken ist, denn die Farbe der Frischlinge, rotbraun bis gelbbraun mit weißen Längsstreifen, ist weniger auffallend, als man gemeinhin annimmt. Ebenso wie die hellen Flecken bei Rehkitzen oder Rotwildkälbern wirken die Streifen konturenauflösend als Tarnfärbung, so daß das Jungwild im Wechsel von Licht und Schatten zwischen welkem Laub, Kraut und Gräsern schwer auszumachen ist, wenn es sich nur ruhig verhält. Und dieses bewegungslose Zusammenducken bei Gefahr, das Drücken, ist ihnen genauso angeboren wie auch anderen Wildarten.

Den warmen Unterschlupf verlassen sie anfangs nur zeitweise, um der Mutter kurze Strecken zu folgen. Doch immer wieder kehren sie in den Kessel zurück. Nach und nach zieht die Bache mit ihnen dann weiter weg zu geeigneten Fraßplätzen oder Einständen, wobei eine enge Bindung mit den Frischlingen bestehen bleibt. Der schützende mütterliche Verteidigungstrieb der führenden Bache ist desto stärker, je jünger und kleiner die Frischlinge sind, so daß anfangs sogar harmlose Tiere und Menschen in der Nähe angegriffen werden, auch wenn ihr Herankommen ganz zufällig und unabsichtlich geschah.

Sobald die Frischlinge größer werden, können sich auch Überläufer, also die Geschwister vom Jahr zuvor, wieder einfinden. Gelegentlich gesellt sich eine andere Bache mit ihren Frischlingen dazu, so entstehen größere Rotten von 20–30 Stück und mehr. Aber es halten sich die einzelnen Familien meist doch etwas getrennt, und jede Bache läßt in der Regel nur ihre eigenen Frischlinge saugen.

Die Frischlinge, deren Streifung allmählich immer schwächer wird und in ungefähr vier Monaten ganz verschwunden ist, wachsen überraschend schnell heran. Bei ihrer Geburt wiegen sie etwa 700–800 (bis 1200) g, acht Wochen später schon vier bis fünf kg und zu Beginn des Winters 15–30 kg, ausnahmsweise auch bis über 50 kg, wobei die großen Gewichtsunterschiede in demselben Vorkommen sich dadurch erklären, daß es sich um frühe oder späte Würfe des betreffenden Jahres handelt. Bei Angaben von Frischlingsgewichten können und sollten auch richtige Angaben des Alters gemacht werden, weil dies bis zu zwei Jahren recht genau nach dem Wechseln der einzelnen Milchzähne feststellbar ist (s. S. 173, Altersbestimmung).

In dieser Zeit, also vom Vorfrühling bis zum Winterbeginn, sind die Keiler Einzelgänger, die weit umherstreifen und schwer auszumachen sind. Besonders im Alter nach vielerlei schlechten Erfahrungen bleibt jeder verborgen und unsichtbar, wird nur bei dunkler Nacht rege, so daß oft allein seine starke Fährte die Anwesenheit dieses urigsten Vertreters unseres heimischen Wildes verrät. Der Waidmannspruch, der für den Feisthirsch geprägt ist, paßt ebenso für ihn: „Das Hauptschwein ist ein Waldgespenst, das du nicht siehst und du nicht kennst."

Im Herbst, wenn allmählich die Blätter bunt werden und fallen, sobald die erste Kälte einsetzt, beginnt Ende November, Anfang Dezember die Rauschzeit. Jetzt tritt der Keiler zur Rotte der Bachen. Zuerst mögen sich jüngere Keiler einfinden, um in der Nähe oder innerhalb der Rotte ihre Fährte zu ziehen. Es kommt dann aber früher oder später der Augenblick, an dem ein starker Keiler erscheint und als Hauptschwein innerhalb der Rotte durch seinen kräftigen Körper besonders gewaltig wirkt. Der enorme Größenunterschied ist dadurch noch besonders ausgeprägt, daß auf dem Rücken lange Borsten, die sogenannten „Federn" hochstehen (Abb. 15, 17). Dadurch wirkt er auf Nebenbuhler imponierend und so abschreckend, daß Schwächere vor einem Kampf zurückweichen und oft allein durch die Anwesenheit des Starken vertrieben werden. Treffen sich aber gleichstarke Bassen, so kann es Kampf auf Leben und Tod geben. Mit weißem Schaum vor dem Gebrech, laut und furchterregend mit

Abb. 17. Zwei rivalisierende Keiler beeindrucken einander durch Klappen mit dem Gebrech und versuchen, sich gegenseitig von der Seite her zu schlagen

dem Gewaff wetzend, stehen sich die Nebenbuhler gegenüber, gehen aufeinander los, ziehen aber dann oft als Einleitung zum Kampf scheinbar friedlich Seite an Seite dicht nebeneinander hin. Dies wurde manchmal fälschlich als erstaunliche Harmonie in der Rauschzeit gedeutet, während es in Wirklichkeit der böse Beginn ernsten Streitens zu sein pflegt, denn allein in dieser Stellung nebeneinander und nicht von vorne können die Gegner ihre gefährlichen Hiebe, die nur von der Seite möglich sind, anbringen. Die Abwehr erfolgt mit dem Gebrech, wobei nicht selten durch das heftige Zusammenprallen Haderer und Gewehre splittern – zum Leidwesen der Jäger, die sich dieses Gewaff lieber unversehrt als Trophäe an die Wand hängen.

Die Waffen des Keilers dienen zum Kampf mit Rivalen, denn man kann leicht beobachten, daß jedes Wildschwein fast nur mit dem vorderen Wurf wühlt. Die scharfen Kanten der Waffen werden also nicht durch täglichen Gebrauch abgenutzt, sondern bleiben messerscharf zum Zweck, entscheidend bei den Auseinandersetzungen in der Rauschzeit zu wirken. Es ist also möglich und wahrscheinlich, daß in früheren Zeiten der ungebundenen Freiheit eine Auslese auf starke Waffen durch den Kampf der Keiler untereinander stattfand und vielleicht auch noch heute stattfindet.

Wenn es nämlich gelingt, dem Nebenbuhler schwere Treffer mit besserem Gewaff beizubringen, so wird dieser dadurch aus der Rotte verdrängt, und wenn nicht immer, so doch meistens gelangt der Bestbewaffnete zum Beschlagen der Bache und zur Vererbung, möglicherweise auch der guten Trophäe.

Während der Rauschzeit kommen manche schwere, auch tödliche Wunden vor, und die Narben alter Keiler geben Zeugnis von diesen ernsten Kämpfen.

So berichtet ERICH GALLASCH 1949: „Ein grober Keiler wechselt im Revier dauernd im Kreis umher, flieht Bäume an, schlägt um sich und gebärdet sich wie toll. Aus naher Entfernung durchs Fernglas betrachtet, erkennen wir, daß er am Haupt, das vollkommen verschwollen ist, stark schweißt. Der Keiler war von seinem Gegner mit einem einzigen Hieb von der Seite quer über die Lichter zuschanden geschlagen worden, beide waren ausgelaufen.“ Ein andermal stand derselbe Beobachter vor einem verendeten Keiler mit deutlichen tiefen Wunden am Blatt; doch waren diese nicht die Todesursache, sondern ein gewaltiger Schlag tief in den Rücken war bis in die Nieren durchgedrungen.

Auf dem Blatt können nämlich kaum ins Leben gehende Wunden beigebracht werden, weil die Keiler gerade an dieser Stelle gegen Hiebe wie gepanzert sind. Nicht nur eine meist vorhandene Schicht Weiß schützt, sondern die Schwarte ist an den Seiten über Blatt und Rippen so dick, daß sie, wie früher ein Lederschild beim Kampf menschlicher Krieger, gerade da als Schutz wirkt, wo der Keiler seiner angeborenen Kampfesart entsprechend am meisten gefährdet ist. Unter der Schwarte sitzt eine bis vier Zentimeter starke knorpelige Schicht, und außen bildet sich noch vom Suhlen und Scheuern an Malbäumen eine harte Kruste aus Harz, Sand, Borsten und Wollhaaren. Dieser sogenannte Schild oder Panzer verhalf den derart geschützten Keilern zur Bezeichnung „Panzerschwein“ und begünstigte die Nachrede, gegen Kugeln gefeit zu sein. Manches Blei ist auch schon beim Abschwarten aus dem Schild eines Hauptschweines herauspräpariert worden, meist Flintenlaufgeschosse u. a. mit geringer Auftreffwucht und Durchschlagskraft.

In abgelegenen Einständen, wo sich das Wild sicher fühlt, geht es während dieser Hochzeitstage recht geräuschvoll zu. In der Uckermark saß ich einmal zur Rauschzeit inmitten Boizenburger Kiefernwälder auf einem Sandhügel oberhalb eines dichten, unbegehbaren Erlenbruches, in dem Schwarzwild völlig vertraut sein Wesen trieb.

Die Lautäußerungen dabei verliefen ganz ungestört. Die Keiler gaben ab und zu beim Kämpfen lautes, tiefes, wütendes Brummen von sich, auch war öfters ihr Wetzen zu hören. Dazu meldeten sich getriebene, rauschige Bachen, zwischen dem hellen Quietschen der Frischlinge tönte ihr lautes Geschrei ähnlich dem eines Hausschweines, das abgestochen wird. Außer diesen weithin schallenden Lautäußerungen war dauernd eine leise stimmliche Verbindung vernehmbar als eine Art sozialer Fühlungnahme, die jederzeit besteht oder bestehen kann.

Abgesehen davon haben die Wildsauen noch ein äußeres Zeichen der Verbindung zueinander während der Flucht: Sie stellen den Pürzel steil hoch, so daß er ganz auffällig auch für ihren nicht so sehr ausgeprägten Gesichtssinn sichtbar wird. Dieses Zeichen zeigt an, wohin die Flucht geht, ähnlich dem weißen Spiegel des Rehwildes, der als Schlußlicht wirkt.

Nahrung

Sauen sind Allesfresser, die zwar mehr Pflanzennahrung bevorzugen, aber auch tierisches Eiweiß von Warmblütern und Insekten benötigen und zu sich nehmen.

Als Grund dafür, daß sich die Art „Wildschwein" *(Sus scrofa)* von Westeuropa bis Ostasien, also über den großen Teil eines Gürtels unserer Erdkugel verbreiten konnte, muß gelten, daß sie abgesehen von der Anpassung im Verhalten auch in der Ernährung dazu befähigt ist. Letztere ist außerordentlich vielseitig, denn jedes Wildschwein kann unter gewissen Bedingungen vorwiegend vegetarisch, dann aber auch zu anderer Zeit mehr animalisch leben.

Als pflanzliche Nahrung verwertet das Schwarzwild zunächst die Baumfrüchte des Waldes, zuerst Eicheln, dann Bucheckern, unterirdische Pflanzenteile wie Wurzeln, Knollen, Zwiebeln und daneben oberirdische grüne Pflanzenteile, bestimmte Süßgräser, z. B. Drahtschmiele und *Calamagrostis*-Arten (Landrohr, Reitgras u. a.) sowie Beeren. Von den Feldfrüchten werden bekanntlich bevorzugt: Kartoffeln, Mais, Rüben und grünes Getreide (Milchhafer), in Wiesen Kleearten und Löwenzahn. (Die für den Landwirt unerfreuliche Wühlarbeit gilt hier aber meist den Mäusen, Insekten und Würmern.)

Beim Austrocknen von Gewässern nimmt es gern die dicken Knollen der Seerosen, Schilfarten und andere Sumpf- und Wassergewächse – und die im Schlamm steckenden Fische auch gleich mit.

Schon Oloff (1951) und danach andere Autoren haben auf das ausgesprochene Wahlvermögen hingewiesen. Es wird nicht gleichmäßig alles gefressen, was kommt und zu der breiten Nahrungspalette der Sauen gehört, sondern – wenn möglich – sehr sorgfältig ausgewählt. Dementsprechend werden auch bei der Nahrungssuche bestimmte Ziele angesteuert. Zunächst wird das aufgenommen, was ihnen am meisten zusagt (Eicheln), wobei – wie bei Feinschmeckern – auch noch kleine Geschmacksunterschiede eine Rolle spielen. So bevorzugen sie z. B. bei Eicheln die unserer einheimischen Eichenarten vor denen der (aus Nordamerika stammenden) Roteiche und bei Kartoffeln ganz bestimmte Sorten, während sie andere (solange sie die bessere Sorte kriegen können) verschmähen. Bei Massenangebot einer schmackhaften Nahrung kann diese zeitweilig überwiegen. Doch auch dann wird für Abwechslung gesorgt, indem tierische Kost durch pflanzliche angereichert wird und umgekehrt.

Als animalischer Fraß wird das Verschiedenartigste verwertet, angefangen bei kleinen Säugern wie Mäusen (seltener Spitzmäuse), bis zu Kitzen, auch verendetes Wild bis zum Aas der eigenen Artgenossen. So mancher Jäger, der seinen Rehbock am Abend nicht mehr zur Strecke bringen konnte, fand am anderen Morgen nach erfolgreicher Nachsuche nur noch Teile davon vor, wenn eine Rotte Sauen da nachts vorbeigekommen war. Mäuse werden am häufigsten aufgenommen, wie die vielen auffällig sichtbaren Grabungen danach erweisen. Oloff (1951) und Bobak (1957) fanden in Wildschweinmägen bis zu einem Drittel des Inhalts Mäuse. E. Schneider (1975) berichtet über eine Fallwilduntersuchung: „Am 5. November 1974 wurde im Institut für Wildforschung und Jagdkunde der Universität Göttingen ein Überläufer von unaufgebrochen 77 kg Gewicht zur Untersuchung eingeliefert. Es ergab sich, daß er an akuter Vergiftung durch Giftweizen verendet war. Um dies festzustellen, wurde der Mageninhalt genauer untersucht. Letzterer wog eineinhalb kg und bestand aus einem Klumpen von Mäuseresten, umgeben von viel gefärbtem Giftweizen. Die nähere Untersuchung der Mäusereste ergab an Hand der aufgefundenen Köpfe, Extremitäten und Schwänze mit Sicherheit 26 Stück erwachsene Tiere. Es waren 25 Feldmäuse und eine Brandmaus. Der Gewichtsanteil am gesamten Mageninhalt betrug mehr als die Hälfte der Gesamtmasse."

Dieser Überläufer hatte zur Zeit einer Mäuseplage diese Nager als Nahrung bevorzugt. Ein derartig hoher Anteil von Mäusen mit mehr als der Hälfte des Mageninhalts wurde bisher noch nicht beschrieben, aber ein Drittel dürfte öfter festzustellen sein.

Von anderem animalischem Fraß kommt ein derartiger Massenanteil nur bei Insekten vor. Zur Freude des Forstmannes werden auch die in der Bodenstreu überwinternden Entwicklungsstadien von forstlichen Großschädlingen aufgenommen, wie z. B. Engerlinge des Maikäfers, Raupen vom Kiefernspinner, Puppen von Kiefernspanner und Forleule sowie Blattwespenkokons. Meist ist dies keine zufällige Gelegenheitsbeute, sondern es wird systematisch danach gesucht. Daher kommen auch beachtenswerte Mengen zusammen. So wurden z. B. im Magen eines Keilers – nach einer maximalen Fraßzeit von etwa drei Stunden – ungefähr 900 Maikäfer-Engerlinge gefunden! Großkalamitäten von Forstinsekten in Nadelholz-Reinbeständen kann allerdings auch ein starker Schwarzwildbestand nicht verhindern, höchstens verzögern oder – im Zusammenwirken mit anderen Faktoren – vielleicht eindämmen. Denn durch ihre Massenvermehrung können Insekten, bei mehreren Generationen im Jahr, ihre Zahl vertausendfachen. Da helfen als natürliche Feinde nur solche aus der gleichen Tierklasse, also wiederum Insekten mit gleichstarker Vermehrungspotenz, z. B. Schlupfwespen oder andere Parasiten.

Ansonsten besteht die animalische Nahrung des Schwarzwildes noch aus nichtflüggen jungen Vögeln, Eiern von Bodenbrütern, verschiedenen Reptilien wie Eidechsen und Schlangen, auch Schnecken und Regenwürmern. Als zeitweise größter Anteil wird Aas von gefallenem Wild oder von Haustieren, wie Pferd und Rind, aufgenommen. In ostpreußischen Revieren z. B. wurden früher (als in einem dünn besiedelten Gebiet die seuchen-polizeilichen Bestimmungen noch nicht allzu scharf waren) in strengen Wintern gern Pferdekadaver oder andere den Sauen zum Fraß in den Wald gebracht, als Winterfütterung – eine Hegemaßnahme.

Vom hungrigen Schwarzwild wird oft auch lebende, größere Beute gegriffen, wie junge Hasen, Rehkitze und wenn möglich sogar Dam- und Rotwildkälber, nicht etwa nur frisch gesetzte, noch fluchtunfähige, sondern auch ältere werden verfolgt und, wenn es gelingt, gerissen. Ein Fall ist verbürgt, in dem ein angeschossener Rehbock von Sauen gehetzt wurde. Aus seinem Wundbett aufgemüdet, wurde er, wie die Schweißfährte zeigte, hin und hergetrieben, bis er den Verfolgern erlag. Das Wildpret war von den Knochen verschwunden, diese selbst lagen zwar zerstreut umher, aber weitgehend erhalten. Dies ist typisch für die Freßweise des Schwarzwildes, welches zwar die weichen Teile eines größeren Säugetieres völlig abreißt, aber starke Knochen des Skeletts nicht zerbeißen kann. Sauen können somit wie richtige Raubtiere auch angeschossenes, krankes Großwild anfallen, um es aufzufressen. Die Nahrung ist also überraschend abwechslungsreich.

Genaue Untersuchungen mit wertvollen Ergebnissen über die Ernährungsbiologie des Schwarzwildes führten das Institut für Jagdwissenschaft an der landwirtschaftlichen Hochschule in Warschau sowie das Forschungsinstitut der polnischen Staatsforsten durch. Sie stützten sich auf die Analyse von einigen hundert Mägen. Die Nahrungszusammensetzung war ungefähr folgende (nach L.Heck):

Pflanzliche Nahrung	Anteil in %	*Tierische Nahrung*	Anteil %
Eicheln	36,6	Aas	3,2
Kartoffeln u.a. Hackfrüchte	21,5	schädliche Insekten	1,4
Getreidekörner und andere Samen der Kulturpflanzen	16,1	andere Insekten	0,4
Grünäsung	9,5	Regenwürmer	0,4
Wurzeln, Knollen usw.	3,5	Mäuse, Wühlmäuse	0,3
Samen anderer Holzarten (Buche, Hainbuche, Linde)	1,4	Amphibien (Frösche)	0,1
Früchte und Beeren	0,3	Sonstiges	1,8
Farn (Wurzeln des Adlerfarns)	0,2		7,6
Schachtelhalm	0,1		
Moose	0,1		
Pilze	0,1		
	92,4		

Es wurde also als Hauptbestandteil pflanzliche Nahrung mit über 90 % festgestellt.

Andere Untersuchungen der Nahrungszusammensetzung brachten ähnliche oder wieder davon stark abweichende Ergebnisse. So betrug z. B. in einem durch Forstinsekten schwer befallenen Revier in einem gewissen Zeitraum der Anteil an tierischer Nahrung 89 % zu 11 % pflanzlicher. Hier hatte sich also das Schwarzwild in seiner Nahrungswahl vorübergehend weitgehend auf das Angebot umgestellt. Die tierische Nahrung bestand zu 97 % aus den schädlichen Forstinsekten.

Zusammenfassend kann man sagen, daß die vielseitige Nahrung der Sauen in ihrer Zusammensetzung sehr stark wechselt in Abhängigkeit vom jeweiligen Angebot ihres Lebensraumes, der Jahreszeit, der Witterung und anderen Faktoren (z. B. Massenvermehrung von Mäusen und Insekten, Feldbestellung, Störungen usw.). Im ganzen Jahresablauf dürfte die pflanzliche Nahrung mit etwa 80–95 % überwiegen.

Für den Wald und die Forstwirtschaft wird Schwarzwild auf Grund der zuvor beschriebenen Ernährungs- und Lebensweise nach allgemeiner Ansicht als nützlich bezeichnet. Es nimmt als Fraß im Überfluß vorhandene Waldfrüchte und indifferente Pflanzen. Es vertilgt schädliche Mäuse und Forstinsekten. Und außerdem wirkt sich noch die mit der Nahrungssuche verbundene „Bodenbearbeitung" günstig aus, indem die Zersetzung der Bodenstreu gefördert und für viele Baumarten, deren Samen in den Mineralboden gelangen muß, ein günstiges Keimbett geschaffen, also eine natürliche Verjüngung ermöglicht wird. Grundsätzlich ist das zunächst richtig.

Der Forstmann – in den meisten Fällen Waldbauer und zugleich Jäger und Heger und damit oft in einer Konfliktsituation – ist heute weit davon entfernt, die im Walde lebenden Tiere nach fragwürdigen ökonomischen Maßstäben in „nützlich" und „schädlich" einzuteilen und letzteren etwa die Daseinsberechtigung abzusprechen. Dennoch sollte obige Vorstellung etwas berichtigt werden. Daß das Schwarzwild Insektenkalamitäten nicht verhindern kann, wurde schon begründet. Die Bodenverwundung kann heute, da die Forsten fast ausschließlich künstlich verjüngt werden, höchstens noch einigen Mischhölzern zugute kommen, spielt also praktisch keine Rolle. Sie wird aber dort zum Verdruß, wo Waldwiesen, Wildäcker oder Wege – selbst mit Schotter befestigte – umgebrochen werden. Eichensaaten können durch Sauen vernichtet werden, vereinzelt werden auch junge Heisterpflanzen herausgewühlt oder abgebissen und oft auch die daran angebrachten Fegeschutzmanschetten abgerissen. Vielleicht aus Übermut? Ein paar Schritte weiter bleiben sie dann liegen, gekerbt von den Zähnen einer Sau. Bis hierhin mag sich Nutzen und Schaden noch die Waage halten. Der größte – indirekte – Schaden entsteht jedoch dadurch, daß die Sauen immer wieder die Kulturgatter kaputt machen, also die zum Schutz gegen andere Wildarten errichteten Zäune. Sie haben es nicht nötig, solche Hindernisse auf ihrem Wechsel zu umgehen und durchbrechen sie einfach da, wo sie hindurch wollen. Has, Reh usw. folgen durch diese Löcher, und der ganze teure Zaun ist wirkungslos, der Kulturerfolg in Frage gestellt.

Es gibt kaum einen forstüblichen Zaun, der „schwarzwildsicher" wäre. Auch das Verankern des Maschendrahtes im Boden, damit er nicht hochgehoben wird, oder das Verstärken durch Stacheldraht nützt nur vorübergehend. Die Saugatter früherer Zeiten waren deshalb unten durch Einlassen von Steinplatten oder Eichenbohlen gesichert, und diese standen so eng beieinander, daß Frischlinge nicht durchschlüpfen konnten. In besonderen Fällen kann man sich damit helfen, in die Kulturzäune sogenannte „Sauklappen" einzubauen,die nur von groben Sauen aufgestoßen werden können. Um den Frischlingen das Nachfolgen zu erleichtern, empfiehlt es sich, zusätzlich engstrebige, starre Roste in die Zauntrasse einzusetzen.

Abb. 18a. Sauen respektieren keine Kulturgatter! „Sauklappen" erlauben ihnen zu eingezäunten Flächen den Zugang, den sie sich sonst gewaltsam verschaffen. (Aus Ueckermann, Der Schwarzwildabschuß, Hamburg, Berlin: Paul Parey 1978)

Dennoch ist dieser Schaden im ganzen gesehen für die Forstwirtschaft noch am ehesten tragbar, und der Forstmann sieht Schwarzwild in seinem Revier deshalb am liebsten, weil es von allen wichtigen Wildarten den geringsten Schaden verursacht.

Im Feld dagegen bringt die Nahrungssuche des Schwarzwildes oft beträchtlichen Schaden. Besonders nachteilig ist die bevorzugte Aufnahme von Kartoffeln, namentlich wenn es sich um Saatkartoffeln handelt oder wenn in einer nachfolgenden Getreidesaat die im Boden verbliebenen Kartoffeln „nachgelesen" werden. Die Plünderung der Mais- und Getreidefelder, das Umbrechen von Wiesen und jungen Saaten bei der Suche nach der im Boden befindlichen Nahrung kann zur Plage ausarten.

Die besten natürlichen Ernährungsbedingungen für das Schwarzwild bietet der Wald, insbesondere im Herbst, wenn Eichen und Buchen ihre Mast streuen. Dann kann es schnell an Feist zunehmen und sein Weiß als Reserve für den Winter ansetzen. Da eine Vollmast meist nur kurze Zeit Fraß in Hülle und Fülle bietet, ist das Schwarzwild körperlich daran angepaßt und kann riesige Mengen Nahrung schnellstens aufnehmen. Die Sauen sind schnell gesättigt und liegen dann, ohne sich viel zu bewegen oder umherzuziehen, irgendwo in eine Dickung eingeschoben. In dieser Zeit scheint ein gut besetztes Revier völlig wildleer zu sein. Der erfahrene Heger deutet dies mit Recht als gutes Zeichen für vorhandene reichliche Äsung (Abb. 18b).

Eine meist wenig beachtete schwere Notzeit für das Schwarzwild ist der Frühsommer. In der Winterzeit kann es, solange keine allzu hohen Schneelagen eintreten, noch oberflächlich vorhandene Nahrung finden, so in Mischwäldern gegebenenfalls Eicheln

Abb. 18b. Bei guter Mast wird viel „Weißes" angesetzt (bis zu einem Drittel des Gesamtgewichts!) – ein Fettpolster, von dem in den kargen Wintermonaten gezehrt werden kann und das neben der dichten Winterschwarte zugleich als Kälteschutz dient. Pürzel und Quaste sind besonders lang und kennzeichnen den alten Keiler

und Bucheckern aufnehmen. In rein natürlicher, ökologisch günstiger Umwelt, im Urwald von Bialowis fand ich seine Lebensbedingungen im Februar günstiger als etwa im Frühsommer, im Juni, weil im dortigen Kontinentalklima bei meist geringen winterlichen Niederschlägen unter einer sehr dünnen, lockeren Schneedecke massenhaft Eicheln lagen, die trotz bitterer Kälte genug leicht erreichbare Mast boten. Da in unseren auf Ertrag bewirtschafteten Wäldern aber die mehr Nutzholz produzierenden Nadelholzbestände vorherrschen und Laubholz nur in geringerem Umfang vorkommt, gibt es viele Reviere, in denen selbst reichste Vollmast einzelner Eichen und Buchen einen Winter lang kaum als Fraß ausreicht. Daher ist für die Wildsauen bei uns der Winter die Notzeit des Jahres. Sobald der Boden zufriert und ein Aufbrechen nicht mehr möglich ist, genügt die meist spärliche Oberflächennahrung kaum noch. Existenzbedrohend wird aber diese Wintersnot, sobald eine höhere Schneelage entsteht.

Die hohen Wildschäden, die in Schwarzwildrevieren immer wieder zu verzeichnen sind, entstehen wie bei vielen anderen Wildarten in der Regel aus Mangel an natürlicher Äsung. Vor allem im Frühjahr, wenn die überwinternden Samen und Früchte wie Bucheckern und Eicheln gekeimt sind, stehen die Sauen plötzlich vor dem Nichts.

Selbst an Grünäsung, und sei es nur frisches Gras, fehlt es dann in vielen unserer Wälder. Gerade dann richten Wildsauen auf Feldern den schwersten Schaden an, was ja ein Grund dafür war, daß sie in weiten Gebieten Deutschlands ausgerottet wurden.

Die angebliche mangelnde Standortstreue, die unberechenbare, unstete Lebensweise des Schwarzwildes ist wohl auch auf diese Verfolgung, aber mehr noch auf das unterschiedliche, jahreszeitlich stark wechselnde Nahrungsangebot zurückzuführen. Auch seine körperliche Entwicklung und die Vermehrungsquote werden entscheidend davon beeinflußt; das Gewicht ist weit stärker von der Ernährung abhängig als vom Alter.

Wie hoch man in der Wildbahn den gesamten Tagesbedarf einer Sau nach Gewicht und Menge veranschlagen muß, ist schwer anzugeben. Genauere Feststellungen stammen aus Zoologischen Gärten und sind für ein erwachsenes Stück wohl richtig mit ungefähr vier kg ermittelt, was die meisten Tiergärtner als Grundlage ihrer Fütterung einsetzen, wobei für den Keiler etwas mehr, für die Bache etwas weniger gerechnet wird. In der Wildbahn wechselt das Gewicht der täglichen Nahrung je nach den Umständen in den verschiedenen Jahreszeiten besonders stark. Wenn im Herbst überreichlich Eicheln oder Bucheckern verdaut werden, so ist in wenigen Wochen eine für die knappe Winterzeit notwendige Reserve an Weiß (Fett) entstanden, die es den Sauen ermöglicht, zeitweilig mit nur wenig oder fast ohne Futter auszukommen.

Über genauere Versuche berichtet E. Ueckermann (1971):

„Zur Ermittlung des Nahrungsbedarfs des Schwarzwildes stand uns ein Keiler im Gehege zur Verfügung. Er nahm im Alter von zwei Jahren maximal 2,3 kg Trockensubstanz, 240 g verdauliches Eiweiß und 1500 Stärkeeinheiten auf, also 4,04 kg/Tag."

Der Erhaltungsbedarf bei einem Durchschnittslebendgewicht von 60 kg wird von ihm mit 0,6 kg Trockensubstanz, 70 g verdaulichem Eiweiß und etwa 450 g Stärkeeinheiten angenommen.

Für freilebendes Schwarzwild wird von ihm für Notzeiten eine Futtermenge von ungefähr eineinhalb bis zwei Kilogramm folgender Zusammensetzung empfohlen:

1. 1,5 kg Gehaltsrüben (zerstoßen), dazu
   0,4 kg Gerste oder Gerstenfuttermehl oder Weizen oder
2. 2,0 kg Gehaltsrüben (zerstoßen) und 0,5 kg Eicheln oder
3. 1,0 kg Futterzuckerrüben (zerstoßen) und 0,3 kg Mais

Ein solches reichliches Futterangebot wird sich in der Praxis jedoch auf Ausnahmefälle beschränken. Die Wilddichte sollte grundsätzlich so bemessen sein, daß das Wild unter normalen Verhältnissen ganzjährig mit dem natürlichen Nahrungsangebot auskommt. Im Abschnitt Hege wird noch näher darauf eingegangen, wieweit Zufütterung in Notzeiten und zur Schadensabwehr angebracht ist.

Vermehrung und Übervermehrung

Die Vermehrung wohl keiner anderen Wildart ist so groß und dabei so deutlichen jährlichen Schwankungen unterworfen wie die unseres Schwarzwildes, bei dem sich die Zahl der Frischlinge je nach den ökologischen Verhältnissen ändert. Nach guten Mastjahren, in denen Eiche und Buche viel Tracht bringen, nimmt die Zahl der

Nachkommen so erstaunlich zu, wie man das sonst nur bei kleinen Tieren, Mäusen, Lemmingen usw. kennt, die gut genährt bei jedem einzelnen Wurf bedeutend mehr Junge bringen, als in Normaljahren oder gar in Hungerjahren.

Wie hoch kann nun die Anzahl der Frischlinge eines einzigen Wurfes werden? Darüber sind durch Zählen der noch Ungeborenen einwandfreie Feststellungen gemacht. Oberjägermeister P. Losenhausen (zit. bei Oloff 1951) im Jagdkreis Schleiden in der Eifel meldet bei einer gestreckten Bache 13 Föten und L. Künstler, Wolken bei Koblenz, hat bei einer solchen von 97 kg Wildbretgewicht 17 festgestellt. Das sind Ausnahmen, die sonst nur bei Hausschweinen vorkommen, die 22 Ferkel und mehr werfen, im Durchschnitt aber auch nur etwa zehn (W. u. M. Stubbe 1977).

Dazu ist zu bemerken, daß schwerlich von einer Bache in Freiheit eine so große Anzahl Frischlinge gesäugt werden könnte. Dagegen spricht schon ihre Zitzenzahl von in der Regel zehn, von denen zwei nur gering entwickelt sind. Bei Haustieren ist es zwar möglich, daß mehr Junge aufgezogen werden als Zitzen vorhanden sind, aber als Voraussetzung dafür muß durch besten Futterzustand die Milch so reichlich fließen, daß die stärksten satt werden und hinterher auch noch die schwächeren, die erst abgedrängt werden, deren Zitzen ergreifen können und genug Nahrung bekommen. Eine grobe Bache (ab dreijährig) wirft normalerweise 6–8 Frischlinge, eine Überläuferbache 3–6 und eine Frischlingsbache 1–4. Das kann im Einzelfall und für den ganzen Bestand, wie gesagt, erheblich schwanken entsprechend dem Nahrungsangebot und der körperlichen Entwicklung.

Bei guter Entwicklung werden Frischlinge schon im ersten Lebensjahr beschlagen und frischen ihrerseits schon im Alter von 13–14 Monaten. Sie überspringen also die Entwicklungsstufe des sogenannten Überläufers. (Dieser hat ja seinen Namen – Überläufer oder überlaufende Bache bzw. überlaufender Keiler – gerade daher, daß er ein Jahr übergeht, bevor er in die Altersklassen der geschlechtsreifen Sauen hineinwächst.)

Ferner hat sich erwiesen, daß in klimatisch günstigen Gebieten, unter günstigen Umständen – so nach guten Mastjahren oder milden Wintern – einzelne Bachen zweimal im Jahr frischen können (Oloff 1951). Dadurch mögen sich die öfter beobachteten „zweistufigen" Rotten erklären lassen, die sich aus einer Bache mit Frischlingen zweier verschiedener Größen, also zweier deutlich unterscheidbarer Altersstufen zusammensetzen. Dies wurde früher so gedeutet, daß diese Bache außer den eigenen dazu die verwaisten Frischlinge einer anderen führe, wie es geschieht, wenn von mehreren Bachen, die mit ihren Frischlingen dauernd fest zusammenhalten, eine verlorengeht und deren Frischlinge dann dieser Rotte fest angeschlossen bleiben. Öfter aber sind Frischlinge stark unterschiedlicher Größe, die von einer einzelnen Bache geführt werden, Geschwister von ihren eigenen Würfen, denn es kann der erste zeitlich zu Jahresbeginn, der zweite im Spätjahr liegen (W. u. M. Stubbe 1977).

Im Forstamt Danndorf war 1976 (nach einem Mastjahr) eine standortstreue starke Bache bekannt, die im März acht kräftige Frischlinge führte. Zwei davon wurden im September in der Feldmark erlegt und wogen aufgebrochen schon 16 bzw. 17 kg. Im November führte dieselbe Bache neben den sechs verbliebenen alten Frischlingen (die inzwischen um 25–30 kg hatten) noch sechs kleinere, deutlich braun-weiß gestreifte, etwa fünf Wochen alte. Noch weitere ähnlich gemischte Rotten kamen in diesem Jahr vor, jedoch mit mehreren Bachen, so daß nicht mit Sicherheit gesagt werden kann, ob davon eine zweimal gefrischt hatte oder eine andere verspätet, gegebenenfalls nach Verlust des ersten Wurfs oder als Frischlingsbache. Auch mögen verwaiste Frischlingsrotten dazwischen gewesen sein. Das Verhältnis Bachen zu Frischlingen war meist sehr hoch, 1:8 bis 1:10, und die Rotten waren in diesem warmen Sommer, oft mit 25–35 Stück, auffallend groß.

Die Verluste der Frischlinge sind in ihrer ersten Lebenszeit meist groß, weil eine beträchtliche Anzahl durch Witterung, Unfälle und Raubwild in frühester Jugend verlorengeht. Zwar sind deren große Feinde wie Wolf, Luchs und Bär aus unseren Wildbahnen verschwunden, doch holt sich der Fuchs so manchen, der zu weit von der Bache abgeblieben ist, oder versprengte gehen auf andere Art zugrunde, wenn sie in ein Loch oder einen Graben fallen oder sich sonstwie verirren oder unterkühlen. Gegen naßkalte Witterung sind die Frischlinge sehr empfindlich, entsprechend wirken milde, niederschlagsarme Frühlingsmonate sich günstig aus.

Unter Berücksichtigung derartiger Verluste errechnet OLOFF (1951) als jährlichen Zuwachs für den Solling, ein überwiegend mit Laubwald (10 % Eiche, 50 % Buche u. a.) bestocktes Mittelgebirge im westlichen Deutschland, bei fehlender Mast drei Frischlinge, bei mittelmäßiger Mast fünf, bei Vollmast neun Frischlinge pro Altbache, wobei deren eventuelles zweites Frischen und das von Überläuferbachen oder einzelnen frühreifen Frischlingen eingerechnet ist. Er schätzt die Vermehrung in ungünstigen Jahren also auf 50–60 %, in mittelmäßigen auf 80–100 % und in Mastjahren auf 150 % und darüber – bezogen auf den Frühjahrsstand des gesamten männlichen, weiblichen Wildes und der vorjährigen Frischlinge.

Andere Autoren wie F. NÜSSLEIN rechnen mit etwa 400–500 % Zuwachs bezogen auf den Frühjahrsstand nur an weiblichem Wild, also der Bachen und Überläuferbachen, was auf den Gesamtbestand bezogen etwa 120 % entspricht. Das ist ein in Statistiken, Tabellen, Faustzahlen gern verwendeter Durchschnittswert, der aber die vorgenannten Schwankungen außer acht läßt.

Diese angegebenen Zuwachszahlen liegen aber nach den im Forstamt Danndorf (Schwarzwildring Drömling), in den Jagdkreisen Helmstedt, Gifhorn und andernorts gesammelten Erfahrungen zu niedrig; und insbesondere ist es unangebracht, bei Schwarzwild mit – jährlich gleichbleibenden – Durchschnittszahlen zu rechnen. Das kann überraschend schnell nach Mastjahren zu einer Übervermehrung führen und die ganze „Schwarzwildbewirtschaftung" über den Haufen werfen (s. Kapitel „Hege"). Es entspricht eher der Wirklichkeit, wenn man die Zahlen von OLOFF fast verdoppelt, d. h. wir müssen in schlechten Jahren mit rd. 80–100 %, in guten Jahren mit 200–300 % Zuwachs rechnen, bezogen auf den Gesamtbestand am 1. April. Darauf soll in den Abschnitten Jagd und Hege noch näher eingegangen werden.

Die Frage nach dem natürlichen Geschlechterverhältnis – für die Sicherheit von Zuwachsermittlung und Abschußplanung von entscheidender Bedeutung – wird von mehreren Autoren unterschiedlich beantwortet. BRIEDERMANN (1971) fand in 15 Trachten 47 männliche und 42 weibliche Föten. Das entspricht einem Geschlechterverhältnis von 1:0,89. Die gleiche Tendenz zeigen schon frühere Untersuchungen von LOSENHAUSEN. In den Jahren 1946/47 zählte er bei 407 Embrionen 212 männliche und 195 weibliche (1:0,92). Auch AHRENS (im Druck) gibt aus 35 untersuchten Genitaltrakten ein Verhältnis von 1:0,95 an. Dagegen ermittelten W. u. M. STUBBE (1977) bei 185 Föten ein Überwiegen der weiblichen Embrionen (1:1,18).

Nach der Geburt werden weitere Ermittlungen bedeutend schwieriger. Dazu können aber die Abschußzahlen von Frischlingen als Anhaltspunkt benutzt werden, da hier auf Grund der schwierigen Unterscheidbarkeit der Geschlechter der wahllose Abschuß ein richtiges Bild der Geschlechterzusammensetzung ergibt. Ein registriertes, zahlenmäßig kleines Unterlagenmaterial von 337 in den Jahren 1963–65 erlegten

Stücken Schwarzwild enthält 108 Frischlinge, und zwar 59 Keiler und 49 Bachen. Das Geschlechterverhältnis ist somit 1:0,83. MEYNHARDT (1984) beobachtete von 1973 bis 1982 insgesamt 212 Bachen mit zusammen 1110 Frischlingen. Er gibt ein Geschlechterverhältnis von 1:1,15 an. Und im Jagdkreis Helmstedt weist die Streckenstatistik (1977 bis 1983) 1040 männliche und 1034 weibliche Frischlinge aus (1:0,99). Zusammenfassend kann man mit für die Praxis hinreichender Genauigkeit davon ausgehen, daß von Natur aus annähernd gleichviel Keiler und Bachen zur Welt kommen.

Eine der bemerkenswertesten Erscheinungen der Ökologie einer Wildart zeigte sich nach dem letzten Kriege bei unserem Schwarzwild. Es erfolgte eine kaum faßbar hohe zahlenmäßige Vermehrung und eine ungeheuer weite räumliche Ausbreitung in dem Landgebiet zwischen Ost- und Nordsee im Norden bis ins Hochgebirge der Alpen im Süden. Dies trat ein, weil während der Besatzungszeit in den ersten Jahren die Jagdausübung völlig ruhte. Da wurden die Wildsauen zur Plage. Obwohl sich immer mehr Menschen auf deutschem Boden zusammendrängen mußten, die dünnbesiedelten Waldgebiete mit ruhigen Einständen immer knapper wurden, zeigte das einheimische Wildschwein die Fähigkeit, sich wie noch niemals zuvor zu vermehren. Dies begann in seinen alten Wohngebieten. Dann wurde es durch den Populationsdruck gezwungen, abzuwandern und tauchte dort auf, wo seit Menschengedenken kein Wildschwein mehr gesehen wurde.

Aus den Wäldern erschienen die schwarzen Gesellen und verursachten schwer tragbare Schäden in den Feldern der damals hungernden Menschen. Kaum ein Tag verging ohne Meldung darüber in der Tagespresse, dieses Wild wurde dadurch zwar bekannt, aber keineswegs beliebt, sondern eher gehaßt. Von den Äckern kam es in die Dörfer, ja in die Vororte der Großstädte und überall, so hieß es, bei jedem Spaziergang im Grünen, konnte eine Wildsau den Weg kreuzen.

Wie ist es möglich, fragte man, daß in einer Zeit, in der fast jedes freilebende Wild sorgfältig vor dem Untergang gehütet werden muß, sich diese Tierart so vermehrt, daß sie zu einer Landplage wird. Welches sind seine körperlichen Eigenschaften, die es dazu befähigen, und wie lebt es überhaupt? Viele Tierfreunde und Jäger hat damals die Lösung dieser Frage beschäftigt, und ich möchte einiges aus meiner eigenen Erfahrung und fremden Berichten zusammenfassen.

Über die biologischen Gründe dieser Massenvermehrung des Wildschweins nach dem letzten Krieg ist in jagdwissenschaftlichen Werken und Jagdzeitschriften viel geschrieben worden und hierüber eine Doktorarbeit von OLOFF (1951) erschienen. Immer ist dabei die unerhörte Fruchtbarkeit des Schwarzwildes besonders betont worden, aber auch, daß diese angeborene Fähigkeit zu ihrer vollen Entwicklung günstiger Umweltbedingungen bedarf. Nicht nur das Klima mit fördernder Wirkung auf Körpergröße und Vermehrungskraft war maßgebend, sondern ganz wesentlich eine reichliche Nahrung. Und da gab es in den Jahren nach dem Krieg zweimal einen Herbst mit einer Vollmast an Eicheln und Bucheckern und mehrmals mit sogenannten Halbmasten, wie sie in so kurzer Folge hintereinander nicht mehr erinnerlich waren. In den Wintern 1946–47 und 1948–49 fanden die Wildsauen im Wald Fraß in Hülle und Fülle, was die Fruchtbarkeit so günstig beeinflußte, daß deren Vermehrung einen Umfang von unvorstellbarem Ausmaß annahm. Um diese nach vielen Zehntausenden zählende Menge ungefähr zu berechnen, folgende Angaben:

In Deutschland wurden in den letzten Jahren vor dem Krieg von 1935–1939 jährlich ungefähr 33 000 Stück Schwarzwild erlegt. Wenn man nun überschläglich errechnet, um wieviel sich dieser oder ein angenommener Bestand in gleicher Höhe nach Einstellung der Jagd seit 1945 alljährlich vermehrt haben kann, ergeben sich erstaunliche Zahlen. Wenn eine nur hundertprozentige Zunahme pro Jahr zugrunde gelegt ist, könnte das Anwachsen wie folgt vor sich gehen: 1945: 33 000, 1946: 66 000 usw. bis 1950: 1 056 000 Stück.

Dies dürfte eine Mindestberechnung sein, denn die mögliche Vermehrungsquote liegt wie erwähnt höher, insbesondere in den Mastjahren, wie wir sie nach dem Kriege mehrmals kurz hintereinander hatten. Dies ist zwar nur ein theoretisches Rechenexempel, aber es veranschaulicht, wie stark die Zunahme beim Schwarzwild sein kann, wenn es nicht bejagt wird und keine Reduktion etwa durch Krankheiten, Parasiten, Seuchen und natürliche Feinde erfolgt.

Zu dieser Zeit erschien Schwarzwild in Gegenden, in denen seit Jahrzehnten keines mehr vorgekommen war. Ich selbst habe bei Ruhpolding in Oberbayern zwei Sauen gefährtet, also in einer seit langen Zeiten schwarzwildfreien Hochgebirgsgegend. Wahrscheinlich sind diese am Alpenrand entlang gewandert, wobei der Inn und andere Flüsse durchronnen wurden. Auch im Ammergebirge bis in 1 200 m Höhe hielten sich Sauen eine Zeitlang auf.

In das Fichtelgebirge ist das erste Schwarzwild 1949 von Westen vorgestoßen. Nach Richter wurde dort am 2. Februar 1949 zum erstenmal seit undenklicher Zeit ein grober Keiler erlegt. Fast gleichzeitig drangen von Böhmen aus, also von Osten, ebenfalls Rotten in das Bayerische Fichtelgebirge vor. Dies ist deshalb bemerkenswert, weil es erweist, wie eine Tierart den mitteleuropäischen Raum von Ost und West her besiedelt. Es ist die neuzeitliche Wiederholung eines Weges, den nach den Eiszeiten fast alle heute in Deutschland lebenden Tierarten gemacht haben. Wir erlebten damit einen biologisch hochwichtigen Vorgang.

Über mancherlei Vorfälle, die sich aus den im Populationsdruck verursachten Wanderungen der wilden Sauen ergaben, meldete seinerzeit regelmäßig die Tagespresse. Jedesmal wenn einzelne Stücke oder Rotten auffällig gesehen wurden, so in Stadtgebieten oder beim Durchrinnen von großen Flüssen und breiten Seen, wurde darüber in der zuständigen Tageszeitung eine Notiz gebracht. Einmal lautete die Nachricht: „Ein Wildschwein wollte über den Bodensee schwimmen, aber einige Fischer waren zur Stelle, und es gelang ihnen, einen fetten Braten an Land zu ziehen."

Sogar die Bundeshauptstadt Bonn hatte einen ähnlichen Besuch: Augenzeugen berichteten, daß eine Rotte von sieben Sauen den Rhein und einen ganzen Stadtteil unbehelligt durchquerten.

Über das überraschende Erscheinen von Schwarzwild innerhalb einer größeren Stadt berichtete der „Wiesbadener Kurier" vom 1. Mai 1950:

„Wildschweinjagd im Kurpark – Schwarzkittel am Tennelbach. Sonntagabend setzte wenige Schritte vor flüchtenden Menschen eine ausgewachsene Wildsau mit zwei Frischlingen über die belebte Sonnenberger Straße. Ein Omnibus mußte scharf bremsen, um nicht in die Rotte hineinzufahren. Während die Bache und der eine Frischling flüchten, gerät der andere in einen Garten. In hohem Sprung setzt das hart bedrängte Tier über den Zaun und landet im Tennelbach, aus dem es keinen Ausweg mehr findet. Hier gelingt es einem 15jährigen Metzgerlehrling, dem erschöpften Wild mit einem langen Schlachtermesser den Gnadenstoß zu geben. Eine dichte Menschenmenge umstand noch lange das erste seit Menschengedenken im Weichbild der Stadt erlegte Wildschwein."

Diese Berichte schildern das Außergewöhnliche solcher Vorkommnisse.

Auch alterfahrene Förster und Jäger haben mit dieser ihnen neuen Wildart Überraschungen erlebt. Im Schwarzwald wurde ich im Winter 1951/52 Augenzeuge eines Zweikampfes. Wir arbeiteten eine Schweißfährte in hohem Schnee. Der Förster, der den im Wundbett sitzenden Überläufer etwa 50 m vor mir erreichte, glaubte, dieses kleine schwarze Tier ebenso abnicken zu können wie ein Reh oder ein Rotwildkalb. Mit dem Waidmesser in der Rechten schwang er sich forsch – ehe ich warnen konnte – über den Kujel, um ihn zwischen die Beine zu klemmen und abzufangen. Er verschwand im selben Moment mit dem Stutzen auf dem Rücken in einer Schneewolke, und der Schwarzkittel ging auf und davon. Die Folge dieser Fehleinschätzung war eine weitere Nachsuche von drei Stunden – durch Waffenreinigen etwas verzögert –, die mit einem Fangschuß endete.

Kurz danach hatte ein Nachbar einen jungen Keiler erlegt. Ich bot ihm meine Hilfe beim Präparieren des Gewaffs an. Als ich zu ihm kam, hatte er leider schon angefangen – und stand verdutzt vor den Bruchstücken des „hohlen Zahnes", den er mit einer Kombizange hatte herausziehen wollen.

Ebenso, wie über die bisher unbekannte Wildart, wurde auch über die auftretenden – ungewohnten – Schäden berichtet, groß aufgemacht und gelegentlich überzeichnet. Die „bedrohliche" Höhe der Schwarzwildschäden in Deutschland Ende der 40er Jahre wurde genauer nur für einzelne Gebiete festgestellt, für andere Gegenden fehlt jede Berechnung. Der Umfang mag durch folgende Beispiele, die sich meist auf kleinwirtschaftliche Gebiete beziehen, klar werden. Für den Regierungsbezirk Aachen gibt LOSENHAUSEN an, daß 1946 mit dem, was das Schwarzwild vernichtete, 34 000 Einwohner mit je 900 Kalorien pro Tag hätten versorgt werden können.

Im Jahre 1946 schätzte Dr. KLEMM die Verwüstungen bzw. Schäden in Mitteldeutschland auf 160 000 ha Saatflächen, 10 554 t Getreide, 41 446 t Kartoffeln, dazu noch Öl- und andere Früchte.

Die Süddeutsche Zeitung schreibt am 13. April 1950 unter der Überschrift „Millionenschäden durch Wildschweine": „Unterfränkische Landkreise wie Lohr verzeichnen alljährlich DM 60 000 Wildschweinschäden. In drei Jahren verzeichnete dieser Kreis für mehr als eine Viertelmillion Flurschaden. Der Kreis Münden erlitt in einem Jahr DM 166 000 Wildschaden. Im Landkreis Obernburg vernichteten von Mai bis Oktober 1949 die Wildsauen 25 043 ha Acker, Felder und Wiesen mit der gesamten Ernte." Bei diesen Schadensangaben muß man bedenken, daß sie in einer großen Notzeit, deprimiert durch die eigene Hilflosigkeit, gemacht wurden, in manchem also übertrieben sein dürften.

Zum Vergleich seien die recht genauen heutigen Angaben von Z. PIELOWSKI angeführt: „Auf Grund konkreter Untersuchungen ist erwiesen, daß etwa 93 % aller durch das Schwarzwild auf den Feldern entstehenden Schäden in Polen auf die vier Hauptanbaupflanzen entfallen. Insgesamt sind das etwa 50 000 t Kartoffeln und 13 000 t Hafer, Roggen und Weizen. Diese Zahlen können Unruhe erwecken. Sie sind aber in der Tat nicht so erschreckend groß, im Verhältnis zur Gesamternte machen sie nur ein Promille aus. Die jährliche Steigerung der Ernteergebnisse ist dreißigmal größer als der durch das Wild verursachte Schaden, dessen Ausmaß also in den Grenzen ganz geringer agrotechnischer Verbesserungen oder auch Fehler liegt."

Die Überbevölkerung des Schwarzwildes in Deutschland, der sogenannte Populationsdruck, verursachte auch die Auswanderung in die Nachbarländer. Dies wurde besonders in der Schweiz beobachtet, und H. HEDIGER (1966) macht dazu folgende Angaben: „Im Jahre 1949 sind in der Schweiz besonders viele, nämlich 185 Wild-

Abb. 19. 1972 ließ dieses am 22. September in der Lüneburger Heide erlegte Hauptschwein wegen seines Wildpretgewichtes von 182 Kilogramm die Fachwelt aufhorchen. Das Gewaff (oben links) war beachtlich (Einzelheiten in „Wild und Hund" 16/1972, S. 363)

schweine erlegt worden. 1948 waren es 98, 1947: 145. Es entspricht, wie Dr. I. A. Bloch, Solothurn, in seinen Wildschweinstudien ausführt, einer alten Erfahrung, daß nach Kriegen die Zahl der einwandernden Wildsauen ansteigt. Das hängt – jedenfalls beim letzten Krieg – weniger mit der Beunruhigung in den Nachbarländern zusammen, als mit dem Waffen- und Jagdverbot für die Zivilbevölkerung in der badischen und elsässischen Nachbarschaft während des Krieges."

Das in die Schweiz eingewanderte Schwarzwild hatte sich in den Landgebieten von Basel und Solothurn so stark vermehrt, daß dort ebenfalls eine Wildschweinplage drohte. Um sie zu verhindern, wurden interkantonale Jagden genehmigt, so daß die Jäger ohne Rücksicht auf die Grenzen der Kantone Treib- und Drückjagden organisieren konnten. Nach der schweizerischen Jagd-Statistik wurden für 1975 eine Schwarzwildstrecke von 489 Stück ausgewiesen.

Die Schwarzwildplage in Deutschland hörte rasch auf, als nach 1951 die Jäger wieder Waffen tragen durften und eine geregelte Jagdausübung möglich wurde. Die Sauen wurden scharf bejagt und bald wieder stark reduziert. Zwischen 1960 und 1970 lagen die Jahresstrecken im Bundesgebiet zwischen 17 000 und 27 000 Stück. Erst Ende der 60er Jahre fanden die Fürsprecher des Schwarzwildes mehr Gehör, wurde es mehr gefördert – auch durch gesetzgeberische Maßnahmen – und konnten sich die Bestände zahlenmäßig verstärken. Die Jahresstrecken stiegen – mit jährlichen Schwankungen – auf das Doppelte. Der Gedanke einer zielstrebigen Bewirtschaftung, wie bei anderen Wildarten, beginnt sich allmählich durchzusetzen. Wie notwendig diese ist und wie rasch es erneut zu einer Übervermehrung kommen kann, ist auch an Beispielen aus neuester Zeit zu erkennen.

In Niedersachsen hatte das Schwarzwild in den 60er Jahren gleichfalls zugenommen und – begünstigt durch die 1966 eingeführte Schonzeit und durch den Schalenwilderlaß von 1971 (siehe S. 115) – eine Wilddichte erreicht, die für die Jägerschaft erfreulich und für die Landwirtschaft tragbar war. Dieses Gleichgewicht galt es zu halten.

Da kam die Sturmkatastrophe vom 13. November 1972 und vernichtete große Teile des Waldes in Niedersachsen. In einem Tage wurde soviel Holz geworfen und umgebrochen wie das Sechsfache (bei Kiefern das Zwölffache) einer planmäßigen Jahresernte. Die Forstleute und Waldbesitzer, zugleich Jäger, waren vollauf beschäftigt, die Wälder aufzuräumen, was Jahre dauerte. Die Sauen fanden in den verwüsteten Beständen gute Deckung, die Treiber kamen nicht hindurch, die Waldjagden brachten nicht den gewünschten Erfolg, und der Abschuß konnte mit der Vermehrung der Sauen nicht mehr Schritt halten. Sie wurden weiter begünstigt durch mehrere milde, schneelose Winter. Auch mag es vielen Jägern recht gewesen sein, mehr Sauen als bisher im Revier zu haben. Welche Wilddichte ist denn angemessen? Noch protestierten die Landwirte ja nicht, von Einzelfällen abgesehen.

Doch dann folgten gleich zwei Mastjahre nacheinander (1975 und 1976), auf die der sowieso schon überhöhte Bestand mit drei- bis vierfachen Vermehrungsquoten reagierte und quasi „explodierte". So kam es zu einer vorher nie dagewesenen Schwarzwilddichte. Nun häuften sich die Proteste, und die Jäger mußten erhebliche Anstrengungen unternehmen, um diese Übervermehrung zu stoppen und die Bestände wieder auf ein normales Maß zu reduzieren, was schließlich bis 1978/79 gelungen ist, bevor die Wildschäden zur allgemeinen Plage ausarteten. Administrative Maßnahmen (z. B. Aufhebung der Schonzeit für Frischlinge und schwache Überläufer) wirkten hierbei unterstützend.

Diese Entwicklungskurve wird am besten deutlich anhand der Jahresstrecken. Das sind die einzigen genauen Zahlen, die wir haben und die gute Schlüsse auf die Wilddichte zulassen – leider immer nur nachträglich. Doch man kann lernen, daraus und aus anderen Beobachtungen Prognosen zu stellen, drohende Übervermehrungen rechtzeitig zu erkennen und ihnen entgegenzuwirken. Starke Schwankungen sind aber beim Schwarzwild – im Gegensatz zum übrigen Schalenwild – naturbedingt und unvermeidbar (siehe hierzu auch Kapitel „Schwarzwildhege und Bestandsregulierung").

Lernfähigkeit und Zähmung

Es spricht für die hohen geistigen Fähigkeiten des Schwarzwildes, daß es sehr gelehrig ist und sich leicht zähmen läßt. Es besitzt ein gutes Gedächtnis und kann aus Erfahrungen rasch lernen. Das haben sich bekanntlich auch die Zirkusleute zunutze gemacht und – früher häufiger als heute – gern dressierte Schweine vorgeführt. Wildlebende Schweine stehen geistig noch höher als Hausschweine. Denn sie sind nicht durch die Domestikation und Umzüchtung zum Fleischlieferanten degeneriert, sondern auf ihre scharfen Sinne angewiesen, wenn sie überleben wollen.

Ein jung gefangener und mit der Flasche aufgezogener Frischling wird sehr anhänglich und ein liebenswerter Hausgenosse. Meine Schwester pflegte eine Zeitlang einen solchen, der völlig zahm wurde und rasch lernte, sich in der Wohnung zurechtzufinden.

Mit Vorliebe sprang er auf ein Sofa und schob sich dort mit Behagen ein. Gelegentlich drängte er sich dabei dicht neben seine Herrin. Um sich genügend Platz zu verschaffen, teilte er dann mit seinem Wurf lebhafte Stöße aus, so verdrängte er oft die Besitzerin, bis er bequem in der Mitte liegen konnte. Später, als er immer kräftiger wurde, waren seine Stöße oft schmerzhaft, ja gefährlich; deshalb konnte er nicht mehr in der Wohnung gehalten werden. Zahlreiche erfreuende Erlebnisse werden auch von anderen Besitzern zahm aufgezogenen Schwarzwildes berichtet. Wie ein Hund folgt es seinem Herrn ins Revier oder gar zum Einkauf ins Dorf.

Jeder, der sich die Mühe macht, einen Frischling mit der Flasche aufzuziehen, wird als Tierfreund dabei viele Freuden erleben. Aber nie darf er vergessen, daß beim Älterwerden sich das Verhalten der Pfleglinge wandelt. Der einst harmlose Liebling wird dann höchst ungemütlich und kann sogar ernste Gefahren bringen. Ohne Scheu vor Menschen aufgewachsen, zur Rauschzeit aufgeregt und angriffslustig, geht der Keiler dann gegen den Menschen vor wie gegen seinesgleichen. So schlug einer, der aufs Wort hörte, seinem Pfleger bei einem plötzlichen Angriff die Sehnen der Futter spendenden Hand oberhalb des Gelenks durch! Selbst die zahmste Bache kann, sobald vor oder nach dem Frischen der Verteidigungstrieb erwacht, gefährlich werden.

Auch in der Wildbahn, sei es in einem Gatterrevier oder in völliger Freiheit, läßt sich dies so scheue und vorsichtige Wild bis zu einem erstaunlichen Grad vertraut machen, ja soweit zähmen, daß es Fraß, wie Kartoffeln oder Mais, aus der Hand nimmt (Abb. 20). Zum erstenmal habe ich in Mecklenburg in Freiheit vertraute Sauen erlebt. Der Besitzer hatte eine Biberfarm und Silberfuchszucht und war besonders befähigt, mit Tieren umzugehen. In einem Bruchwald seines Reviers pflegte er mit dem Pferdewagen durchzufahren und dabei als Körnung Mais zu streuen. Nicht lange, so hatten die Sauen diese Schüttungen angenommen, und nach einiger Zeit erschienen sie sogar schon, während der Pferdewagen mit dem Heger noch auf der Schneise rollte.

Später habe ich in anderen Revieren ähnliches erlebt, und zwar besonders in großen Rotwildgattern. In diesen, wo meist der Zaun für Wildsauen kein Hindernis bildet, da sie durch Kriechlöcher an verschiedenen Stellen aus- und einschlüpfen können, sich also in völliger Freiheit befinden, erscheinen sie an den für sie stets ungefährlichen Wildfütterungen nicht erst bei Dunkelheit, sondern schon am hellichten Tag. Vorbedingung dafür ist, daß die Umgebung einer solchen Futterbahn ungestört bleibt.

Es bedarf dabei nicht einmal einer langjährigen, über Generationen hinwegreichenden Umweltänderung, um alte, nicht mehr zutreffende Erfahrungen durch neue zu ersetzen. So haben sich z. B. auch die Sauen im Drömling (einem Niederungsmoor östlich von Wolfsburg) sehr schnell an den „Gesinnungswandel" des Försters gewöhnt, der sie in der Schonzeit mit ein paar Maiskörnern bedachte. In wenigen Wochen waren sie so vertraut, daß sie sich allabendlich pünktlich einfanden und sogar „auf Bestellung" Freunden und Bekannten aus der benachbarten Großstadt vorgeführt werden konnten. Und das, obwohl sie im selben Waldrevier in jedem Winter scharf bejagt wurden. Sie hatten also rasch begriffen, daß die Wittrung desselben Mannes nun nicht mehr mit Verfolgung verbunden war. Umgekehrt würden sie beim ersten Schuß auf dieser Schneise sofort wieder umlernen.

Ein Bauer im selben Revier war weniger begeistert von dieser Lernfähigkeit. Er hatte auf seiner von Erlenbruchwald umschlossenen Viehkoppel Mastbullen und mußte in einem trockenen Sommer täglich zufüttern. Der erhoffte Erfolg blieb aber aus, denn – er war kaum mit seinem Trecker in der Abenddämmerung verschwunden, da erschien eine stattliche Rotte Sauen und fraß seinem Jungvieh die Tröge leer.

Abb. 20. Schwarzwild läßt sich leicht zähmen und in Gehegen halten. Hier ein schwacher Frischling und ein Überläuferkeiler mit gutem Gewaff im Spätherbst. Aber auch bei „gezähmten" Sauen ist Vorsicht geboten. (Lutz Heck beim Füttern)

Bekanntlich wird unser Schwarzwild besonders in Sauparks an den Körnungen so zahm, daß es sogar die Anwesenheit fremder Menschen in allernächster Nähe duldet, die sich als Zuschauer einfinden. Meist gibt der Heger beim Ausstreuen des Futters ein bestimmtes Signal, indem er mit dem Eimer klappert oder den stets gleichen lauten Ruf ertönen läßt oder auch in ein Horn stößt. Dadurch werden die Rotten akustisch angelockt und durch den wohlbekannten Ton beruhigt, was durchaus zweckmäßig ist. Denn sollte irgendwann einmal eine Störung eintreten, so verlieren sie beim Vernehmen des gewohnten Signals ihre Scheu und werden schneller wieder vertraut.

Nicht nur an Körnungen kann Schwarzwild die Scheu vor dem Menschen verlieren. Im Saupark Springe am Deister bot sich mir bei einer Autofahrt ein spaßiges Bild. Radfahrerinnen mit Blumensträußen in der Hand waren beim Ausflug einem Überläufer begegnet, der ihnen solange beharrlich folgte, bis sie ihre Butterbrote auspackten und er einen Teil davon erhielt. Auch an Spaziergänger und unser haltendes Auto kam er heran, um Futter aus der Hand zu nehmen.

Wie erfreulich auch dieses den Kontakt mit dem Menschen aufnehmende Schwarzwild sein mag, so entsteht doch beim Älterwerden derartiger Stücke die Gefahr, daß sie gelegentlich gereizt angreifen oder, wenn sie kein Futter erhalten, dies mit Gewalt erzwingen wollen und mit ihrem starken Gebiß zuschlagen oder beißen. Deshalb muß ein zu enger Kontakt von Mensch und Schwarzwild wegen dieser mit ziemlicher Sicherheit früher oder später auftretenden Gefährdung vermieden werden.

In neuester Zeit sind Schwarzwildkörnungen mit dem Ziel eingerichtet worden, Wild mit Besuchern nahe zusammenzubringen. Es wird eine Art Wildhege als Schau geboten, und die Mittel dafür und für andere Hegemaßnahmen werden durch ein Eintrittsgeld beschafft.

Eine der größten derartigen Saukörnungen befindet sich im Odenwald, in den Fürstl. Leiningen'schen Forsten. Dort an der zur Besichtigung freigegebenen Stelle fanden sich im Sommer alltäglich zur angesetzten Fütterungszeit in Privatwagen oder Omnibussen bis zu 300 Besucher ein. Sobald die in Massen eintreffenden Schaulustigen geräuschvoll und laut sprechend ausstiegen, trollten wie auf ein Signal von überallher aus dem Wald die Wildsauen herbei. Täglich kamen über 300 Stück, also ebensoviel Wild wie Menschen.

In der Mehrzahl hielten sich diese Wildsauen an den Fütterer, der Mais in Mengen ausschüttete, aber viele mischten sich auch unter das anwesende Publikum, so daß ein wimmelndes Durcheinander entstand von Menschenkindern und Erwachsenen mit Wildschweinen jeden Alters. Bachen, Überläufer, Frischlinge und auch Keiler verschiedener Stärke bis zu einzelnen Hauptschweinen waren vertreten.

Dies geschah hunderte Male ohne Zwischenfall, aber dann sind doch einige Verletzungen von Besuchern vorgekommen, wenn diese das Wild allzusehr bedrängten oder es durch Berühren mit einem Stock oder sogar der Hand belästigten.

Leider kam nach einiger Zeit das, was mit einiger Wahrscheinlichkeit bei jeder unnatürlich großen Wildansammlung zu erwarten ist. Es brach eine Seuche aus, die Schweinepest, die einen großen Teil des Bestandes vernichtete. Nur allmählich konnte sich dieser wieder erholen.

Eine Schwarzwildkörnung ähnlicher Art wurde für Besucher seit Jahren im Büdinger Wald bei Neuwirtsheim zugänglich gemacht, wobei jedoch ein Zaun den engen Kontakt verhinderte. In neuester Zeit wurde dort durch das anschließende große Waldgebiet ein Weg freigegeben, der durch die Einstände führt. Durch die Großräumigkeit vermeiden Mensch und Tier ein allzu nahes Zusammentreffen, und daher ist bis jetzt kein Unfall eingetreten.

Ein nicht zu unterschätzender Vorteil derartiger Körnungen ist, daß sich dort die Möglichkeit ergibt, das sonst recht heimliche Schwarzwild aus nächster Nähe kennenzulernen. Aber ein Nachteil darf nicht übersehen werden, daß nämlich durch solches halbzahme Wild bei den Unkundigen ein falscher Eindruck von freilebenden Tieren und ihrer Beziehung zum Menschen und zur Jagd entsteht.

Die geistigen Eigenschaften der Wildsauen können im einzelnen am besten bei Haltung in kleineren Gehegen und an gezähmten Tieren studiert werden. Dafür noch ein paar Beispiele:

Im Zoologischen Garten Basel säugten zwei zusammen gehaltene führende Bachen alle ihre Frischlinge wahllos durcheinander. Da die ältere davon mehr geschont werden sollte, wurde sie mit ihren Frischlingen abgetrennt. Das geschah durch einen 1,20 m hohen Lattenzaun, den die Bache jedoch übersprang, weil sie triebhaft mit den anderen eine einzige Rotte bilden wollte. Nachdem ihr dies mehrmals gelungen war, wurde die innere Absperrung unüberspringbar erhöht. Das Tier aber hatte nun Springen gelernt und überwand jetzt die etwas niedrigere Außenmauer. So stand sie plötzlich zwischen den Besuchern und mußte wieder eingefangen werden. Immer wieder aber setzte sie über die Einfriedigung, und es wurde unmöglich, sie weiter in diesem Gehege, das sie jahrelang ohne auszubrechen bewohnt hatte, zu halten.

Sehr aufschlußreich sind Erfahrungen aus neuester Zeit von H. Meynhard aus Burg bei Magdeburg. Er hat von 1973–1977 eine freilebende Schwarzwildrotte fortlaufend beobachtet, durch tägliches Füttern nach knapp zwei Jahren Sozialkontakt mit ihr aufnehmen und dabei hochinteressante Verhaltensstudien betreiben können. Er wurde von den Sauen nicht nur geduldet, sondern voll in den Familienverband integriert, konnte die Rotte heranrufen und anführen, beteiligte sich am alltäglichen Putzen der Frischlinge und berichtete u. a.: „Erst als ich mich innerhalb der putzenden Rotte niederlegte und sofort von einer Bache ebenfalls geputzt wurde, war ich sicher, daß sie mich als ihresgleichen ansahen."

Auch dieses Zusammenleben war nicht ganz ungefährlich. MEYNHARD (1978) schildert einen „Rangordnungskampf" mit einem siebenjährigen Keiler aus demselben Revier: „Dieser Basse war übrigens der Vater aller Nachkommen meiner Rotte aus dem Jahre 1976. Er mußte auch mich kennen, denn er flüchtete nie. In dichter Deckung folgte er mir, ständig blasend, auf 40 bis 50 Schritte. Während der Rauschzeit war ich sogar Zeuge, wie er nur 20 m entfernt von mir eine Bache beschlug.

Einen ernsthaften Angriff hatte ich von ihm auch zu überstehen. Völlig überraschend für mich war er im Juni 1976 mitten in der Rotte. Blitzschnell startete er mit hochgestellten Federn und offenem Gebrech wutschnaubend einen Angriff auf mich. In den ersten Sekunden stand ich wie gelähmt, an eine Flucht war nicht mehr zu denken. Dann reagierte ich sehr schnell. Laut schreiend rannte ich ihm mit erhobenen Armen einige Schritte entgegen. Sein Schreck war so groß, daß er sich kurz vor mir fast überschlug. Er drehte ab und verschwand im Bestand. Interessant war, daß die Rotte keinen Anteil daran nahm und ruhig weiterfraß."

Und die Ursache für diese unzeitgemäße Begegnung und den „Sieg": „Eine der Überläuferbachen war nachrauschig geworden, und nun betrachtete er mich wahrscheinlich als Nebenbuhler. Für den wütenden Angreifer wirkte ich durch die hochgerissenen Arme größer, und er fühlte sich vermutlich nicht stark genug, mich zu besiegen. Er ließ sich in der Rotte nicht wieder blicken."

Wenn er die meisten seiner Erlebnisse nicht in Filmen dokumentarisch festgehalten hätte, würde sie so mancher wohl für Jägerlatein halten.

Die Lernfähigkeit von Wildsauen oder von solchen Hausschweinen, die ohne enge Stallhaltung gewisse Wildeigenschaften bewahrt haben, ist bewundernswert. So erregte es immer Staunen, daß Schweine systematisch zur Trüffelsuche abgerichtet werden können. Ihr feiner Geruchssinn befähigt sie, diesen tiefer im Boden wachsenden Pilz festzustellen und ihn mit dem muskulösen Rüssel herauszuwühlen, um ihn für den Pilzsammler greifbar zu machen. In Perigord, im Südwesten Frankreichs ist diese so einträgliche Verwendung abgerichteter Schweine heute noch üblich.

Allzuwenig weiß man oder konnte ich in Erfahrung bringen über die Abrichtung des Schweines als „Jagdhund" zum Aufspüren von Niederwild, wie es besonders vom 11.–15. Jahrhundert in New Forest, Südengland geschah, wo in der Nähe eines streng geschützten königlichen Jagdgebietes die Haltung von Hunden verboten war, um das Wildern unmöglich zu machen. Dort soll die Bevölkerung als Ersatz zur Jagd auf Wild Sauen verwendet haben, aber da dies heimlich geschah, ist über diese „Jagdschweine" wenig bekannt geworden.

Nur eine einzige ausführliche Nachricht darüber besteht und bezieht sich auf eine Sau namens „Slut". Sie erschien in der Zeitschrift „Rural sports" 1807 und lautet:

„Über dieses höchst bemerkenswerte Tier anbei ein kurzer Bericht, für dessen Wahrhaftigkeit Hunderte von Zeugen einstehen können. Slut wurde in New Forest geboren und abgerichtet, wie ein Jagdhund Wild aufzuspüren, vorzustehen und zu apportieren. Sluts Leistungen entsprachen der Arbeit eines guten Hundes, ihre Nase war dem besten überlegen, den ihr Besitzer je besaß, und man kann sagen, daß zu jener Zeit keine zwei Männer in England bessere Hunde hatten. Slut stand am gleichen Tage Rebhühnern, Moorhühnern, Fasanen, Schnepfen und Kaninchen vor, Hasen hingegen beachtete sie niemals. Wenn es auf die Jagd ging, kam die Sau in vollem Galopp angesprungen und freute sich wie ein Hund beim Anblick des Gewehres."

Über die Verträglichkeit mit anderem Wild

Allgemein läßt sich feststellen, daß ein nach Zahl und Gliederung naturgemäßer und ökologisch passender Schwarzwildbestand in unseren Wildbahnen sich mit anderem dort vorkommenden Wild auch verträgt. Dabei geht aber eher das übrige Wild dem Schwarzwild aus dem Wege als umgekehrt.

Von gesundem Rotwild werden Sauen wenig beachtet und zwar besonders dort, wo es daran gewöhnt ist. Mehrmals aber habe ich beobachtet, daß Kahlwildrudel beim geräuschvollen Heranziehen einer Rotte Sauen flüchtig wurden. Man kann sagen, daß Rot- und Schwarzwild nebeneinander existieren.

In ähnlicher Art und Weise können Sauen mit Damwild in demselben Gebiet ohne gegenseitige Beeinträchtigung ihren Einstand haben. Anders verhalten sich Sauen gegenüber dem Rehwild. Kümmernde oder angeschossene Stücke werden gerissen, manchmal sogar nach systematischer Suche. Ein sich drückendes Kitz, das aufgespürt wird, fällt dem Schwarzwild zum Opfer, und so kann dessen Anwesenheit eine zahlenmäßige Verminderung des Rehbestandes mit sich bringen. Auch wirkt sich die entstehende Unruhe ungünstig aus. Rehwild wird sofort beunruhigt, wenn sich Sauen nähern, flüchtet schließlich, oft laut schreckend, und kann dadurch dem Jäger deren Anwesenheit anzeigen.

Mufflons verlieren durch Sauen selten ihre Lämmer, da diese sofort nach dem Setzen der Mutter folgen und auch flüchten können, während bekanntlich die Ricke in den ersten Tagen ihre Kitze ablegt, wodurch dann den Sauen die Möglichkeit gegeben ist, diese zu finden, um sie wie Junghasen, Mäuse usw., als Fraß aufzunehmen.

In Niederwildgebieten kann Schwarzwild stark zu Schaden gehen, da es die Gelege unseres Flugwildes sucht und findet. Nur wenn Fasanen und Rebhühner im Felde brüten, wo Sauen weniger hinkommen, wird ihre Nachzucht weniger geschädigt. Ähnliches gilt für Birkwild, wenn es sich mehr in offenem Gelände hält.

Die Sauen bedrohen aber ernstlich das Auerwild. Im hessischen Odenwald hat wesentlich zur Ausrottung des großen Hahnes beigetragen, daß Schwarzwild in dessen letzten Brutgebieten Standwild wurde. Abgesehen davon, daß die intensive Waldwirtschaft das Biotop ungünstig beeinflußte und unter anderem dadurch schutzgewährende Brutgelegenheiten verschwanden, konnten die Sauen die letzten weniger verborgenen Gelege finden, so daß eine Vermehrung dieser edlen Waldhühner ausblieb.

Problematisch ist ein starker Besatz mit Schwarzwild schließlich noch in ruhigen Sumpf- und Moorgebieten, wo es an sich gern vorkommt. Das sind zugleich die letzten Feuchtgebiete, Refugium und Biotop für viele vom Aussterben bedrohte Sumpf- und Wasservogelarten. Gegebenenfalls muß man zugunsten der bodenbrütenden Arten in Zusammenarbeit mit den Ornithologen in Jahren mit hohem Schwarzwildbesatz geeignete Schutzmaßnahmen treffen.

Die Wehrhaftigkeit des Schwarzwildes

Nachdem Wisent, Auerochse und Bär verschwunden sind, kann als wehrhaft allein noch das Schwarzwild gelten. Von allen unseren Wildarten greift es sogar in völliger Freiheit unter gewissen Umständen den Menschen an.

Ein Jäger, der darauf pirscht, wird allerdings die Erfahrung machen, daß es in den allermeisten Fällen genauso flüchtet wie anderes Wild, denn wie bei diesem sind seine Sinne ununterbrochen bei Tag und bei Nacht angespannt, also jederzeit bereit, eine Gefahr anzuzeigen, auf die in der Regel mit Flucht reagiert wird. Es gibt aber Fälle, wo aus bestimmten Gründen das gegenteilige Verhalten entsteht, nämlich der Angriff zur Verteidigung oder in Notwehr, also die „kritische Reaktion", wie sie von Tierpsychologen bezeichnet wird. Ganz allgemein kann man sagen, daß die Bereitschaft dazu gegeben ist, sobald ein Stück Schwarzwild ganz gleich welchen Alters, abgesehen von geringen Frischlingen, an der Flucht verhindert ist, sei es, daß es angeschossen, von Hunden gestellt oder sonstwie in die Enge getrieben wurde. Der Angriff erfolgt, sobald es sich irgendwie bedroht fühlt, oft deshalb, weil der Gegner zu dicht herankommt.

Es gibt aber auch noch andere Gelegenheiten oder Anlässe, die einen Angriff auslösen können. In der Rauschzeit, wenn er gerade vom Kampf mit einem Nebenbuhler abläßt, befindet sich der Keiler in einem besonderen Erregungszustand. Dann rennt er gegen jedes ihm zu nahe kommende Lebewesen an, sei es Mensch oder Tier. Ferner kann es auch vorkommen, daß ein Stück Schwarzwild, welches wegen einer schmerzhaften Wunde oder Krankheit dauernd in gereizter Stimmung ist, blindlings annimmt. Schließlich tritt auch der Fall ein, daß scheinbar grundlos, durch ein unscheinbares und uns nicht erkennbares Ereignis verursacht, ein Angriffstrieb ausgelöst wird. Meist handelt es sich dabei um grimmige Einzelgänger, ähnlich wie man in Afrika alte, bösartige Elefantenbullen, Büffel oder Nashörner antrifft, die wegen ihrer Angriffslust berüchtigt und gefürchtet sind. So ähnlich kann ein Keiler, der oft und immer wieder von Menschen gereizt und bedrängt wurde, nun jeden annehmen, den er in seiner Nähe eräugt.

Wenn ein Stück Schwarzwild lebensgefährlich wird, ist es meist ein Keiler, der mit seinen scharfen Waffen schwere Wunden schlägt. Ein Mensch kann durch einen einzigen Hieb tödlich getroffen werden, wenn die Bauchdecke aufgerissen oder der Oberschenkel mit den Arterien durchschlagen wird. Auch eine bösartige Bache kann durch ihre Bisse schwer, doch kaum tödlich verletzen. Diese durch Beißen und Reißen mit den Haken beigebrachten Wunden sind schmerzhaft und verheilen meist sehr schlecht.

Die Bache ist im allgemeinen weniger kampfbereit, aber sie verteidigt den Kessel, in dem sie frischen will oder schon gefrischt hat, gegen jeden Eindringling. Sowie ein Fremdling sich allzusehr nähert, verliert sie die Scheu und geht, ohne der Gefahr zu achten, auf ihn los. Besonders tun dies solche, die an den Umgang mit Menschen gewöhnt sind. So frischte im Münchener Tierpark eine zahme, frei herumlaufende Bache in einem dichten Gebüsch nicht weit von einem begangenen Weg, und obgleich sie sonst immer durchaus friedlich war, suchte sie jetzt mit klapperndem Gebrech jeden Besucher anzunehmen, der in die Nähe kam. Um unerwünschte Zwischenfälle zu vermeiden, mußte das ganze Gestrüpp ringsum abgesperrt werden und ein Wärter von morgens bis abends bereitstehen, um die Bache zurückzutreiben, wenn sie gegen Fremde losgehen wollte.

Dieser Trieb zur Verteidigung der Nachzucht bleibt auch erhalten, wenn die Frischlinge den Kessel unter Führung der Mutter verlassen. Je jünger diese sind, desto angriffslustiger ist die Bache. Man muß sich also hüten, einer Bache mit kleinen Frischlingen nahezukommen, wenn man die Mutter nicht zur Wut reizen will.

Der Angriff des Schwarzwildes erfolgt meist so, daß es mit Wucht den Gegner anrennt, diesen zu Fall bringt und ihn am Boden mit dem Gewaff bearbeitet.

Manchmal teilt ein Keiler nur einen einzigen Schlag aus und stürmt dann weiter. Einen solchen typischen Fall berichtet 1938 H. H. von Gersdorf: „Im Verlauf des Treibens hörte ich ziemlich weit von mir einen lauten Schrei, der anscheinend von einem Treiber herrührte, aber zunächst nicht erklärbar war. Und dann erfuhren wir, daß ein Treiber von einem Keiler angenommen worden war, der ihm eine tiefe Wunde am Bein beigebracht hatte. Nach diesem einmaligen Hieb wurde er sofort flüchtig, kam aber in dem Treiben zur Strecke. Es war ein Hauptschwein von 128 kg aufgebrochen."

Oft aber bleibt es nicht bei so einem kurzen, einmaligen Angriff. Besonders wenn ein Keiler durch eine Schußverletzung an der Flucht verhindert oder in die Enge getrieben ist, schlägt er wiederholt mit seinem Gewaff blitzschnell seitlich wohlgezielt und oft treffend nach seinen Feinden, den nahenden Jägern und Hunden.

Anders verhalten sich Bachen, sie teilen keine Hiebe aus, sondern schwere Bisse. Bei einer Treibjagd wurde ein Forstlehrling von einer angeschossenen Bache zu Boden geschleudert und dann auf dem Rücken durch Bisse schwer verletzt. Er drückte sich ganz flach mit dem Bauch auf den Boden, so daß keine lebenswichtigen Stellen erfaßt werden konnten, aber er brauchte monatelang zur Ausheilung.

Bei den Reitjagden früherer Zeiten ohne Schußwaffen sind laut alten Berichten wütende Keiler gegen die Pferde hochgesprungen und haben ihnen so manchesmal von unten her den Leib aufgeschlitzt. Öfter geschah es, daß die Beine der Pferde schwer verwundet oder durchschlagen wurden.

Im Saupark Springe ereignete sich ein tragischer Unfall kurz vor dem Krieg. Ein Tiermaler hatte sich neben einem Schwarzwildwechsel mit seiner Staffelei für seine Arbeiten niedergelassen. Da erschienen völlig vertraut zwei starke Keiler, die, weil sie viel mit Menschen in Berührung kamen, sich ihm ohne Scheu immer mehr näherten. Daher versuchte er, sie zu vertreiben, indem er plötzlich auf sie zusprang. Aber sie wichen nicht aus, wie er erwartet hatte, wurden vielmehr in Wut versetzt, schlugen nach ihm und fügten ihm tödliche Wunden bei. Der Maler konnte sich mit letzter Kraft über einen nahen Zaun retten, aber die Arterien waren aufgerissen, so daß er, ehe Hilfe kam, in kurzer Zeit verblutete.

Solch aggressives Verhalten ist für in freier Wildbahn lebendes Schwarzwild anomal. Diese halbzahmen Schweine haben den Menschen als harmlosen, gegebenenfalls sogar ängstlichen Wohltäter erlebt und jeden „Respekt" vor ihm verloren.

Der nachstehende, für das Verhalten des Schwarzwildes kennzeichnende Erlebnisbericht stammt wieder aus dem Forstamt Danndorf:

„Nach Meldung des Revierbeamten steckte eine angeschweißte Sau in Abteilung 396, vermutlich der in der Nachbarjagd zwei Tage zuvor beschossene Keiler. Eine Stunde später war die bürstendichte Kieferndickung von eilig alarmierten Schützen umstellt. Ich wollte die Schweißfährte mit meinem ‚Lorbaß', einem ausgezeichneten Kleinen Münsterländer-Rüden, gern selbst arbeiten und setzte ihn am Dickungsrand auf die im Schnee deutlich sichtbaren Trittsiegel mit einigen roten Tupfen dazwischen. Doch er wollte diesem so offenkundigen Einwechsel nicht recht folgen, nahm immer wieder die Nase hoch, ging zurück, ‚faselte' und hielt schließlich die Fährte erst auf energisches Zureden. Auf Signal hin sollten noch drei Terrier geschnallt werden. Die Wundfährte ging in zahlreichen sich kreuzenden Widergängen durch die ganze 8 ha große Dickung, wir fanden auch ein Wundbett, aber keine Sau und kamen zerschunden und mißmutig am jenseitigen Rand wieder auf die Schneise. Die auf dem Rückweg befragten Schützen hatten auch nichts gesehen oder gehört, aber mein Schwager, ein Stadtmensch, den ich als Zuschauer zusammen mit meinem Sohn an einem Gestellkreuz unweit vom Einwechsel gelassen hatte, fuchtelte schon von weitem aufgeregt mit den Armen. Was war passiert? Sie hatten dicht neben dem ‚Start' aus einem Gestrüpp zwischen den Altbuchen ein Geräusch gehört und – verbotenerweise – ihren Platz verlassen, um das zu ergründen. Und da flüchtete plötzlich vor ihnen eine grobe Sau und verschwand in der Kieferndickung. Es war der kranke Keiler – erst jetzt war er also tatsächlich drin in der durchsuchten Dickung. Nun war mir auch klar, warum mein Hund ‚gefaselt' hatte. Er hatte die warme Wittrung des in der Nähe steckenden Wildes in der Nase und verstand nicht, warum er auf einer kalten Fährte in der entgegengesetzten Richtung suchen sollte.

Aus der Fährte und anderen Umständen war zu schließen, daß der Keiler noch recht gut auf den Läufen war, es also keinen Sinn hatte, ihm mit dem Hund am langen Riemen nachzuhängen. So wurden Lorbaß und die drei Jagdterrier geschnallt, die ihn bald stellen, aber nicht heraustreiben konnten. Wir mußten also den Hunden zu Hilfe kommen. Es gelang mir nun mehrmals, begleitet von einem Haumeister, dem Standlaut folgend dicht an den Keiler heranzukommen, doch war es in der Enge dieses jungen Bestandes zwischen der Vielzahl von Kiefernstämmchen mit starrenden trockenen Astquirlen nicht möglich, ihn freizubekommen für einen sicheren Schuß, der ja auch die Hunde nicht gefährden durfte. Ich fragte mich, was ihm überhaupt fehlte, denn er schlug in blitzschnellen Wendungen nach den Angreifern.

Der Schauplatz hatte schon dreimal gewechselt. Der Keiler stand nun in einer Bestandesecke, von den Hunden hart bedrängt, und wußte wohl, daß hinter ihm die Jäger mit gutem Schußfeld auf ihn warteten, zumindest, daß die angrenzenden Bestände bei einer Flucht keine Deckung boten. Wir waren vorsichtig wieder bis auf etwa zwölf Schritt herangekommen. – ‚Er greift an!' rief der Haumeister und sprang hinter mich, während ich den Stutzen hochriß und schoß. Doch der Keiler stutzte nur kurz, schüttelte das Haupt und setzte seinen Angriff fort. Immerhin hatte dieser Augenblick zum Repetieren gereicht, ich hielt zwischen die Teller, und im zweiten Schuß brach er wenige Meter vor mir zusammen – kam vorn nochmal auf die Läufe und erhielt sitzend noch einen dritten, sofort tödlichen Schuß zwischen die Lichter.

Während die Hunde sich sofort auf den Keiler stürzten und der Haumeister mir erleichtert ‚Waidmannsheil, Herr Forstmeister!' zurief, war ich zunächst noch etwas benommen und dachte beklommen daran, daß das zwar gut gegangen sei, es das nächste Mal aber wohl ratsamer wäre, einen zweiten Mann mit Waffe mitzunehmen. In einem solchen Falle, in einer Dickung, kann eine Saufeder – wenn man damit umzugehen versteht – bessere Dienste leisten als ein Gewehr.

Der Keiler hatte ursprünglich nur einen Schuß durch Keule und Brunftkugeln und wäre wohl ohne die zufällig entdeckte Wundfährte im Schnee nicht zur Strecke gekommen.

So mancher Jäger und Hundeführer wird schon ähnliches erlebt haben. Dieses Beispiel ist in mehrfacher Hinsicht typisch: Erfahrene Sauen machen mehrere Widergänge, bevor sie sich in einem Kessel (oder ein Wundbett) einschieben. Sie fühlen sich darin so sicher, daß man sie schon – fast wörtlich zu nehmen – heraustreten muß.

Zunächst suchen sie normalerweise ihr Heil in der Flucht – in die Enge getrieben greifen sie an. (Und schließlich hier noch am Rande zu erwähnen: Im Zweifelsfalle hat der Hund recht.)"

Diese Wehrhaftigkeit – vielleicht auch dieser „Mut der Verzweiflung" – ist den Sauen anscheinend angeboren. Kurz nach dem Kriege passierte im Forstamt Escherode (bei Hann.-Münden) folgendes:

Zwischen zwei Jägern blieb ein Frischling mit Waidwundschuß sitzen. Der Schütze hatte Ladehemmung und bat seinen Nachbarn, dem Frischling einen Fangschuß zu geben. Der ging näher heran, um einen guten Schuß anzubringen (jedes Gramm Wildpret war damals kostbar) – und wurde von dem kleinen Kujel angenommen! „Klick", sagte der Schlagbolzen: Versager! (Auch gute Patronen waren damals kostbar, und im Walde gefundene Karabiner und Infanteriemunition funktionierten nicht immer.) Da der verhinderte Schütze seine – ebenfalls kostbaren – Hosen retten wollte, blieb ihm nichts anderes übrig, als den immer weiter anrennenden Frischling mit einem kräftigen Schlag auf die Nase zur Strecke zu bringen.

Häufig werden die eingesetzten Hunde vom Schwarzwild geschlagen. Meine Brakken mußten im Laufe der Zeit neben vielen leichten auch manche schwere Wunde hinnehmen. Meine beste Hündin erhielt einmal von einem Keiler einen Hieb, der blitzschnell von der Seite erfolgte und ihr die Flanke aufriß, so daß die Gedärme bloß lagen. Es sah entsetzlich aus und hätte ihren Tod bedeutet, denn nur durch schnelles Aufkoppeln war sie davon abzuhalten weiterzujagen. Ich habe dann diese sehr erschreckende Wunde, nach Reinigung mit Alkohol und Bepinseln der Umgebung mit Jod, mit einem stets mitgeführten chirurgischen Besteck zugenäht, und dieser schwere Riß der Bauchdecke heilte, ohne daß irgendeine Infektion eintrat.

Eine von hinten angreifende Sau traf ein anderes Mal einen meiner Brackenrüden beim Verbellen und Stellen innerhalb einer Rotte sehr schmerzhaft. Ihm wurde die äußere Muskulatur des Hinterschenkels durchbissen. Diese Wunde war nicht lebensgefährlich, aber sie hinderte den Hund weiterzujagen.

Nach starkem Blutverlust zitterte er an jenem Wintertag vor Kälte und wurde immer matter. So war ich froh, daß ich ihn nach dem Verbinden schnellstens in die Wärme eines in der Nähe gelegenen Forsthauses bringen konnte, wo er allmählich auflebte. Auch dieser Schmiß verheilte ohne Komplikationen. Solche Verwundungen meiner Hunde durch Sauen waren unvermeidbar, aber zu meiner Freude wurde nie einer tödlich verletzt, wenn auch keiner ohne Narben blieb.

Erst nach bitteren Erfahrungen lernt jeder an Sauen jagende Hund, der eine früher, der andere später, mehr Vorsicht gegen dieses gefährliche Wild zu zeigen. Aber das Schwarzwild ist in der Verteidigung so wendig und im Angriff so plötzlich, daß selbst der älteste Kämpe, sobald er sich eine Blöße gibt, seinen Hieb weg hat.

Auf einer Waldtreibjagd erschreckte mich ein langgezogenes Quietschen, das aus der gerade getriebenen Deckung ertönte. Eine Bache, deren Frischlinge abgesprengt waren, hatte in ihrer Wut einen zweijährigen Teckel angegriffen. Als wir hineilten, war sein Becken durch ihren Biß zerquetscht und sein rechter Hinterlauf gebrochen. Mit Notverband wurde der Hund zum Tierarzt gebracht und von dort in die tierärztliche Hochschule in Gießen, wo die Heilung gelang.

Auf jeder Saujagd, bei der Hunde eingesetzt werden, muß man damit rechnen, daß einer von diesen verletzt wird. Durch wirkungsvolle Erste Hilfe können Verluste oder bleibende Schäden meist vermieden werden, und die Hunde tun dann durch ihr bekanntermaßen gutes Ausheilungsvermögen das ihre, so rasch wie möglich wieder voll einsatzfähig zu werden. Man sollte deshalb stets Verbandszeug in der Jagdtasche bei sich haben.

Die Gefahr, durch angreifendes Schwarzwild verletzt zu werden, war in früheren Zeiten, als mit der kalten Waffe gejagt wurde und man auf „Nahkampfentfernung" an die Sauen heran mußte, natürlich viel größer als beim heutigen Stand der Schußwaffentechnik. Daß es sich dabei oft um einen Kampf auf Leben und Tod handelte, bezeugen viele Jagdschilderungen, von denen einige im Kapitel „Saujagden vergangener Zeiten" wiedergegeben werden.

Krankheiten

Schwarzwild sieht nicht nur robust aus, es ist auch hart im Nehmen. Und ebenso wie es Verletzungen rasch ausheilen kann, ist es auch relativ wenig anfällig gegen Krankheiten, obwohl es eine ganze Reihe gibt, von denen es befallen werden kann. Von besonderer Bedeutung sind nur zwei davon:

- Die *Schweinepest*, die ganze Schwarzwildbestände vernichten oder doch stark dezimieren kann und
- die *Trichinose*, weil diese durch Übertragung dem Menschen lebensgefährlich werden kann.

Die *Schweinepest*, eine Viruskrankheit, wahrscheinlich Ende vorigen Jahrhunderts aus Amerika eingeschleppt, vernichtete zeitweise ganze Hausschweinbestände in Deutschland. Bei Wildsauen trat diese schwere Seuche erstmalig im Jahre 1906 im Forstenrieder Saupark bei München und danach auch in anderen dicht besetzten Gattern auf. In freier Wildbahn kam es zunächst nur zu einzelnen Infektionsfällen, weil die dortige geringe Wilddichte die Ausbreitung der Seuche verhinderte.

Erst als während und nach dem letzten Krieg fehlende Jagdausübung und einige Mastjahre ein zahlenmäßig allzu großes Anwachsen des Schwarzwildes begünstigten, konnte sich die Seuche wieder in schwererer Form entwickeln. Vielerorts, so im Solling und Bramwald, wurden infizierte Bestände fast völlig vernichtet. Erst nach vielen Monaten, ja anderthalb bis zwei Jahren kam die Seuche zum Erlöschen, aber immer wieder bis heute trat in den Wildbahnen Deutschlands die Schweinepest mehr oder weniger verheerend auf.

Der allgemeine Krankheitsverlauf ist folgender: Die Wildschweine infizieren sich meist durch Fraß von Überresten daran verendeter Hausschweine, Küchenabfällen usw. oder durch zugewanderte kranke Stücke, schließlich durch Aufnehmen der Kadaver eigener Artgenossen. Nach einer Inkubationszeit von ungefähr einer Woche zeigt sich die Krankheit daran, daß die befallenen Sauen auch bei Tage rege sind und die Scheu vor dem Menschen mehr oder weniger verlieren, oft sogar soweit, daß sie innerhalb von Gehöften, Dörfern usw. erscheinen. Sie sind wegen ihres Fiebers vom Durst geplagt und suchen Wasser. Trotz dieser Anzeichen ist das bestimmte Erkennen der Seuche zu Beginn oft schwierig, weil bis zum schnellen Verenden kaum organische Veränderungen eintreten, ja nicht einmal eine Abmagerung.

Wenn bei hoher Bestandesdichte Fallwild gefunden wird, das ohne erkennbare Ursache verendet ist, am Ende gar mehrere Stücke auf einmal, ist Verdacht auf Schweinepest berechtigt und sofort die zuständige Veterinärbehörde hinzuzuziehen. Von einzelnen – zu Beginn der Seuche – rasch tödlich verlaufenden Fällen abgesehen kann man normalerweise die Seuche dann auch an frisch verendeten oder erlegten Stücken bestätigen anhand innerer Blutungen. In der Schleimhaut des Kehlkopfes und im Innern der Harnblase sind deutlich stecknadelkopfgroße Blutpunkte zu erkennen, auch – nicht so deutlich – an den Nieren und der Herzmuskulatur. Bei länger dauerndem Krankheitsverlauf sind auch noch Entzündungen an Magen und Dünndarm sichtbar.

Bei den Saujagden im Forstamt Danndorf im Jahr der Schweinepest 1967 war der Kreistierarzt aus Helmstedt, zugleich Kreisjägermeister, immer dabei und hat die übrigen Jäger beim Aufbrechen im Diagnostizieren unterwiesen, so daß danach auch auf Einzeljagd der Erleger selbst die Krankheit erkennen konnte – am Kehlkopf bzw. an der umgestülpten Harnblase des erlegten Stückes.

Die allermeisten der erkrankten Frischlinge und Überläufer verenden oft schon nach 4–7 Tagen so schnell, daß sie manchmal rottenweise daliegen. Von älteren Stücken bleiben viele nach der Infektion oft noch 2–3 Wochen oder sogar Monate am Leben, und einzelne heilen sich sogar aus.

Einen anschaulichen Bericht über den Verlauf der Seuche im Bramwald gibt Werner Siebold (1949):

„Von Mitte Oktober ab begann die Seuche mit größter Heftigkeit unter dem Schwarzwild des Bramwaldes zu wüten, und innerhalb von vier Monaten wurden über 90 Prozent des Bestandes vernichtet. Erkrankte Tiere und sogar Frischlinge sondern sich von der Rotte ab und werden einzeln angetroffen. Selbst starke Keiler verlassen Dickung und dichtere Bestände und den Wald und verlieren die Scheu vor dem Menschen. Am hellichten Tag werden sie auf freiem Feld oder sogar innerhalb der Ortschaften angetroffen. Wasser übt anscheinend eine große Anziehungskraft auf erkrankte Sauen aus. Mehrere wurden an der Weser angetroffen, einige haben sich ohne Zögern in den Fluß gestürzt und sind darin ertrunken. Verhältnismäßig oft wurden Lähmungserscheinungen und Gleichgewichtsstörungen beobachtet. Davon betroffene Stücke drehten sich dauernd im Kreis, hatten einen taumelnden, schleppenden Gang, saßen halb gelähmt auf den Keulen oder wurden liegend mit krampfartigen Zuckungen der Läufe angetroffen. Oft hatten die kranken Stücke Schaum, der manchmal mit Schweiß rot durchsetzt war, vor dem Gebrech. Der Tod ist in einzelnen Fällen sehr plötzlich eingetreten. Zwei starke Keiler waren offensichtlich im Lehm aufgeweichter Wege stecken geblieben und sind dort wahrscheinlich durch Herzschlag verendet.

Meist scheint es sich um eine sehr schnell wirkende Form der Schweinepest gehandelt zu haben. Im Januar wurde bei Neuschnee eine Rotte von 10–12 Sauen bestätigt, die keinerlei Krankheitsspuren zeigte. Bereits eine Woche später war die Rotte durch die Pest restlos aufgerieben, sämtliche verendeten Stücke wurden innerhalb eines Bestandes gefunden."

Die Bekämpfung der ausgebrochenen Seuche ist schwierig, denn Impfungen wie bei Hausschweinen sind unmöglich. Es wird Abschuß der sichtlich kranken Stücke auf Einzeljagd vorgeschlagen. Es wird gefordert, Treibjagden zu vermeiden, damit die Infektion nicht durch Beunruhigung und Abwanderung weiterverbreitet wird.

Gegen diese Maßnahme, durch Jagdausübung kranke Stücke auszumerzen, wendet sich Geza Kiss von Nemesker, der erfahrene Betreuer des Jagdreviers Gödöllö, wo zu seiner Zeit zweimal die Schweinepest ausbrach, aber überwunden wurde. Nach seiner Meinung übersteht eine gewisse Anzahl alter infizierter Sauen die Krankheit; diese werden immun und gerade sie können dann einen mehr widerstandsfähigen Bestand gründen. Dies scheint sich zu bestätigen durch die Angabe der Professoren Wetzel und

Rieck in dem Werk „Krankheiten des Wildes" (1972). Es heißt dort: „In neuerer Zeit wird ein zunehmend chronischer Verlauf mit geringerer Sterblichkeit beobachtet."

Dies deutet darauf hin, daß in einem Bestand eine gewisse Immunität durch Überlebende, die genesen konnten, eintritt, vergleichbar einer Schutzimpfung. Diesen Empfehlungen zur Bekämpfung bzw. zum Selbst-Ausheilenlassen widersprechen die Erfahrungen im Forstamt Danndorf. Hier gelang es, die Seuche innerhalb weniger Monate in den Griff zu bekommen, was allein der schlagartig einsetzenden scharfen Bejagung zugeschrieben wird.

Entscheidender Faktor für Auftreten und Ausbreitung einer Seuche ist die Wilddichte. Je rascher der (zu hohe) Bestand verdünnt wird, desto geringer ist die Ansteckungsgefahr. Es ist aber unmöglich, einen hohen Schwarzwildbestand in kurzer Zeit zu dezimieren durch Einzeljagd auf kranke Stücke. Ebensowenig werden die Jäger eines Schwarzwildreviers den Erfolg gegebenenfalls jahrelanger Hege aufs Spiel setzen und tatenlos abwarten wollen, bis bzw. ob sich aus ein paar „immun" gewordenen alten Sauen ein mehr widerstandsfähiger neuer Bestand entwickelt. Zwar wird sich letzten Endes die Natur allein helfen. (Auch die Myxomatose hat das Kaninchen nicht ausgerottet und scheint allmählich ihre Schrecken zu verlieren.) Doch wer will schon – einige Schwarzwildgenerationen lang – auf dieses Selbstregulativ der Natur warten? Außerdem geschieht durch Reduzieren der Wilddichte ja nichts anderes, als unnatürliche Verhältnisse wieder natürlicher zu machen. Und schließlich: Warum sollte man zu Beginn einer Schweinepest warten, bis 50 oder 90 % der Sauen verendet sind, statt sie vorher zu erlegen (solange sie noch verwertbar sind) und zugleich damit die Seuche einzudämmen? Die „urwaldähnlichen" Verhältnisse in Ungarn lassen sich nicht auf unsere Industrie- und Kultur-Landschaft übertragen.

Sobald also die Schweinepest auftritt, sind alle Jäger im Umkreis von 20 km zu alarmieren, müssen die überhöhten Schwarzwildbestände schlagartig um 50 oder 75 % verringert werden durch alle gebotenen Jagdarten – einschließlich Drückjagden, die bei guter Organisation am wirkungsvollsten sind. Davon werden natürlich auch bzw. überwiegend die gesunden Stücke betroffen. Man kann stärkere Stücke schonen, da diese tatsächlich die Krankheit am ehesten überstehen. Doch dürfen in einem solchen Fall die Abschußrichtlinien nicht so eng gefaßt werden, daß der (quantitative) Erfolg dadurch beeinträchtigt wird. Lieber fünf gesunde Stücke zuviel als ein krankes zu wenig abschießen.

Selbst wenn durch diese plötzliche Beunruhigung und Verfolgung einzelne Sauen oder Rotten abwandern (zunächst sind das ja fast nur gesunde) in bisher dünn oder nicht besiedelte Nachbargebiete, so ist auch das im Seuchenherd eine Bestandesverdünnung, vermindert die Ansteckungsgefahr und damit – insgesamt gesehen – die Verluste.

Parallel zu diesem scharfen Verminderungsabschuß laufen seuchenhygienische Maßnahmen:

- Die Reviere müssen – sofern das nicht schon bei den Drückjagden durch die Treiber geschieht – alle paar Tage systematisch abgesucht werden, besonders die bekannten Einstände und Saudickungen.
- Fallwild wird zur nächsten Tierkörperbeseitigungsanstalt gebracht (bei Seuchen auch kostenlose Abholung) oder es muß tief (über 1 m) eingegraben und die Fundstelle desinfiziert werden. Alle Personen, Geräte usw., die mit solchem Wild in Berührung gekommen sind, müssen gleichfalls desinfiziert werden, damit die Seuche nicht (in Schweineställe) verschleppt wird (zweiprozentige Natronlauge = 200 g Ätznatron auf 10 l Wasser).

- Erlegtes (gesundes und auch bereits infiziertes) Schwarzwild kann ohne Bedenken für den menschlichen Genuß verwertet werden, doch dürfen seuchenverdächtige Stücke wegen der Ansteckungsgefahr für Hausschweinebestände nicht in den freien Verkehr gebracht werden und muß der Verbraucher die vorgenannten Vorsichtsmaßregeln beachten.
- Wichtig ist – wie bei allen Seuchen – die sofortige Meldung an die zuständige Veterinärbehörde und eine gute Zusammenarbeit mit dieser.

Mit den vorgenannten Sofortmaßnahmen sind im Forstamt Danndorf von Dezember 1967 (erste Fallwildfunde) bis Januar 1968 65 Stück Schwarzwild erlegt und verwertet sowie 22 verendet gefunden und unschädlich beseitigt worden. Damit war zwar der vorgesehene Abschuß (40 Stück) stark überschritten worden, doch der Bestand vor größeren Schäden bewahrt; und nach einem Rückgang im folgenden Jagdjahr war die Jahresstrecke 1969/70 schon wieder normal.

Besser als jede Art der Seuchenbekämpfung ist allerdings vorbeugen; das geschieht dadurch, daß man keine übermäßige Wilddichte entstehen läßt. Wo diese vorhanden ist, scheint die Schweinepest früher oder später mit allergrößter Wahrscheinlichkeit unabwendbar zu sein. Einmal in der Eifel, ein anderesmal im Odenwald habe ich an einer einzigen Körnung über 100 Sauen gesehen und ernste Befürchtungen über die zu erwartende Schweinepest geäußert. Beide Male mit Recht, denn bald darauf wurde durch diese furchtbare Seuche die Mehrzahl des dortigen Wildes vernichtet.

Die *Trichinose* gilt als zweite in Jägerkreisen ernstzunehmende Infektionskrankheit des Schwarzwildes. Diese Krankheit beruht auf dem Befall mit dem Fadenwurm, *Trichinella spiralis* (auch oft Trichinellose genannt). Sie kann für jeden zur ernsten Lebensgefahr werden, der Wildpret von befallenen Sauen in rohem Zustand, halbgar gepökelt oder geräuchert zu sich nimmt. Durch starkes Erhitzen beim Kochen oder Braten des Fleisches werden die Trichinen abgetötet. Beim Verzehren trichinösen Fleisches werden die im Muskelgewebe eingekapselten Trichinen frei und gelangen in den Dünndarm. Dort entwickeln sie sich zu geschlechtsreifen Männchen und Weibchen (Darmtrichinen). Ein Weibchen produziert 200–2000 Larven, welche durch die Darmwände in das Lymphgefäßsystem eindringen und von dort, durch den Blutstrom über den ganzen Organismus verteilt, besonders in die stark durchblutete Muskulatur (Zwerchfell, Zunge, Rippenmuskeln) gelangen. Hier bohren sie sich in die Muskelfasern ein (Muskeltrichinen), werden dort eingekapselt und bleiben so viele Jahre lebensfähig.

Nimmt ein Stück Schwarzwild mit dem Fraß eine größere Menge Muskeltrichinen auf, zeigt das Krankheitsbild zunächst Durchfall, später steifen Gang. Auch Schluckbeschwerden treten auf. Doch sind diese Erscheinungen in der Wildbahn kaum erkennbar und werden meist nicht als Trichinose gedeutet. Erst am gestreckten Stück ist der Befall durch mikroskopische Untersuchung nachweisbar.

Das Krankheitsbild beim Menschen ist ähnlich: zunächst durch die Darmtrichinen Durchfall, Leibschmerzen und Erbrechen. Danach verursachen die Muskeltrichinen Fieber, Muskelschmerzen, Ödeme und allergische Erscheinungen und später u. U. Hirnhautentzündung, Lungenentzündung und Herzmuskelentzündung. Eine starke Infektion kann zum Tod führen.

Die Trichinose kann von allen fleischfressenden Wild- und Haustieren übertragen werden (also auch von Fuchs, Sumpfbiber, Dachs), wobei diesen äußerliche Krankheitssymptome nicht anzusehen sind. Wegen der Gefahr einer Übertragbarkeit auf den

Menschen unterliegt das zum Verzehr bestimmte Fleisch solcher Tiere, also auch das Wildpret von Schwarzwild, nach dem Fleischbeschaugesetz i. d. F. v. 28. 9. 1981 zwangsweise der Untersuchung auf Trichinen, die sonst in der Hauptsache den Hausschweinen gilt. Die Verpflichtung hierfür obliegt demjenigen, der das Wildpret zerlegt. Da über die Kompetenzen Zweifel auftreten können, empfiehlt es sich, bei Abgabe von erlegten Sauen einen entsprechenden Hinweis (möglichst schriftlich) an die Abnehmer zu geben. Durch diese streng durchgeführte Trichinenschau wurde praktisch die Erkrankung an Trichinose beim Menschen auf ein Mindestmaß zurückgedrängt, gleichwohl bleibt aber die Gefährdung bestehen. (Ansonsten gibt es für Wild z. Z. noch keinen veterinärmedizinischen Untersuchungszwang.)

Wenn auch Untersuchungen auf Trichinen beim Schwarzwild im eigenen Revier immer negativ verlaufen sollten – nach der veterinärmedizinischen Statistik gibt es in der Bundesrepublik Deutschland jährlich einige Sauen mit positivem Befund. Und immer wieder, bis in die neueste Zeit, tauchen Meldungen auf, wonach eine größere Anzahl Menschen nach dem Genuß trichinösen Wildprets erkrankt ist, zum Teil schwere gesundheitliche Schäden erlitt und einige auch sterben mußten. Es wäre also sträflicher Leichtsinn, wenn einige Jäger meinen, auf die Trichinenschau verzichten zu können.

Zur Untersuchung auf Trichinen soll laut Vorschrift von einem Zwerchfellpfeiler (Nierenzapfen) am Übergang zum sehnigen Teil und aus der Unterarmmuskulatur je eine haselnußgroße Probe entnommen werden, da sich in diesem stark durchbluteten Gewebe die Trichinen am besten nachweisen lassen. Beim Aufbrechen muß man also darauf achten, daß das Zwerchfell in der Rückengegend zwischen Leber und Lunge nicht zu weit abgeschärft wird, und daß etwa daumengroße Reste im Stück verbleiben. Das sonst beim Schalenwild oft gebräuchliche Aufbrechen, wobei man das Zwerchfell vom Brustkern ausgehend nur an den beiden Wänden, dicht an den Rippen abschärft (am Rücken also nicht), dann nach unten herauszieht, wodurch das Innere schön sauber wird, ist hier also nicht angebracht.

Neben diesen beiden zuvor behandelten wichtigsten Krankheiten kann unser heimisches Schwarzwild noch von zahlreichen anderen befallen werden.

Zunächst ist die *Tollwut* zu nennen, deren Virus besonders auf Nerven und Gehirn wirkt. Die befallenen Stücke verlieren ihre Scheu, werden unruhig und beißsüchtig gegen Menschen und Tiere, wie ja auch der bekannteste Überträger, der Fuchs. Ihr Grunzen wirkt heiser, da Lähmungen des Kehlkopfs eintreten. Für Tollwut besteht Anzeigepflicht!

Eine Virusinfektion ist auch Ursache der *Maul- und Klauenseuche,* mit der namentlich in Gattern gehaltenes Schwarzwild leicht infiziert wird. In leichteren Fällen tritt nach 2–3 Wochen eine Heilung ein, ansonsten sind kranke Stücke abzuschießen. Auch diese Krankheit muß angezeigt werden.

Von mehreren durch Bakterien verursachten Krankheiten ist der *Milzbrand* zu nennen, der große Verluste bei anderem Wild und Haustieren bringt, aber von dem beim Schwarzwild nur wenige Einzelfälle bekannt sind.

Die *Wild- und Rinderseuche* wurde zum erstenmal 1878 im Forstenrieder Park erkannt, als 234 Sauen und 153 Stück Rot- und Damwild als Fallwild gemeldet wurden. Die Infektion der Sauen geschah durch Fraß von Kadaverteilen. Seit Jahrzehnten ist diese Seuche nicht mehr aufgetreten, so daß sie heute bedeutungslos ist, aber Anzeigepflicht besteht noch.

Die berüchtigte *Tuberkulose,* die durch Bakterien verursacht wird, ist bei Sauen selten, tritt aber auf, wenn die Bestände, sei es in freier Wildbahn oder in Sauparks, zahlenmäßig zu hoch werden. Es handelt sich meist um den Rindertyp *Mycobakterium bovis*, der auf Äckern und Weiden durch Abfälle tuberkulöser Haustiere aufgenommen wird. Meist werden die Lungen infiziert, so daß bei den stets nahen Kontakt suchenden Sauen eine Übertragung auch durch die Atemluft erfolgen kann. Husten und Abmagerung sind die Anzeichen dafür. Solche Stücke sind als Quelle von Infektionen abzuschießen.

Seuchenhaftes Verfrischen der Bachen, ähnlich dem Verkalben der Kühe, ist in einzelnen Fällen von Hausschweinen übertragen worden. Diese Krankheit, Brucellosis des Schweines, ist auf Bakterien der Gattung *Brucella* zurückzuführen. Meistens erfolgt die Infektion durch aufgenommene Feldhasen. Da mikroskopische Untersuchungen nicht zuverlässig sind, kann ein sicherer Nachweis nur durch Serumuntersuchungen und Bakterienkulturen erbracht werden.

Aktinomykose, die sogenannte Strahlenpilzerkrankung, die nach neuerer Forschung aber bakteriell entsteht, ist nur vereinzelt bei Wildsauen nachgewiesen. Es zeigen sich dabei wie beim Reh meist Knochenwucherungen als Auftreibungen des Ober- und Unterkiefers. Die Infektion erfolgt meist durch wunde Stellen am Gebiß.

Auch Parasiten schädigen unser Schwarzwild recht häufig. Von Protozoen oder Einzellern verursachte *Darm-Coccidien-Infektionen*, die von zwei *Eimeria*-Arten hervorgerufen werden, verlaufen in der Regel ohne äußere Anzeichen. Bei dem Befall mit ebenfalls in diese Gruppe gehörenden Sarkosporidien entstehen in der Muskulatur, besonders auch des Kehlkopfes, Zwerchfells und Rumpfes ein bis zwei Millimeter (oder längere) Schläuche, wohl auch ohne Krankheitsbilder zu verursachen. Die Wildschweine sind in diesen Fällen Zwischenwirte von menschlichen oder bei Carnivoren vorhandenen Darm-Coccidien.

Wurmbefall wird vielfach festgestellt, so in den Gallengängen der große *Leberegel (Fasciola hepatica)*, in dessen Entwicklungszyklus als Zwischenwirt Schnecken eingeschaltet sind. Diese sondern sogenannte Cercarien ab, durch die im weiteren Entwicklungsverlauf die Infektion auf feuchtem Gelände erfolgt. Abgesehen von einzelnen regenreichen sogenannten Leberegel-Jahren hat dies für einen Schwarzwildbestand wenig Bedeutung.

Der *Lungenwurmbefall* ist in der freien Wildbahn häufig, denn er wird durch aufgenommene Regenwürmer übertragen. Beim Fallwild zeigen sich weißliche Herde im Lungengewebe, besonders an den kleinen Bronchien. Diese Krankheit kann seuchenhaft auftreten. Hustende, magere Stücke sind abzuschießen.

Bandwürmer, die voll entwickelt im Darm leben, kommen beim Schwarzwild nicht vor. Aber die Finnen oder Blasen von verschiedenen Arten sind festgestellt worden. Oft fallen die Finnen vom dreigliedrigen *Hundebandwurm* auf, und zwar durch ihre Größe von der eines Taubeneies bis zu einer Orange. Diese Echinococcus-Blasen werden besonders in der Leber gefunden, sind von weißlicher Farbe, und an ihrer Innenwand sind zahlreiche Bandwurmköpfchen zu erkennen. Die Ansteckung der Sauen erfolgt durch Aufnahme von Hunde- und Fuchskot.

Als ein wichtiger Schmarotzer, weil er für den Menschen gefährlich werden kann, ist der *Schweinebandwurm* zu nennen *(Taenia solium)*, dessen Finnen besonders in früheren Zeiten viel im Wildpret von Sauen gefunden wurden. Es sind ovale linsenähnliche Bläschen von einer Länge bis zu zwei Zentimetern und von weißlicher Farbe, in denen die Kopfanlage des späteren Bandwurms durchscheint. Sie befinden sich ausschließlich in der Muskulatur, und es entwickelt sich, wenn diese in den Darm des

Menschen gelangen, daraus ein Bandwurm, stets auch aus mehreren nur ein einziger, worauf der Name solium „Einsamer" zurückzuführen ist. Dieser erreicht eine Länge von vier Metern, und seine geschlechtsreifen Glieder gehen mit dem Stuhl ab. Falls diese von Sauen aufgenommen werden, entwickeln sich die infizierenden Finnen. Durch fleischbeschauliche Maßnahmen ist dieser Bandwurm in Deutschland außerordentlich selten geworden, falls doch dessen Finnen festgestellt werden, ist das befallene Wildpret zu vernichten. Wenn sich ein Mensch damit infiziert, so können die sich dann meist im Gehirn entwickelnden Finnen gefährlichste Folgeschäden hervorrufen.

Magenwürmer und *Darmwürmer* können im Schwarzwild öfters festgestellt werden, haben aber keine Bedeutung, da sie keine sichtbaren Gesundheitsschäden verursachen.

Von *schmarotzenden Insekten* finden sich beim Schwarzwild zwei Arten Schweinsläuse, häufiger *Haematopinus aperis*, seltener *Haematopinus suis*. Auch Zecken und Hirschlausfliegen können manchmal auf dem Schwarzwild angetroffen werden.

Sehr oft leiden Sauen, oft ganze Rotten, aber auch einzelne Keiler, an einer schlimmen äußeren Hautinfektion, der *Sarcoptes*-Räude, die durch Milben verursacht wird. Diese bohren sich in die Unterhaut besonders des Kopfes ein, bewirken Haarausfall verbunden mit starkem Juckreiz. Sie werden durch Berührung übertragen, besonders wenn Sauen, wie es ihr Triebverhalten ist, in Kontaktfühlung ruhen, oder auch durch abgestreifte Milben, die an Malbäumen oder sonstwo aufgelesen werden. Eine Heilung

Abb. 21. Ein so plötzlicher radikaler Haarausfall wie bei dieser Bache ist verdächtig, wenn auch Sauen zu dieser Zeit ungewöhnlich schlank aussehen und dann deutlicher zu sehen ist, daß sie hochläufiger sind als Hausschweine. Führende Bachen kommen später in den Haarwechsel (s. Abb. 31). Diese führt offensichtlich nicht, sonst müßte man deutlich das Gesäuge erkennen (s. Abb. 12). Es ist vermutlich eine räudekranke Bache – siehe die schorfigen Stellen an der Keule. Am Rücken, der sich schlecht scheuern läßt, halten sich die Winterborsten am längsten (Phot. Wolfgang Lemp)

kann eintreten, wenn äußerliche Umstände des Lebensraumes sich günstig auswirken. Bei gesundem kräftigen Wild ist kaum mit Verlusten zu rechnen. (Abb. 21)

Ist Wild in gutem Futterzustand, sind Krankheiten und Parasitenbefall oft kaum spürbar. In Notzeiten dagegen, wenn durch Mangel irgendwelcher Art eine Schwächung eintritt, können sie – gegebenenfalls summiert – leicht tödlich wirken.

Gegen alle diese verschiedenartigen Seuchen, Krankheiten und Parasiten wird als Vorbeugung von Wissenschaftlern immer wieder gute reichhaltige Fütterung angegeben. In der freien Wildbahn ist das beste Mittel zur Krankheitsverhütung eine geringe Wilddichte bei weitgehend natürlichen Lebensbedingungen. Dem widerspricht z.B. eine Konzentration des Wildes an wenigen ständigen Großfütterungen, was gegebenenfalls mehr schadet als nützt.

An *Vergiftungen* leiden Sauen anscheinend selten, aber Verluste durch Gift zur Bekämpfung von Mäusen sind mehrfach festgestellt worden, erstmalig von FLOTOW im Jahre 1939 in den Braunschweigischen Sollingrevieren. Fünf Bachen, hochtragend kurz vor dem Frischen mit 29 Frischlingen in der Tracht, wurden verendet aufgefunden. Sämtliche Bachen lagen in mehr oder weniger großer Entfernung um ein Verjüngungsgatter, in dem Giftkörner gegen die Mäuseplage ausgelegt waren. Von Fachleuten konnten keinerlei Veränderungserscheinungen durch Krankheit festgestellt werden, nur die Magen- und Darmwände waren blutig gerötet, was für Vergiftung sprach. Entweder sind die Bachen am Giftweizen oder an den bereits vergifteten Mäusen eingegangen.

Das Schwein hat im Wärmehaushalt seines Körpers eine Schwierigkeit, die für den Praktiker von Wichtigkeit ist. Es kann erhöhte Temperaturen nicht so leicht abgeben wie anderes Wild. Wenn man frisch gefangene Wildschweine für die Reise in eine Transportkiste steckt, überhitzen sie sich sehr leicht und schnell so stark, daß sie an einem Zusammenbruch des Kreislaufs eingehen. Es ist also beim Transport dafür zu sorgen, daß die Wildschweine durch dauernde Frischluft die nötige Abkühlung haben. Bei warmer Außentemperatur soll man sie überhaupt nicht in eine Transportkiste stecken.

Wildkrankheiten – das ist ein Kapitel, das dem Jäger meist weniger geläufig ist. Das liegt wohl nicht so sehr am mangelnden Interesse als vielmehr daran, daß er – zum Glück – wenig damit zu tun hat. Die wichtigsten sollte er doch kennen, vor allem aber grundsätzlich folgendes beachten:

Beim Aufbrechen – auch des äußerlich gesund erscheinenden Wildes – sind alle inneren Organe und das Wildpret auf ihren Gesundheitszustand zu überprüfen. Vorsichtsmaßnahmen sind geboten bei auffälligen Anomalien. Das können z.B. blutunterlaufene, stark blutangereicherte oder auch ungewöhnlich blutarme Gewebe und Organe sein, Flecken, Pusteln, Verkapselungen, Blasen, geschwollene Lymphknoten, Vereiterungen und sonstige Veränderungen. Wenn sich deren Ursache nicht als harmlos erklären läßt (z.B. alte Schußverletzung) und das Wildpret dann – gegebenenfalls nach Herausschärfen der betreffenden Teile – ohne Bedenken genossen werden kann, ist ein Tierarzt zu Rate zu ziehen, bevor das Wild selbst verwertet oder gar in den Handel gebracht wird. Wer ein Stück Wild in der Dämmerung aufbricht – wie es häufig geschieht – oder ungeprüft durch andere Personen aufbrechen läßt, verstößt gegen die gebotene Sorgfaltspflicht und macht sich gegebenenfalls strafbar, z.B. nach dem Lebensmittelgesetz.

Jeder Jäger sollte wissen, daß Wildseuchen nach dem Bundesjagdgesetz § 24 (i. d. F. v. 29. 9. 1976) und nach dem Tierseuchengesetz § 1 und 9 (i. d. F. v. 28. 3. 1980) anzeigepflichtig sind, auch nach den Landes-Jagdgesetzen. (Hier wären das die erstgenannten Krankheiten bis Wild- und Rinderseuche einschließlich.)

Besondere Vorsicht ist geboten bei der Verwertung des als krank oder kümmernd erlegten Wildes. Ein solcher Abschuß während der Schonzeit ist genehmigungspflichtig; in Bayern ist der Abschuß von krankem Wild grundsätzlich (also auch während der Jagdzeit) zu melden.

Wenn der Wildhandel künftig in zunehmendem Maße auch mit domestiziertem, unter unnatürlichen Bedingungen gehaltenem Wild beliefert wird – es gibt z. B. Schwarzwildgehege, in denen es gemästet wird –, vergrößert sich die Gefahr, daß solches auch von Krankheiten befallen ist, die wir sonst nur bei Haustieren kennen. Eine verbesserte tierärztliche Kontrolle wäre dann unerläßlich.

III Saujagden vergangener Zeiten

Antike Jagderzählungen

Berichte über gefährliches Schwarzwild sind schon seit den ältesten geschichtlichen Zeiten in die Weltliteratur eingegangen. So werden in verschiedenen Werken des klassischen Altertums einzelne Keiler als Plage ganzer Landstriche erwähnt. Die damaligen gefürchteten „wilden Eber" waren sicherlich viel stärker als unsere heutigen. Einen Haderer mit einem Umfang von 9,59 cm fand STADELMANN in den obersten Schichten der Mossbacher Sande bei Wiesbaden. Diese Stärke läßt auf ein Gewicht von 350 Kilo und mehr schließen. Gewiß gab es im Altertum ebenso starke, die zu wirklich wehrhaften Gegnern werden konnten. Schon Homer vergleicht in der Ilias und auch in der Odyssee in lebenswahren Bildern das Verhalten seiner Helden im Nahkampf öfter mit dem eines solchen Keilers, „der in die Meute der Jagd hochstrotzenden Mutes hineinstürmt, wetzend das weiße Gewaff im rückgebogenen Gebrech".

Nochmals erwähnt dieser Dichter unser Wild bei der Rückkehr des Odysseus nach zwanzigjähriger Abwesenheit in seine Heimat Ithaka. Ergreifend schildert er, wie sein ihm in der langen Abwesenheit treu gebliebener Rinderhirte ihn an der Oberschenkelnarbe erkannte, die von einer schweren, durch einen Keiler beigebrachten Wunde herstammte.

Mit blanken Waffen wurde es stets zu einem höchst gefährlichen Unternehmen, ein starkes Hauptschwein zur Strecke zu bringen. Es entstand ein Kampf auf Leben und Tod, so daß nur wenige Männer dazu Kraft und Mut aufbrachten, an einen Gegner von solcher Härte heranzugehen, um ihn mit Speer und Schwert zu erlegen. Dies galt daher als richtige Heldentat.

So wurde es als eine dem Herkules, der als Halbgott auf der Erde wandelte, durchaus würdige Aufgabe gepriesen, den „erymantischen Eber" zu fangen, der die Ebenen Thessaliens verwüstete. Der Held jagte ihn auf und trieb ihn solange vor sich her, bis das Untier im tiefen Gebirgsschnee nicht weiter konnte. Dann fing er es mit einer Schlinge und brachte es auf seinen Schultern lebend nach Mykenä, zum Schrecken des Eurysteus, der vor Angst in sein ehernes Faß kroch.

Eine andere Sage berichtet, daß Theseus mit einem starken Wildschwein kämpfte, das lange Zeit die Straße bei Kromiom gefährdete und unpassierbar machte. Er wurde von diesem Keiler angenommen, brachte ihn aber zur Strecke und beseitigte so diese Landplage.

Die Erzählungen über derartige Kämpfe mit berüchtigten Keilern sind schon von den alten Schriftstellern mit allerlei poetischen Übertreibungen – man kann schon sagen Jägerlatein – ausgeschmückt worden. So berichtet Xenophon über die in Wut geratenen Keiler, daß ihre Hauer, wenn sie zornig sind, glühend werden und den Hunden die Spitzen der Haare versengen, wo sie diese beim Kampf streifen.

Der römische Dichter Ovid schildert den sagenhaften, gefürchteten Keiler von Kaledonien mit folgenden Versen:

Feuer und Blut entfunkelt dem Blick, rauh starret der Nacken,
Aufrecht steh'n wie ein Wall, wie ragende Spieße die Borsten.
Siedend mit heißem Zischen herab um die Räume des Buges
Strömt der Schaum, und es drohen wie Elefantenzähne die Hauer.
Blitz ist der Odem des Rachens, es entbrennt das Laub von dem Anhauch.
Bald im Kraute zerwühlt er das jugendlich grünende Saatfeld,
Bald die reifenden Ähren, die Hoffnung des emsigen Landmanns,
Weidet gierig er ab und zerstöret die künftige Ernte.

Dieser Keiler verheerte das kaledonische Gebiet und verbreitete durch seine Angriffslust so große Furcht, daß viele Landleute in die Stadt Kalydon flüchteten, und niemand wagte, ihm entgegenzutreten.

Da forderte der Königssohn Meleagros einige Helden seiner Zeit zu einer gemeinsamen Jagd auf, dazu auch eine der schönsten Frauen ihrer Zeit, Atalanta, eine mutige Jägerin, die wegen ihrer Schnelligkeit im Laufen berühmt war. Nach der Sage forderte sie jeden ihrer Freier zu einem Wettlauf auf unter den Bedingungen, daß sie ihm als Sieger gehören sollte, er aber, wenn er besiegt würde, sein Leben verlöre. Viele Bewerber wagten diesen Wettlauf mit ihr vergeblich, bis sie endlich mit Hilfe der Göttin Aphrodite dem Hippomenes unterlag.

Diese Atalanta hatte dem Meleagros feurigste Liebe eingeflößt, und als einige Waidmänner sich weigerten, mit einem Weibe auf Jagd zu ziehen, ruhte er nicht eher, bis er diese besänftigt und mit der tapferen Jungfrau versöhnt hatte. Lange verfolgten die Jäger gemeinsam den Keiler, der in seiner Wut einige von ihnen schwer oder sogar tödlich verletzt haben soll. Endlich gelang es zuallererst Atalanta, das Untier mit einem Pfeil schwer zu treffen, und mit freudigem Stolz pries der liebende Meleagros laut diesen Meisterschuß. Errötend vor Scham und Zorn hörten es die Männer und

Abb. 22. Höhlenbilder in Frankreich und Spanien lassen erkennen, daß Wildsauen schon in vorgeschichtlicher Zeit vom Menschen bejagt worden sind. Der Abbildung des getroffenen Beutetiers wurde wahrscheinlich magische Bedeutung beigemessen; sie sollte den Jagderfolg heraufbeschwören

schleuderten nun mit doppelter Wut ihre Wurfspeere. Doch Sieger war Meleagros, denn er warf dem Eber den Wurfspieß in den Rücken und durchstach dann das wütende Tier vollends mit seinem Jagdspieß. Jubelnd eilten die Jäger herbei und freuten sich des schwer errungenen Sieges. Da zog Meleagros die Schwarte ab, trennte den Kopf los und überreichte beides der Atalanta, indem er erklärte, nur ihr komme dieser Ehrenpreis zu, da sie die erste tödliche Wunde beigebracht habe. Deswegen entstand dann aus Jagdneid ein ernster Streit, der dem verliebten Helden später tragischen Untergang brachte. So berichtet T. Homberg nach alten Quellen.

Über einen anderen tragischen Saujagdunfall berichtet Herodot in seinem Geschichtswerk, das ungefähr 450 Jahre vor der Zeitrechnung entstand. Recht anschaulich schildert er wie folgt eine Begebenheit im nordwestlichen Kleinasien, bei welcher der später wegen seines Reichtums sprichwörtliche Krösus seinen einzigen Sohn verlor:

„Um dieselbe Zeit hauste auf dem Mysischen Olymp ein riesiger Keiler, der aus den Bergen kam und die Felder der Myser verwüstete. Diese machten zwar oft Jagd auf ihn, konnten ihm aber wegen seiner Stärke nichts anhaben. Endlich schickten sie Abgeordnete zu Krösus und ließen ihm sagen: „Herr, bei uns läßt sich ein riesiges Wildschwein sehen, das uns großen Schaden zufügt. Wir können es nicht töten, denn es ist stärker als wir. Deshalb bitten wir Dich, uns Deinen Sohn und einige mutige Jünglinge mit der Hundemeute zu schicken, damit sie uns von dieser Landplage befreien." Der König sagte zu, schlug es aber ab, seinen Sohn mit auf die Jagd gehen zu lassen, denn er habe ein Traumgesicht gehabt, dieser würde durch einen eisernen Spieß getötet werden. „Ja", wandte der Sohn ein, „wenn Du geträumt hättest, ein Zahn würde mich töten, hättest Du recht mit Deiner Sorge. Im Traum aber sahst Du einen Spieß, und wie sollte es möglich sein, daß ich durch einen Spieß umkomme." Der König ließ sich überreden und gab dem Sohn seine Einwilligung zur Jagd. Er stellte ihn aber unter den besonderen Schutz eines Jagdgenossen, seines Gastfreundes Adrastos.

Hierauf machten sich dann die beiden Jünglinge auf den Weg. Als sie auf dem Berg angekommen waren, suchten sie das gefährliche Wild, und als sie es gefunden hatten, umstellten sie es und beschossen es mit ihren Wurfspeeren. Da warf auch der Fremde, jener soeben erst von einer Blutschuld gereinigte Adrastos, seinen Spieß, fehlte aber und traf tödlich den Sohn des Krösus. Somit ging also dessen Traum tatsächlich in Erfüllung.

Zum Vater kamen die Myser mit der Leiche seines Sohnes, und mit ihnen ging Adrastos, der ihn getötet hatte. Mit erhobenen Händen bat er den König, ihn über der Leiche zu töten. Aber Krösus hob keine Hand gegen ihn. Er sagte: „Du bist nicht schuld an dem Unglück, das Du mir und meinem Haus zugefügt hast. Ein Gott ist es, der mir das Unheil ja schon angekündigt hatte." Der Königssohn wurde nach Landesbrauch bestattet. Als sich die Menge verlaufen hatte, tötete sich Adrastos auf dem Grab."

Als letzter antiker Schriftsteller, der – wenn auch nur nebenbei – Angaben über Schwarzwild machte, muß Cornelius Tacitus erwähnt werden. Im Jahre 98 n. Chr. schrieb er seine „Germania". Er schildert anschaulich die einzelnen Stämme der Germanen sowie deren Sitten und Gebräuche. Dabei erwähnt er, daß in einem Gebiet der Keiler als ein Symbol galt, mit folgenden Worten:

„An der Ostküste des vorhergenannten suebischen Meeres hausen die Ästier, nach Sitte und Typus den Sueben, nach der Sprache den Britanniern verwandt. Sie verehren eine weibliche Gottheit, als deren Symbol sie einen Keiler überall anbringen, weil dadurch die Göttin ihre Gläubigen stets, besonders aber im Kampfe, vor Unheil bewahre."

In welcher Gegend diese religiöse Hochschätzung des Schwarzwildes ihre Geltung hatte, ergibt sich aus dem Hinweis „daß diese Germanen die einzigen sind, die am Meer Bernstein sammeln. Roh, wie sie ihn finden, verkaufen sie ihn und erstaunen, daß man ihnen dafür Geld gibt". Nach dieser Mitteilung muß es sich um die Gegend des heutigen Ostpreußen handeln, soweit dort an den Küsten Bernstein angeschwemmt wird. Es ist also ein Gebiet, in dem auch heute noch starke Keiler vorkommen.

Saujagden als Mutprobe und adliges Vergnügen

In den Zeiten vor Einsatz von Feuerwaffen zur Jagd ging es bei den Sauhatzen auf Leben und Tod, und die Tapferkeit eines Mannes erwies sich dabei ähnlich wie bei einem Nahkampf im Kriege. Man muß bedenken, daß damals viel Mut dazu gehörte, ein in Wut versetztes Hauptschwein von 300 Kilo und mehr, mit Jagdspeer und Schwert anzugehen. Im Nibelungenlied heißt es daher mit Recht:

Mit ir scharpfen geren si wollden jagen swin,
beren und wisende, woz kunde kueners gesin.
(. . . was könnte kühner sein.)

Über eine Schwarzwildhatz Karls des Großen hat Theodulf, Bischof von Orleans, ein Gedicht geschrieben. Die Hunde werden gelöst, die Reiter schwärmen aus, die Jagd beginnt:

Drauf entflammte das Horn zum Kampf die mächtigen Hunde,
Wo den erwachsenen Grund durchbricht der fliehende Keiler,
Zeichnend die Richtung des Gangs mit den fallenden Blättern der Bäume,
Eilt er schnaubend dahin, im Zorne wetzend die Hauer,
Bis ihm der Atem versagt, doch nun mit den tödlichen Waffen
Schlägt er der Hunde Schwarm und wirft sie gewaltig zu Boden,
Sieh, da naht dem Gewühle der Held mit blitzendem Schwerte,
Schneller als Vogelflug durchbohrt er die borstige Schwarte,
Dringend tief in die Brust, und verendet stürzet der Keiler.

Die Jagd wird dann mit Treiben fortgesetzt und Kaiser Karl erlegt zu Fuß viele Sauen mit dem Wurfspieß.

Wie der „Wildeber" in jenen fernen Jahrhunderten andererseits auch verehrt wurde, schildert Bütow: „Der Keiler selber war das Bild der Sonne, weshalb er in einer thüringischen Sage als einäugiger Sonneneber ausdrücklich genannt wird und in der „Edda" die Borsten als golden und glühend bezeichnet werden."

Im „Beowulf" heißt es von einem kostbar geschmiedeten Helm:

Den in der Vorzeit Tagen
Ein Waffenschmied gewirkt, mit wunderbarer Zier,
Mit Eberbildern schmückend, daß seit der Stunde
Ihn weder Beil noch Barte beißen konnte.

Und ferner:

Eberbilder glänzeten goldgeschmückt von der Gäste Schläfen,
Hell und feuerhart: sie hüteten das Leben.

Die gefährliche Jagd auf das ritterlich genannte Schwarzwild als Mutprobe blieb bis in das späte Mittelalter hoch geachtet und wurde, wie die auf Hochwild, das Vorrecht der vornehmen Stände. Die jagdlichen Heldentaten von Kaiser Maximilian, dem letzten Ritter, werden im „Theuerdank" 1517 gepriesen. Der Buchtitel bedeutet „auf hohes kostbares Theuresdenken". Bemerkenswerte Berichte lauten:

„Maximilian kroch in Österreich, auß frecher Jugend, einem großen hauenden wilden Schwein, auf allen vieren allein mit einem blossen Degen, durch eine gar dicke Hecken, in einen Busch, darinnen es lag, nach, und erwürgte solches mit seinem Schwert."

Im Brüßler Wald vom Pferd absteigend, konnte er einem Hauptschwein den Fang geben „als er noch den einen Fuß in dem Stegreif, und nicht Zeit hatte, völlig abzusteigen, noch sich recht nach Vortheil zu stellen, das Schwein schlug seinem Pferd einen Schenkel ab."

Abb. 23. Fürst auf der Schweinsjagd. Holzschnitt von Lucas Cranach d. Ä., ca. 1506. (Aus Kurt Sternelle, Lucas Cranach d. Ä., Die Jagd in der Kunst. Hamburg und Berlin: Paul Parey 1963)

In Braband ritt er, als die Hunde stellten, „dem Gebell nach, indem nun das Schwein ihn ersehen, verließ es die Hund und setzte Maximiliano hefftig zu, stieß das Pferd mit den Waffen in den Bauch und Maximilianum an einen Fuß, daß Er länger als acht Tag hinket, als das Pferd nun unter Ihme todt dahinfiele, stach Maximilianus das Schwein im fallen, blieb aber darneben ligen, weilen Er deß Fußes halber weder stehen noch gehen kondte, biß man Ihne fand, und auff einem andern Pferd nach Hauß brachte."

Die Wildsauen der damaligen Zeit waren, worauf immer wieder hingewiesen werden muß, wesentlich stärker als heutzutage und dadurch auch gefährlicher. Es werden Gewichte hauender Schweine von 200 kg und darüber angegeben und in Sachsen von den östlichen sogar von 250 bis 300 kg. Es waren also solche „Riesen", wie sie heute in Ostasien vorkommen.

Über die Jagdabenteuer aus dieser Zeit finden sich Berichte, wie Franz v. Kobell angibt, in alten Akten und Archiven, und auch briefliche Mitteilungen einiger fürstlicher Jagdherren sind wörtlich erhalten. So schreibt 1565 der Landgraf Wilhelm IV. von Hessen an seinen Sohn Ludwig, nachdem er 46 Sauen, darunter acht hauende Schweine abgefangen:

„Und wir sind an eine ziemlich große Sau kommen, die ledig gewesen und hat gestanden an einem stickeln Berg, daß wir zu Pferd nicht haben wohl zu ihr kommen können, denn der Schnee hat geglidden und ist also gewesen, daß er sich geballet. Sind abgesessen und neben Karlowitz, Jost Jäger und Hansen von Rotenburg zu ihr gangen und wie die Sau unser sichtig worden, hat sie unser den nächsten begehrt und ob wir sie wohl getroffen, hat sie uns doch umgelaufen, daß wir auf dem Rücken gelegen, desgleichen Karlowitz auch und haben Jost Jäger und Hans von Rotenburg sie von uns gestochen, hat uns durch ein Stiefl gehauen, aber nicht wund und ist eine sehr lustige Jagd gewesen."

Wenige Jahre später beschreibt derselbe Landgraf ebenfalls brieflich in seiner eigenartigen Schreibweise, die Dr. G. Landau wörtlich zitiert in seiner „Geschichte der Jagd in beiden Hessen" 1849, wie böse es bei einer solchen Saujagd zuging:

„Wir wollenn auch E. L. nicht verhalten, das wir jtzo alhier gar ein schwinden blutigen Kriegk mit den wilden Sauen fuehrenn. Dann wir deren uff dreien Jachtenn 413 erlegt, wiewohl sie sich, das wir ihnen nachgeben müßen, redlich gewähret, haben Fürsten unnd vom Adel, darundter große Rittmeister, die vor Mästricht ihre Pferde unbeschedigt darvonn pracht, die Pferde auch ezlicher vom Adel, Jeger unnd Bauren selbst geschlagen, und mit Geulen und andernn überhauffen gelauffen, auch den Bauren so uff Beume entfliehen wollen, nachgesprungen, bey den Füszenn erwünscht unnd widder herab gezogenn, doch seinde unsere engelische Rüdden biß anhere noch Gottlob zimblich ledig außgegangenn."

Derselbe Landgraf meldet 1581 den Tod seines frommsten Kammerjungen Klaus Rantzau gelegentlich einer Schweinsjagd.

„Wiewohl wir nun eine sehr lustige Jagd gehabt, darinnen wir 121 Säue gefangen und sonst Gottlob! ohne Schaden abgegangen, so ist doch zuletzt der genannte Kammerknabe, welcher ohne unser Vorwissen bei den Vorhetzern gestanden, ausm Schirm gelaufen und seinen Dolch, den er zuvor verloren, suchen wollte. Indessen kommt ein Hauptschwein vor den Hunden gegangen, da läuft er zu und will es fangen. Wiewohl ihm nun einer seiner Gesellen (ein Treusch von Buttlar), welcher an jenseits des Grabens, zugeschrien, er sollte gemach thun und sich vorsehen, denn es wäre ein starker Keiler, so ist er doch fortgetreten, den Spies vorgeworfen und fängt das Schwein vorn auf den Kopf, da schlägt ihm das Schwein den Spies aus und schlägt den armen

Jungen gleich über'm Knie in's Dicke dermassen eine harte Wunde, daß alle Adern durch und durch bis auf's Bein des Schenkels entzwei gewesen und ob ihm wohl unser Jäger einer zu Hülf kommen wollte, so hat doch solches von wegen eines tiefen Grabens, so zwischen ihnen gewesen, sobald nicht thuen mögen, also daß Rantzau danächst umgefallen und als man ihm nah kömmt, etliche Worte zugeredet und ihm zu Gott ermahnt, hat er noch einmal oder etliche geseufzt und ist sobald selig entschlafen."

Zu diesen fürstlichen Jagden wurden die Sauen aus größeren Gebieten zusammengetrieben und dann in Netzen und Tüchern gehalten wie beispielsweise 1633 auf der Niddaer Schweinshatz, deren Jagdgeschehen nach dem damals ablaufenden Brauch mit allerlei Vorkommnissen, auch lustigen, in allen Einzelheiten dokumentarisch dargestellt wurden. „Artig umrissen" durch den Maler Valentinum Wagnern und erstmalig in Druck gesetzt durch die Gesellschaft hessischer Bücherfreunde im Jahr 1922.

Zu allen derartigen Saujagden war außer vielen geschulten Berufsjägern und Treibern eine große Anzahl von Hunden nötig, wie aus einem Bericht von Karl Feaux de Lacroix über eine Rheinische Sauhatz im Jahre 1656 hervorgeht:

Am 4. Oktober 1656 gab der Kurfürst Max Heinrich vom Schloß Arnsberg aus, wo er mit einem Gefolge von 204 Personen, 162 Pferden erschienen war, dem Oberjägermeister von Weichs bekannt, er wolle eine „Hauer- und Schweinehetze" am Rheine halten, und weil er dazu einer guten Anzahl Schweinehunde bedürftig sei, so solle durch seine Jäger in Städten und auf dem Lande die nötigen gesammelt und an das Residenzhaus Hirtzberg gebracht werden. Sämtlichen Untertanen wird ernstlich aufgetragen, den Jägern im Sammeln der Hunde nicht allein nicht hinderlich, sondern auf jede Weise förderlich zu sein. Selbst die Pfarrer- und Schäferhunde sollen keine Befreiung in Anspruch nehmen dürfen. – Nach einer Bemerkung zu der im Belecker Stadtarchiv befindlichen Abschrift dieses Mandates sind dem Jägermeister „zu schuldigster Parition" auch etliche Hunde ausgefolgt. Über diese Jagd selbst liegt kein Bericht vor.

Nur unter der Voraussetzung, daß eine Überhege der wilden Sauen ohne jede Rücksicht auf Wildschaden durchgeführt wurde, sind die Riesenstrecken jener Zeiten zu erklären. Welche Erfolge fürstliche Jäger erzielen konnten, geht aus den verschiedenen Streckenberichten und Verzeichnissen ihrer Jagderfolge hervor. Demnach haben beispielsweise die sächsischen Kurfürsten Johann Georg I. und Johann Georg II. in einem Zeitraum von 68 Jahren, nämlich vom Jahre 1611–1680 mit ihrer Begleitung über 50 000 Sauen erlegt.

Zu berücksichtigen ist dabei allerdings, daß die hohe Jagd damals ein herrschaftliches Privileg war und einzelne Landesherren das Hochwild für sich und ihre Jagdgäste allein beanspruchten. So konnten Einzelne mit einem riesengroßen Aufgebot an Hilfskräften unfaßbar hohe Strecken erzielen. Die Wilddichte wurde örtlich künstlich erhöht; allgemein war sie geringer als heute.

Genauere Angaben über die Erfolge einzelner Jagdtage in Bayern gibt Franz von Kobell in seinem Werk „Wildanger, Skizzen aus dem Gebiet der Jagd und ihrer Geschichte mit besonderer Rücksicht auf Bayern", Stuttgart 1859:

„Von Karl Albrecht von Bayern sind mehrere große Jagden auf Schwarzwild verzeichnet. So eine Schweinsjagd von 1727 im Geisenfelder Forst, welche teils in Hatzen, teils in Schützenjagden bestand. Die Jagd dauerte vom 11. bis 19. Oktober und wurden im ganzen 348 Stück erlegt, worunter 52 hauende Schweine. Die stärksten erlegte der Kurfürst mit 118–132 kg.

Zwei Jahre später, im Jahre 1729, wurde wieder im Geisenfelder Forst gejagt vom

12.–19. Oktober und war dazu ein Aufgebot ergangen von 1 270 Mann, ferner 282 Pferde und 12 Fuhren. Man erlegte 508 Sauen, worunter 105 Hauptschweine, deren die sieben stärksten 124–150 kg wogen. Eine große Jagd wurde im November 1735 von dem Jagdschloß Wollnzach aus in besagtem Geisenfelder Forst gehalten. In etwa zehn Tagen wurden 1105 Stück Sauen erlegt."

Nun möge noch eine recht merkwürdige Jagd erwähnt werden, die charakteristisch für diese Zeit des Rokoko ist, eine Schweinshatz, die am 10. November 1736 von dem Kurfürsten abgehalten wurde. Sie fand am Ammersee statt. „Es wurde", sagt der Bericht, „eine Maschine auf Flößen im Wasser erbaut, gleich einem großen Haus, welches mit grünem Laubwerk auf das prächtigste ausgezieret, aus welchem die durchlauchtigsten Herrschaften mit aller Bequemlichkeit die in das Wasser eingesprengten Schweine zu schießen und teils anschwimmen zu lassen gnädigst beliebten, also zwar, daß deren bis 111 Stück erlegt wurden, wobei sich oben auf einer Galerie die Trompeten und Pauken beständig hören lassen und eine Tafel von 30 Personen, darunter auch der in Regensburg residierende holländische Gesandte, Herr von Gallines, mitzuspeisen und diese Wasserjagd zu sehen die höchste Gnade genossen . . ."

Ein Bild von dem Maler Bidermann, das als Dokument dieser Jagd aus jener Zeit gelten kann, zeigt, daß der Wald, in dem die Sauen steckten, mit starken Netzen umstellt war, die nur einen Ausgang gegen den See frei ließen. Das Floß, welches den prunkhaften Hausaufbau für Schützen und ihre Damen trug, schwamm fest verankert innerhalb eines im Wasser angebrachten Einfanges, aus dem die eingesprengten Sauen nicht entrinnen konnten. Die Kavaliere sieht man mit Saufedern und Hirschfängern die Sauen im Wasser abfangen, einige auch mit Büchsen schießen. Die Jagdkleidung zur Schweinsjagd war damals für gewöhnlich hechtgrau mit Silberschnüren. Aber bei dieser Festjagd sieht man die Herren in grünen Röcken mit Gold, kurzen roten Hosen und weißen, über die Knie gezogenen Strümpfen oder Gamaschen, einige auch mit schweren Reitstiefeln. Es zeigte sich also auch in der Kleidung großer jagdlicher Luxus.

In der späteren Zeit entarteten diese höfischen Jagden zu rein geselligen Großveranstaltungen. Jägerische Leistungen wurden unwichtig, und Gefahren gab es kaum dabei, sondern die Jagdausübung wurde meist nur noch Anlaß zu prunkvollen Festen.

Welcher ungeheure, immer mehr steigende Aufwand damit verbunden war, ergibt sich aus ebenfalls von Franz von Kobell zusammengestellten Schilderungen, wie die eines solchen Jagdfestes bei Leonberg in der Nähe von Stuttgart, das zur Vermählungsfeier des Herzogs Carl zu Württemberg mit der Markgräfin Sophie zu Brandenburg-Bayreuth 1748 veranstaltet wurde. 700–800 Stück verschiedenen Wildes, Sauen, Hirsche, Rehe etc., wurden von einem Riesenaufgebot an Treibern zusammengetrieben. Hochwildjagd zu Lande und zu Wasser sollte auf dieser Schau wie auf der Bühne eines Theaters stattfinden. Es befand sich daher auf der Hauptseite vor der fürstlichen Tribüne ein großes Bassin, in das das Wild durch eine Reihe geschmückter Arkaden vier bis fünf Meter hoch hinuntergesprengt wurde, um im Schwimmen erlegt zu werden. Im Hintergrund war ein Laufplatz zu sehen, ebenfalls von Arkaden umgeben, durch die die Sauen in den unteren, mehrere Fuß hoch umschlossenen Teil einspringen mußten, wo sie dann mit der Feder abgefangen wurden. Um die Festlichkeit vollständig zu machen, thronte zwischen den beiderseitigen Arkaden Diana neben einem Schild mit den fürstlichen Namen und dem großen württembergischen Jagdorden.

So wurden unter Pauken und Trompeten 400 Stück Wild erlegt und die übrigen freigelassen. In einer Pause während der Jagd wurde ein Imbiß eingenommen und dann in Ludwigsburg ein großes Bankett gehalten, wobei man in Jagdkleidern erschien. Der

Luxus und die Anordnung entsprach dem vorangegangenen Prunk; es fand im glänzend beleuchteten Rittersaal des Schlosses zu Ludwigsburg unter einem 30 Fuß hohen Dianentempel statt, dessen Säulen und Schwibbögen mit grünem Bindwerk und Jagdtrophäen geschmückt waren. In der Mitte der Tafel sprudelten vier Fontänen um eine vergoldete Statue der Diana, und auf der Festtafel erschien diese Göttin in einem mit acht Löwen bespannten Triumphwagen.

Die grüne Livree der Jäger war prachtvoll mit Silber und seidenen Borten besetzt. Beim Einzug in Stuttgart ritt der Oberjägermeister Baron Geyer von Geyersberg in grünsamtner, goldgestickter Kleidung der Jägerei voran, und zu seiner Linken ging ein Läufer in grüner, reich mit Silber verzierter Kleidung. Dreizehn adlige Forstmeister, die Kleidung hellgrün mit Gold, folgten auf Schimmeln und danach auf Rappen die Jagdpagen, Hofjäger und 62 reysige Forstknechte mit Birschbüchsen.

Zu einer anderen Jagd, die im Jahre 1782 stattfand, wurden außer zahlreichem Niederwild angeblich 6 000 Stück Hoch- und Rehwild, dazu auch 2 600 Sauen zusammengetrieben.

Von verschiedenen Seiten wird angenommen, daß diese jagdlichen Mißstände wesentlich das Verlangen nach sozialen Änderungen begünstigten, namentlich als sich das Gedankengut der französischen Revolution vom Jahre 1789 auswirkte. So wurde sich in den letzten Jahren seiner Regierung Friedrich von Württemberg seiner Verantwortung, für Wildschäden aufzukommen, bewußt und befahl, daß diejenigen Untertanen, die zu klagen hatten, um Entschädigung einkommen sollten. Die Eingabe eines Pfarrers begann im Stil der Zeit „Eurer Königlichen Majestät allerhöchste Sauen haben meine alleruntertänigsten Kartoffeln gefressen."

Noch weitere Landesherren gaben nicht der Jagd, sondern der Land- und Forstwirtschaft den Vorzug. Um den Klagen über die hohen Wildschäden durch Rot- und Schwarzwild abzuhelfen, hat König Wilhelm I. im Jahre 1817 angeordnet, daß in Württemberg Schwarzwild nur noch in Tiergärten gehalten werden dürfe und Rotwild den forstlichen Verhältnissen anzupassen sei. Da zudem die Forstbediensteten und die übrigen Jagdausübungsberechtigten zum Ersatz des Wildschadens verpflichtet wurden (!), gingen die Rot- und Schwarzwildbestände sehr zurück. Bereits 80 Jahre vorher wurden in Württemberg zur Verminderung der Wildschäden in einem Jahre (1737) 5058 Stück Schwarzwild und 6518 Stück Rotwild abgeschossen. Das gleiche hat in Baden 1830 Großherzog Leopold durchgesetzt.

Bald änderten sich die Zeiten, und es sollten sich andere Anschauungen über Jagd und Hege anbahnen. Schon lebte Karl August von Sachsen-Weimar (1758–1828), an dessen musischem Hof Goethe weilte, und ein neues Zeitalter begann, das zu unseren heutigen ethischen Jagdauffassungen führte.

Reitjagd hinter der Meute

Die Parforcejagd auf Schwarzwild, also die Verfolgung zu Pferd hinter der die Fährte haltenden Meute, war lange üblich. Sie erforderte gewandte, ausdauernde Pferde und fährtensichere Hunde, und oft wurden dabei von den Jägern besondere Reitkunst und hartes Durchhalten verlangt, manchmal bis zur Erschöpfung! Es konnte geschehen, daß Reiter oder Reiterinnen in schwierigem Gelände schwer und gar tödlich durch den Sturz mit dem Pferd verunglückten. Es handelte sich also um ernsten Einsatz.

Die Parforcejagd (französische Jagd) war die im 18. Jahrhundert am meisten ausgeübte Jagdart. Über besondere Leistungen dabei von Reiter und Wild wurde landauf, landab ausführlich berichtet.

Im Jahre 1748 soll der Graf de Rocherolles ein kapitales Wildschwein bejagt haben, das erst einmal elf Hunde tötete, ehe es die Flucht ergriff. Die Jäger folgten dem Tier bis zum Abend, suchten in der Umgebung Quartier und nahmen am nächsten Morgen die Fährte wieder auf. Am vierten Tag gelang es der Meute schließlich, das Wild zu stellen – 30 Meilen vom Ausgangspunkt der Jagd entfernt.

Noch vor gar nicht langer Zeit wurden auch in Deutschland wie heute noch in Frankreich derartige, von Jäger, Pferd und Hund viel Schneid erfordernde Hetzjagden auf Sauen durchgeführt. Dabei mußte der sogenannte Rüdemann, der Führer der Hundemeute, ganz besondere Fähigkeiten in der Beurteilung des Wildes und seines Fluchtweges besitzen und dazu Kenntnis des Geländes haben, wovon im wesentlichen der Erfolg abhing. Königliche Reitjagden fanden jahrhundertelang im Grunewald bei Berlin statt, bis dieser später umbaut wurde und diese Parforcejagden in das große freie Gelände bei Döberitz westlich von Berlin verlegt werden mußten.

In meiner Jugend hatte ich noch den Anblick von Reitern und Reiterinnen, die am Hubertustag auf edlen Pferden malerisch im roten Rock nach preußischer Tradition vom alten Jagdschloß am Grunewaldsee zur Parforcejagd ausritten. Vornweg auf seinem Trakehnerschimmelhengst „Essex" ritt mit der Meute buntfarbiger Hundekoppeln der Pikör Palm. Dieser war damals eine bekannte Berliner Persönlichkeit. Jeder wußte seinen Namen, und oft genug war er in Zeitungen abgebildet auf seinem ausgesucht schönen Trakehner Reitpferd, umgeben von den dreifarbigen Hunden mit ihrem Anführer, dem Rüden Lidor.

Da im Grunewald kaum noch freilebendes Schwarzwild einen sicheren Einstand hatte, wurde meist ein jüngerer Keiler für diese Jagden freigelassen aus der sogenannten Saubucht. Dies war ein mitten im Grunewald saudicht eingegattertes Gebiet, in dem es sumpfige Stellen gab und zwei malerische kleine Seen, zwischen Sandbergen gelegen, von alten hohen Kiefern überschirmt. Es war ein Stück Urnatur für die Sauen , das erhalten blieb. Niemand wagte aus Angst vor ihrer Gefährlichkeit, es zu betreten. Auch durfte dort keine Forstwirtschaft getrieben werden, also kein Holz geschlagen, keine Schonung angelegt, keine Neuanpflanzung gemacht werden, so daß die alten, breiten, knorrigen Kiefern und Eichen blieben, wie sie wuchsen und solange sie lebten.

Mit Vorliebe galten Reitjagden einem Überläufer oder zweijährigen Keiler, weil diese beim Flüchten schneller und ausdauernder weitere Strecken hinter sich brachten als ältere Stücke. Dadurch gewann die Jagd an Dauer und Abwechslung. In der Regel wurde nach ungefähr 20 Kilometern das Halali geblasen, und bis dahin vergingen fünf bis sechs Stunden. Es war keine Sichthetze wie etwa mit Windhunden, sondern die Hunde folgten der Fährte des unsichtbaren Wildes mit tiefer Nase und kamen streckenweise sehr langsam voran, denn im Waldgelände war das Spurhalten oft schwer.

Am Schluß wurde das Wild von der Meute gestellt und „gedeckt", das heißt von den Hunden gehalten. Dann sprang derjenige Reiter, dem es gelungen war, als erster dicht hinter den Hunden zu bleiben, vom Pferd und hob das Stück aus. Er faßte es am Hinterlauf und hielt es daran fest, bis nach Eintreffen aller Mitglieder des roten Feldes ein Ehrengast oder einer vom höchsten Rang dem Schwarzkittel mit dem Hirschfänger den Fang gab. Nach altem Brauch haben preußische Könige bis hin zum letzten Kaiser dieses Ehrenrecht ausgeübt. Diese Art der Schwarzwildjagd zu Pferde hinter der Meute hielt sich bis in die Neuzeit. Einen guten Begriff davon gibt der Bericht über die

Hubertusjagd des Jahres 1875 im Grunewald, „Die allerhöchste Parforcejagd", der der Berliner „Kreuzzeitung" und der Zeitschrift „Der Waidmann" entnommen ist:

„Die Jagdgesellschaft versammelte sich im Hofe des altertümlichen Schlosses. Es herrschte früh allerdings ungewöhnlich rauhe und kalte Witterung, gegen Mittag indessen, als die Sonne den Novembernebel überwunden, wurde schönes Jagdwetter. Nach dem Eintreffen der Parforce-Meute mit gegen 30 Koppeln, welche der Ober-Piqueur Salomon aus dem Prinzlichen Parke zu Glienicke nach dem Grunewalder Jagdschlosse geführt, erfolgte der Ausritt aus dem Westtor des Schlosses an Paulsborn vorüber, auf dem neuerdings besonders dafür abgestochenen Waldwege, bis zum Rendezvous an der Saubucht. Vorauf die Meute mit den Piqueuren, dann sechs Offiziere vom Reitenden Feldjäger-Corps im Paradeanzuge mit Schärpe; dann die höheren Forst- und Jagdbeamten, und die ganze, über 200 Reiter zählende Jagdgesellschaft auf schön geschmückten Pferden mit eingeflochtener Mähne und Schweif; die Herren in rotem Rock mit weißer Halsbinde.

Auf dem Rendezvous-Platz angelangt, warteten die höchsten Herrschaften, bis man die Fährte der aus der Kammer gelassenen Sau verbrochen hatte. Es war ein sechsjähriges Hauptschwein, welches, anstatt seine Flucht in der Richtung des Schlosses Grunewald zu nehmen, die mehr als zehnfache Reihe der erschienenen Zuschauer durchbrach und, von der jagenden Meute verfolgt, das Terrain zwischen der Saubucht und der Spandauer Ecke verlassend, dicht am Schildhorn in den Havelsee sich stürzte und ihn durchschwamm, während zehn Koppeln mit hellem Geläute folgten. Mehrere Jäger warfen sich in zwei kleine Kähne und folgten dem Flüchtling nach. Jenseits angekommen, deckten die Hunde den Keiler, der sich ernstlich seiner Schwarte wehrte, bis es Lieutenant von Meyerinck vom Garde-Husaren-Regiment gelang, ihn auszuheben und S.K.H. der Prinz Karl ihn abfing. Obgleich das Halali drüben bei Cladow stattgefunden hatte, wurde der verendete Keiler in einem Boote zu der diesseits harrenden großen Jagdgesellschaft zurückgebracht, und hier fand die Curée statt.

Der Keiler wurde aufgebrochen und alle vier Läufe abgelöst. Den rechten Vorderlauf erhielt dann der vornehmste Gast, und die übrigen Läufe wurden an die danach ranghöchsten verteilt. Die anderen Teilnehmer erhielten Brüche. Nachdem das Wildpret zerwirkt und zerlegt war und man dabei die besten Braten zur Seite getan hatte, wurde alles übrige kleingeschnitten und mit der Schwarte zugedeckt. Dann wurde die Meute herangeführt und unter Juchen und Curéeblasen genossen gemacht.

Unter lustigen Fanfaren ritt dann die ganze Jagdgesellschaft ordnungsgemäß nach dem Jagdschloß Grunewald, wo für 201 Couverts das Jagddiner serviert war, und während der Tafel musizierte das Horn-Musik-Corps des Garde-Jäger-Bataillons." Soweit der Bericht in der Kreuzzeitung.

Als dann in Deutschland nach einem gesetzlichen Verbot nicht mehr auf Wildfährte, sondern nur auf einer künstlichen Schleppe hinter der Meute geritten wurde und Parforcejagden im Grunewald der Vergangenheit angehörten, blieb in der Saubucht das Jahrhunderte alte Schwarzwildgehege im kleinsten erhalten. Dazu wurde, um den vielen Großstädtern, die im beliebten Grunewald ihre Erholung suchten, den Anblick von Schwarzwild zu ermöglichen, ein Freisichtgehege geschaffen: Von einem Hügel, der einen unbehinderten, weiten Einblick in den Wald und auf die darin umherziehenden Sauen gewährte, wurde ein Hang so steil abgegraben, daß die Sauen nicht herausspringen, aber von den Besuchern ohne störenden Zaun beobachtet werden konnten. So blieb die Möglichkeit, das heimische Schwarzwild in natürlicher Umgebung an dieser historischen Stätte der alten Saubucht im Grunewald zu erleben.

IV Über Sauparks

Die folgenden Berichte über Sauparks sind – wie die vorhergehenden – verbunden mit einem Rückblick in die Geschichte der Jagd, die eng verknüpft ist mit der kulturhistorischen Entwicklung. Sie zeigen, wie sich die Gesellschaftsformen, die Einstellung des Menschen zur Kreatur allgemein im Laufe der Zeit grundlegend geändert haben und wie insbesondere die Ansichten über Jagd und Waidgerechtigkeit sowie die Einstellung zum Wild sich von unserer heutigen Auffassung weitgehend unterscheiden.

Saupark Schloß Moritzburg

Da Wildsauen bei Überhege der Landwirtschaft mehr Schaden zufügen als jede andere Wildart – was in der sogenannten Feudalzeit sich so weit auswirkte, daß ein ertragreicher Feldanbau in manchen Gegenden unmöglich wurde –, mußten mancherorts notgedrungen die Sauen von den Feldern durch Einzäunung abgehalten werden. Nicht allein aus diesem Grund, sondern als Jagdgatter entstand in geeigneten Waldgebieten innerhalb Deutschlands eine recht große Anzahl mit festem Zaun oder einer Steinmauer umgebener Sauparks. In solchen Wildgattern wird also das Wild eingezäunt und zu Jagdzwecken gehegt, nicht die zu schützende Feldfrucht oder die Kulturflächen (Schonung) im Wald. Einige dieser Sauparks entstanden schon in alten Zeiten, andere im vorigen Jahrhundert, und die letzten wurden neuerdings nach dem Kriege angelegt.

Der berühmteste von allen ist wohl der von Moritzburg bei Dresden, in dem schon August der Starke die Jagd ausübte. Die dort entwickelte Tradition hat sich bis Ende vorigen Jahrhunderts erhalten.

In seinem Werk „Hubertusbilder" schildert Guido Hammer eine Sauhatz zu Moritzburg im Jahre 1885, die einen recht anschaulichen Begriff davon geben kann:

„Welcher Jäger und Freund des Waidwerks kennt nicht das Jagdschloß Moritzburg bei Dresden, wenigstens dem Namen nach? Und wäre es nur um seiner in ihrer Art einzigen Sammlung der auserlesensten Hirschgeweihe, unter denen sich das vielendigste Geweih eines Edelhirsches von sechsundsechzig Enden auszeichnet. In dem umfänglichen Thiergarten, der meist von Nadelholz, theilweise aber auch von Laubholz bestanden ist und in dem letzteren tausendjährige Eichen aufzuzeigen hat, war es, wo Friedrich August mit Vorliebe jagte und namentlich Sauen hetzte. Ganze Meuten von den auserlesenen Hunden, vorzugsweise dänischer Race, gingen zu diesem Zwecke von Dresden ab, wo sie im sogenannten ‚alten Jägerhof' in dazu passenden Gebäuden gehalten wurden. Piqueure, Jäger, ‚Hundedoktoren' und ‚Hundejungen', alle waren teils zu Pferde, teils auf den Beinen. Hofküchenwagen nebst massenhafter Bedienung fuhren die Straße von Dresden, oder wenn das Hoflager noch im Lustschloß Pillnitz war, von dort aus nach Moritzburg. Es war ein Leben wie zu einem Kriegszug. An den bestimmten Stationen lag Relais, um die schweißtriefenden, stutzschwänzigen Sechsgespanne mit frischen Zügen zu wechseln. In ununterbrochenem Trabe gings immer weiter, während die Jagdpagen vorritten, vor diesen aber die Läufer herliefen. In Moritzburg angekommen, musterte der König die zu beiden Seiten des Thores aufgestellten Meuten, die nach Farben geschieden waren, als die weiße Meute, die rothe und schwarze Meute usw. Hier vergaß Friedrich August, von dem man fabelt, er habe niemals das Dresdener Pflaster mit seinen Füßen berührt, bis zu einem gewissen Grad den König und wurde vor allem Jäger. Als solcher fragte er nach einzelnen Hunden, die er alle beim Namen kannte und unterhielt sich mit der Jägerei.

Nachdem er darauf ein Frühstück, meist im Freien, eingenommen, bestieg er seinen Schimmel. Angethan mit grüner Piquesche, rehfarbenen Charivarihosen und grauer Pelzmütze, an der Seite den Hirschfänger, so saß er in wohlbekannter Tracht auf seinem Jagdpferde. Nach gewohntem Signal wurde die Sau aus dem Saugarten, in welchem die zu jagenden Wildschweine schon vorher separiert worden waren, herausgelassen und die vom König bestimmte Meute auf sie gelassen. Wild schnaubend fuhr die Sau aus dem Zwinger und flüchtete über die Brücke, die Meute hinter sich her. Laut heulend bäumten sich die Hunde der andern Meuten, die zu zwei bis drei Stück aneinander gekoppelt von den Hundejungen und Bauern gehalten wurden und kaum zu bändigen waren. Unmittelbar der Hetze nach ritten die Piqueure und ihnen folgend der König. Unaufhaltsam ging die Hetze fort, durch Wald und Wiese, durch Sumpf und Wasser.

Auf dem Hellhause wurde indessen durch ausgesteckte Fahnen die Richtung, welche die Jagd nahm, signalisiert, da man von dort aus alles, was über die acht den Thiergarten durchschneidenden Alleen ging, beobachten konnte. So raste die Jagd fort, das Wildschwein voraus, die Hunde wuthgiftig hinterdrein. Ihnen folgte der Troß. Vergebens brach sich das gehetzte Tier durch das Geröhricht, vergebens stürzte es ins Wasser, immer waren seine Peiniger hinterher. Trat es dann kühn der Übermacht entgegen und kämpfte männiglich gegen seine Feinde, dann büßte mancher Hund sein Leben ein oder wurde wenigstens kampfunfähig gemacht. Dadurch bekam das starke Thier wohl wieder Raum, und für den Augenblick saß es als Sieger da, die Übriggebliebenen in respektvoller Entfernung haltend. Aber schon war der Befehl gegeben, die zweite Meute dranzulassen und zwar die schwarze, die als unüberwindlich galt. Mit Wuthgeheul schossen die dunklen Rüden, gleich losgelassen Teufeln auf das noch kämpfende Thier ein, das, abermals der Übermacht weichend und durch die kurze Ruhe gestärkt, sein Heil in der Flucht suchte. Von neuem begann nun die Hetze, bis das wiederum von Feinden umschlossene Thier sich seinen Verfolgern abermals stellte.

Doch jetzt war ihm keine freie Bahn mehr vergönnt, denn schon hatte es einer von den schwarzen Unüberwindlichen am Gehöre gepackt und es übersprungen, so daß es der Meute ein Leichtes wurde, den zähneknirschenden, grimmig schäumenden Keiler zu decken. Ohnmächtig waren seine zornesfunkelnden Blicke und wie festgebannt unterlag der gewaltige Keiler der Macht der beutegierigen Meute. Wie ein Knäul, der Hölle entstiegen, würgten sich die Hunde mit dem borstigen Ungeheuer herum und manche klaffende Wunde bezeugte, wie mörderisch der Kampf noch immer sei. Der Piqueur, welcher der Hetze stets möglichst nahe folgen mußte, sprang nun vom Pferde, hob das gefesselte Thier aus, wie der Fachausdruck lautet, das heißt er fasste es an einem Hinterlauf und warf es auf die rechte Seite. Unterdessen kam der Troß heran. Der König stieg vom Pferde, und ein Jagdpage war bereit, den Hirschfänger der Majestät aus der Scheide zu ziehen und zu überreichen. Jetzt fing der König das Wildschwein eigenhändig ab, worauf der Page den schweißtriefenden Hirschfänger durch die mit weißem Handschuh bekleidete Hand gleiten ließ, um ihn abzuwischen und sodann dem königlichen Jagdherrn wieder in die Scheide zu stecken. Dabei schmetterte das Hallali in die Luft, so daß es weithin schallte und das Echo, wie ferne Jagdgenossen, antwortete."

Diese Arten des Jagens ebenso wie die als adliges Vergnügen geschilderten Saujagden entsprechen nicht mehr unserem heutigen Empfinden und der Anschauung über Waidgerechtigkeit. Man muß sie als Ausdruck des Zeitgeistes und der damals herrschenden Gesellschaftsordnung verstehen.

Mit Recht haben sich dagegen tierschützerische Ansichten durchgesetzt. Zwar bedauert mancher alte Waidmann, daß die Saujagden heute zumeist ohne eine Mutprobe der Schützen ablaufen, aber ihr Reiz liegt darin, daß noch immer eine Nervenprobe damit verbunden ist. Statt das Schwarzwild im Kampf zur Strecke zu bringen, geht es heutzutage bei den Gesellschaftsjagden darum, im entscheidenden Augenblick blitzschnell zu reagieren, richtig anzusprechen und im Bruchteil einer Sekunde einen gut treffenden Schuß abzugeben. Und es gilt als schönstes Waidmannsheil, das hochflüchtige Wild im Knall verendet kopfüber gehen zu lassen. Auch das erfordert hohes jagdliches Können. Und die Chance, Jagdkönig zu werden, haben heute alle beteiligten Jäger, nicht nur der Jagdherr.

Saupark Springe

In der Bundesrepublik Deutschland ist der bekannteste Saupark der in Springe bei Hannover, der im ersten Drittel des vorigen Jahrhunderts entstand, als ein Teil der Berge des Deisters von einer 16 km langen Mauer in den Jahren 1836–1839 umschlossen wurde.

Von größtem Interesse dürfte es nun sein, wie die ursprüngliche Besetzung des Sauparkes mit Schwarzwild durch geschicktes Beitreiben aus den umliegenden Wäldern geschah.

Aus alten Dokumenten konnte Ernst MUNZEL Einzelheiten über die dazu notwendige bewundernswerte Organisation und das jägerische Können entnehmen und in seiner Doktorarbeit und einem Buch veröffentlichen.

Bereits während des ganzen Sommers 1839 wurde versucht, vor allem das Schwarzwild in den nahen Waldungen zu halten und möglichst schon in den Park zu locken, wozu drei Körnungen angelegt wurden, davon zwei innerhalb der Parkmauern. Dann wurden für ein weitläufig angelegtes Eintreiben länger als einen Monat die Vorbereitungen getroffen. Während des Monats September wurden Tag und Nacht die den Hauptjagden angrenzenden Reviere und Feldgehölze durch Tagelöhner unruhig gemacht, damit das Wild in die Teile der Forsten zog, die später eingestellt werden sollten. Dies war bis zum 30. September so weit abgeschlossen, daß in den folgenden Tagen das eigentliche Beitreiben durchgeführt werden konnte.

Von nun an wurden Nachtwachen aufgestellt, die das Wild am Ausbrechen hindern sollten. Dazu wurden auf einer Länge von 9 km nachts 90 Holzhauer benötigt, die in bestimmten Abständen Feuer zu unterhalten hatten. Diese waren so dicht aneinandergereiht, daß das Wild trotz gesteigerter Unruhe nicht in seine alten Einstände durchzubrechen wagte. Auf diese Weise konnte das Wild allmählich an eine freigelassene Mauerlücke gedrängt werden.

Am 1. Oktober wurde die Hauptfläche „des Rothenhengst, Düsternhey, im Wülfinghäuser Reviere und einem Theile vom Osterwalde" getrieben, insgesamt ca. 15–18 km^2, und zwar nur sehr langsam. Dabei mußte hinter der Treiberwehr, um etwaige verzweifelte Fluchtausbrüche des Wildes zu verhindern, mit Tüchern abgelappt werden, und nachts wurden wieder gewisse Strecken mit Holzfeuern gesichert. Als endlich am 4. Oktober das Wild völlig in den ca. 1200 ha großen Park gedrückt war, konnte die offene Lücke mit festen Tüchern verhängt und dann saudicht zugemauert werden.

Aus den Streckenberichten des Sauparks Springe, die über 100 Jahre aufgezeichnet wurden, läßt sich auf die Höhe des Schwarzwildbestandes schließen, der je nach den Zeitläufen einem Wechsel unterworfen war.

Im ersten Jahr nach Schließen der Mauer im Jahre 1840 kamen 72 Stück zur Strecke, im zweiten 25. Dann setzte eine zahlenmäßig vorherbestimmte Vermehrung durch Hege ein, es sollten 120 Stück, 80 grobe und 40 Frischlinge, den Frühjahrsbestand bilden. Demnach wurden erlegt:

1843 – 115
1845 – 176
1846 – 171

Im folgenden Jahrzehnt schwankte die Strecke zwischen 100 und 200 Stück.

Aus diesen Zahlen läßt sich überschläglich berechnen, daß hier die Vermehrung des Schwarzwildes je nach der Mast bzw. Fütterung 100–150 % betrug. In dieser Zeit unter dem König von Hannover lag die Jahresstrecke im Durchschnitt bei 130 Stück, davon rund 50 Frischlinge.

Seit 1867, nachdem im Jahr vorher Hannover von Preußen annektiert worden war, blieben in den ersten zehn Jahren die Strecken der Hofjagden den früheren ungefähr gleich, wenn auch mit stärkeren Schwankungen: so wurden 1870 während des Krieges nur 46 Stück Schwarzwild erlegt. Im folgenden Jahrzehnt wurden durchschnittlich 217 Sauen erlegt, und die Jahresstrecken stiegen auf 111 bis 340 an. Sie hielten sich auch nach dem Regierungsantritt von Kaiser Wilhelm 1888 im nächsten Jahrzehnt auf gleicher Höhe.

Vom Jahre 1898 ab, bisweilen auch schon etwas früher, wurden die Kaiserjagden immer prunkvoller und dementsprechend die Strecken höher.

1898 – 404	1908 – 430
1900 – 344	1910 – 525
1903 – 190	1912 – 393
1905 – 540	

Um diese hohen Strecken zu erzielen, konnten die großen Jagden nicht jedes Jahr, sondern nur in zweijährigem Abstand abgehalten werden.

Sehr aufschlußreich ist den Hofjagdberichten zu entnehmen, daß den prominenten Jagdgästen genau nach Rangordnung mehr oder weniger grobe Sauen zugedrückt wurden. So schoß der Kaiser an einem solchen Jagdtag 37 grobe Sauen, der König von Spanien 22 und der Kronprinz sechs, abgesehen von geringerem Dam- und Schwarzwild. Dies war nur möglich, weil die Sauen in sog. „eingestellten Jagen" eingekammert und Stück für Stück in Zwangswechseln den betreffenden Schützen zugeleitet wurden. Erwähnenswert ist, daß in ungefähr einhundert Jahren als bester Schütze einmalig der später in Sarajewo ermordete Erzherzog Franz Ferdinand von Österreich hervorragte. An einem Jagdtag, auf der letzten Kaiserjagd im Saupark am 23. November 1912, streckte er mit 58 Schuß 57 hochflüchtige Sauen und bestätigte damit seinen Ruf als berühmter jagdlicher Meisterschütze. Die Strecke dieses Tages in zwei eingestellten Jagen betrug 379 Sauen, 2 Altaihirsche, 14 Damhirsche.

Während des Ersten Weltkrieges fanden keine offiziellen Jagden statt, jedoch hat sich in den entstehenden Notzeiten der Mangel an Futter dezimierend ausgewirkt. Die Körnungen konnten nicht mehr beschickt werden, denn das wäre nur mit Nahrungsmitteln möglich gewesen, die dringend für die Bevölkerung gebraucht wurden. Leider wurde der Bestand nicht durch starken Abschuß verringert, sondern man überließ es dem Schwarzwild, sich ohne Beifütterung durchzubringen. Infolgedessen gab es viel Fallwild, anders ausgedrückt, viele Sauen verhungerten, und auch der Nachwuchs war gering an Zahl. Möglicherweise entstand, wie an anderen Orten unter ähnlichen Bedingungen bitterer Not, Kannibalismus, denn diese Untugend des Frischlingsreißens ist bei Sauen weiter verbreitet, als man annehmen sollte. Es beginnt damit, daß eingegangene Frischlinge in der Not gefressen werden und kann zur Gewohnheit ausarten.

In den Jahren nach dem Ersten Weltkrieg wurde der Saupark bereichert durch die Anlage eines Wisentschutzgebietes, des ersten staatlichen in Deutschland. Am 14. September 1926 trat eine Kommission zusammen, welche meine Pläne genehmigte, und so entstand dann innerhalb der Mauer ein festes Gatter aus dicken Stämmen und dazu ein strohgedecktes Blockhaus für Futterspeicherung und die oft notwendig werdende Isolierung einzelner Tiere. Am 17. September 1928 konnte es mit einer Zuchtgruppe der urigen Wildrinder besetzt werden. Durch dieses Wisentschutzgatter wurde der Saupark international berühmt, was zu seiner Erhaltung, Ausgestaltung und Neuordnung wesentlich beitrug.

Der spärliche, 1918 übriggebliebene Bestand von etwa 36 Sauen wurde durch freiwillige Spenden der Bevölkerung erhalten. Hierbei haben sich der damals amtierende Forstmeister Maske und der Landrat in Springe, Dr. Mercker, verdient gemacht.

Es dauerte mehrere Jahre, bis wieder kleinere Gesellschaftsjagden zur Reduzierung des Bestandes veranstaltet werden konnten, an denen z. B. der Oberpräsident Noske aus Hannover und auch der Preußische Landwirtschaftsminister Dr. Steiger teilnahmen. Die Strecken waren gering.

Repräsentative Staatsjagden in Springe wurden erst wieder ab 1934 abgehalten, zu denen auf Veranlassung des Reichsjägermeisters Göring ausländische Diplomaten als Ehrengäste eingeladen wurden. Die Saustrecken, die offiziell bei Fackelbeleuchtung vor dem Schloß verblasen wurden, waren folgende:

1934 – 70	1937 – 52
1935 – 76	1939 – 57

Diese schon wieder ansehnlichen Strecken wurden auf Drückjagden mit einigen Zwangswechseln erzielt.

Im Zweiten Weltkrieg mußte der Schwarzwildbestand wiederum einen großen Rückschlag hinnehmen. Über die folgende Zeit berichtet Dr. TÜRCKE als damaliger Forstamtsleiter:

„Im Frühjahr 1945 befanden sich im Saupark noch 92 Sauen. Forstmeister Behrendt erreichte es mit Hilfe der Besatzungstruppen, die Wildbestände zu fördern, so daß erneut wieder Staatsjagden abzuhalten waren. Die Strecken waren sehr unterschiedlich, sie lagen jeweils zwischen 10 und 40 Stück."

Auf Vorschlag des Forstamtsleiters Dr. Türcke wurde aus pathologischen Besorgnissen der Schwarzwildbestand im Mauerpark 1963 bis 1965 restlos ausgerottet. Seine Gründe für eine turnusmäßige Erneuerung des Schwarzwildbestandes im Saupark sind folgende: „Die größten Flächen im Mauerpark haben eine Nordlage. Das Gelände ist meist zu kalt und feucht. Wir mußten mehrfach Lungenwurmbefall feststellen. Hinzu kommt, daß die Rauschzeiten relativ spät sind, mithin die Frischzeiten meistens erst im April/Mai. Dadurch entsteht allmählich ein ‚Geringerwerden' der Individuen, weil die Frischlinge zu klein in den Winter kommen. Diese Erscheinung habe ich ‚Dezelleration' genannt. Die genetische Seite braucht hierbei gar nicht so nachteilig zu sein, aber die Anfälligkeit ist größer. Tatsache ist jedenfalls, daß der Zustand des Schwarzwildes 1960 im Saupark unzulänglich war und mit Sauen aus den Forstämtern Stamham (Ingolstadt), Thiergarten (Regensburg) und aus der Lüneburger Heide neu aufgebaut wurde. Diese Maßnahme hat sich bewährt. Eine Erneuerung des Bestandes soll im Turnus von 15 Jahren wiederholt werden.

Nach der Auffüllung und Neugliederung des Schwarzwildbestandes erlaubt die Niedersächsische Landesregierung die Haltung von 120 Sauen im Frühjahrsbestand auf einer Fläche von etwa 1200 ha des Mauerparks, der durch Wildäsungsflächen und dezentralisierte Fütterung nach den modernsten Erfahrungen aufgeschlossen ist. Die Sauen mit Damwild und Muffelwild zusammen werden in gleichbleibender Wilddichte im Interesse der Öffentlichkeit für einen Besucherverkehr von rund 500 000 erholungsuchender Menschen gehegt.

Der Zuwachs wird in der Einzeljagd auf Keiler (Schaufler, Widder) und bei jährlich zwei Staatsjagden genutzt. Diese Gemeinschaftsjagden haben nicht mehr den Charakter eines Vorstehtreibens, sondern sie werden als ‚Riegeljagden' durchgeführt. Hierunter ist eine besondere Form der Ansitzjagd mit der vorsichtigen Beunruhigung des Wildes zu verstehen. Das Wild soll auf den Hauptwechseln bei den weitläufig auf Fernständen postierten Schützen nicht hochflüchtig vorbeikommen, sondern möglichst vertraut anwechseln, so daß dabei sogar eine gewisse Selektion abschußnotwendiger Stücke möglich und ein sicherer Schuß anzubringen ist. Jeder Schütze erhält einen Begleiter aus der erfahrenen Jägerei des Forstamtes. Die Treiben haben eine Größe von ungefähr 600 ha.

Die Ergebnisse dieser ‚Riegeljagden', bei denen wenig Treiber, aber ausreichend Hunde im gezielten Einsatz (Jagdterrier, Dachsbracken) verwendet werden, sind mit einer Anzahl von 15 bis 40 Stück befriedigend. Da die Begleiter der Gäste-Schützen Fangschüsse anbringen können, gibt es wenig Nachsuchen. Dem gestreckten Wild wird bei feierlichem Verblasen auf dem Südhof des Jagdschlosses unter Wahrung des deutschen jagdlichen Brauchtums nach wie vor die gebührende Ehre erwiesen."

Saugatter Eschau im Spessart

Als Beispiel für heutige Schwarzwildhege möchte ich die Anlage eines neuzeitlichen Saugatters im Spessart durch den Grafen Franz zu Erbach-Erbach schildern und auch einige Angaben zu den dortigen Hegeerfolgen machen.

Der Plan dazu wurde gefaßt, als ungefähr ein Jahrzehnt nach dem letzten Weltkrieg die durch dessen Folgen entstandene Schwarzwildplage eingedämmt worden war, nun aber die Wildsauen weiterhin so stark ohne jede Schonzeit verfolgt wurden, daß deren Verschwinden aus unserer freien Tierwelt zu befürchten war. Um ihnen in den seit Jahrhunderten im Besitz der Familie befindlichen Wäldern eine Freistatt zu schaffen, wurde ein dazu geeignetes Gebiet eingegattert.

Der saudichte Zaun wurde 1957 erstellt in einer Länge von 9 km, und sofort erfolgte die Besetzung des 400 ha umfassenden und später vergrößerten Parks durch Schwarzwild aus dem Odenwald. Im ganzen wurden 21 Stück, davon 16 Bachen, eingebracht, aber beim Schließen der Einzäunung war auch einiges dort heimische Schwarzwild mit eingegattert worden, und außerdem sprangen öfters einzelne Stücke aus den freibleibenden Teilen desselben Reviers ein. Bei der beginnenden Hege wurde darauf geachtet, daß bei der bald einsetzenden starken Vermehrung möglichst viele Frischlinge und Überläufer erlegt wurden, einzelngehende Bachen nur, um deren Überalterung zu vermeiden, denn der Leiter des Sauparks, Wildmeister Helmut Schäfer, schätzt die Bachen mittleren Alters, also von fünf bis sechs Jahren, für die Nachzucht am höchsten ein. Keiler jeden Alters kamen in den ersten Jahren nicht zur Strecke.

Erst nach fünf Jahren, als Wilddichte und Gliederung etwa hegerichtig erzielt waren, wurde die erste größere Treibjagd abgehalten, während bis dahin zur Verminderung nur Einzelabschuß erfolgte.

Jeder Gastschütze bekam einen Keiler frei. In zwei Tagen wurden 44 Sauen, davon zwölf Keiler, darunter sieben starke, gestreckt. Nach diesem unerwartet hohen Abschuß älterer Keiler und Bachen mußte der Bestand an jüngerem Wild verhältnismäßig hoch sein, aber durch planmäßigen Abschuß wurde bald wieder eine richtige Gliederung hergestellt.

Auf den nun folgenden, zur Verminderung des Bestandes regelmäßig stattfindenden Treibjagden wurden nur jüngere Keiler bis zum Alter von zwei Jahren freigegeben. Die Erlegung stärkerer Keiler in geringer Zahl wurde durch Verlosung oder nach Würde auf die Schützen verteilt.

Aus den Erfahrungen dieses Gatters ergeben sich für die Bewirtschaftung von Sauparks einige allgemein beachtenswerte Hinweise. Davon scheint das Wesentliche zu sein, wenig Wild zu halten, dies aber besonders gut zu füttern. Aufgrund der Feststellung, daß bei gutem Ernährungszustand die Vermehrung so zunimmt, daß nicht nur mit 100prozentigem, sondern sogar bis zu 200 Prozent Zuwachs und mehr zu rechnen ist, kann theoretisch eine mögliche Vermehrung wie folgt veranschaulicht werden: 25 Bachen bringen normalerweise ohne Not und Hunger je vier Frischlinge, zusammen also 100 Stück. Dieselbe Vermehrung aber tritt ein mit der Hälfte, also 12 Bachen, sobald diese sich in gutem Zustand befinden und dann jede acht Frischlinge bringt, was ebenfalls ca. 100 Frischlinge ergibt. Wenn also ein bestimmter Zuwachs erzielt werden soll, entsteht dieser auch bei einer geringeren Anzahl von Bachen, sobald reichlich gefüttert wird. Die Gesamtfuttermenge braucht deshalb nicht allzusehr erhöht zu werden, denn sie verteilt sich auf einen geringeren Bestand, und jedes einzelne Stück bekommt mehr und wird besser ernährt. Dabei zeigte es sich, daß reichlich ernährte gutgehaltene Sauen im Gehege nicht an Stärke abnehmen, sondern bei sozialem Wohlbefinden sich ebenso wie in der freien Wildbahn entwickeln. Die Einkreuzung von „fremdem Blut", um ein Schwächerwerden zu vermeiden, zum Beispiel aus Rußland oder aus Polen, wie es lange üblich war, bleibt im wesentlichen deshalb ratsam, weil dadurch östliches wie bei Hirsch und Reh stärker veranlagtes Wild, also auch Träger eines besseren Gewaffes, zur Vererbung kommen.

Erwähnt sei, daß in späteren Jahren auf Drängen der Bevölkerung und zur Hebung des Fremdenverkehrs eine Saukörnung für die zahlreichen Touristen zur Besichtigung freigegeben wurde. Es dauerte gar nicht lange, bis das Schwarzwild sich an die Anwesenheit der Menschen gewöhnte und noch bei Tageslicht heranzog, sobald zur bestimmten Fütterungsstunde Mais gestreut wurde. Täglich können dort Sauen zur Beobachtung aus nächster Nähe gesehen werden.

Jäger und Naturfreunde, die am Schluß dieses Kapitels über die „halbzahmen Parksauen" die Nase rümpfen und von dem heimlichen alten Keiler im wilden Verhau

Abb. 24. Sauparks sind oft mit einem Schaugehege verbunden – eine beliebte Publikumsattraktion. Der junge Keiler (l. o.) hat schon die Sommerschwarte, die Überläufer (vorn) sind noch im Haarwechsel. Bei hohen Stückzahlen auf kleiner Fläche müssen die Baumwurzeln gegen Unterwühlen geschützt werden. – Ansonsten sind Sauparks (Wildparks) größere eingegatterte Jagdreviere, in denen das Wild (auch anderes) noch unter weitgehend natürlichen Bedingungen lebt. Im allgemeinen stehen sie auch Waldbesuchern offen

träumen, mögen bedenken, daß sich unsere Umwelt von einer Generation zur andern grundlegend verändert hat. So lassen sich heute auch einem Saupark positive Seiten abgewinnen:

- Dem Schwarzwild wird hier in noch weitgehend naturnaher Umgebung ein Refugium geboten, in dem es nicht mit den Interessen der Landwirtschaft und der Volksernährung in Konflikt gerät.
- Die in einem Gatterrevier gewonnenen Erkenntnisse und gesammelten Erfahrungen betr. Wildbiologie, Hegemaßnahmen, Fütterung usw. lassen sich auswerten und nutzbar machen für Schwarzwildreviere in freier Wildbahn.
- Selbst Jäger können hier noch lernen, z. B. richtiges Ansprechen, und soziologisches Verhalten studieren.
- Für den Waldbesucher ist es ein Erlebnis, Wild zu beobachten, besonders Schwarzwild, das man sonst am Tage kaum zu sehen bekommt. Ob das nun mehr wild oder zahm ist, spielt dabei keine große Rolle, Hauptsache ist, er bekommt es zu sehen und wird nicht ängstlich aus dem Jagdrevier (oder hier aus dem Wildgatter) herausgehalten.
- Und schließlich hat der Jagdherr dennoch die Möglichkeit, sich und seinen Jagdgästen das Erlebnis einer Saujagd, unserem heutigen waidmännischen Brauchtum entsprechend, zu bieten – fast wie in der Feudalzeit, doch ohne deren Entartungen und nicht auf Kosten seiner Untertanen.

V Heutige Jagdarten

Die Einzeljagd

Jede Art Waidwerk auf Schwarzwild gehört wohl zu den schönsten Jagderlebnissen, die heutzutage in unseren Wildbahnen geboten werden, und meiner Ansicht nach ist es dabei unwesentlich, auf welche Art gejagt wird, ob es sich um Sautreiben, um Jagd mit Saufindern oder um Ansitz und Pirsch im Alleingang handelt. Vielleicht liegt gerade darin ein besonderer Reiz, daß ein erhofftes Waidmannsheil nie mit Sicherheit vorausgesagt werden kann, weil dieses Wild mit äußerster Geschicklichkeit jeder Nachstellung ausweicht. Zum Erreichen eines Jadgerfolges sind besondere Kenntnisse notwendig und dazu „Saudusel", was in diesem Falle Glück bedeutet.

Ganz besondere Kenntnisse, Erfahrungen und Ausdauer erfordert das auf Wildsauen im Alleingang ausgeübte Waidwerk und dürfte zu den schwierigsten jägerischen Leistungen zählen. Schwarzwild ist sehr rege und schwer auszumachen. Man kann einen alten Keiler nicht etwa so bejagen wie einen bestätigten Hirsch oder einen Rehbock, der alle paar Stunden, meist gleich da, wo er äst, eine Ruhepause zum Wiederkäuen einlegt. Die Einzeljagd verlangt trotz heutiger bester Ausrüstung des Jägers mit stark wirkenden Schußwaffen und optisch hochentwickelten Fernrohren doch größeres jagdliches Können, und oft müssen dennoch für ein Waidmannsheil glückliche Zufälle zusammentreffen. Um aber diesen „Saudusel" etwas begünstigen zu können, ist außer dem Wissen über die Lebensgewohnheiten des Schwarzwildes eine möglichst genaue Revierkenntnis notwendig.

Auch wo Einstand und Wechsel bekannt sind, bleibt die Einzeljagd auf Sauen immer ein schweres Waidwerk, das außerdem genügend jagdliche Erfahrungen voraussetzt, die sich jeder selbst erwerben muß. Es will gelernt sein, als Einzelgänger auf Schwarzwild zielstrebig jagdlichen Erfolg zu suchen und es nicht nur zufällig vor die Büchse zu bekommen.

Dazu ist es notwendig, sich ein Bild von seinen örtlichen Lebensgewohnheiten zu machen, die augenblicklichen Lieblingseinstände und -wechsel herauszufinden, sich in vielen Beziehungen auf das Verhalten des Wildes einzustellen. Schon das Bestätigen des Schwarzwildes muß richtig und sorgfältig geschehen. Dabei kommt es zuerst darauf an, nach den vorhandenen Pirschzeichen die Äsungs- und Einstandsverhältnisse und dann durch genaue Beobachtungen die zeitlichen Gewohnheiten zu ergründen.

Seiner Natur nach ist das Schwarzwild ein Bewohner des lichten Laubwaldes. Dort fällt ohne weiteres auf, wo es gebrochen hat, d. h. wo die Sauen auf der Suche nach Würmern oder Wurzeln mit dem Wurf den Boden umgepflügt haben oder auf vergrasten

Flächen große Stücke umdrehten oder wo sie das Laub wegschoben, um an darunter liegende Eicheln oder Bucheckern zu gelangen. Leicht ist dabei je nach Austrocknung zu erkennen, ob dieses vor kürzerer oder längerer Zeit geschah.

Wenn bei rotwildähnlichen Fährten das Geäfter abgedrückt wird und die breiige, oft wurstähnliche Losung zu finden ist, sind Sauen im Revier (Abb. 32). Im Winter bei lockerem Schnee sind die Fährten von starken Sauen und Rotwild oft nicht an den einzelnen Trittsiegeln, sondern mehr nach der Schrittweite zu unterscheiden. Ein Hirsch, dessen Trittsiegel von 6–8 cm Breite man mit dem eines Keilers verwechseln könnte, hat z.B. eine Schrittlänge von 70–75 cm, ein Keiler nur 40–45 cm. Bei hoher Schneelage kennzeichnen mit Sicherheit die sichtbaren Schleifspuren das auf niedrigen Läufen ziehende Schwarzwild, auch sind oft benutzte Wechsel als tiefe Gräben in den Schnee eingetreten. Als untrügliches Zeichen für die Anwesenheit von Schwarzwild gelten Suhlen. In wasserarmen Gegenden findet sie der Jäger an den wenigen Sumpflöchern, Morasten, Schlamm- und Lehmtümpeln oder sogar an Regenpfützen am Rande von Wegen. Wo gesuhlt wurde, das zeigen die Fährten und die Körperabdrücke als flache Mulden im weichen Boden an. Wann es geschah, ist aus der noch mehr oder weniger stark vorhandenen Trübung des Wassers erkennbar. In gut plastischem Boden sind sogar Abdrücke der Borsten zu erkennen.

Eine Verwechslung mit dem sich ebenfalls zu gewissen Jahreszeiten gern suhlenden Rotwild kommt selten vor und ist völlig ausgeschlossen, wenn sich einige der typischen, an der Spitze geteilten, schwarzen oder grauen Borsten finden lassen, was bei genauem Hinsehen fast immer möglich ist.

In der Nähe von vielbesuchten Suhlen stehen meist sogenannte „Malbäume", an denen sich die Sauen zu scheuern pflegen. Dadurch sind diese Stämme mehr oder weniger dick mit Schlamm beschmiert, denn dieser, der beim Suhlen an der Schwarte der Sauen haften bleibt, wird daran abgestreift. Bestimmte Bäume werden immer wieder, oft jahrelang, benutzt und fallen dann dadurch auf, daß sie von ihrer Rinde immer mehr entblößt werden. Nach der Höhe derartiger meist weiß leuchtenden Stellen läßt sich auf die Stärke der Sauen schließen. Nadelbäume reagieren auf das Abscheuern der Rinde mit Harzfluß und verkrusten; hier findet man am ehesten die klebengebliebenen Borsten. Andererseits bleibt auch Harz in der Schwarte der Sauen kleben und bildet zusammen mit Lehmresten und Wollhaaren eine feste Kruste.

Wo Sauen Standwild sind, finden sich die „Lager" und „Kessel", in die sich eine einzelne Sau oder eine Rotte eingeschoben hatte. Fast immer liegen diese an warmen, windstillen Stellen, in dichten Schonungen oder in eng bewachsenem Buschgelände oder in Schilfdickichten und dergleichen. Oft sind es in den Boden gewühlte tiefe Mulden, in die sich die Sauen stecken. Manchmal wird auch eine natürliche Mulde als Lager benutzt. Nach all diesen Zeichen kann im Wald Schwarzwild bestätigt werden.

Seine Anwesenheit auf den Feldern, die fast nur nachts aufgesucht werden, fällt dort sofort auf; denn wo eine starke Rotte Fraß aufgenommen hat, bietet sich oft ein für den Landwirt recht trauriges Bild. In Wiesen und Weiden ist schon von weitem an den dunklen Flecken zu erkennen, daß dort beim Wühlen die Grasnarbe umgedreht wurde. In einem Haferfeld, das von Sauen besucht wurde, liegen die Halme platt am Boden, und die Körner sind von den Rispen gestreift, wobei Häufchen von ausgespieenen Spelzen mit Gewißheit anzeigen, daß Sauen dort im Gebräch standen und nicht etwa Rotwild äste. Kartoffeläcker mit aufgewühltem Erdboden bieten einen ähnlich traurigen Anblick und ebenso Äcker mit Rüben, weil diese wegen ihres hohen Wassergehaltes bei trockener Witterung bevorzugt werden. In Maisfeldern, deren Kolben oft noch grün und später reif besonders gern als Mast aufgenommen werden, können ebenfalls richtige Verwüstungen entstehen. In solchen Fällen werden die Jäger meist schon von den Landwirten alarmiert und alles tun, um durch Bejagen untragbar hohe Wildschäden zu vermeiden.

Sind Sauen im eigenen Revier bestätigt, dann heißt es, unermüdlich, aber mit äußerster Vorsicht pirschen und unverdrossen an Wechseln, an Waldrändern oder Suhlen ansitzen oder auf einem geeigneten Hochsitz lange ausharren.

Beim *Pirschen* muß der Mensch sich sein besseres Sehvermögen zunutze machen, häufig, an übersichtlichen Stellen, stehenbleiben und beobachten. Überhaupt ist „stehend pirschen" aussichtsreicher als vieles Herumlaufen, weil man sich dann nur auf das Beobachten konzentrieren kann, selbst keine Bewegung und keine Geräusche verursacht und sich bewegendes Wild eher sieht oder hört als man selbst wahrgenommen wird. Andererseits kann auch mal rascher Stellungswechsel, das schnelle Zurücklegen größerer Strecken, erfolgreicher sein, wenn man damit den auf weite Entfernung gesichteten Sauen den Wechsel abschneiden und sie dadurch schußgerechter kommen lassen kann.

Auch aus dem Verhalten anderer Wildtiere kann man Schlüsse ziehen, z. B. aus Warnzeichen der Vögel, dem Schrecken des Rehwildes. Rehe werden unruhig, wenn sie sich nähernde Sauen vernehmen oder winden, und sie springen meist schon ab, bevor die Schwarzkittel zu sehen sind. Durch ihr Aufwerfen und Sichern zeigen sie die Richtung an, aus der die Störung kommt.

Beim Pirschen im Walde, besonders in unterholzreichen Beständen, besteht die große Schwierigkeit darin, die Sauen auf Schußentfernung ungedeckt und bei ausreichendem Licht vor die Büchse zu bekommen. Zwar werden sie hier eher rege und sind schon zu Zeiten unterwegs, in denen sie offenes Gelände noch meiden. Doch sind im Walde auch „die Tage kürzer" als im Freien, das Büchsenlicht schwindet eher. Und oft, wenn schon alle anderen Voraussetzungen günstig sind, wird man durch das Unterholz oder eine üppige Krautflora in den Beständen daran gehindert, einen sicheren Schuß anzubringen.

Sie in ihrem Lager zu überraschen und dort zu Schuß zu kommen, ist kaum möglich. Die sind in ruhigen, ungestörten Ecken, schwer zugänglich; und so lautlos kann kein Mensch pirschen oder da hindurchkriechen, daß die Sauen ihn nicht längst vernommen hätten, ehe er überhaupt ahnt, in ihrer Nähe zu sein. Wenn es auch gelegentlich passiert, daß man sie schon riecht und ggf. aus ihrem Kessel heraustritt, so nicht deswegen, weil man sie überrascht oder gar überlistet hätte, sondern weil sie sich in ihrem Versteck sicher fühlen und manchmal erst abwarten, ob der Störenfried nicht vorbeiläuft, ohne sie zu bemerken. Sich an solchen entdeckten Kesseln anzusetzen, ist sinnlos; sie schieben sich da nicht wieder ein – oft in der Nähe, aber nicht in dieselben Kessel.

Konnte man sie frühmorgens beim Einwechseln in eine Dickung zufällig beobachten oder abfährten, so kommt es darauf an, den Wechsel richtig vorauszuahnen, auf dem sie am Abend kommen können, um sie dann dort abzupassen – aber mit gutem Wind!

In deckungsreichen Waldbeständen ist der Jäger beim Pirschen den Sauen gegenüber immer im Nachteil, weil sie ihn eher winden und eher vernehmen können als er sie sieht. So ist der Erfolg überwiegend vom Zufall abhängig, weshalb hier der *Ansitz* bevorzugt wird. Dabei haben entsprechend hohe Kanzeln oder Leitern vor dem Schirm oder Erdansitz den Vorteil, daß das Wild nicht so leicht vom Jäger Wind bekommt.

Feste Kanzeln zu bauen, lohnt nur dort, wo längere Zeit breite Wege, Schneisen oder freie Flächen (z. B. Wiesen oder Wildäcker) gutes Schußfeld bieten. Und die werden von Sauen meist rasch überfallen oder bei Tageslicht gemieden. Günstiger sind da freistehende, transportable Ansitzleitern, die man nach Bedarf umstellen kann, je nachdem, wie die Waldbestände sich entwickeln, als Deckung oder zur Nahrungssuche zeitweilig bevorzugt oder nicht mehr angenommen werden, wie sich draußen die Feldbestellung ändert usw., wodurch sich auch die Wechsel verlagern. Die besten, längere Zeit gleichbleibenden Chancen bieten sich im Wald bei Mastjahren in Eichen- und Buchenbeständen.

In Feldgebieten wird sich an den Wildschäden bald zeigen, wohin – allerdings meist nur für einige Zeit – die Sauen gerade regelmäßig ihre Wechsel nehmen. Im Frühling pirscht es sich erfolgversprechend an Wiesen oder an solchen Äckern, die im Jahre vorher Kartoffeln trugen. In Maissaaten können sie jedes Korn einzeln herausholen. Wenn später der Hafer milchig ist, zieht sich Schwarzwild gern dorthin. Noch mehr locken wieder die Maisfelder, sobald sich die Kolben ausbilden. Aber wegen der Deckung, die die hohen Stengel bieten, ist es schwierig, hier zu Schuß zu kommen; man muß sie also schon beim Ein- oder beim Auswechseln erwischen. Häufig bleiben sie im Sommer aber auch tagsüber draußen und lagern in großen Getreideschlägen, sei es, weil sie hier weniger von Ungeziefer geplagt werden, oder sei es, daß in ihren beliebten „Saudickungen" gerade geläutert wird. Im Herbst brechen die Sauen gern nach Kartoffeln, wobei sogar bestimmte Sorten bevorzugt werden, so daß sie sich nur dort, wo diese angebaut sind, und gerade genau zu deren Reife einstellen. Und im Winter besuchen sie gern Kartoffel- und Rübenmieten – wenn sie nicht Eichen- oder Buchenmast im Walde festhält. Auch in der Feldmark haben sich transportable Ansitzleitern oder – für die kalte Jahreszeit besser – fahrbare Hochsitze bewährt.

Das Wichtigste bei jeder Jagd auf Sauen, wo und wie sie auch stattfinden mag, ist die Berücksichtigung des Windes. Steht der Wind auf die Sauen zu, können sie den Jäger schon weit außerhalb jeder Schußentfernung wittern. Wer darauf nicht genau achtet, kommt nie auf Sauen zu Schuß. Schwarzwild zieht fast immer gegen den Wind. Oft macht es sogar Widergänge, „um sich Wind zu holen", wie der Jäger sagt, denn sein besonders feines Wittrungsvermögen ist der am meisten gebrauchte Sinn. Deshalb wird es sogar durch die warme Spur eines Jägers vergrämt. Der muß also darauf achten, daß er nicht den vorgesehenen Wechsel kreuzt.

Die Tatsache, daß das Schwarzwild schlecht äugt, kann der Jäger sich zunutze machen und es gelegentlich, namentlich nachts, im freien Feld ohne Deckung vorsichtig angehen. Bewegungen werden eher wahrgenommen, aber einen stillstehenden Menschen erkennen die Sauen erst auf kurze Entfernung. Zwar vernehmen sie gut, doch ist der Jäger dann wieder im Vorteil, wenn sie sich ungestört glauben und selbst viel Lärm machen. Bei einer starken Rotte sind die Stimmen der akustischen Fühlungnahme in stiller Nacht weithin vernehmbar, öfters auch ein dumpfes Grunzen der älteren Sauen oder ein helles Quietschen der Frischlinge bei Meinungsverschiedenheiten. Dazu sind noch andere Geräusche hörbar, wie sie z. B. beim Rupfen des Getreides oder beim Aufbrechen des Bodens entstehen. Auch das Getümmel in der Rauschzeit kann die Anwesenheit von Sauen verraten. Dies alles kann den anpirschenden Jäger übertönen, auch wenn er nicht ganz leise herankommt. Andererseits können sie auch gespensterhaft lautlos sein, und so ist man z. B. bei Fütterungen überrascht, wenn sie aus einer anderen Richtung als erwartet gekommen sind und plötzlich neben einem stehen.

Wo sie bejagt werden, sind sie vorsichtig. Bei Störungen oder Gefahren verhalten sie sich einschließlich der Frischlinge auf das „Blasen" oder „Uff" als Warnsignal völlig still. Je nach Situation gibt dann die führende Bache das Zeichen „Entwarnung" oder zur Flucht. Durch Erfahrung gewitzigt, sind sie kaum jemals bei Tageslicht, selten in der Abend- und Morgendämmerung, sondern meist nur bei Dunkelheit rege. Hier kommt nur nächtliches Ansitzen und Pirschen in Frage. Am besten eignen sich dazu, wegen der günstigen Lichtverhältnisse, klare Nächte vor und nach dem Vollmond, und wenn dann sogar Schnee liegt, verspricht das den wahrscheinlichsten Jagderfolg. Ich kenne so manchen Jäger, den dann nichts zu Hause hält – er muß hinaus in den Zauber der mondhellen Winternacht!

Auf eins möchte ich noch hinweisen: Im allgemeinen sieht der Schütze, wenn er den Mond im Rücken hat, nicht so gut wie gegen das Mondlicht. Gerade das voll vom Mond beleuchtete Schwarzwild bietet geringen Kontrast für einen sicher anzubringenden Schuß. Die Umrisse verschwinden meist grau in grau, der Schatten ist oft deutlicher erkennbar als das Stück selbst und kann den Jäger irritieren. Da der Wildkörper sich im Gegenlicht besser vom Hintergrund abhebt, sollten die Pirschgänge – selbstverständlich unter genauer Beachtung des Windes – möglichst gegen den Mond gelegt bzw. die Ansitzplätze entsprechend ausgewählt werden, wobei sich der Jäger tunlichst im Schatten der Bäume hält. Im übrigen ist bei Mondschein und klarem Himmel die Beleuchtung vielfach besser als in später Abenddämmerung, bei der in schwindendem Büchsenlicht selten ein genaues Ansprechen und sicheres Schießen möglich ist.

Bei dunklen Zielen, die sich klar von einem hellen Untergrund abheben, besonders bei Schnee auf weiten Flächen, verschätzt man sich leicht in der Entfernung; das Ziel wirkt größer. Es ist deshalb nützlich, in seinem Revier genaue Anhaltspunkte zu kennen und gegebenenfalls am Tage, da wo Sauen zu erwarten sind, die Entfernungen zu markanten Punkten wie Einzelbäumen, Koppelzäunen, Weideschuppen usw. abzuschreiten und sich einzuprägen.

Wo Schwarzwild ungestört bleibt, hält es eine gewisse Zeit lang feste Wechsel ein, die mancherorts wie „Trampelpfade" deutlich zu erkennen sind. Dies darf den Jäger aber nicht dazu verleiten, in deren Nähe allzu lange seßhaft zu werden. Während er ausdauernd auf der „bewährten Kanzel" hockt, kann wenig weiter um eine Waldecke herum das Schwarzwild vorbeiziehen oder zum Fraß austreten, ohne daß er etwas davon bemerkt. Er muß dessen in Abhängigkeit von Jahreszeit, Witterung, Fraßangebot usw. wechselnde Gewohnheiten laufend studieren und sich jeweils neu darauf einstellen.

Wenn hin und wieder Einwände gegen die nächtliche Jagd bei Mondschein vorgebracht werden, so haben die bei der Saujagd keine Berechtigung. Diese Jagdart, verantwortungsbewußt ausgeübt, ist durchaus waidgerecht. Außerdem gehört große Jagdleidenschaft dazu, sich die Nächte um die Ohren zu schlagen oder gar in frostklarer Winternacht stundenlang auszuharren und zu warten auf den einen Augenblick, der die kalten Füße und alle anderen Strapazen vergessen läßt. Ohne diese „Mondscheinjagden", die bei anderem Schalenwild verboten sind, wäre es schließlich auch nicht möglich, beim Schwarzwild den Abschuß zu erfüllen, den Bestand in angemessenen Grenzen zu halten und Schäden in der Feldflur zu verhindern. Ein Wahlabschuß ist auch in hellen Vollmondnächten möglich. Wenn man Rotten vor sich hat, ist es durch Größenvergleich leicht, die schwächsten Stücke zuerst zu schießen und den Hauptfehler, den Abschuß der führenden Bachen, zu vermeiden. Bei mittelgroßen Einzelstücken ist Vorsicht geboten. Das kann eine führende Bache sein, deren Frischlinge (noch) nicht zu sehen sind. Meist ist es aber ein einzeln gehender jüngerer Keiler. Und den sollte man erst einmal zu einem Hauptschwein heranwachsen lassen. Den großen Schaden machen nicht die Einzelgänger, sondern die Rotten. Und diese lassen sich am besten vergrämen durch dauernde Störungen, wie eben dadurch, daß wiederholt ein Stück aus ihrer Mitte zur Strecke gebracht wird.

Die Einzeljagd fordert vom Jäger am meisten: Können, Geschicklichkeit, jagdliche Erfahrung, Beobachtungsgabe und scharfe Sinne, körperliche Leistungsfähigkeit und Beharrlichkeit und nicht zuletzt eine anständige waidmännische Gesinnung. Wer nur auf Treibjagden mitgeht, wird nur einen kleinen Teil der Wesensart des Schwarzwildes kennenlernen.

Jagdpassion des Jägers, jagdliches Können sowie seine Verantwortung für das Wild und für die Landeskultur müssen sich glücklich ergänzen. Wer das beherzigt, wird ein guter Einzeljäger.

Gemeinschaftliches Sautreiben

Ein gemeinschaftliches Sautreiben, bei dem eine Strecke erzielt wird und es den Schützen gelingt, gut treffende Kugelschüsse auf das flüchtige Wild anzubringen, wird jedem, der dies Waidmannsheil miterlebte, für immer als ein Höhepunkt seines Jägerlebens in Erinnerung bleiben.

Meine erste gemeinschaftliche Jagd auf Sauen in der Weite der norddeutschen Ebene blieb mir bis in alle Einzelheiten unvergeßlich. Ich bekam einen Stand auf einem abgelegenen Fernwechsel an einem Engpaß, einer kleinen Blöße zwischen Sumpf und Wald. Mit größter Wahrscheinlichkeit mußten rege gemachte Sauen dort auswechseln, und meine Hoffnung auf Waidmannsheil war groß, denn mein Stand berechtigte dazu. Dreieinhalb Stunden lang verhielt ich mich dort voller Erwartung regungslos, obwohl ich bei Kälte und Wind schrecklich fror. In der Ferne, wo sich der eigentliche Jagdbetrieb abspielte, fielen mehrmals Schüsse, und kaum vernehmbar gaben Hunde Laut. Aber bei mir rührte sich nichts. Ich begann allmählich die Hoffnung aufzugeben, überhaupt zum Anblick von Schwarzwild zu kommen, und so wurde mir immer eisiger und kälter zumute. Es gab aber doch zweimal eine aufregende Abwechslung. Ein Rudel Rotwild von sieben Stück, Kahlwild mit Kälbern, zog vertraut dicht an mir vorbei. Auch ein Fuchs schnürte aus dem bejagten Waldstück heraus. Doch über lange Zeit geschah dann wieder nichts, so daß ich in die Versuchung kam, mich zu regen, um warm zu werden. Da hörte ich vor mir ein leises Knacken, ein abgesprengter Überläufer trollte langsam auf dem Wechsel heran. In aller Ruhe hob ich die Büchse und trug ihm die Kugel an. Im Feuer brach er zusammen. Mein Herz schlug heftig vor Freude, so daß es mir nach dem langen Frieren dadurch warm wurde. Nun dauerte es gar nicht lange, da knackte es vor mir nochmals, und eine grobe Sau erschien auf demselben Wechsel. Nach meinem Schuß bog sie ab, und ich sah, wie sie sich nicht weit im dichten Schilf auf dem Eis eines zugefrorenen Tümpels niedertat. Erhöht auf einem Sumpfgrashügel stehend, konnte ich den Fangschuß anbringen. Mit diesen beiden Stücken wurde ich so auf meiner allerersten Saujagd Jagdkönig, was am Abend, als wir warm um das lodernde Kaminfeuer saßen, mit vielen guten Reden und Jagdgeschichten gefeiert wurde – als sprichwörtlicher „Saudusel" eines jungen Jägers.

Später habe ich dann in meinem reich erfüllten Jägerleben sehr viele gemeinschaftliche Saujagden mitgemacht. Bei einzelnen erzielte ich überreiche Strecke, so daß ich bis heute über 200 Stück Schwarzwild erlegt habe, aber es war auch gar nicht selten, daß an einem langen Jagdtag überhaupt kein Schuß fiel oder daß ich selbst gar keinen Anblick hatte, während es bei Nebenschützen oder auf der anderen Seite des Treibens munter knallte.

Im Laufe der Jahre, in denen ich alljährlich eine ganze Reihe von Saujagden in den verschiedensten Revieren Deutschlands mitmachte, konnte ich vielerlei Erfahrungen sammeln, einerseits über das unterschiedliche Verhalten der Sauen im Treiben und andererseits über die Art der Planung und Durchführung von erfolgreichen Jagden.

Erfolgversprechende Sautreiben werden heutzutage in der Regel auf drei verschiedene Arten abgehalten, nämlich als möglichst leise durchgeführte Drück- oder Riegeljagd, als laute Treibjagd mit möglichst viel Lärm und drittens als Stöberjagd mit eingejagter Saufindermeute.

Bei der leisen *Drückjagd* wird mit wenigen Treibern still ein kleines Waldstück durchgegangen, in dem Sauen vermutlich stecken oder – durch Abfährten bei Schnee – festgestellt worden sind. Wenn alles günstig verläuft, werden die Sauen rege gemacht, um dann meist langsam auf ihren gewöhnten Wechseln vor die dort angestellten Schützen zu ziehen (vgl. auch S. 92). Es kann auch einen guten Jagderfolg haben, wenn ein einzelner Jäger nach Anstellen der Schützen bei Neuschnee die Fährten ausgeht, bis er – gegebenenfalls mit Hilfe eines Hundes – die Rotte oder ein einzelnes Stück herausstößt.

Bei *Ansitz-Drückjagden* werden nicht kleinere Treiben nacheinander lückenlos mit Schützen umstellt, sondern es werden in einem größeren Gebiet die aussichtsreichsten Kanzeln und Ansitzleitern – vorsichtig! – besetzt. Dabei macht man sich zunutze, daß die Sauen bei nur geringer Beunruhigung wie gesagt zumeist ihre bekannten Wechsel halten. Dazwischen müssen meist auch noch einige flinke Schützen am Boden angesetzt oder angestellt werden, z. B. an schmalen oder von Baumkronen überschirmten Schneisen, wo man vom Hochsitz aus kein Schußfeld hätte oder nicht beweglich genug wäre.

Auch bei dieser Jagdart genügen wenige Treiber, die vornehmlich durch die beliebten Saudickungen gehen. Hunde erhöhen die Erfolgschancen; am besten Teckel, die von den Sauen nicht sonderlich ernst genommen werden, aber dafür sorgen, daß die Treiber an den besetzten Kesseln nicht vorbeilaufen. Diese müssen ihnen, wenn sie Standlaut geben, natürlich zu Hilfe kommen. Der Vorteil bei allen diesen leise durchgeführten Jagden ist, daß unser Wild fast immer langsam bleibt, daher gut angesprochen und getroffen wird, falls die Schützen nicht bei ihrer längeren Dauer im Winter von Frost erstarrt oder unaufmerksam geworden sind. Zwar bleiben die auswechselnden Rotten dann meist zusammen, doch kommen sie auf ihrem Wechsel an mehreren besetzten Kanzeln vorbei und können öfter beschossen werden.

Wegen der Unbeständigkeit von Schwarzwild, das nie länger regelmäßig einen bestimmten Einstand nimmt, ist das Einkreisen vor jeder Jagd von gutem Nutzen. Doch setzt dies große Erfahrung, Ausdauer und Zuverlässigkeit im Abfährten voraus, denn Sauen entziehen sich sehr leicht ihrer Bestätigung, so daß man nie ganz sicher weiß, wo sie stecken. Auch ihre Anzahl, also die Stärke einer Rotte, ist beim Abfährten schwer festzustellen, weil die Sauen in der Regel genau hintereinander herziehen, wodurch die übereinanderliegenden Schalenabdrücke im Fährtenbild nicht mehr einzeln zu zählen sind.

Bei der lauten *Treibjagd* wird das betreffende Waldstück, in dem das Wild vermutet oder bestätigt wurde, ringsum mit Schützen umstellt und dabei besonders gut die Front besetzt. Nach dem Anblasen bewegt sich eine möglichst starke Treiberwehr laut rufend, klappernd und an die Bäume schlagend in breiter gerader Linie dicht nebeneinander auf die vorn stehenden Schützen zu, um diesen die Sauen schußgerecht zuzutreiben. Dabei müssen sie von einigen Hunden unterstützt werden, die geschnallt werden, sobald man an Sauen oder zu den Dickungen kommt, in denen sie stecken. Hierzu sind besonders Jagdterrier geeignet. Sie sind klein und können auch in Dorngestrüpp, unten durchkriechend, eindringen, außerdem sind sie sehr flink, umspringen die Sauen, können bei Angriffen behende ausweichen und folgen ausdauernd und lauthals den flüchtigen Schwarzkitteln. Dabei sind sie so scharf, daß sie immer wieder blitzschnell angreifen, sich sogar in der Schwarte oder in den Tellern der Sauen festbeißen und mitschleifen lassen. Mehrere dieser „Giftzwerge" können auch dickfellige Keiler aus ihrem Kessel bringen. Von den größeren Gebrauchshunden sind am besten die leichteren, temperamentvollen Rassen mit guten Stöbereigenschaften, wie z. B. der Kleine Münsterländer, zu gebrauchen, denn die größeren Hunde werden oft geschlagen. Saupacker, schwere Kampfhunde wie in früheren Zeiten, finden heute keine Verwendung mehr, da die Sauen nicht gestellt und festgehalten werden sollen. Doch davon später mehr.

Von Nachteil ist es, wenn die Hunde nicht reh- und hasenrein sind, gleich der ersten Ricke – oft noch zu zweit oder dritt – nachrennen, womöglich überjagen und dabei schon im nächsten Treiben die Sauen locker machen. Deswegen erst schnallen, wenn man die Sauen schon „riecht" – oder solche notorischen Sünder nicht mehr einsetzen.

Gelegentlich mag es auch bei Rassekreuzungen für Saujagden geeignete Spezialisten geben. Doch soll man nicht meinen, hier wäre jeder scharfe Hund recht; denn wenn Rehwild gerissen wird, ist es für alle Beteiligten peinlich.

Die Hauptmühen, um das Wild vor die Schützen zu bringen, müssen die Treiber auf sich nehmen. Oft ist dies in den Dickungen so schwierig, daß es beim ersten Durchdrücken nicht gelingt. Ältere Keiler, die schon mitgemacht haben, was sie draußen erwartet, lassen sich überlaufen. Erfahrene Bachen führen ihre Rotten um die Treiber herum oder durch deren Kette hindurch, um sich dann wieder in dem schon getriebenen Teil zu stecken. Als Beispiel dafür ein Jagdbericht aus dem Forstamt Danndorf:

„Beim Durchtreiben einer etwa 16 ha großen Fichtendickung in der Revierförsterei Bahrdorf, die die Kinderstube des Schwarzwildes und deshalb ein Jahr lang nicht angerührt worden war, erlebte ich, wie geschickt das Schwarzwild den Treibern ausweicht. Ich stand mit zwei Söhnen auf einem Hochsitz mitten drin auf einem Gestellkreuz und leitete von dort die Jagd mit Hornsignalen. Da die Treiber hier sehr dicht gehen mußten und für die ganze Frontbreite nicht ausgereicht hätten, ließ ich die linke Hälfte hin-, die rechte zurücktreiben und konnte sehr schön beobachten, wie die Sauen vor den Treibern herzogen, über die Querschneise kamen, dann oder gleichzeitig über die Längsschneise nach rechts herüberwechselten oder auch zwischen den Treibern hindurch zurückgingen, und als die rechte Hälfte dran war, brachten sie sich wieder nach links in Sicherheit. Also blies ich das Treiben nochmals an, und das Ganze wiederholte sich. Nachdem wir zweimal hin- und hergetrieben hatten und etwa 45 Schüsse gefallen waren, blies ich das Treiben ab, obwohl mir klar war, daß da noch 15 bis 20 Sauen drin steckten.

Die Schützen hatte ich einmal an den Hauptwegen und Schneisen – zugleich Dickungsrand – anstellen lassen und einen zweiten lockeren Ring weiter ab in lichten Althölzern und an den Hauptwechseln. Zwischen 40 und 50 Sauen waren vor die

Schützen gekommen, 16 lagen auf der Strecke. Somit müssen rund 60 Schwarzkittel in diesem einen Treiben gewesen sein! Drei davon brachte ich selbst zur Strecke – mit vier Schuß. Kein überragendes Ergebnis. Denn ich hatte sozusagen den besten Anlauf. Doch brachten mich einmal die vielen Sauen in Aufregung und zum anderen auch noch meine Söhne, die mich immer wieder anstubsten und hier- und dorthin zeigten, während ich gerade in die dritte Richtung schießen wollte. Vor allem aber durfte ich die Treiber nicht gefährden, weshalb viele Rotten unbeschossen passieren konnten. Von Nachteil war in dem Falle die Überdachung der Kanzel, die rasche Wendungen nach allen Seiten nicht zuließ!

Solche Treiben sind aber einmalige, seltene Ausnahmen und nur dem Zusammentreffen vieler günstiger Umstände zuzuschreiben. Wir haben zwar in späteren Jahren auch noch öfter 15 bis über 20 Sauen auf der Strecke gehabt (andererseits auch ‚Saujagden' mit nur einem Rehkitz und einem Hasen), aber noch nicht wieder so viele in einem Treiben."

Wenn man Schwierigkeiten hat, das Schwarzwild aus Dickungen herauszubringen – das ist häufig am späten Nachmittag der Fall, wenn sie „wissen", daß mit einer halben Stunde Verzögerungstaktik alles gewonnen ist –, dann hilft in solchen Fällen meist das „Kämmen".

Dabei werden zwei Treiberwehren, jede von der anderen Seite des Treibens, also sich gegenüberstehend, angesetzt. Sie treiben ebenfalls recht laut, begegnen sich in der Mitte, aber jede geht dann in ihrer alten Richtung weiter und endet am Ausgangspunkt der anderen. Dies verwirrt die Sauen, bringt sie in Bewegung und vor die Schützen. Doch hundertprozentig wirkt auch das nicht, denn mancher gewitzte Keiler bleibt auch dann noch in der Dickung, wird zwar von einigen Treibern gesehen, kann aber nicht zum Auswechseln veranlaßt werden, selbst wenn ihn – im Dornengestrüpp eingeschoben – ein Terrier in die Keulen zwickt. Im Gegensatz dazu flüchten andere Keiler oder Bachen sich oft schon aus ihrem Einstand heraus, sobald sie die ersten ungewöhnlichen Laute vernehmen, wie das Aufstellen der Treiberwehr, das Anstellen der Schützen, namentlich wenn dies nicht ganz still geschieht. Manche alten Stücke wissen auch aus Erfahrung, daß die Hornsignale mit höchst unangenehmen Folgen verbunden sind, und suchen heimlich das Weite, wenn angeblasen wird. Es ist auch kein Zufall, daß die Sauen schwach besetzte Stellen oder Lücken in der Schützenkette merken und dort unbeschossen durchbrechen.

Dies zweckmäßige Verhalten des Schwarzwildes, wie das Sichdrücken ohne rege zu werden oder das Durchwechseln durch die Treiberwehr und Verbleiben im durchgetriebenen Waldstücke, was namentlich bei schwach wirkender Störung geschieht, ist der Grund dafür, daß erfahrene Jagdleiter oft ganz besonders laut treiben lassen, um dadurch das Schwarzwild in Verwirrung zu bringen. Seine Unsicherheit kann auch noch dadurch erhöht werden, daß die Treiberwehr auf ein Hornsignal oder ein verabredetes Zeichen hin ein bis zwei Minuten völlig lautlos stehenbleibt.

Werden die Rotten durch die Hunde oder durch geschicktes Treiben auseinandergesprengt, ist die Chance, zu Schuß zu kommen, für mehrere Schützen gleich groß, weil dann einzelne Sauen oder kleine Gruppen nach verschiedenen Seiten flüchten.

Diese oft bewährte Methode führt aber auch nicht mit Sicherheit zum Erfolg, denn bei den Schwarzkitteln kann das Verhalten recht verschieden sein. So erwacht oft genug bei lautem bedrohlichem Krach statt des Fluchttriebes der Trieb zur Verteidigung. Fühlt sich ein wehrhafter Keiler bedroht, so bleibt er oft in seinem Lager sitzen, um anzugreifen, wenn die Treiber ihm allzu nah auf die Schwarte rücken. Nach kurzem Scheinangriff flüchtet er dann nur eine kurze Strecke, um sich bald irgendwo im Verborgenen wieder einzuschieben. Ohne daß der Fluchttrieb ausgelöst wird, ducken sich ganz ähnlich regungslos auch Überläufer und Bachen, so daß ganze Rotten von den Treibern unbemerkt bleiben können. Oft werden sie dann erst rege, wenn der Lärm oder auch die Beunruhigung beim leisen Durchdrücken vorbei ist. Deshalb ist es ratsam, daß die Jäger nach Beendigung eines Treibens noch ungefähr zehn Minuten still auf den Ständen bleiben. Denn gerade dann, wenn alles ruhig geworden ist, wechseln oft solche Sauen, die sich bis dahin gedrückt hatten, ja manchmal gerade die besten Keiler, aus dem Treiben.

Während dieser Wartezeit kann der Jagdleiter oder sein Stellvertreter, der am Ende des Treibens steht, sich rasch einen Überblick verschaffen, was im Treiben losgewesen ist. Die alterfahrenen Treiber wissen oft recht gut, ob die Sauen raus sind oder noch welche drinstecken. Wenn z. B. eine größere Rotte durch die Treiberwehr durchgebrochen ist und auf dem Rückwechsel oder an den rückwärtigen Flanken danach kein Schuß fiel, so haben sie sich höchstwahrscheinlich wieder gesteckt. Dementsprechend wird entschieden, ob noch einmal angeblasen oder ob abgeblasen wird. Neuerdings werden für solche Umfragen auch schon Funkgeräte eingesetzt, wie das in anderen Ländern, z. B. in Kanada oder Schweden bei der Elchjagd, schon seit längerem üblich ist. Mancher mag da schimpfen über „zuviel Technik" – entscheidend ist der Erfolg. Daß das Schwarzwild nicht ausgerottet wird und was und wieviel geschossen werden darf, hat man ja in der Hand. Und wenn man schon mit viel Aufwand 30 bis 40 Schützen und 20 Treiber zusammengeholt hat, sollte auch eine entsprechende Strecke zusammenkommen, über die sich alle freuen. Auch für das Revier und den Wildbestand ist es vorteilhafter, wenn bei einer gut vorbereiteten und erfolgreichen Jagd der vorgesehene Abschuß schon annähernd erfüllt wird, als wenn man dazu mehrere Jagden braucht, wodurch das Wild zu häufig beunruhigt wird und gegebenenfalls vergrämt abwandert.

Es zeigt sich immer wieder, daß gerade die mit stärkstem Aufgebot, aber ohne jagdliche Erfahrung durchgeführten Treibjagden auf Schwarzwild am wenigsten Erfolg haben. So meldete eine Tageszeitung über die versuchte Verminderung der im Jahre 1950 massenhaft vorhandenen und bedrohliche Flurschäden verursachenden Sauen aus dem Kreis Eschwege: „Auf 23 Gemeinschaftsjagden, an denen im ganzen 465 Jäger teilnahmen, wurden nur 22 Stück Schwarzwild zur Strecke gebracht."

Dies bestätigt eine altbekannte Erfahrung, daß Gesellschaftsjagden gut organisiert werden und äußerst diszipliniert ablaufen müssen. Wer sich nicht sofort nach dem Anstellen völlig ruhig verhält – während die anderen Schützen weitergehen – oder glaubt, er könne sich bis zum Anblasen noch ein Schwätzchen mit dem Nachbarn erlauben, braucht sich nicht zu wundern, wenn an dieser Stelle die Sauen gewarnt sind und er keinen Anlauf hat.

Beim lauten Treiben ergibt sich meist die Schwierigkeit für den Jäger, daß unser Wild hochflüchtig wird. Wenn dann eine Rotte aus der getriebenen Dickung plötzlich schnell vor die Schützen kommt, so ist von Ungeübten oder auch aus Jagdfieber so mancher Fehlschuß zu verzeichnen, obwohl gerade Sauen wegen ihrer gleichmäßigen Fortbewegung mit der Kugel auch hochflüchtig gut zu treffen sind.

Um ein besseres Schießen und Ansprechen zu ermöglichen, ist es üblich, die Schützenkette nicht dicht an das Treiben, z. B. eine Dickung, anzustellen, sondern, wenn möglich, etwas abgesetzt im lichten Altholz oder auf der nächsten Schneise, damit das Wild, ohne die Jäger zu bemerken, ruhiger anläuft. Denn nur sehr gewandte

Schützen kommen auf überraschend auftauchende, hochflüchtige Einzelstücke oder schon auf das erste Stück einer Rotte zu Schuß. Letzteres ist kein Schaden, denn in der Regel geht die führende Bache voraus, die geschont werden soll. Anfänger werden oft erst auf das dritte oder vierte Stück fertig, wundern sich, daß das nicht im Knall liegt, vergessen das Nachladen und lassen den Rest der zehnköpfigen Rotte verblüfft passieren. Bei Saujagden muß man also immer damit rechnen, daß mehrere Stücke hintereinander kommen und, wenn das erste vorbei ist, schon im Anschlag auf das nächste warten. Daraus ergibt sich auch, daß man mit einem Repetiergewehr besser ausgerüstet ist als mit einem Drilling oder einer Bockbüchsflinte. Zum Glück hört man (außer bei hohem Schnee) meist das Herannahen des Wildes – doch auch nur dann, wenn man selbst bewegungslos lauscht. Zugegeben, es ist gewiß sehr schwer, fast unmöglich, ein, zwei Stunden lang angespannt aufzupassen. Deshalb sollen die Treiben möglichst nicht so groß gemacht werden.

Die Größe der Treiben hängt jedoch noch von vielen anderen Umständen ab. Kleinere Saudickungen inmitten großer Altholzkomplexe sind ideal. Bei großen zusammenhängenden Dickungen weiß man aber oft nicht, ob die Sauen nun in der linken oder in der rechten Hälfte stecken. Aufteilen und in zwei Hälften treiben ist ein Lotteriespiel. Wenn man zuerst die falsche Hälfte erwischt, kann man sich das zweite Treiben meist sparen, denn darin sind sie dann auch nicht mehr. Also bleibt oft nichts übrig, als das ganze Waldstück auf einmal zu nehmen – mit entsprechend größerem Aufwand an Schützen und Zeit.

Wesentlich für eine erfolgreiche Jagd ist eine gute Treiberwehr. Ein alterfahrener Obertreiber ist unbezahlbar. Er sorgt zuerst für Disziplin, gute Seitenrichtung, gleichmäßiges ruhiges Tempo. Kein Treiber darf vorprellen oder zurückbleiben, wodurch er die Jäger am Schießen hindert oder sich selbst gefährdet. An allen Schneisen wird die Richtung überprüft und gegebenenfalls gewartet, bis der letzte heran ist – am Bestandesrand wird gewartet, nicht mitten auf der Schneise! Der Obertreiber weiß auch, wo die Sauen stecken können. Dort, in den Dickungen, zieht er gegebenenfalls mehr Treiber zusammen und verdünnt die Treiberkette da, wo sie gerade ein lichtes Altholz durchquert. Er läßt halten, wenn die Hunde an einem Dorngestrüpp hinter ihm Standlaut geben, und schickt ein paar Mann zurück, oder er läßt kehrt machen, nimmt einen Dickungsstreifen mitten im Treiben noch einmal, wenn darin die Sauen den Treibern um die Füße gelaufen, aber nicht herausgekommen sind. Diese Möglichkeiten werden vorher abgesprochen; die Schützen müssen ebenso darüber informiert sein. Jeder Treiber muß zu seinen Nachbarn Kontakt halten. Beim lauten Treiben ist das leicht möglich; wenn er sie nicht sieht, so hört er sie wenigstens. Aber bei der leisen Drückjagd schadet es auch nichts, wenn sie sich in unübersichtlichem Gelände mal durch einen Zuruf verständigen oder in der Nähe von Schützenständen auf sich aufmerksam machen. Daß die Treiber heute mit auffallenden roten oder gelben Jacken ausgerüstet werden, sollte aus Sicherheitsgründen selbstverständlich sein. Ob man den Schuß ins Treiben freigibt, ist eine Gewissensfrage, jedenfalls nur in übersichtlichem Gelände auf kurze Entfernung und „wenn der Schütze sicher ist, daß niemand gefährdet werden kann", wie das bei der Begrüßung angesagt wird. Die Treiber haben den schwereren, strapaziöseren Teil der Arbeit eines Jagdtages zu leisten. Der schönste Lohn für sie ist es aber auch, wenn eine anständige Strecke zusammenkommt. Dann hat die Jagd Spaß gemacht.

Wenn schließlich das Jagdrevier noch gut erschlossen ist durch Wege und Schneisen, jagdliche Einrichtungen wie Pirschsteige, Hochsitze, Schützenstände mit sogenannten

„Krähenfüßen" (also strahlenförmigen Schußschneisen), wenn das Schwarzwild sich durch Hegemaßnahmen dort wohl fühlt (s. Kapitel „Hege"), so hat der Revierinhaber das Seine getan, um auch einen Lohn durch gute Strecken erwarten zu können.

Man kann den Erfolg seiner Jagd also begünstigen; vorhersagen kann man ihn nicht. Das Ergebnis einer Niederwildjagd läßt sich in etwa einschätzen, das eines Sautreibens ist jedesmal völlig offen und kann auch mal gleich Null sein. Unter Jägern heißt es seit jeher, und zwar mit Recht: „Schwarzwild ist im Treiben unberechenbar." Selbst die „Exzellenzen-Posten", die guten Stände, bieten keine Gewähr dafür, daß ein bevorzugter Jagdgast dort Strecke macht. Die Sauen können überall und nirgends kommen, und auch ein Jungjäger auf verlorenem Posten kann Jagdkönig werden.

Vielleicht ist es aber gerade diese Ungewißheit, ob man mit blanken Läufen heimgeht oder den Keiler seines Lebens schießt, die die Spannung erhöht, die ganze Atmosphäre, womöglich im verschneiten Winterwald, mit dem Klang der Jagdhörner, dem Geläut der Hunde, dem Rufen der Treiber und dem Knall der Büchsen, bis zum Halali beim Verblasen der Strecke in der von flackernden Holzfeuern erhellten Abenddämmerung, die den besonderen Reiz solcher Saujagden ausmacht und sie für alle teilnehmenden Jäger immer wieder zu einem besonderen Erlebnis werden läßt.

Abb. 25. Gut gelegte Strecke am Ende einer erfolgreichen Saujagd in Eschau/Spessart; mehrere starke Keiler wurden nach nur dreijährigem Schonen erlegt. Die Keiler erhalten außer dem Inbesitznahmebruch den „letzten Bissen" (hier deutlich erkennbar), ein Brauch, der erst Anfang dieses Jahrhunderts üblich geworden ist

Stöberjagd mit Saufindern

Wie geschildert, ist das Schwarzwild durch eine Treiberwehr, auch wenn diese von einigen Kläffern unterstützt wird, nur schwer vor die Schützen zu bringen. Dies wird wesentlich besser, wenn auf Sauen eingejagte, sichtlaute Stöberhunde eingesetzt werden. Dies dient außerdem zur Bereicherung des Jagderlebens für jeden einzelnen Jäger, der mit dem Ohr teilhaben kann an dem, was während des Jagens in der Dickung vor ihm geschieht. Wer seine Hunde kennt, kann schon am Fährtenlaut hören, ob sie Sauen, Fuchs oder Niederwild jagen. Im letzten Fall ist der Laut hell, beim Fuchs tiefer, bei Schwarzwild rauher und wütender.

Nach dem Anblasen ist es meist noch eine Zeitlang still, bis dann plötzlich, wenn die Hunde nach dem Loskoppeln findig geworden sind, ihr wilder, wütender „Bail" zu hören ist. Dies erste Verbellen einer dann noch eingeschobenen Rotte dauert eine gewisse Zeit an gleicher Stelle, solange nämlich, bis die Sauen rege werden. Dann ist zu hören, wohin sie flüchtig werden. Lassen sie sich durch scharfe Hunde auseinandersprengen, verteilt sich der Laut nach verschiedenen Richtungen dahin, wo einzelne Stücke flüchtig sind. Dies ist günstig für den Erfolg der Jagd, weil bei geschlossenen Rotten nur ein oder zwei Schützen zu Schuß kommen, so aber mehrere Anlauf haben. Wenn sich die Jagd dem Schützen nähert, fängt wohl dessen Herz aus Jagdfieber zu klopfen an, aber trotzdem wird gut geschossen, weil der Jäger auf seinem Stand durch die laut jagenden Hunde auf das Kommen des Wildes vorbereitet ist.

Abb. 26. Angeschweißter Keiler von der Saumeute gestellt. Scharfe Hunde verbeißen sich so fest in die Teller, daß sie auch von älteren Keilern nicht abgeschüttelt werden können. Vor dem gefährlichen Gewaff halten sie Abstand. Derart „gedeckte" Schweine werden mit der blanken Waffe, der sogenannten „Saufeder" abgefangen (Deutsche Bracken aus Lutz Heck'scher Zucht, 1938) (Phot. König)

Ich pflegte schon vor Erscheinen des Wildes, wenn ich enges Schußfeld hatte, die Büchse hochzunehmen und sogar anzubacken. Zwar rechne ich mich nicht zu den Meisterschützen, habe aber auf diese Art und Weise vor den Hunden die meisten mir schußgerecht kommenden Stücke Schwarzwild in voller Flucht erlegt.

Für mich persönlich war ein jedes Saudrücken mit gut eingejagten und scharfen Hunden das aufregendste und schönste Jagderleben. Dabei gab es zwar den besonderen jagdlichen Reiz, dem hochflüchtigen Schwarzwild die Kugel anzutragen, aber es war auch gelegentlich einmal ein Stück mit der blanken Waffe abzutun.

So manches Mal verharrte ich auf meinem Stand und genoß mit höchster innerer Spannung das hin- und hergehende Geläute der Hunde. In der Dickung vor mir erschallte ab und zu kurzer Standlaut, dann ging es weiter. Die Sauen waren also rege. Mehrmals erlebte ich es, daß dann dicht vor mir ein furchtbarer Tumult entstand, der nicht enden wollte. Nach dem Abblasen sprang ich darauf zu und konnte einen von den Hunden gestellten und gehaltenen Überläufer abfangen. Das glückte mir zweimal. Ein anderes Mal aber schüttelte eine Sau in einem dichten Schilf bei meinem Herannahen zwei an ihr hängende Hunde ab, so daß diese hoch durch die Luft flogen, und verschwand hochflüchtig. Einmal hat mich eine in äußerster Wut mit letzter Kraftanspannung von den Hunden loskommende krankgeschossene Bache überrannt. Gerade wollte ich sie mit meinem Standhauer abfangen, da erhielt ich blitzschnell einen kurzen Stoß und flog rücklings über einen Kieferstamm in das dichte undurchdringliche Gewirr eines Windbruchs, Hubertus sei Dank! – Denn so war ich ihr zu weiteren Angriffen entschwunden. Am nächsten Tag auf der Nachsuche fanden wir sie verendet. Dies Erlebnis ging also gut aus. Seitdem habe ich, wenn die Hunde stärkeres Schwarzwild deckten, mich nicht mehr auf meine kurze Waffe verlassen, sondern stets die Saufeder zur Hand genommen, wenn ein Fangschuß wegen Gefährdung der Hunde unmöglich anzubringen war.

Als großer Freund der lauten Jagd habe ich drei meiner Deutschen Bracken auf Schwarzwild recht zuverlässig eingejagt. Je öfter dies vor ihnen geschossen wurde und je mehr ich sie darauf anhetzte, um so eifriger und schärfer wurden sie (Abb. 26).

Genauso wie der Feldhund zu Beginn der Jagdzeit, wenn nur Rebhühner vor ihm geschossen werden, nur solche sucht und vorsteht, aber es lernt, sich später nur auf Fasanen oder nur Hasen umzustellen, kann einer Bracke durch ihre Führung beigebracht werden, nur auf Sauen zu jagen. Die meisten folgen aus Veranlagung mit Vorliebe Hase oder Fuchs, aber fast jede kann durch Prägung oder Übung ein zuverlässiger Saufinder werden. Manche besonders Geübte zeigen sogar die Fähigkeit, ein einzelnes Stück Schwarzwild in gewisse Richtung zu dirigieren, um es ihrem Herrn zuzutreiben. Als Spitzenleistung brachte dies, als es nach dem letzten Krieg eine Unzahl von Wildsauen gab, eine Olper Bracke fertig, so daß ihr Herr, der immer allein mit ihr jagte, 84 Sauen vor ihr erlegen konnte.

Diese Eigenschaft, das Wild zuzutreiben, ist aus der Abstammung vom Wolf zu erklären. Daß die Wölfe dies sehr oft und mit Erfolg tun, ist bekannt. Ich selbst sah in Rußland, daß ein Rudel von vieren sich teilte, zwei sich vorlegten und die zwei anderen einen Rehbock genau auf diese hindirigierten, so daß er von ihnen gerissen werden konnte.

Viele Hunde erwerben Revierkenntnis, erinnern sich genau, wo sie öfters Sauen finden konnten und laufen, sobald sie geschnallt sind, sofort dorthin.

Meine drei Saubracken lernten mit der Zeit, daß es keinen Zweck hat, über die Schützenlinie hinaus zu jagen und kehrten bald wieder in das Treiben zurück. Anfangs machte es mir große Schwierigkeit, diese Hunde, die vorher in Finnland stundenlang Schneehasen jagen mußten, daran zu gewöhnen, von einer gesunden, einzelnen, weit flüchtenden Sau abzulassen und bald wieder in das Treiben zurückzukehren. Bald lernten sie das, namentlich wenn dort noch andere Hunde laute Jagd machten. Nur wenn eine Rotte vollständig und geschlossen abging, dann folgten sämtliche Hunde gemeinsam im Pack weithin.

In vielen Revieren werden Teckel zum Aufspüren und Regemachen von Sauen verwendet, denn durch ihre feine Nase finden sie auch ganz versteckt eingeschobene einzelne Sauen, und diese flüchten, durch das Gekläff rege gemacht, langsamer als vor großen Hunden. So kommen die Schützen leichter zum Schuß. Teckel sind aber wegen ihrer kurzen Läufe in Beständen mit dichtem Bodenbewuchs und bei hohem Schnee sehr behindert. Auch können sie den Angriffen der Sauen dann nicht schnell genug ausweichen. Zwar geht mancher Hieb über die niedrigen Hunde hinweg, aber besonders Bachen beißen sie fürchterlich, falls sie sie erwischen können.

Deutsche Jagdterrier, die in den letzten Jahrzehnten herausgezüchtet wurden, bewähren sich neuerdings auf Saujagden durch ihre Wendigkeit. Allein in Schleswig-Holstein wurden im Jahr 1973/74 mit ihrer Hilfe 208 Stück Schwarzwild zur Strecke gebracht. In seinem Bericht gibt Heinz Tietz einige beachtenswerte Grundsätze für deren Einsatz an: „Grundsätzlich schnallen wir bei Beginn des Treibens nur einzelne Hunde, so daß sie selbständig Wild suchen und vor die Schützen bringen. Wir warten also nicht solange, bis die Treiber Wild hochmachen. Dies hat den Vorteil, daß vor allen Dingen Schwarzwild nicht so leicht überlaufen wird, denn es ist bekannt, daß es sich oft drückt. Auch Rot- und Damwild versteht es meisterhaft, sich vor den Treibern versteckt zu halten. Haben die Hunde zwischen den einzelnen Wildarten die Auswahl, so stellen wir immer wieder fest, daß sie Sauen mit Vorliebe jagen. Schnallt man alle Hunde gleichzeitig, so jagen sie im Pack dem ersten Wild sofort bis ins Unendliche nach, und sie fallen für den Rest des Treibens aus, da sie irgendwo in der Ferne sind. Hiermit will ich sagen, daß sich die Hunde in der Meute zusammengeschlossen gegenseitig hochjubeln und alle guten Eigenschaften vergessen."

Öfter machte ich Saujagden mit, auf denen die Leistungen der einzelnen Hunde erkannt werden sollten. Durch Färben des Felles wurden sie leicht unterscheidbar gekennzeichnet, damit jeder Schütze über die von ihm beim Finden, Sprengen oder Stellen gesehenen Hunde berichten und seine Beobachtung zur Beurteilung verwendet werden konnte.

In früheren Zeiten benutzte man außer den feinnasigen Saufindern als zweite Hunderasse die riesigen, starken Saupacker. Diese mußten das Schwarzwild angreifen und im wilden Kampf halten, bis die Jäger herankommen konnten. Dies wurde mit Einführung fernwirkender Schußwaffen unnötig, und die Packer verschwanden.

Am längsten hielten sich wohl einzelne im Harz, denn noch um die Jahrhundertwende konnte einer der letzten von der Künstlerhand des bekannten Jagdmalers Drahtmann als Bildurkunde festgehalten werden. Es waren stockhaarige, starke, kräftige Hunde, von deren Größe und Kraft noch viele Bilder einen Begriff geben, z. B. ist der „Leibhatzrüde" des Königs Friedrich Wilhelm des Ersten von Preußen im Jagdschloß Grunewald auf einem Gemälde genau dargestellt und so für die Nachwelt erhalten. Diese Hatzrüden „deckten" sogar die stärksten Keiler, d. h., sie bissen sich an seinen Tellern und sonstwo fest und hielten ihn, bis der Jäger ihn mit blanken Eisen, Saufeder oder Sauschwert abtun konnte. Bei solchen Kämpfen wurden diese tapfer zupackenden Hunde oft schwer verletzt oder sogar getötet. Um daher ihre lebenswichtigen Teile zu schützen, trugen die besten und wertvollsten von ihnen Rücken- und Seitenpanzer aus dichtgewebten, mit Eiseneinlagen verstärkten Stoffen und zum Schutz des Halses breite, oft mit kunstvoll gearbeiteten Silberplatten verstärkte, dicke Lederhalsbänder.

Im Mittelalter gab es für diese Kampfhunde geschmiedete Eisenhalsbänder, die zur Abwehr mit spitzen Stacheln besetzt waren, wie ein solches aus dem Jahre 1550 das Deutsche Jagdmuseum in München in der Sonderschau derartiger Hundeausrüstungen zeigt. Es ging aber trotz der Panzerung für die so geschützten Hunde jeder Kampf mit Sauen auf Leben und Tod. Daher stammt der alte deutsche Waidspruch von Altmeister Döbel: „Wer Schweinsköpfe will, muß Hundsköpfe dranwagen."

Wir heutigen Jäger wollen, daß das Schwarzwild zu Schuß vor den Schützen gebracht wird. Es ist also die Hauptaufgabe unserer Hunde auf den heutigen Schwarzwildjagden das Aufspüren und Regemachen der Sauen, aber doch auch, falls nötig, ein Stellen und Halten des angeschossenen Wildes.

Mehrmals habe ich es aber erlebt, daß die Meute meiner drei scharfen Bracken zusammen mit meinem deutschen drahthaarigen Vorstehhund gesunde schwächere Stücke, also Frischlinge, Überläufer und Zweijährige nicht nur verbellte, sondern fest zupackend deckte, bis ich herankam, um das Stück abzufangen.

Derartige Vorkommnisse sind aber selten. Allermeistens entzieht sich das Schwarzwild den Angriffen der Hunde durch Flüchtigwerden, und diese folgen dann sichtlaut.

Bei der Jagd mit guten Hunden kommt eine angeschweißte Sau meist zur Strecke, weil diese vom angeschossenen Wild nicht ablassen, bis sie es gestellt haben.

SAU TOT

VI Schwarzwildhege und Bestandesregulierung

Der Begriff Hege ist im Zusammenhang mit Schwarzwild noch nicht lange gebräuchlich. Noch heute scheuen sich gelegentlich manche Jagdbehörden, von Schwarzwildhege zu sprechen – aus Rücksicht auf die Allergie vieler Landwirte, die Hege leicht mit Überhege verwechseln und um ihre Ernte fürchten.

Hegen bedeutet jedoch nichts anderes als betreuen, sich darum kümmern; beim Wild geht es darum, den Bestand der heimischen Arten, zahlenmäßig in vernünftigen Grenzen, zu sichern. Die Bestandesregulierung ist also im richtig verstandenen Oberbegriff „Hege" mit enthalten.

Die Hege ist dort am leichtesten, wo noch einigermaßen natürliche Lebensbedingungen gegeben sind. Daß in Konkurrenz um denselben Lebensraum die Interessen des Menschen und seine Bedürfnisse Vorrang haben müssen, wird kein vernünftiger Jäger oder Tier- und Naturschützer bestreiten. Ebenso allgemein anerkannt ist aber heute auch die Lebensnotwendigkeit, unsere Kulturlandschaft weitgehend naturnah zu erhalten und zu gestalten sowie die ethische Verpflichtung, auch der darin noch lebenden Tierwelt eine Daseinsberechtigung zuzugestehen. Letzteres löst sich in einem natürlichen Lebensraum fast von selbst.

Daraus ergibt sich: Nicht nur Jagd und Hege sind heute unlösbar miteinander verbunden, sondern auch die Berücksichtigung der Landeskultur, die Wildschadensverhütung, gehört mit zu den Aufgaben des Jägers.

Wenn bei der Wildhege hier und da die gebotenen Grenzen überschritten werden, so liegt das nicht mehr im allgemeinen Interesse, sondern im persönlichen Interesse einiger Jagdfanatiker und schadet letztlich dem Ansehen und der Glaubwürdigkeit der ganzen Jägerschaft als Treuhänder des Wildes. Die derzeit akute Streitfrage z. B. „Wald oder Wild" weist bestürzend auf eine heraufbeschworene Frontstellung hin, wo eine Symbiose gegeben sein müßte und könnte.

Der Zorn der Geschädigten richtet sich dann meist gegen den „Schädling" – in unserem Falle gegen die Sauen – statt gegen den „Heger", der den Schaden mit verursacht oder zumindest begünstigt hat. Ähnlich wie sich der Zorn des Jägers gegen die streunende Hauskatze richtet und nicht gegen den Besitzer (richten kann), der sie „aus Tierliebe" nachts stromern läßt oder die überzähligen Jungen im Walde „in die Freiheit" aussetzt, weil er es als „Tierfreund" nicht übers Herz bringt, sie töten zu lassen. Das Wild (oder das verwilderte Haustier) muß dann für die Unvernunft des Menschen büßen.

Die Grenze der „landeskulturell tragbaren Wilddichte", wie das in der Jagdwissenschaft heißt, wird wohl immer umstritten bleiben. Wie leicht jedoch gerade das Schwarzwild durch seine große und stark schwankende Vermehrungspotenz diese Grenze plötzlich überschreiten kann, wurde in den vorhergehenden Kapiteln schon mehrfach deutlich gemacht.

Deshalb ist es die *wichtigste Aufgabe der Schwarzwildhege,* die Bestände in angemessenen Grenzen zu halten und Übervermehrungen zu vermeiden.

Erst seit kurzer Zeit – ein paar Jahren! – wird das Schwarzwild wie unser übriges Schalenwild bejagt, auch geschont, hier und da auch schon planmäßig „bewirtschaftet". Früher wurde es wahllos abgeschossen – man kann fast sagen vernichtet wie bei einer Schädlingsbekämpfung. Der waidgerechte Jäger freut sich, daß das jetzt anders ist; er sollte aber daran denken, daß seine Position schwächer ist als die der (Land-) Wirtschaft. Wenn das Pendel bei berechtigter Empörung über untragbare Wildschäden wieder zurückschwingt, sind alle Bemühungen der letzten Jahre um eine Aufartung dieser Wildart umsonst gewesen.

Gesetzliche Regelungen

Das Bundesjagdgesetz (wie zuvor das Reichsjagdgesetz) kannte bisher keine Jagd- und Schonzeiten für das Schwarzwild. Dieses gehört zwar zoologisch zum Schalenwild, doch genoß es nicht dieselben Rechte. Un so hieß es oft in gesetzlichen Geboten bzw. Verboten: „Schalenwild (ausgenommen Schwarzwild)", z. B. beim Verbot des Abschusses in der Nähe von Fütterungen in Notzeiten. Lediglich im Rahmen einer allgemeinen Bestimmung (§ 22 BJG) genoß es begrenzten Schutz:

„(4) In den Setz- und Brutzeiten dürfen bis zum Selbständigwerden der Jungtiere die für die Aufzucht notwendigen Elterntiere, auch von den jagdbaren Tierarten ohne Schonzeit, nicht bejagt werden."

Eine bundesweite Regelung über den genauen Zeitraum gibt es aber nicht. In Niedersachsen gilt als Setzzeit der 1. April bis 15. Juni, in Hessen und Schleswig-Holstein der 1. März bis 15. Juni.

Und selbst da kommt (für die „Schädlinge") gleich die Ausnahme hinterher:

„Die Länder können für Schwarzwild, Wildkaninchen, Füchse ... Ausnahmen bestimmen." (Das gilt heute noch.)

Wie unzureichend diese Abschußsperre „bis zum Selbständigwerden der Jungtiere" beim Schwarzwild war, ist offensichtlich, wenn man sich erinnert, daß alte, starke Bachen bereits im Februar frischen können, junge gegebenenfalls erst im Mai/Juni, und das ist keineswegs anomal. Somit bewegte sich bislang ein schußhitziger Jäger, der nur einen Schwarzkittel im Schnee oder im Kartoffelkraut sah, durchaus noch im Rahmen der Gesetze, wenn er zum Beispiel am 15. März oder am 16. Juni die Bache von den erst wenige Tage oder Wochen alten Frischlingen wegschoß.

Am 2. April 1977 wurde das Bundesjagdgesetz (BJG) durch eine neue Verordnung über die Jagdzeiten dahingehend ergänzt, daß auch für Schwarzwild eine begrenzte Jagdzeit festgesetzt wurde, und zwar vom 16. Juni bis 31. Januar, d. h. vom 1. Februar bis 15. Juni hat es Schonzeit. Allerdings „darf die Jagd das ganze Jahr ausgeübt werden beim Schwarzwild auf Frischlinge und Überläufer, auf Wildkaninchen und Füchse".

Diese Ausnahmebestimmung ist höchst problematisch und kann den Jäger sehr leicht mit dem Gesetz in Konflikt bringen. Kräftige Überläufer sind schon gegen Ende der Jagdzeit, erst recht in der folgenden Schonzeit, also im Februar/März, von groben Sauen (ab 2 Jahre) nach der Größe nicht mehr zu unterscheiden. Eine dreijährige Bache (die dann hochbeschlagen ist), kann 45 kg wiegen, ein zu der Zeit knapp zweijähriger Überläuferkeiler 55 kg und mehr. Wer das einzeln kommende Keilerchen schießt, hat Glück gehabt. Wer die einzeln kommende Bache erlegt (die sich zum Frischen abgesondert hat), hat nach § 38 BJG eine Straftat begangen!

„Mit Gefängnis bis zu fünf Jahren oder mit Geldstrafe wird bestraft, wer ... den Vorschriften über die Schonzeit zuwiderhandelt."

„(2) Handelt der Täter fahrlässig, so ist die Strafe Freiheitsstrafe bis zu sechs Monaten oder Geldstrafe bis zu einhundertachtzig Tagessätzen."

Selbst wenn man hier zugunsten des Angeklagten Vorsatz ausnimmt und nur auf Fahrlässigkeit erkennt – das reicht schon, um einen Jäger unglücklich zu machen! Deshalb sollten solche Vorschriften aus den Gesetzen verschwinden.

Grundsätzlich soll während der Schonzeit im Revier Ruhe herrschen. Zur Not wäre nichts einzuwenden gegen die Freigabe von Frischlingen des Vorjahres bis zum 30. März, die ab 1. April Überläufer werden und – wenn es sein muß – dann auch noch weiter freigegeben werden können. Ebenso könnte man dann schon in die Frischlinge des laufenden Jahres vor Ablauf der Schonzeit eingreifen lassen.

Man sollte also in der Verordnung über die Jagdzeiten zum BJG (§ 1 [2]) das Schwarzwild aus den Wildkaninchen und Füchsen herausnehmen und in einem neuen Satz klar sagen:

> „Beim Schwarzwild dürfen während der Schonzeit erlegt werden Frischlinge des Vorjahres bis zum 31. März und danach dieselben als (schwache, *nicht*führende) Überläufer sowie die Frischlinge des laufenden Jagdjahres."

Damit könnte man die verspätet gesetzten Frischlinge des Vorjahres erfassen und noch – nachholend – abschießen sowie in zu Schaden gehende Rotten eingreifen.

Aufgabe der Länder (letztlich auch der Schwarzwildringe) wäre es, die Jäger durch Einschränkung (oder Erläuterung) solcher problematischer Bestimmungen wie oben genannt vor Straffälligkeit zu schützen, z. B. durch Gewichtsbegrenzung bei diesen Überläufern.

Das BJG ist ein Rahmengesetz und wird ergänzt durch die Jagdgesetzgebung in den Ländern, die in einzelnen – im BJG festgelegten – Fällen im Interesse der Landeskultur, des Wildes, der Jagd und den örtlichen Verhältnissen entsprechend auch abweichende Bestimmungen treffen können.

So haben einige Bundesländer schon früher den Mut gehabt, sich für das verfemte Schwarzwild einzusetzen und von ihrer Ermächtigung Gebrauch gemacht, die Jagd- und Schonzeiten anders als im BJG festzusetzen: *Hessen* z. B. hat als erstes Bundesland bereits am 1. September 1965 eine Schonzeit für Schwarzwild festgelegt, und zwar vom 1. Februar bis 15. Juni. Frischlinge durften weiterhin das ganze Jahr über bejagt werden. Das war der erste offizielle Schritt auf dem Wege zu einer neuen Einstellung dieser Wildart gegenüber und hat die von manchem schon an die Wand gemalte Gefahr einer Ausrottung beseitigt.

Auch *Niedersachsen* hat schon im Januar 1966 eine gleichsinnige Schonzeitverordnung für Schwarzwild erlassen, die zum selben Zeitpunkt wie die in Hessen (also ab 1. Februar 1966) wirksam wurde.

Diese Schonzeit entspricht schon eher den biologischen Gegebenheiten des Schwarzwildes (den Beginn betreffend).

Fünf Jahre später gab das Niedersächsische Ministerium für Ernährung, Landwirtschaft und Forsten als Oberste Jagdbehörde (unter dem damaligen Jagdreferenten, Oberlandforstmeister ZERBST) den sogenannten „Schalenwilderlaß" heraus (Grundsätze und Richtlinien für die Hege und Bejagung des Schalenwildes in Niedersachsen, Runderlaß v. 6. 5. 1971, Nds. MBl. Nr. 24/1971, eine Neufassung steht bevor).

Damit wurde das Schwarzwild erstmals gleichberechtigt in die Hege- und Abschußrichtlinien für Schalenwild mit einbezogen. Hierin ist auch eine von Jägern und Wildbiologen immer wieder erhobene Forderung auf Verlängerung der Schonzeit berücksichtigt, indem es heißt: „Führende Bachen sollten – unabhängig von der gesetzlichen Jagdzeit – mindestens bis 31. August geschont werden."

Da der Abschnitt „Schwarzwild" in dem genannten Erlaß weitgehend auf einen Entwurf des Verfassers dieses Kapitels zurückgeht sowie auf die Erfahrungen im Forstamt Danndorf und mit dem hier gegründeten Schwarzwildring Drömling (Bezirk Braunschweig), ist es naheliegend, daß die folgenden Gedanken und Hegegrundsätze die gleichen sind und öfter zitiert werden (s. auch „Wild und Hund" 1970, Nr. 5 u. 6).

Der Erlaß ist zwar keine gesetzliche Bestimmung, aber immerhin eine für die Unteren Jagdbehörden und die Staatlichen Forstämter verbindliche Richtlinie. Weitsichtige Jäger erhielten damit für ihr Bemühen um das Zustandekommen von gemeinschaftlichen Hege- und Abschußregeln oder Schwarzwildringen eine gute einheitliche Basis und Rückenstärkung. Und so sind auch danach vermehrt, vor allem im Bezirk Lüneburg, aber auch über die (leidigen) Bezirks- und Kreisgrenzen hinweg, gleichsinnige Absprachen zustandegekommen und – gesetzlich „erlaubte", aber jetzt verpönte – Fehlabschüsse führender Bachen weniger geworden.

Mancher hätte sich eine allseits bindende Verordnung gewünscht. Der Gesetzgeber tut sich aber in solchen Fällen nicht leicht, denn er muß vielseitige Interessen berücksichtigen. Andererseits sind solche gesetzlichen Grundlagen eine notwendige Voraussetzung für jede Hege und Wildbewirtschaftung. So schön auch freiwillige Vereinbarungen sind, sie setzen voraus, daß sich alle Beteiligten daran halten. Sie sind schon gefährdet, wenn sich nur wenige Außenseiter ungestraft darüber hinwegsetzen und die dicken oder zu jungen Keiler schießen, die noch geschont werden sollen. Dann vergeht auch den anständigen Jagdnachbarn die Lust zur Enthaltsamkeit, wenn die Hoffnung auf künftige Entschädigung durch eine begehrte Trophäe wieder schwindet.

Erst 1973 wurde – ein weiterer Schritt – in der Neufassung des Niedersächsischen Landesjagdgesetzes das Schwarzwild in das o. a. Verbot des Abschusses an Fütterungen einbezogen (Art. 18, in der Neufassung von 1978, Art. 26):

„(4) Es ist verboten, Schalenwild zu erlegen, sofern es weniger als 100 m von beschickten Fütterungen entfernt ist." . . . Es heißt also nicht mehr „in Notzeiten Schalenwild (ausgenommen Schwarzwild) . . ."

Allerdings steht zwei Sätze weiter eine kleine Einschränkung:

„Schwarzwild darf an Stellen, an denen es gelegentlich angekirrt wird, erlegt werden."

Auch das zeigt den Zwang zu Kompromissen. Einerseits soll das Schwarzwild aus dem Schädlingsdasein erlöst werden. Andererseits darf aus landeskulturellen Gründen der Abschuß durch einschränkende Bestimmungen nicht so erschwert werden, daß es zu Übervermehrungen kommt.

Großräumige, landeseinheitliche Regelungen sind am günstigsten. Schwarzwild hat einen ziemlich weiten Aktionsradius. Hegemaßnahmen können sich nur auswirken, wenn sie ein größeres geschlossenes Schwarzwildvorkommen gleichmäßig erfassen.

Das Bundesjagdgesetz ist in der Neufassung vom 29. Sept. 1976 durch den § 10a „Bildung von Hegegemeinschaften" ergänzt worden. Danach können die (benachbarten) Jagdausübungsberechtigten „zum Zwecke der Hege des Wildes eine Hegegemeinschaft als privatrechtlichen Zusammenschluß bilden" (Abs. 1). Im nächsten Absatz geht der Gesetzgeber sogar noch weiter und ermächtigt die Landesregierungen, solche Hegegemeinschaften anzuordnen, „falls diese aus Gründen der Hege erforderlich . . ." sind und nicht auf freiwilliger Basis zustande kommen.

Schwarzwild bedarf wegen seiner Lebensweise und der stark schwankenden Vermehrungsquoten mehr als jede andere Wildart einer großräumigen, planmäßigen Bestandesregulierung. Der Schaden, den unsere übrigen Schalenwildarten anrichten können, ist nicht so auffallend groß, wie der des Schwarzwildes werden kann, und er trifft auch nicht eine so empfindliche Stelle, unsere Ernährungsgrundlage. Insofern ist es zu begrüßen, daß jetzt auch für die Bildung von Schwarzwildringen eine gesetzliche Grundlage besteht.

Niedersachsen hat von der genannten Ermächtigung schon Gebrauch gemacht und in die Neufassung des Landesjagdgesetzes vom 24. 2. 1978 gleich dazu nähere Bestimmungen eingearbeitet. (Im Abschnitt Hegegemeinschaften komme ich darauf zurück.) In den anderen Bundesländern stehen entsprechende Regelungen noch aus. Ansonsten wurde in Niedersachsen an den Jagd- und Schonzeitbestimmungen für Schwarzwild (leider) nichts geändert; somit gelten die Vorschriften der Bundesverordnung vom 2. 4. 1977 – also Jagdzeit vom 16. Juni bis 31. Januar, Frischlinge und Überläufer ganzjährig frei.

Auch in Süddeutschland, *Bayern* und *Baden-Württemberg*, gelten für Schwarzwild die Jagd- und Schonzeiten wie in der o. a. Verordnung zum BJG, desgleichen in *Hamburg*.

In *Schleswig-Holstein* beginnt die Jagdzeit erst einen Monat später, am 16. Juli, was der Biologie des Schwarzwildes schon etwas besser gerecht wird.

Im *Saarland* beginnt die Jagdzeit am 1. Juli. Hier entsprechen die Schonzeitbestimmungen der o. a. Forderung: Nur Frischlinge sind ganzjährig frei, Überläufer – nichtführende, schwache (unter 40 kg) – dürfen erst ab 1. April geschossen werden. Das wären also die vorjährigen Frischlinge. Das ist biologisch und praktisch sinnvoll. Verwechslungen mit groben Sauen dürften dabei kaum vorkommen, und die stärkeren der „neu ernannten" Überläufer müßten dann über 40 kg haben und wären als hoffnungsvoller Nachwuchs tabu.

In *Rheinland-Pfalz* ging man noch einen Schritt weiter, hat die Ausnahmeregelung allein auf die Frischlinge beschränkt und die Überläufer in der Schonzeit belassen. Ansonsten gilt aber die Jagdzeit der Bundesverordnung.

Nordrhein-Westfalen kommt in seiner Verordnung über die Jagdzeiten (22. 12. 1977) den Sauen noch weiter entgegen und hat die Schonzeit verlängert bis 30. Juli. Hier dürfen Überläufer, Bachen und Keiler nur vom 1. August bis 31. Januar erlegt werden; Frischlinge („noch nicht einjährige Stücke") haben ganzjährig Jagdzeit. Auch diese Regelung ist sinnvoll und beseitigt die riskante Überläuferfreigabe in der Schonzeit.

Insgesamt gesehen kann man mit Befriedigung feststellen, daß die Jagdgesetzgebung in den letzten Jahren zunehmend „schwarzwildfreundlicher" geworden ist und den Jägern heute bei noch weitgehendem Spielraum die Möglichkeit gibt, dieses Wild waidgerecht zu bejagen und so zu bewirtschaften, daß die vielseitigen Interessen gewahrt werden können. Es ist nun deren Sache, diesen Spielraum so sinnvoll auszufüllen, daß weitere Reglementierungen durch die Behörden nicht nötig werden.

Hegegrundsätze

Der bisherige Abschuß – ausgerichtet auf das stärkste Stück – führte zu einer Schwächung der Widerstandsfähigkeit zahlreicher Glieder der Population, zu einer Verringerung der Wildpretgewichte und zu einem ungünstigen Altersaufbau. Eine zeitgemäße Schwarzwildhege soll deshalb folgende *Ziele* verfolgen:

1. Die Erhaltung des Schwarzwildes in landeskulturell vertretbarem Rahmen,
2. den Aufbau eines gesunden Bestandes mit hohen Wildpretgewichten,
3. die Förderung einer angemessenen Zahl starker Keiler.

Wie lassen sich diese Ziele erreichen?

Nachdem eine gesetzliche Schonzeit für Schwarzwild jetzt bundesweit eingeführt worden ist, ist nicht zu befürchten, daß das Schwarzwild in seinen derzeitigen Vorkommen im Bundesgebiet wieder aus der freien Wildbahn verschwinden wird. Es versteht sehr geschickt, sich den veränderten Verhältnissen in unserer Kulturlandschaft anzupassen und – zum Nachttier geworden wie auch andere Wildarten – seinen Verfolgern zu entziehen. Die natürliche Nahrung vornehmlich in Laubwäldern, die mancherorts mangelt oder fehlt, wird mehr als wettgemacht durch das reiche Nahrungsangebot auf den Feldern. Es würde sich also selbst in intensiv landwirtschaftlich genutzten Gebieten halten bzw. ansiedeln, auch an Siedlungs- und Industriegebieten nicht stören, wenn es dort nur ausreichende Deckung und einen Platz für eine ruhige Kinderstube findet – sofern es hier nicht scharf bejagt und ferngehalten wird. Hinzu kommt seine Vermehrungsfreudigkeit. Mais, Rüben und Kartoffeln würden eine ebenso gute Basis für hohe Zuwachsraten bilden wie eine Eichen- oder Buchenmast – und zwar eine jährlich gleichbleibend gute, während die Waldbäume nur in mehrjährigen Abständen diese Fruchtbarkeitsrate begünstigen.

In dem Zusammenhang sei an die Wildkaninchen erinnert, die sich zu sogenannten „Kulturfolgern" entwickelt haben und heute in den Grünflächen vieler Großstädte zur Plage geworden sind. Die Sauen könnten das auch in ganz kurzer Zeit, wenn man sie gewähren ließe.

Der Hegeerfolg darf nicht darin bestehen, Schwarzwildrotten in Stadtparks oder in den spärlichen Erholungswäldern der Ballungszentren als Standwild zu haben.

Das Problem des ersten Ziels liegt – wie schon gesagt – auf der anderen Seite, in der zahlenmäßigen Begrenzung auf eine landeskulturell tragbare Wilddichte.

Man wird – ähnlich wie beim Rotwild – Schwarzwildgebiete haben und dazwischen Landstriche haben müssen, die sich in ihrer Struktur so weit vom natürlichen Biotop des Schwarzwildes entfernt haben, daß es dort zu große Schäden in der Landwirtschaft anrichten würde, also gar nicht geduldet werden kann.

Demzufolge werden sich nennenswerte Schwarzwildbestände, also solche, die sich von der Stückzahl her auch bewirtschaften lassen, nur in größeren Waldgebieten oder in Landschaften mit relativ hohem Anteil an Wald und Feldgehölzen, Mooren und Unlandflächen halten lassen.

So fordern auch einige Autoren, die Stückzahl der zulässigen Besiedlungsdichte nur auf die Fläche des vorhandenen Waldes als natürlichem Lebensraum der Sauen zu beziehen. Andernfalls würde man schon einkalkulieren, daß sie sich auch von der Ackerfläche ernähren sollen. Selbst dann haben die Jäger noch genügend Mühe, übermäßige Schäden in der Landwirtschaft zu verhindern, weil nicht alle Waldbestände ausreichend Nahrung bieten und dann die Feldfrüchte mehr locken.

Die in den jagdgesetzlichen Bestimmungen vorgesehenen Ausnahmeregelungen, die den Jagdbehörden das Recht geben, zur Wahrung der berechtigten Interessen der Landwirtschaft . . . bei zu hohen Wildschäden die Schonzeit abzukürzen oder aufzuheben, haben als eingebaute Sicherung ihre Berechtigung. Die Jagdbehörde sollte vorher versuchen, einer solchen Entwicklung vorzubeugen durch abgestufte Gegenmaßnahmen wie z. B. Freigabe der sonst geschonten Überläufer oder einzelner stärkerer Stücke oder auch örtliche Aufhebung von Beschränkungen in besonders heimgesuchten Revieren. Wenn es jedoch zu einer solchen Notmaßnahme wie Aufhebung der Schonzeit kommt, so zeigt sich, daß hier die Hegemaßnahmen nicht den gewünschten Erfolg hatten. Das erste der vorstehend genannten Ziele wurde nicht erreicht. Auch Überhege ist ein Mißerfolg der Hege.

Wilddichte

Angaben über die zulässige Wilddichte beim Schwarzwild macht für Mitteldeutschland Briedermann (1966, Arbeitsgruppe Wildforschung am Institut für Forstwissenschaften, Eberswalde), der sich dabei auf andere, auch russische, Autoren stützt. Er unterscheidet nach „besonders geeigneten" und „bedingt geeigneten Einständen" und hält danach 1–1,5 Stück/100 ha bzw. 0,5–1 Stück/100 ha *Wald*fläche für tragbar. (Diese Zahlen geben den Frühjahrsstand an, d. h., der Zuwachs des laufenden Jahres wird – auch wenn er schon da ist – nicht mitgerechnet.)

Er beschränkt darüber hinaus die für Schwarzwild geeigneten Einstände u. a. auf vegetationsreiche, frische Laubholzstandorte, Erlen-, Eichen-Buchenbestände mit angemessenem Anteil an fruktifikationsfähigen Bäumen, sowie Nadel-/Laubholzmischbestände (einschl. kleinerer Nadelholzdickungen), wobei Nadelalthölzer mit weniger als 10 % Anteil an mastbietenden Laubbäumen sowie längere Zeit überflutete Erlenbestände schon als nur „bedingt geeignet" angesehen werden.

Reine Kiefern- oder Fichtenbestände und jüngere Laubhölzer ohne Bodenbewuchs sind danach ungeeignet. Damit schrumpft die als Bezugsbasis verwendbare Waldfläche noch erheblich zusammen.

Für die Praxis erscheint mir eine solche – jagdwissenschaftlich exakte – Unterscheidung der Waldbestände zu umständlich zu sein, denn sie setzt eine genaue Waldanalyse voraus, die öfter korrigiert werden müßte entsprechend den laufenden Änderungen im Waldaufbau: Geeignete Fichten- oder Kieferndickungen wachsen zu ungeeigneten Stangenhölzern heran, und aus ungeeigneten Eichen- oder Buchen-Stangenhölzern werden mastspendende Altbestände.

Nach den (wie auch in Westdeutschland) ständig steigenden Jahresstrecken an Schwarzwild in Mitteldeutschland zu urteilen, ist diese Begrenzung aber dort offenbar auch stark gelockert oder als zu eng gefaßt aufgegeben worden.

Tatsächlich sind diese Zahlen auch schon weit überschritten. Nach 1970 (33 200 Stück) hat sich die Jahresstrecke in Mitteldeutschland mehr als verdreifacht und betrug 1977 mit 117 000 schon 4 Stück/100 ha Waldfläche (wozu dann auch die ungeeigneten Waldbestände zählen). Schwarzwild kommt jetzt dort in 85 % aller Jagdgenossenschaften (Reviere) vor, von der Ebene bis in höhere Mittelgebirgslagen, und hat vom Hochwild die höchste Siedlungsdichte – obwohl man gern Nutzen-Schaden-Analysen anstellt und mit spitzem Stift rechnet. Solche Berechnungen ergaben, daß der volkswirtschaftliche Nutzen des Schwarzwildes als Wildpretlieferant für die Volksernährung größer ist als der Schaden, den es in den Landwirtschaftlichen Produktionsgenossenschaften anrichtet.

In Niedersachsen wird (laut Schalenwilderlaß) als tragbar angesehen

- „bis zu 1 Stück/100 ha in Gebieten, in denen der Waldanteil überwiegt,
- bis zu 0,5 Stück/100 ha in Gebieten, in denen der Anteil der landwirtschaftlichen Nutzfläche überwiegt.
- In Gebieten, in denen der Waldanteil gegenüber der landwirtschaftlichen Nutzfläche weniger als 25 % beträgt, dürfen keine Schwarzwildhegegemeinschaften gebildet werden."

Demnach ist z. B. die Rotwilddichte in den Rotwildgebieten wesentlich höher.

Auch daraus ergibt sich, daß Schwarzwildvorkommen nur auf waldreiche Landesteile beschränkt bleiben sollen, und daß nur große zusammenhängende Gebiete ausreichende Stückzahlen ergeben, die nach einheitlichen Gesichtspunkten bewirtschaftet werden können. Als Beispiele:

- In einem zu 60 % bewaldeten Gebiet von 20 000 ha (= 200 km²) wäre bei 1 Stück/100 ha im Frühjahr ein Bestand von 200 Sauen vorhanden,
- in einem nur zu 30 oder 40 % bewaldeten Gebiet gleicher Größe nur 100 Stück (0,5 Stck./100 ha).

  Auf einen Jagdbezirk mittlerer Größe, also etwa 500 ha, würden dann bei gleichmäßiger Verteilung 2½ Sauen entfallen.

Wenn die Zahlen noch kleiner werden, ist eine vernünftige Bewirtschaftung des Wildes nicht mehr möglich. Es kann sich also nicht jeder Revierinhaber sein eigenes Hauptschwein heranziehen. Das ist nur im Rahmen einer größeren Gemeinschaft möglich. Und selbst dann hat er vielleicht nur alle paar Jahre mal die Gelegenheit, einen solchen Bassen zu sehen oder gar darauf zu Schuß zu kommen.

Diese Zahlen sind als Anhalt gedacht und werden, da uns langjährige Erfahrungen fehlen, wohl noch revidiert werden. Im ganzen erscheinen sie mir – heute besehen – zu niedrig angesetzt. (Dabei ist zu berücksichtigen, daß der Schalenwilderlaß in Niedersachsen der erste Versuch war, das Schwarzwild überhaupt erst einmal „salonfähig" zu machen, dem übrigen Schalenwild jagdrechtlich gleichzusetzen, wobei viele Gegenströmungen zu berücksichtigen und kleine Schritte geboten waren.) Die beim Rotwild seit Jahrzehnten geforderte zulässige Wilddichte von 1–3 Stück/100 ha (letztere in optimalen Biotopen) ist auch nur Theorie geblieben, und es gibt wohl kein Rotwildgebiet, in dem diese niedrigen Zahlen erreicht sind.

Beim Schwarzwild wird in der Praxis die Wilddichte immer stark schwanken, örtlich und zeitlich. In (feuchten) Laubwäldern mit üppiger Bodenflora, ihren beliebten Einständen, werden die Sauen massiert und ständig vorkommen, daneben in deckungsarmen Feldrevieren nur gelegentlich als Wechselwild; nach guten Mastjahren zahlreich, nach Hungerjahren spärlicher. Im Winter und Frühjahr sind sie überwiegend im Wald, im Sommer zeitweilig im Mais, im Herbst in den Kartoffel- und Rübenfeldern.

Und schließlich werden neben dem Wald-Feld-Verhältnis und dem Waldzustand auch noch die Besiedlungs- und Verkehrsdichte, die Art der landwirtschaftlichen Nutzung, die Agrarstruktur und andere örtliche Faktoren eine Rolle spielen bei der Überlegung, ob und in welchem Umfang Schwarzwild in der freien Wildbahn vorkommen kann und darf. An einem praktischen Beispiel sollen diese Überlegungen verdeutlicht werden.

Der Landkreis Helmstedt umfaßt ein an der Grenze zu Mitteldeutschland gelegenes, langgestrecktes, überwiegend landwirtschaftlich genutztes Gebiet von rd. 700 km^2 oder 70 000 ha. Mit nur knapp 22 % Waldanteil dürfte er nach den genannten Richtzahlen eigentlich gar kein Schwarzwild haben. Ein „eiserner Bestand" hat sich jedoch immer gehalten. Der Wald, überwiegend Laubwald, ist über den ganzen Kreis verteilt mit größeren Schwerpunkten im Süden, im ostbraunschweigischen Hügelland (Elm, Lappwald) – Eiche, Buche, daneben Kiefer, Fichte – und im Norden, im Flachland (Drömling = feuchtes Niederungsgebiet, Niedermoor) mit Mischwald aus Kiefer, Birke, Pappel, Erle, Eiche, Buche u. a.

Auf der landwirtschaftlichen Nutzfläche überwiegt der Hackfruchtbau, auf den besseren Böden im Süden Zuckerrüben, Weizen, auf den mittleren und ärmeren im Norden Roggen, Hafer, Kartoffeln und Futterbau (Wiesen).

Das Kreisgebiet ist relativ dünn besiedelt (170 Einwohner/km^2), hat ländlichen Charakter und außer dem Schwerpunkt im Braunkohlenbergbau südlich Helmstedt (und dem VW-Werk in der benachbarten kreisfreien Stadt Wolfsburg) wenig Industrie.

Der früher übliche Wechsel des Wildes über die Grenze ist seit 3–4 Jahren durch einen dichten Metallgitterzaun abgeschnitten, Zuwanderung von dort oder Abwanderung scheiden aus. Andererseits gibt es in Grenznähe und im Niemandsland ungestörte, ruhige Ecken. Für Schwarzwild sind also die Lebensbedingungen und das Nahrungsangebot im Kreisgebiet günstig, trotz des geringen Waldanteils; aber gerade deshalb kann es auch problematisch werden.

Wenn man hier die fehlenden 3 % am Bewaldungsanteil als durch andere Vorteile des Lebensraumes ausgeglichen ansieht und – im Anhalt an die Richtlinien des Schalenwilderlasses – mit einer zulässigen Wilddichte von 0,3 Stück/100 ha rechnet, so wäre der Frühjahrsstand bei einer Jagdfläche von rund 70 000 ha (Wald und Feld) rund 210 Stück Schwarzwild im ganzen Kreis. Bei einem (schwankenden) Zuwachs von im Mittel 100–150 % (von 80–300 %, siehe S. 52) könnte bzw. müßte man jährlich zwischen 210 und 315 Sauen schießen, wenn der Bestand etwa gleich bleiben soll, nach Mastjahren auch 500 und mehr (siehe S. 128).

Hier wird nun seit gut zehn Jahren versucht, das Schwarzwild nach einheitlichen Richtlinien zu bejagen. Die dabei aufgetretenen Probleme und die Entwicklung des Bestandes werden in der nachfolgenden Tabelle aufgezeigt.

Aus dieser als Beispiel gegebenen Tabelle läßt sich vielerlei ablesen, einiges bedarf der Erläuterung:

Die Strecken schwanken von Jahr zu Jahr – naturbedingt – ganz erheblich. Einen *jährlich* ungefähr gleichbleibenden Bestand kann man nicht erreichen.

Die steigende Tendenz ist unverkennbar; sie wird noch deutlicher, wenn man die Jahresstrecken zu Dreiergruppen zusammenfaßt. Diese Tendenz ist auch in anderen Schwarzwildvorkommen und an den Jahresstrecken im Bundesgebiet abzulesen (s. Graphik 15 und 16, Kap. XI).

1966 wurde die Schonzeit eingeführt, die das Schwarzwild begünstigte. Sie hat im ersten Jahr offenbar zu einer zu vorsichtigen Zurückhaltung beim Abschuß geführt.

Im Winter 1967/68 trat im Drömling, einem der Schwarzwild-Schwerpunkte im Kreis Helmstedt, die Schweinepest auf. Die Seuche wurde mit Erfolg im Entstehen bekämpft durch sofortigen scharfen Eingriff (Aufhebung der Schonzeitbestimmungen) – auch im Nachbarbereich und zur Sicherheit noch im folgenden Jahr. Dadurch schnellten die Strecken wieder hoch. Es wurde in die Substanz eingegriffen bzw. der Minderabschuß vom Vorjahr nachgeholt.

Schwarzwild-Jahresstrecken im Landkreis Helmstedt

Jagdjahr	Strecke	Dreijahresstrecke	im Mittel jährlich	
1961	179			
1962	239	618	206	
1963	200			
1964	193			
1965	241	606	202	
1966	172			Schonzeit ab 1. 2. 66
1967	298			Schweinepest
1968	370	920	307	
1969	252			
1970	213			
1971	423	1082	361	
1972	446			
1973	384			Gebietsreform
1974	584	1657	552	
1975	689			
1976	878			
1977	1016	2405	802	
1978	511			
1979	347			
1980	651	1396	456	
1981	398			
1982	374			
1983	521	1719	573	
1984	824			

1969 kann man wieder als Normaljahr bezeichnen, während der Rückgang 1970 sich wohl aus dem Aderlaß der Vorjahre erklären läßt: Die 1967 und 1968 besonders stark betroffene Jugend fehlte jetzt im geschlechtsreifen Alter.

Wie schnell sich aber Schwarzwild regeneriert, zeigen die Jahre 1971 und 1972.

Und wie rasch es zu einer Übervermehrung kommen kann, wenn man mal in einem Jahr mit dem Abschuß in Rückstand kommt, also nicht den Zuwachs in voller Höhe abschöpft, ergibt sich aus den folgenden Jahresstrecken. Die Sturmkatastrophe vom 13. November 1972 hatte auch im Kreis Helmstedt viele Waldbestände vernichtet. Das im Verhau liegende Holz gab den Sauen guten Unterschlupf, war aber für Menschen (Treiber) unpassierbar. Außerdem hatten die Forstleute jetzt andere, größere Sorgen und für die Jagd wenig Zeit, der Anteil der Waldjagden an der Gesamtstrecke blieb zurück. Ein Überhang wirkt sich sofort in progressiven Steigerungsraten aus; und wenn dann noch zwei milde, schneelose Winter mit Eichen- und Buchenmast dazukommen, wie wir sie 1974 und 1975 hatten, so erklären sich leicht die Rekordstrecken der Jahre 1976 und 1977.

Von solchen Entwicklungen sollte man sich nicht überraschen lassen, denn man kann sie in der Tendenz zurückverfolgen und vorausschätzen. Aus der Jahresstrecke 1976 z. B. konnte man auf den Frühjahrsstand des vorhergehenden und des neuen Jagdjahres schließen und sich danach etwa ausrechnen, was zu erwarten war. Dabei wird von der *Jahresstrecke, der einzigen sicheren Zahl* (s. Tab. S. 122, Spalte 3), zurück- und vorausgerechnet.

Man wird mehrere mögliche Varianten durchrechnen, wobei die Beobachtungen des abgelaufenen Jagdjahres, allgemeine Erfahrungen und Kenntnisse der Vermehrungsbiologie des Schwarzwildes wesentlich dazu beitragen, die wahrscheinlichste Prognose zu ermitteln.

	Frühj.-stand 1976	Zuwachs 1976/77 (200 % v. 1)	*Strecke* 1976/77	Frühj.-stand 1977	Nebenrechnung tragb. Grund-bestand	Diff. (4–5)	Zuwachs 1977 (150 % v. 4)	Vermind. Abschuß (=6)	Abschuß-ziel 1977/78
	1	2	3	4	5	6	7	8	9
(a)	440	880	880	440	240	200	660	+ 200	= 860
(b)	400	800	880	320	240	60	480	+ 60	= 540
(c)	480	960	880	560	240	320	840	+ 320	= 1260

In dieser Rechnung (Tabelle) wurde unterstellt:

Zeile (a) der Abschuß 1976/77 entsprach dem Zuwachs,
(b) der Abschuß war höher als der Zuwachs[1],
(c) der Abschuß war niedriger als der Zuwachs.

Das führte zu folgenden Überlegungen und Ergebnissen:

1976 gab es starke Rotten. Die meisten Überläuferbachen waren schon führend, also muß die Zuwachsquote hoch gewesen sein. Wenn man mit 200 % rechnet und unterstellt, daß der Abschuß wenigstens in Höhe des Zuwachses erfolgte (a), muß der Frühjahrsstand 1976 bei rd. 440 Stück gelegen haben. Gleichhoch wäre dann der Frühjahrsstand 1977.

Wenn der Abschuß im Jagdjahr 1976/77 höher war als der Zuwachs, basierte der (geringere) Zuwachs auf einem geringeren Frühjahrsstand (b) und hat der Abschuß schon in die (überhöhte) Substanz eingegriffen. Dementsprechend wäre auch der Frühjahrsstand 1977 niedriger.

Wenn aber der Abschuß trotz seiner Höhe den Zuwachs nicht ganz erfaßt hat, muß der Frühjahrsstand 1976 höher als 440 Stück (oder die Vermehrungsquote noch größer) gewesen sein. Der Überschuß lebt dann noch und erhöht den Frühjahrsstand 1977 (c).

In jedem Falle lag die Bestandesdichte weit über der o. a. Zielvorstellung für einen tragbaren Grundbestand. Ein starker Verminderungsabschuß war weiterhin notwendig, und der erforderte offensichtlich eine mindestens ebenso hohe Strecke wie im Jahr zuvor. Aus Beobachtungen im Revier ergab sich, daß sich die hohe Zuwachsrate nicht wiederholen würde, also wurde nur noch mit 150 % gerechnet.

Diese Zahlen wurden den Jägern unter Hinweis auf den Ernst der Lage vor Augen gehalten. Zwar wurde noch nicht generell von „Notstand" und „Schwarzwildplage" gesprochen. Aber örtlich waren die Grenzen des Tragbaren schon überschritten und wurden die betroffenen Landwirte (meist selbst Jäger) nur durch die guten Strecken und hohen Wildpreteinnahmen etwas getröstet. So unternahm die Jägerschaft im Kreis Helmstedt auch alle Anstrengungen, die Bestände wieder zu reduzieren – und zwar mit Erfolg, wie die Jahresstrecke 1977/78 zeigt.

Zum Glück hatte auch die Natur ein Einsehen. Es gab kein Mastjahr, vielmehr einen langen, schneereichen Winter (1976/77), was die Vermehrungsfreude der Sauen bremste. Die Rauschzeit lag insgesamt später als sonst. Die im Dezember 1976, auch noch im Januar 1977 erlegten Bachen wurden meist als „nicht beschlagen" gemeldet. (In manchen Fällen – besonders im Januar – mögen die Föten in der Tracht noch so

[1] Im Falle (b) wäre z. B. der Rechengang folgender: In Spalte 3 steht als bekannte Größe die Jahresstrecke, 880. Dieser Abschuß mag 10 % über dem Zuwachs gelegen haben; dann ergibt sich für Spalte 2 ein Zuwachs von 800. Daraus errechnet sich (bei 200 % Zuwachs) ein Frühjahrsstand von 400 Stück für Spalte 1. Entsprechend wird nun nach rechts bis Spalte 9 weitergerechnet.

klein gewesen sein, daß sie beim Aufbrechen nicht aufgefallen sind.) Auch beschlagene Frischlingsbachen wurden nicht gemeldet – wie sonst schon um diese Zeit in den Jahren davor. (Diese Tatsachen berechtigten dazu, mit einer geringeren Zuwachsquote zu rechnen – siehe obige Tabelle, Spalte 7.)

Das hat zusammen mit dem hohen Abschuß den Bestand deutlich vermindert, wie auch Beobachtungen im Frühjahr 1978 im Revier ergaben und wie die Strecke 1978/79 zeigt. Aufschlußreich ist in diesem Zusammenhang noch eine Aufschlüsselung der Strecken:

Jagdjahr	Keiler	Bachen	Überläufer ♂	Überläufer ♀	Frischlinge ♂	Frischlinge ♀	Fallwild (meist im Straßenverkehr)	Gesamt
1977/78	13	22	245	165	261	242	68	1016
1978/79	12	9	80	89	143	152	26	511

Daraus ist ersichtlich: 1977/78 mußte auch stark in die Bachen eingegriffen werden, denn der Grundbestand war zu hoch. Bei den Überläufern kamen – besonders zu Beginn der Jagdzeit – wesentlich mehr männliche zur Strecke. Die weiblichen waren zum Teil schon führend und damit längere Zeit tabu. 1978/79 war der Bestand schon deutlich reduziert, die Strecke nur noch halb so hoch. Starke Bachen konnten wieder geschont werden. Dafür konnten mehr weibliche Überläufer erlegt werden. Bei den Frischlingen ist das Geschlechterverhältnis etwa ausgeglichen.

Verglichen mit der „Normalverteilung" einer Jahresstrecke (Modellfall 1, S. 126) ist in beiden Jahren, besonders im ersten, der Anteil der Frischlinge relativ zu niedrig, dagegen der der Überläufer zu hoch. Das ist hier bedingt durch den Verminderungsabschuß (= nachgeholter Frischlingsabschuß der Vorjahre).

Kreis Helmstedt	Normalverteilung		Jagdjahr 77/78		Jagdjahr 78/79	
Frischlinge	67 %	84 %	50 %	90 %	58 %	91 %
Überläufer	17 %		40 %		33 %	
grobe Sauen		16 %		3,4 %		4 %
			Fallwild	6,6 %		5 %

Insgesamt ist das Verhältnis Jugendklasse zu groben Sauen gut. Das Beispiel zeigt, wo der „Überschuß" lag und wo demzufolge stark eingegriffen wurde, und daß es hier (noch) möglich war, unter weitgehender Schonung der groben Sauen die Übervermehrung zu stoppen und die Bestände zu reduzieren.

Weiter wird nachträglich bestätigt, daß man anhand einer Zuwachs-Vorausschätzung mit den Varianten plus und minus 10 % (s. o.) die richtige Zahl ganz gut eingabeln kann: Variante (b) war danach entschieden zu niedrig (wenn 503 Frischlinge erlegt worden sind, müssen mehr als 480 dagewesen sein), und (c) war schon etwas zu hoch.

Nachdem nun auch noch der lange und schneereiche Winter 1978/79 sich entsprechend ausgewirkt hat, wird die nächste Jahresstrecke vermutlich noch weiter absinken und wären die Schwarzwildbestände im Kreis Helmstedt damit wieder unter Kontrolle. Immerhin hat es vier Jahre gedauert!

Einen kleinen Schönheitsfehler hat die Jahresstrecken-Tabelle noch: Durch die Gebietsreform kam ein Schwarzwild-Schwerpunkt (im Drömling) an den Kreis Gifhorn und ein schwarzwildarmes Gebiet im Westen zum Kreis Helmstedt. Daraus erklärt sich die plötzlich geringere Strecke 1973. Um einen echten Vergleich mit den Zahlen im alten Kreisgebiet zu haben, müßte man von da ab den Jahresstrecken noch jeweils etwa 20 % dazuzählen. Im Prinzip ändert das aber nichts an der aufgezeigten Tendenz.

Dieses Beispiel zeigt aber auch, daß die oben genannten Richtzahlen für die zulässige *Wilddichte* generell zu vorsichtig angesetzt sind. Jahresstrecken, die beim Drei- und Vierfachen dessen lagen, was als noch zulässig anzusehen war, hätten sonst bei den Landwirten erheblich stärkere Reaktionen auslösen müssen. Immerhin müssen in den „Schwarzwildjahren", z. B. im Sommer 1977, rd. 1500 Sauen im Kreis Helmstedt Nahrung gesucht haben, und der Frühjahrsstand wird dann statt bei 0,3 Stück bei 0,9 bis 1,0 Stück/100 ha Gesamtfläche gelegen haben. Da einige Jäger meinen, es wäre schon wieder zuviel abgeschossen worden, andere (Landwirte) gegenteiliger Ansicht sind, wird ein Wert um 0,5 Stück/100 ha hier wohl richtig liegen. Die Jäger, denen das zu gering erscheint, sollten bedenken, daß ja im Sommer jeweils noch 120 % (oder 200 % und mehr) dazukommen.

Wie sich aus dem Zuvorgesagten ergibt, lassen sich wegen der stark differenzierten örtlichen Verhältnisse Angaben über die zulässige Wilddichte nur schwer in ein allgemeingültiges Schema einordnen. Um aber eine Vorstellung von der Größenordnung zu bekommen, seien als Anhalt für die Wilddichte des Schwarzwildes einige Zahlen genannt, die ich für realistisch und noch tragbar halte:

Tragbare Wilddichte für Schwarzwild, Frühjahrsstand, je 100 ha

Waldanteil	Überwiegend Laubwald	Laub-/Nadel-Mischwald	Nadelwald
über 50 %	bis zu 2	bis zu 1,5	bis zu 1 Stück
30–40 %	bis zu 1,5	bis zu 1,0	bis zu 0,5 Stück
20–25 %	bis zu 1,0	bis zu 0,5	–

Dabei wird unterstellt, daß das Schwarzwildgebiet eine etwa gleichmäßig strukturierte, in sich geschlossene Agrar- und Wald-Landschaft umfaßt (nicht Teile daraus) und eine Fläche von etwa 10 000 ha als Untergrenze haben sollte. Bei einer Wilddichte unter 1 Stück/100 ha muß die Fläche entsprechend größer sein (siehe Abschnitt Schwarzwildring). Schwankungen und örtlichen Konzentrationen ist auch örtlich zu begegnen durch stärkeren Abschuß, der durch Verdünnung des Bestandes oder durch Abwanderung wieder für Ausgleich sorgt. Auch durch entsprechende sonstige Hegemaßnahmen können Schäden in der Landwirtschaft gemildert werden (siehe S. 147).

Der beste Weiser für die zulässige Wilddichte ist der Wildschaden. Wo der unerträglich hoch wird, ist sie eben zu hoch und muß scharf eingegriffen werden. Die jagdgesetzlichen Bestimmungen und die sie ergänzenden Abschuß- und Hegerichtlinien müssen den dazu nötigen Spielraum lassen – und das tun sie auch. Die Aufartungsbemühungen der Jäger brauchen darunter nicht zu leiden. Wenn sie es so weit kommen lassen, daß nur noch ein angeordneter Generalabschuß Abhilfe schafft, haben sie sich das selbst zuzuschreiben.

Schwarzwild-Bestandesregulierung oder -„Bewirtschaftung“

Durch planmäßige Maßnahmen sollen nun im Rahmen des zahlenmäßigen Abschusses auch noch die Hegeziele 2 und 3 erreicht werden.

Bewirtschaften kann man nur, was man hat, richtig bewirtschaften nur, was man erfassen (messen, zählen, einplanen) kann. Wer die Problematik der sogenannten Wildzählungen kennt, der weiß, wie schwer es gerade beim Schwarzwild ist, zuverlässige Zahlen zu bekommen. Selbst wenn man im Spätwinter bei günstigen Schneeverhältnissen zum selben Zeitpunkt in allen in Frage kommenden Revieren abfährtet und danach den Bestand schätzen kann, bleibt noch als Unsicherheitsfaktor die Höhe der Zuwachsrate. Die kann man nur einschätzen anhand der Witterungsverhältnisse, des Nahrungsangebots usw. Wertvolle Hinweise geben die Beobachtungen und die Strekken des abgelaufenen Jahres. Wenn z. B. kaum noch Frischlinge da waren und stärker in höhere Altersklassen (weibliche Überläufer und Bachen) eingegriffen wurde, wird die Vermehrung geringer sein. Wenn man andererseits beim Aufbrechen feststellt, daß die Bachen und Überläuferbachen besonders viele Frischlinge in der Tracht hatten oder gar schon viele weibliche Frischlinge des laufenden Jagdjahres beschlagen waren, wird das auch für die überlebenden zutreffen und ist mit einem hohen Zuwachs zu rechnen.

In der Nähe der „Kinderstuben“ sind die Bachen, die dort gefrischt haben, einigermaßen beständig. Dabei kann man im Frühjahr die Zahl der Frischlinge (je Bache), gegebenenfalls auch die Zahl der Rotten ermitteln. Solche Angaben sind wichtig für die Abschußplanung. Sie müssen an eine zentrale Stelle gemeldet und dort ausgewertet werden.

Das „Bewirtschaften“ des Schwarzwildes wird sich also auf regulierende Eingriffe in eine nicht vorauszuplanende und schwer kontrollierbare natürliche Entwicklung beschränken müssen. Das schließt nicht aus, Pläne aufzustellen und Richtlinien zu geben. Nur müssen diese genügend Bewegungsfreiheit geben, anpassungsfähig sein an nicht vorherzusagende, aber doch einzukalkulierende Entwicklungen und dementsprechend auch kurzfristig geändert werden können. Auch das erfordert Lenkung durch eine laufend gut informierte zentrale Stelle.

Zunächst ist vom Normalfall oder Modell auszugehen.

Man kann etwa (auch der Einfachheit halber) unterstellen, daß ebensoviel männliche wie weibliche Frischlinge zur Welt kommen (s. S. 52).

Nach bisherigen Erfahrungen kann man in „Normaljahren“ mit 400 % Zuwachs (untere Grenze) rechnen – bezogen auf die Bachen und Überläuferbachen des Frühjahrsstandes. Das entspricht im Modellfall 1 (also bei der gegebenen Geschlechterverteilung) 120 % bezogen auf den Gesamtbestand. Als Stichtag für den Frühjahrsstand mag der 31. März gelten. Da sind die Frischlinge des Vorjahrs noch Frischlinge, und die Überläuferbachen des Vorjahrs sind in der vorhergegangenen Rauschzeit beschlagen worden (siehe „Übergang in andere Klassen“). Schon vorhandene, zeitiger gesetzte Frischlinge werden hier noch nicht mitgezählt, erst beim Zuwachs erfaßt.

Wenn der Abschuß dann dem Zuwachs entspricht, ergibt sich folgende Entwicklung (im Anhalt an das Rechenschema, wie es auch für das übrige Schalenwild beim Aufstellen der Abschußpläne üblich ist):

Modellfall 1. Normalbestand mit linearem Abschuß

	Keiler 1	Bachen 2	Überläufer 3	Frischlinge 4	Summe 5
Frühjahrsstand (31. März)	20	20	20	40	100
Veränderungen (im Laufe des Jahres)	↓	↓	↑		
a. durch Übergang in andere Klassen	+ 10	+ 10	– 20		
(1. April)			+ 40 ←	– 40	
b. durch Zuwachs				+ 120	+ 120
c. durch Zu- oder Abwanderung	–	–	–	–	–
Sommerstand	30	30	40	120	220
Abschuß (einschl. sonstiger Verluste)	– 10	– 10	– 20	– 80	– 120
nächster Frühjahrsstand (wieder)	20	20	20	40	100

Soweit ist das zunächst – theoretisch – alles ganz einfach.

Zu den Veränderungen:

a. Am 1. April werden aus den 20 Überläufern 10 junge Bachen (Erstlingsbachen) und 10 zweijährige Keiler (sie werden in Spalte 3 abgezogen und in den Spalten 1 und 2 dazugezählt), und die 40 Frischlinge rücken auf in die Klasse der Überläufer. (Siehe auch Abschnitt Altersbestimmung.)

b. 400 % Zuwachs von 20 Bachen + 10 weiblichen Überläufern (zusammen 30 × im Mittel 4 Stück) ergibt 120 Frischlinge (Spalte 4). Natürliche Abgänge während des ganzen Jahres, besonders in den ersten Wochen, sind bei diesem Zuwachsprozent schon abgezogen (z. B. Verluste durch Witterung, Krankheiten, Raubwild).

c. Zu- und Abwanderung mag hier als ausgeglichen gelten, was besonders bei großräumiger Bewirtschaftung berechtigt ist. In kleineren Revieren, bei Berechnungen für Rehwild, Rotwild usw., muß man gegebenenfalls in dieser Zeile Veränderungen berücksichtigen.

Nach diesen Veränderungen ergibt sich der Sommerstand als Rechengröße. Der ist maßgebend für die Höhe des Abschusses. (Tatsächlich ist er noch etwas höher, nämlich um die Zahl der Stücke größer, die beim Zuwachsprozent als natürliche Verluste – auch noch im Herbst und Winter – schon abgesetzt sind.)

Zum Abschuß: Hier wird ein linearer Abschuß unterstellt, der in alle Altersklassen und in beide Geschlechter gleichmäßig eingreift. (Daß das im Sinne der Hegeziele nicht ideal ist, wird nachfolgend erläutert.)

Verluste durch Straßenverkehr werden im allgemeinen, wenn dieses Fallwild verwertbar ist, der Strecke zugezählt, also auf den Abschuß angerechnet. Gegebenenfalls kann man sie auch bei (c) berücksichtigen.

Sonstige natürliche Abgänge sind, wie gesagt, bei (b) schon berücksichtigt. Wenn die Verluste durch Fallwild ungewöhnlich hoch sind, z. B. nach einem strengen Winter, so ist das meist ein Zeichen für einen ungesunden Bestand (Überhege). Man darf dann dieser natürlichen Auslese nicht dadurch wieder entgegenwirken, indem man den Abschuß verringert. Deshalb wird solches Fallwild normalerweise auf den Abschuß nicht angerechnet.

Bis zu dieser Zeile (Abschuß) muß nach den gesetzlichen Vorschriften ein Abschußplan für Schalenwild (außer Schwarzwild) aufgestellt werden. Wenn man weiterrechnet, bekommt man als Differenz zwischen Sommerstand und Abschuß den Stand nach Ende der Jagdzeit = nächster Frühjahrsstand. Dessen Zahlen dienen zugleich der Kontrolle, ob die Rechnung stimmt. Wenn der Ausgangsbestand die richtige Höhe und

Verteilung hat und gehalten werden soll, muß der zweite Frühjahrsstand dem ersten *gleich* sein. Wenn der Ausgangsbestand Mängel hat (z. B. zu hoch, ungünstiges Geschlechterverhältnis), werden diese durch den geplanten Abschuß korrigiert, gegebenenfalls über mehrere Jahre hinweg. Dann muß der nächste Frühjahrsstand *besser* sein, und zwar so lange, bis man das Hegeziel erreicht hat. Im Idealfall soll das auch in der Praxis so erreicht werden.

Der *Modellfall 1* läßt sich vereinfacht auch in Form eines Schemas darstellen:

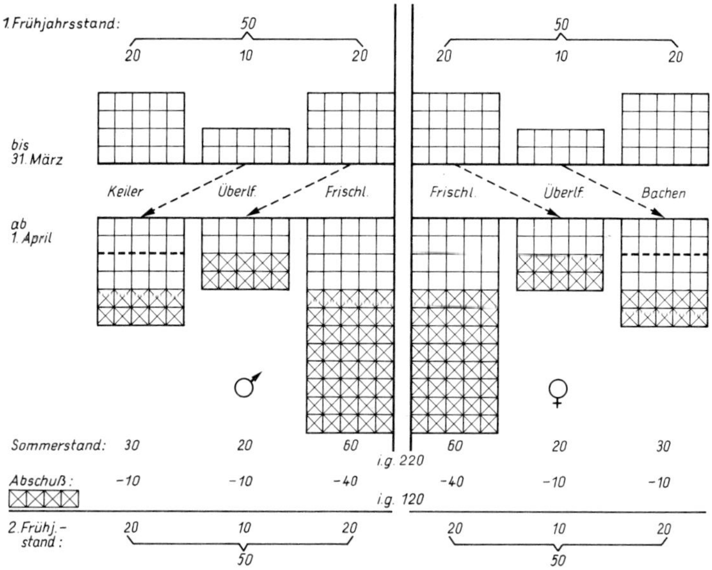

Graphik 1. Entwicklung eines Modellbestandes von 100 Stück Schwarzwild im Laufe eines Jagdjahres. Linearer Abschuß. Links männliches, rechts weibliches Wild. Geschlechterverhältnis 1 : 1, Zuwachs = 120 % des Gesamtbestandes = entspr. 400 % der Bachen und Überläuferbachen. Abschuß = Zuwachs

Schon an diesem Modellbeispiel zeigt sich, wie hoch der Anteil der Jugendklassen am Abschuß sein muß: Von der Gesamtstrecke (120) entfallen nur 20 Stück auf grobe Sauen, dagegen 80 auf Frischlinge und 20 auf Überläufer.

Wie sich die Verhältnisse bei *Abweichungen vom Normalfall* ändern, zeigen folgende Rechenbeispiele:

Modellfall 2. Bachenüberschuß

	Keiler	Bachen	Überläufer	Frischlinge	Summe
Frühjahrsstand 1971	10	26	24	40	100
Veränderungen					
a. Übergang	+ 12	+ 12	− 24		
			+ 40	− 40	
b. Zuwachs				+ 152	+ 152
Sommerstand	22	38	40	152	252
Abschuß	− 14	− 8	− 22	− 76	− 120
Frühjahrsstand 1972	8	30	18	76	132

Unter „Abschuß" ist hier insgesamt die gleiche Stückzahl wie in Modellfall 1 eingesetzt worden.

Bei Bachenüberschuß ist der Zuwachs aber naturgemäß größer. Wenn man das nicht beachtet, mit dem Zuwachs eines Normalbestandes rechnet (120 %) und ebensoviel – also 120 Stück insgesamt – erlegt, und wenn man dann weiter in erster Linie hinter den Keilern her ist, lieber die dickeren Überläufer schießt (die einzeln kommenden, also meist auch junge Keiler) und die Frischlinge vorbeischießt, dann ist der Bestand im nächsten Frühjahr bereits um 32 % angewachsen, und im Jahr darauf ist der Zuwachs doppelt so hoch wie normal.

Ein Bestand mit derartigem Bachenüberschuß würde nach einem Mastjahr „explodieren" und einen Jahreszuwachs von 330–350 Frischlingen bringen.

Der folgende Modellfall 3 steht als Beispiel für die naturbedingten Schwankungsmöglichkeiten der Zuwachsrate, hier durch reichliches Nahrungsangebot. Ausgegangen wird wieder vom Modellfall 1.

Modellfall 3. Nach Mastjahr

	Keiler	Bachen	Überläufer	Frischlinge	Summe
Frühjahrsstand (31. März)	20	20	20	40	100
a. Übergang	+ 10	+ 10	− 20		
		+ 18	+ 22	− 40	
		↑	↑	↓	
b. Zuwachs				+ 250	+ 250
Sommerstand	30	48	22	250	350
Abschuß	− 10	− 28	− 2	− 210	250
nächster Frühjahrsstand	20	20	20	40	100

Nach einem vorhergehenden guten Mastjahr sind die meisten weiblichen Frischlinge schon beschlagen und werden – oft verspätet – ihrerseits frischen; sie laufen also nicht ein Jahr über (daher „Überläufer"), sondern werden gleich führende Bachen, überspringen eine Klasse (im Beispiel 18). Entsprechend vermindert sich die Zahl der Überläufer; die meisten davon sind männlich (im Beispiel 20 männliche + 2 weibliche = 22). Auch die Zahl der Frischlinge pro Bache ist dann höher, z. B. alte Bachen im Mittel 6, junge Bachen (die vormaligen Überläufer) je 5 und die jüngsten (die „Frischlingsbachen") je 4 ist nicht zu hoch gegriffen. Das ergibt den oben errechneten Zuwachs von rd. 250 Frischlingen (statt „normal" 120).

In einem solchen Jahr muß – um wieder auf einen normalen Stand zu kommen – der Abschuß sofort entsprechend erhöht, hier mehr als verdoppelt werden! Der Schwerpunkt liegt wie immer bei den Frischlingen. Aber auch in die Bachen muß stark eingegriffen werden, da sich ihre Zahl „außerplanmäßig" um 60 % erhöht hat. Die meisten der einjährigen weiblichen Stücke, die als Überläufer noch hätten erlegt werden können, sind plötzlich als führende Erstlingsbachen quasi tabu geworden. Am besten erlegt man – nach Abschuß ihrer Frischlinge – diese schwachen Bachen, also die frühreifen ehemaligen Frischlinge. Die wenigen vorhandenen Überläufer sind möglichst zu schonen, da sie meist männlich sind (Keilernachwuchs). Die im Folgejahr erneut drohende Übervermehrung, wenn der hohe Abschuß nicht erfüllt wird, geht nicht von ihnen aus.

Gut veranschaulicht wird der Aufbau eines Wildbestandes auch durch die in der Jagdliteratur gebräuchlichen Alterspyramiden. Für den *Modellfall 1* (Normalbestand) sähe sie wie folgt aus:

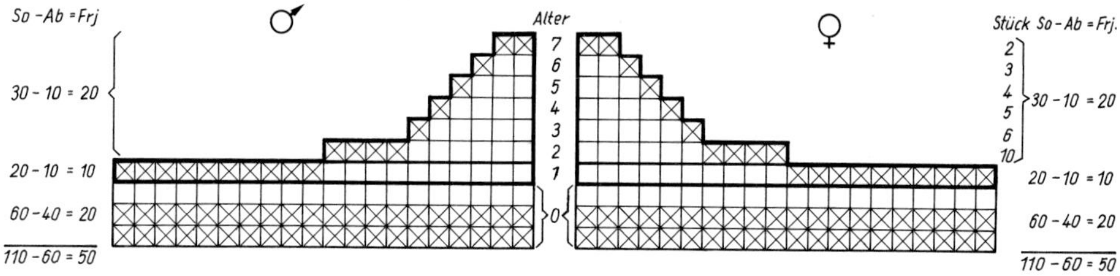

Graphik 2. Modellfall 1 (Alterspyramide). *Normalbestand* mit linearem Abschuß – Stand 1. April

Geschlechterverhältnis 1 : 1, Gesamtbestand am 1. April:	100 Stück (Alter 1–7)
Altersstufe 0 gibt den Zuwachs des laufenden Jahres an	120 Frischlinge
Das zusammen entspricht dem Sommerstand	220 Stück
Abschuß im Laufe des Jahres (einschl. Verluste)	– 120 (durch × gekennzeichnet)
ergibt im Frühjahr des folgenden Jahres wieder	100 Stück

(So = Sommerstand, Ab = Abschuß, Frj = nächster Frühjahrsstand)

In diesem Fall wird unterstellt:
1. ein Geschlechterverhältnis von 1 : 1
2. eine gleichmäßige Altersabstufung
3. linearer Abschuß (über sämtliche Altersstufen hinweg).

In der graphischen Darstellung, die der Berechnung des Modellfalls 1 entspricht, ist der Stand vom 1. April angegeben: man kann ihn hier mit dem Sommerstand (So) gleichsetzen. Der Gesamtbestand ist an diesem Stichtag gerade 1 Jahr älter geworden. Unter Sommerstand versteht man also den Bestand ab 1. April; er entspricht dem Frühjahrsstand (bis 31. März) + Zuwachs (hier: 100 + 120 = 220)[1]. Links steht das männliche (♂), rechts das weibliche (♀) Wild. Mit Alter 0 (unter einjährig) sind die Frischlinge des laufenden Jahres angegeben, als der (zu erwartende und z. T. am 1. April schon vorhandene) Zuwachs: 60 männl. + 60 weibl. = 120 Frischlinge. Diese stammen aus den 30 zwei- bis siebenjährigen Bachen = 400 % bezogen auf diese oder 120 % bezogen auf den gesamten Frühjahrsstand von 100 Stück. Bei Alter 1 sind die 40 (jederseits 20) Frischlinge des Vorjahrs eingesetzt, die am 1. April Überläufer geworden sind. Darüber bei Alter 2 stehen die je 10, i. g. 20 vorjährigen Überläufer, die zur Hälfte Erstlingsbachen wurden, zur Hälfte zweijährige Keiler.

Darüber stehen die älteren Sauen, je 30. *Deren Altersaufteilung kann man sich auch anders vorstellen, ohne daß sich dadurch am errechneten Zuwachs etwas ändert.* (Darauf komme ich später zurück.)

Wenn nun im Laufe des Jahres der Abschuß soviel entnimmt, wie dem Zuwachs entspricht, also 120 Stück, und zwar in der gleichen Altersverteilung, dann entspricht der verbleibende Bestand zu Beginn der Schonzeit wieder dem Frühjahrsstand des vorhergehenden Jahres, wie in der Ziffernrechnung.

Auch in dieser Darstellung springt ins Auge, wie hoch der Abschuß bei den Frischlingen sein muß, um diesen biologischen Idealaufbau zu erhalten und auf

[1] In der Jagdliteratur wird leider uneinheitlich die Wilddichte hier auf den Frühjahrsstand, dort auf den Sommerstand bezogen, was natürlich sehr verschiedene Werte ergibt und beim Vergleich solcher Angaben zu beachten ist.

120 Stück zu kommen. Schießt man weniger Frischlinge und dafür mehr ältere Stücke, also auch mehr weibliche Überläufer und Bachen, so wird der Zuwachs im Jahr darauf geringer sein. Wenn man aber den stark gebliebenen Frischlingsjahrgang nicht spätestens als (geschlechtsreife) Überläufer erfaßt und – nachholend – bis auf 10 Überläuferbachen erlegt, so wird dieser ein Jahr später die Verhältnisse umkehren.

Von 120 Sauen müssen also nach diesem Modellfall erlegt werden:

80 Frischlinge	= 67 %	} 100 Stück	= 84 %
20 Überläufer	= 17 %		
20 ältere Sauen	= 16 %		16 %
120			100 %

Zu beachten ist: Es werden zwar 10 Keiler erlegt, aber wirklich hauende Schweine (5jährig und älter) sind davon nur 4 Stück. Der biologische Idealaufbau ist eben jagdlich noch nicht ideal.

Der starke Aderlaß bei den Jungtieren entspricht – wie schon gesagt – den Verhältnissen unter natürlichen Umweltbedingungen, wo durch Feinde, Witterungsunbilden usw. ebenfalls die jüngste Altersklasse am stärksten dezimiert wird.

In der Praxis sehen (bzw. sahen) unsere Schwarzwildbestände meist anders aus. (Einiges hat sich schon gebessert.)

Häufig wurden bevorzugt die „dickeren" geschossen, die Bachen vor den Frischlingen erlegt. Die waren besser zu sehen, leichter zu treffen, und da war „mehr dran". Auf einen einzelnen Keiler wurden ganze Treibjagden veranstaltet, und wenn man dann Glück hatte und er zur Strecke kam, war er vielleicht gerade drei- oder vierjährig. Ein Hauptschwein war so selten, daß ein Bildbericht in der Tageszeitung erschien und die Kunde davon weit über die Kreisgrenzen drang. Wollte man in Rotwildgebieten um jeden erlegten jagdbaren Hirsch solchen Wirbel machen, würden die Lokalspalten dazu nicht ausreichen.

Es half nichts, daß wiederum andere Jäger die jungen Keiler erst mal älter werden lassen wollten oder die Jagdleiter bei Gesellschaftsjagden ansagten: „Führende Bachen sind zu schonen." Eine Rotte ist oft in vier, fünf und mehr benachbarten Revieren zu Hause, konnte 10 oder 30 verschiedenen ansitzenden Schützen vor die Büchse kommen; einer machte dann doch zu früh den Finger krumm. Und mancher gutwillige Jäger hat – durch schlechte Erfahrungen „klug" geworden oder resignierend – beim Anblick eines jungen Keilers die günstige Gelegenheit, mal zu einer der begehrten Trophäen zu kommen, wahrgenommen – ehe der Nachbar ihm zuvorkam. Da das ja auch jagdgesetzlich erlaubt war und keine Abschußrichtlinien bestanden, konnte man schießen, was kam – ohne nach Geschlecht und Alter ansprechen zu müssen, was zudem, wie wir gesehen haben, beim Schwarzwild gar nicht so einfach ist.

So kam es, daß das Schwarzwild bei uns nicht alt wurde, es gab kaum alte, starke Bachen, noch weniger starke Keiler, und die „Verantwortung" für den Nachwuchs lag bei den jüngsten Altersklassen. Zu früh verwaiste Frischlinge blieben in ihrer Entwicklung zurück, wurden zu kümmerlichen Überläufern, die dann häufig noch zur Unzeit rauschig wurden, verspätet frischten, diese Frischlinge kamen wieder zu schwach in den Winter usw. Daß nur kräftige, gesunde Muttertiere guten Nachwuchs bringen, ist allgemein bekannt. Mangels hauender Schweine mußten sich kaum geschlechtsreife Keilerchen in der Rauschzeit verausgaben.

Dieser unbefriedigende Zustand führte zu der Einsicht, daß man auch für das Schwarzwild einmal etwas tun müßte; auf diesem Gesinnungswandel basieren die genannten Bestimmungen und Richtlinien. Zunächst gab es zwar schon wieder mehr Sauen, aber deren Qualität ließ noch viel zu wünschen übrig.

Die Jägerschaft stand nun vor der Aufgabe, gangbare und erfolgversprechende Wege zu suchen, um auch das zweite und dritte Hegeziel zu erreichen: einen qualitativ guten Bestand mit möglichst vielen starken Keilern heranzuziehen.

Auf der Suche nach dem Idealbestand

Vor Jahren (1967), als im Kreis Helmstedt die Gründung eines Schwarzwildringes aktuell wurde, stand ich selbst vor dieser Aufgabe. Der Modellfall 1 „Normalbestand mit linearem Abschuß" erschien mir dabei als Zielvorstellung nicht geeignet, die Zahl der Hauptschweine war zu gering.

Beim übrigen Schalenwild hat *der lineare Abschuß* eine gewisse Berechtigung. In jeder Altersklasse gibt es schlecht veranlagte Stücke (Hirsche, Rehböcke usw.), die laufend entnommen werden müssen. Hierbei ist das auch in der Praxis möglich, denn man kann sie ansprechen. So ergibt sich die gezeichnete Alterspyramide. Nach neueren jagdwissenschaftlichen Erkenntnissen ist man aber auch hier schon davon etwas abgekommen und verlegt den Schwerpunkt des Abschusses in die Jugendklassen, beim Rehwild z. B. in die Jährlinge, um die 2- bis 4jährigen Böcke in Ruhe älter werden zu lassen.

Beim Schwarzwild ist ein Ansprechen der Keiler nach Alter *und* – guter oder schlechter – Veranlagung praktisch nicht möglich. Die kann man nur älter werden lassen. Damit werden sie auch stärker und die Waffen besser. Eine Auslese etwa nach Körpergewicht oder Länge und Schleiffläche der Gewehre ist ausgeschlossen. Natürlich kann man kranke und kümmernde abschießen (meist kümmern sie nur infolge einer „Bleivergiftung", also Schußverletzung, oder nach Verletzung bei einem Verkehrsunfall), womit auch in jüngere Altersklassen eingegriffen wird. Doch generell ist der lineare Abschuß hier fehl am Platze. Der richtige Wahlabschuß bei den Keilern ist also nur ein *Reifeabschuß.*

Es lag nahe, die genannten Ziele vor allem durch Schonung der älteren Stücke und stärkeren Eingriff in die Jugendklasse zu erreichen. Bei dieser oft zu hörenden Empfehlung wird auf eine ganz simple Überlegung hingewiesen: Wenn z. B. zwei Jahre lang nur die Frischlinge geschossen werden, sind danach alle stärkeren Stücke zwei Jahre älter, die Bachen kräftiger; statt der zwei- bis dreijährigen kann man dann vier- bis fünfjährige Keiler schießen usw. Dazu waren nur noch so eine Art „Ausführungsbestimmungen" für die jagdliche Praxis sowie organisatorische Maßnahmen erforderlich.

Zunächst einmal war jedoch diese „Binsenweisheit" theoretisch-rechnerisch auf ihre Richtigkeit zu überprüfen anhand variierter Modelle analog dem Modellfall 1 „Normalbestand". Bei allen Vorbehalten gegenüber solcher grauen Theorie – eine andere Möglichkeit für eine Abschußplanung gibt es zunächst nicht. Die Verhältnisse und Zusammenhänge lassen sich daran verdeutlichen. Dabei zeigte sich, daß es schon in der Theorie nicht so einfach war, eine Patentlösung zu finden, um wieviel schwerer wäre es dann erst in der Praxis zu verwirklichen.

In einem Wildgatter, wo man die Sauen genau zählen kann, ja sogar markieren und numerieren könnte, wären für eine solche Bewirtschaftung nach Plan bessere Voraussetzungen gegeben. In der jagdlichen Praxis dagegen, wo man in einem Schwarzwildring mit 30–50 Revieren und einigen hundert Jägern zu tun hat, ebenso vielen Landwirten, unterschiedlichen Eigentumsverhältnissen, stark wechselndem Biotop usw., spielen zahlreiche unwägbare Faktoren mit hinein. Die sollen zunächst außer Betracht bleiben.

Die durchgerechneten Denkmodelle hatten z. T. verblüffende Ergebnisse, die hier kurz zusammengefaßt werden[1].

Im *Modellfall 4, teilweise Schonung der älteren Stücke* – werden statt je 10 nur je 5 Bachen und Keiler erlegt, dafür 10 Frischlinge mehr. Vom Modellfall 1 ausgehend würde sich nach drei Jahren ein Verhältnis

40 Keiler : 40 Bachen : 20 Überläufern : 160 Frischlingen, i. g. 260 Stück

im Sommerstand einpendeln und dann rechnerisch gleich bleiben.

Das führt zu einer gleichbleibend höheren Zuwachsrate (statt 120 jetzt 160 Stück), d. h. höherer Wildstand im Sommer, mehr Schaden, höheres Abschußsoll (um wieder den gleichen Frühjahrsstand zu erreichen). Zwar werden dann einige Keiler älter, doch liegen weniger auf der Strecke (5 statt „normal" 10) trotz höherer Gesamtstrecke.

Im *Modellfall 5, Schonung (nur) der Keiler* – wird von Anfang an laufend auch in die Bachen eingegriffen (entsprechend dem Abschußsoll, wie im Modellfall 1 jährlich 10 Stück). Statt der nicht erlegten Keiler werden 10 Frischlinge mehr erlegt. Im 3. Sommer ergibt sich danach folgendes Bild:

	Keiler	Bachen	Überläufer	Frischlinge	Summe
3. Sommerstand	50	30	30	120	230
Abschußziffer	10	10	10	90	120
4. Frühjahrsstand	40	20	20	30	110

Vorteile: Nach bereits zwei Jahren können wieder jährlich 10 Keiler erlegt werden (wie im Modellfall 1), aber 2 Jahre älter! Die Vermehrungsquote bleibt gleich, da die Zahl der Bachen gleichbleibt.

Nachteile: Ungünstiges Geschlechterverhältnis in der Rauschzeit (etwa 5 : 3), Sommerstand noch 10 % über dem „Normalfall", vor allem aber, der Bachenbestand wurde nicht mit verbessert.

Modellfall 6, vollkommene Schonung der älteren Stücke – zeigte, daß das nur kurze Zeit möglich ist. Wenn nur Frischlinge und Überläufer erlegt werden (bis auf einen Rest als Nachwuchs), wird die Vermehrungsquote rasch zu groß und *muß* man schon nach 2 Jahren wieder in die Bachen eingreifen, oder aber fehlender Nachwuchs führt zu einem disharmonischen Altersklassenaufbau (siehe Alterspyramiden).

Diese Beispiele lassen erkennen, wie die ganze Population ineinander verzahnt ist. Wenn ein Teil davon durch Maßnahmen mit positivem Ziel verändert wird, kann sich das woanders negativ auswirken. Man muß sich also schon die Mühe machen, gefühlsmäßig (vermutlich) richtige Vorstellungen zunächst einmal theoretisch bis zum Ende durchzurechnen – mit möglichen Varianten – bevor man das als „Modell" der Praxis empfehlen kann.

[1] Diese Rechnungen lassen sich leicht nachvollziehen nach dem Muster des Modellfalles 1 (Tabelle S. 126) unter Berücksichtigung der jeweils genannten Abweichungen.

Bestand einfach älter werden lassen?

In der oft gegebenen – naheliegenden – Empfehlung, den Bestand einfach älter werden zu lassen, steckt nämlich noch ein Denkfehler: Natürlich wird der Bestand zwei Jahre älter, wenn man alle älteren Stücke zwei Jahre schont und – um den Gesamtbestand nicht anwachsen zu lassen – entsprechend mehr Frischlinge (und Überläufer) schießt. Jedoch fehlt dann der Nachwuchs.

Nehmen wir als Beispiel 30 Keiler wie im Normalfall, die aber zu jung sind, nur 2- bis 4jährig. Nehmen wir weiter den günstigen Fall an, in jeder Altersklasse seien 10 vorhanden. Dann haben wir, wenn 1971 die Schonung beginnt, einen Frühjahrsstand (31. März) von:

	2jährig	3jährig	4jährig	5jährig	6jährig	i. g.
1971	10	10	10			30 Keiler
und 1973	0	0	10	10	10	30 Keiler (dieselben)

Nun kann man wieder – wie im Normalfall – 10 Keiler freigeben, theoretisch die 10 sechsjährigen. Also eine Verbesserung gegenüber dem Normalfall?

Wenn das jährlich so geschehen soll, müssen jedoch in den Altersstufen 2 und 3 je 10 jüngere Keiler nachgewachsen sein. Somit haben wir plötzlich 50 und nicht mehr 30 Keiler! Genauso ist es bei den Bachen. Der Gesamtbestand ist größer geworden, der Zuwachs liegt höher und der Abschuß muß dementsprechend auch höher liegen. Das Ziel war jedoch (s. S. 117): Ein *zahlenmäßig etwa gleichbleibender* (tragbarer) Bestand sollte nur qualitativ verbessert und die Zahl der „Erntekeiler" nicht einfach durch Erhöhung der Wilddichte vermehrt werden.

Der Gedankenfehler des Patentrezepts „Bestand einfach älter werden lassen" sowie die wildbiologischen Überlegungen auf der Suche nach dem Idealbestand sollen hierunter noch einmal mit Hilfe der Alterspyramiden verdeutlicht werden. Zum Vergleich gehen wir wieder aus vom Modellfall 1 „Normalbestand". Daß in der Praxis der Ausgangsbestand meist nicht dem Modellfall 1 entspricht, d. h., die Pyramide wesentlich flacher ist, wurde bereits erwähnt. Der Rechengang verändert sich dadurch im Prinzip nicht.

Anstelle des linearen Abschusses über alle Altersklassen hinweg sollen nun analog Modellfall 5 (s. S. 132) die groben Sauen geschont und z. B. 1971 beginnend zwei Jahre nur Frischlinge und Überläufer erlegt werden. Wenn der Bestand dabei nicht anwachsen soll, *muß* der Abschuß so hoch sein wie der Zuwachs, also 120 Stück. In Graphik 4 wird dies dargestellt.

Die Zahl der Bachen darf nicht ansteigen, sonst erhöht sich der Zuwachs, also lassen wir nur die vorhandenen 30 Bachen älter werden, dementsprechend *müssen* alle Überläuferbachen geschossen werden. Bei den Keilern wirkt sich eine (erwünschte) zahlenmäßige Zunahme nur einfach aus, nicht (durch den Zuwachs) progressiv. Somit können einige Überläuferkeiler leben bleiben (10). Dafür müssen 10 Frischlinge mehr fallen.

Im Frühjahr 1972 sind es dann wieder 100 Stück, aber die groben Sauen sind alle 1 Jahr älter, außerdem haben wir mehr Keiler. Die Zahl der Bachen ist gleichgeblieben, also liegt auch der Zuwachs wieder bei 120 Frischlingen.

Wenn im zweiten Jahr nach demselben Rezept die 30 Bachen noch ein Jahr älter werden sollen, müssen wieder *alle* Überläuferbachen erlegt werden. Hier wird schon

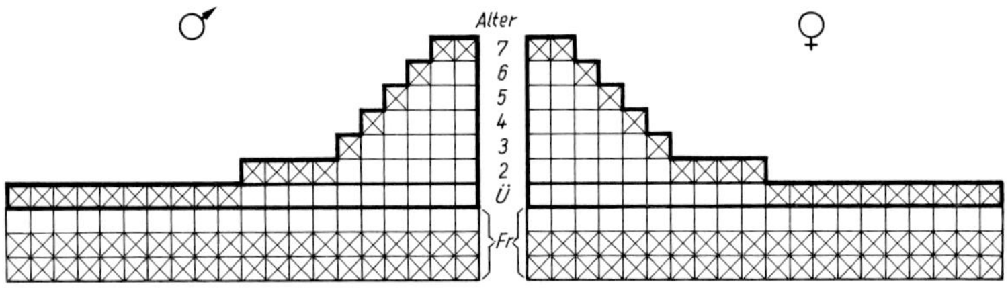

Graphik 3. Modellfall 1. Normalbestand mit linearem Abschuß. Stand 1. April

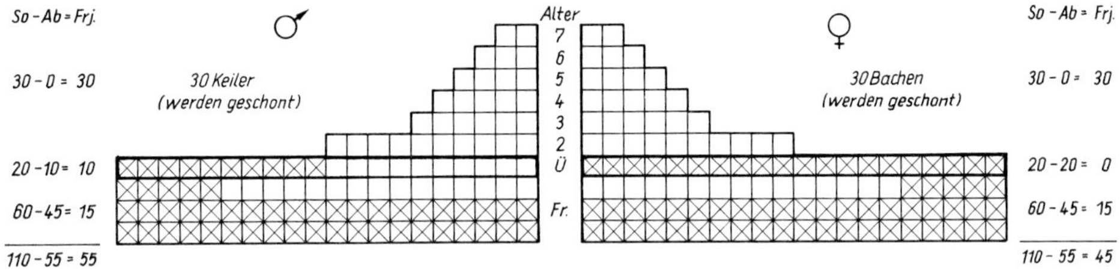

Graphik 4. Zweijährige Schonung aller groben Sauen (analog Fall 5). Bestandesaufbau und Abschuß im *ersten* Jahr

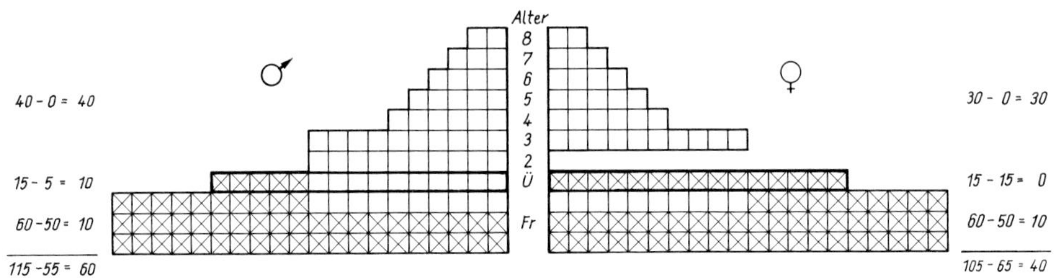

Graphik 5. Zweijährige Schonung aller groben Sauen. Bestandesaufbau und Abschuß im *zweiten* Jahr

der Gedankenfehler deutlich sichtbar. Es entsteht eine „*Nachwuchslücke*", die umso größer wird, je länger man das „Einfach-Älter-Werden-Lassen" praktiziert. So einfach ist es eben leider nicht. Für den Nachwuchs müssen jährlich mindestens 5 Überläuferbachen am Leben bleiben und dementsprechend auch 5 ältere Bachen geschossen werden. Desgleichen müssen jährlich 10 Überläuferkeiler aufrücken, wenn man jährlich 10 grobe Keiler schießen will.

Berücksichtigt man noch, daß in der Praxis die ältesten Stücke bei Beginn der Aufartung eben nicht 6- und 7jährig, sondern oft nur 3- bis 4jährig sind, wird deutlich, daß der Aufbau eines altersmäßig gut gegliederten, gesunden Bestandes vier bis fünf Jahre Zeit braucht.

Wenn nach zwei, drei Jahren Schonzeit – dem Ausgangsbestand entsprechend – schon „Erntekeiler" herangewachsen sind, kann man davon ruhig schon einige freigeben, denn es wachsen ja genug nach. Man soll die Enthaltsamkeit der Jäger im Hinblick auf die verheißenen besseren Zeiten nicht zu lange strapazieren. Hier im Beispiel könnte man damit schon nicht mehr länger warten, sonst wird der Keileranteil zu hoch. Und (statt dessen) noch stärker in die Frischlinge einzugreifen, ist wegen des Nachwuchsbedarfs ebenfalls nicht mehr möglich.

Der theoretische Idealbestand

Die vorstehenden Überlegungen zwangen dazu, einen anderen, besseren Weg zu suchen.

Zielvorstellung: Einen Idealbestand kann man sich wie folgt vorstellen:

	Keiler	Bachen	Überläufer ♂	Überläufer ♀	Frischlinge	i. g.
Frühjahrsbestand (31. März)	40	25	10	5	20	100
bzw. am 1. April	50	30	20			100

- die älteren Stücke gleichmäßig über alle Jahrgänge verteilt
- mehr Keiler, damit sie älter werden können und ihr Anteil an der Strecke größer ist
- weniger Bachen, d. h. geringerer Zuwachs
- Frischlinge (am 31. März) bzw. Überläufer (am 1. April) nur soviele, daß sie ausreichen, den – gleichbleibenden – Nachwuchs zu sichern

Wie kommt man dahin? Das läßt sich am besten wieder anhand der Alterspyramiden demonstrieren.

Der Modellfall 1, Normalbestand, ging von dem in Graphik 6 gezeigten Frühjahrsstand (31. März) aus (siehe auch Graphik 1).

Am 1. April rücken alle Stücke in die nächste Altersklasse auf. Der Zuwachs soll zunächst außer Betracht bleiben. Dann ergibt sich die in Graphik 7 folgende Darstellung.

Diese Alterspyramiden sind zwar gleichmäßig abgestuft und biologisch etwa ideal, doch entspricht dieser Bestandsaufbau noch nicht den Idealvorstellungen des Jägers und dem o. a. Hegeziel, denn

- es sind zuwenig starke Keiler, zuviel junge
- zuwenig alte Bachen, zuviel junge
- zuviel Überläuferbachen und zuviel Frischlinge

Der Nachwuchs ist zwar gesichert aus den 20 Bachen und den 10 weiblichen Überläufern (Graphik 6), die nach dem 1. April führende Erstlingsbachen geworden sind, also zusammen dann 30 führende Stücke (Graphik 7); doch davon sind ein Drittel Erstlingsbachen! Das Geschlechterverhältnis ist 1 : 1.

Auf der rechten Seite der Graphik, beim weiblichen Wild, läßt sich der Idealzustand relativ leicht konstruieren. Wir brauchen ab 1. April 30 Bachen, um den Nachwuchs von 120 Frischlingen zu erreichen. Die lassen sich auf die Jahrgänge 3–7 verteilen mit je 5 Stück, und 5 weitere (Erstlingsbachen) kommen als jetzt Zweijährige dazu. Wenn dann nur jährlich fünf von unten nachwachsen, reicht das aus, um diesen Idealaufbau zu sichern. Diese letztgenannten fünf müssen am Ende des Jagdjahres (31. März nächsten Jahres) aus den zehn Überläuferbachen übriggeblieben sein. Andererseits auch nicht mehr, d. h., wir können und müssen im Verlauf des Jagdjahres noch fünf Überläuferbachen schießen. Damit haben wir das Geschlechterverhältnis schon zugunsten der Keiler verschoben: Den 30 weiblichen Stücken rechts stehen links 50 männliche gegenüber. Dazu kommen beiderseits 10 Überläufer. Der Gesamtbestand (100) ist gleich groß (Graphik 8).

Unbefriedigend ist jetzt noch, daß die Keiler nur in den Altersklassen 2–6 vertreten sind, nicht auch älter. Älterwerdenlassen ginge nur – wie oben gezeigt – wenn man den Gesamtbestand vergrößert und z. B. noch zehn der Altersklasse 7 oben draufsetzt.

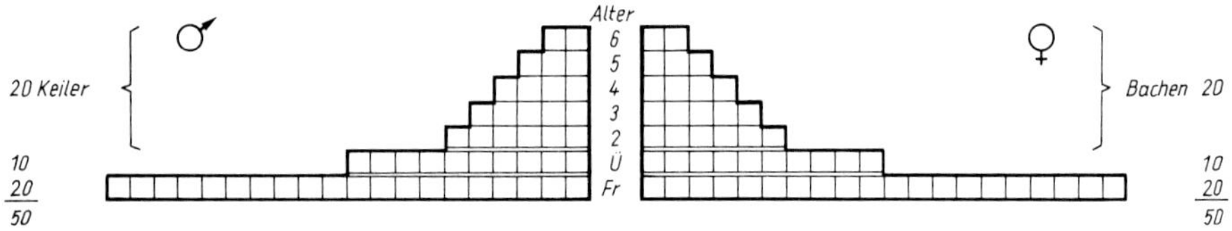

Graphik 6. Modellfall 1, „Normalbestand". Frühjahrsstand (31. März). Ü = Überläufer, Fr = Frischlinge

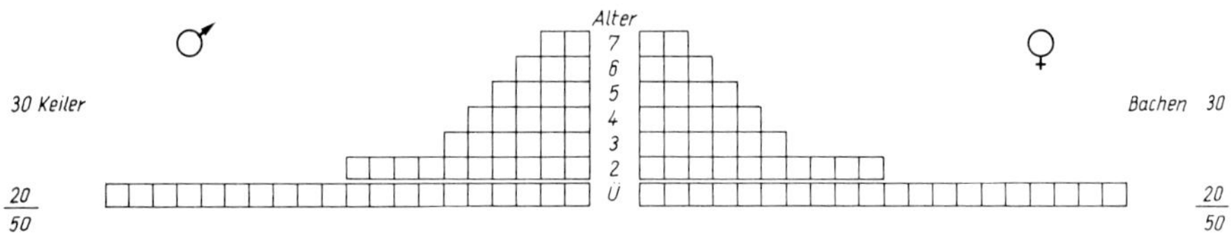

Graphik 7. Derselbe Bestand wie Graphik 6 am 1. April (Sommerstand). Der Zuwachs, die Frischlinge des laufenden Jahres, sind weggelassen

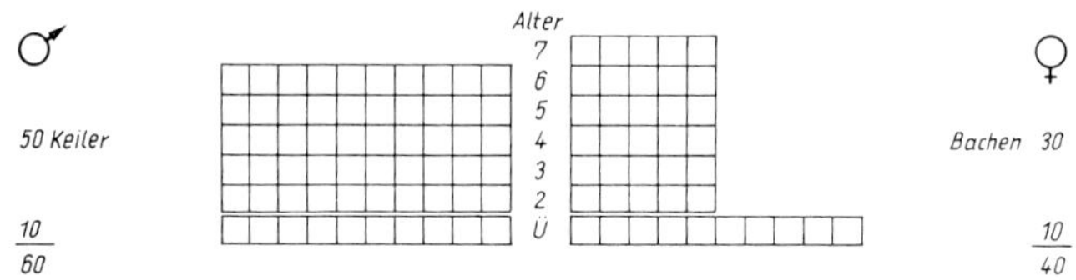

Graphik 8. Denkmodell: Gliederung eines Bestandes von 100 Sauen am 1. April – mit erhöhtem Keileranteil auf Kosten der vorjährigen Frischlinge (jetzt Überläufer). Altersgliederung der Bachen schon ideal

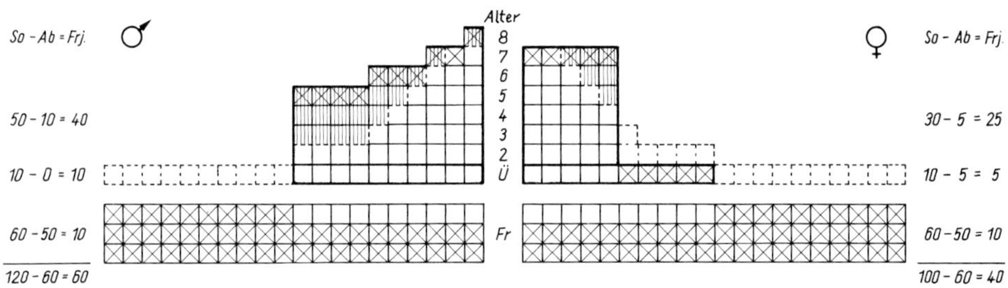

Graphik 9. Modell eines jagdlich ideal aufgebauten gleichgroßen Bestandes. Sommerstand. Im Vergleich zum „Normalbestand" (punktierte Linie = Graphik 6) größerer Anteil an starkem Wild (schraffiert), kleinerer Anteil an geringem Wild. Mehr (50) und stärkere Keiler (= mehr und bessere Trophäen) bei gleichgebliebener begrenzter Zahl (30) der Bachen (= begrenzte Vermehrung). Der Abschuß (×) soll in Höhe des Zuwachses liegen, so daß sich im Folgejahr der gleiche Bestand ergibt

Zum Ausgleich dafür noch stärker in die Frischlinge einzugreifen, ist nicht mehr möglich, da sonst der Nachwuchs abreißt. Immerhin kann man nun aber jeweils den ältesten Jahrgang nutzen und jährlich zehn 6jährige Keiler schießen.

In der Praxis werden nicht immer alle Keiler zur Strecke kommen, auch nicht immer genau die zehn ältesten. Doch läßt das Modell erkennen, daß bei diesem Aufbau eine jährliche „Ernte" von 10 jagdbaren Keilern möglich ist. Der Idealbestand könnte dann so aussehen, wie in Graphik 9 und 10 dargestellt.

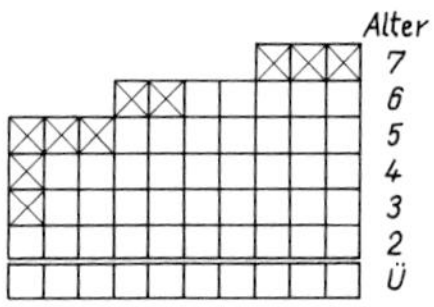

Graphik 10. In der Praxis wird der Abschuß auch einmal vom Ideal abweichen und z. B. die „Keilerseite" dann anders aussehen. (Versehentlich) zu jung erlegte Keiler sind auf den Abschuß anzurechnen; dafür müssen ältere leben bleiben. In nebenstehendem Beispiel werden im nächsten Jahr statt drei Keilern fünf in die Altersklasse 7 aufrücken

Hegezielgerechter Wahlabschuß – Helmstedter Modell

Ideale sind Wunschvorstellungen und in Wirklichkeit nicht zu erreichen. Immerhin haben wir uns mit vorstehendem Idealmodell eine Zielvorstellung erarbeitet, in der die oben genannten Denkfehler ausgeschaltet sind, und die die wichtigsten Zusammenhänge erkennen läßt.

Bei näherer kritischer Betrachtung mit den Augen des Praktikers, der an dieses Ideal möglichst nahe herankommen soll, zeigen sich einige schwache Punkte:

Ein derart starker Eingriff in die Jugendklasse wird nur schwer durchführbar sein. Selbst wenn man wirklich 100 von 120 Frischlingen erlegt (= 83 %), wird die Nachwuchsbasis so schmal, daß im folgenden Jahr kaum noch Überläufer da sind. Die 10 männlichen sind tabu, weil sie als Nachwuchsjahrgang gebraucht werden. Nur von den 10 weiblichen dürfen noch 5 erlegt werden. Mit einem solchen theoretischen Wahlabschuß wären die Jäger überfordert. Das Abschußmodell muß also der Wirklichkeit in der jagdlichen Praxis näher kommen.

Wenn man die Jugendklasse nicht in dem starken Maße reduzieren kann und will, gibt es dazu zwei Wege:

1. Entweder man muß den Keileranteil wieder herabsetzen, z. B. von 50 auf 40, und sich dann mit nur 8 Keilern jährlich begnügen. Der Gesamtbestand bleibt dann gleich. Oder:
2. Man hilft sich mit einem kleinen Trick und nimmt eine Vermehrung des Bestandes von 100 auf 110 (Frühjahrsstand) in Kauf.

In beiden Fällen können dann beiderseits je 5 Frischlinge, im ganzen 10, mehr leben bleiben, die erst als Überläufer geschossen werden.

Den erstgenannten Fall kann man sich leicht vergegenwärtigen, indem man in Graphik 9 „Idealbestand" zehn Kästchen am linken Rand der Keilerseite abstreicht und sich beiderseits je fünf Kreuze bei den Frischlingen wegdenkt.

Nach dem zweiten Fall wurde seit 1967 der Abschuß im Schwarzwildring Drömling und danach im ganzen Kreis Helmstedt geplant.

Er hat den in Graphik 9 gezeigten Idealbestand zum Vorbild, berücksichtigt aber die vorgenannten praktischen Überlegungen. Das folgende Modell zeigt eine praxisnahe Möglichkeit des Umbaus eines „Normalbestandes" in einen dem Hegeziel entsprechenden Idealbestand durch Wahlabschuß.

Modellfall 7, Hegezielgerechter Wahlabschuß (Helmstedter Modell).
Ausgegangen wird wieder vom Modellfall 1 „Normalbestand".

a: *Rechenmodell*
Da der Wahlabschuß schon bei den Überläufern stärker in die Bachen eingreifen soll, also schon im Alter 1 nach Geschlechtern unterscheidet (vgl. Rehwild, Rotwild), ist die Spalte 3 „Überläufer" (vgl. Modellfall 1) hier aufgeteilt worden in ♂ und ♀. Im Beispiel wird als Ausgangsjahr 1971 angenommen.

Modellfall 7. Der Rechengang nach dem Helmstedter Modell führt zu einem praxisnahen Idealbestand

	Keiler	Bachen	Überläufer ♂	Überläufer ♀	Frischlinge	insgesamt
1971						
1. Frühjahrsstand (31. März)	20	20	10	10	40	100
Veränderungen durch						
a. Übergang in andere	+ 10	+ 10	− 10	− 10		
Klassen (1. April)			+ 20	+ 20	− 40	
b. Zuwachs					+ 120	+ 120
1. Sommerstand	30	30	20	20	120	220
Abschuß 1971/72	0	− 5	− 10	− 15	− 90	− 120
1972						
2. Frühjahrsstand	30	25	10	5	30	100
Veränderungen durch						
a. Übergang	+ 10	+ 5	− 10	− 5		
			+ 15	+ 15	− 30	
b. Zuwachs					+ 120	+ 120
2. Sommerstand	40	30	15	15	120	220
Abschuß 1972/73	− 5	− 5	− 5	− 10	− 90	− 115
1973						
3. Frühjahrsstand	35	25	10	5	30	105
Veränderungen durch						
a. Übergang	+ 10	+ 5	− 10	− 5		
			+ 15	+ 15	− 30	
b. Zuwachs					+ 120	+ 120
3. Sommerstand	45	30	15	15	120	225
Abschuß 1973/74	− 5	− 5	− 5	− 10	− 90	− 115
1974						
4. Frühjahrsstand	40	25	10	5	30	110
Veränderungen durch						
a. Übergang	+ 10	+ 5	− 10	− 5		
			+ 15	+ 15	− 30	
b. Zuwachs					+ 120	+ 120
4. Sommerstand	50	30	15	15	120	230
Abschuß 1974/75	− 10	− 5	− 5	− 10	− 90	− 120
1975						
5. Frühjahrsstand	40	25	10	5	30	110

Ab hier bleibt der weitere Rechengang gleich; der Bestand hat sich dem Aufbauziel entsprechend eingependelt.

b: *Graphische Darstellung*

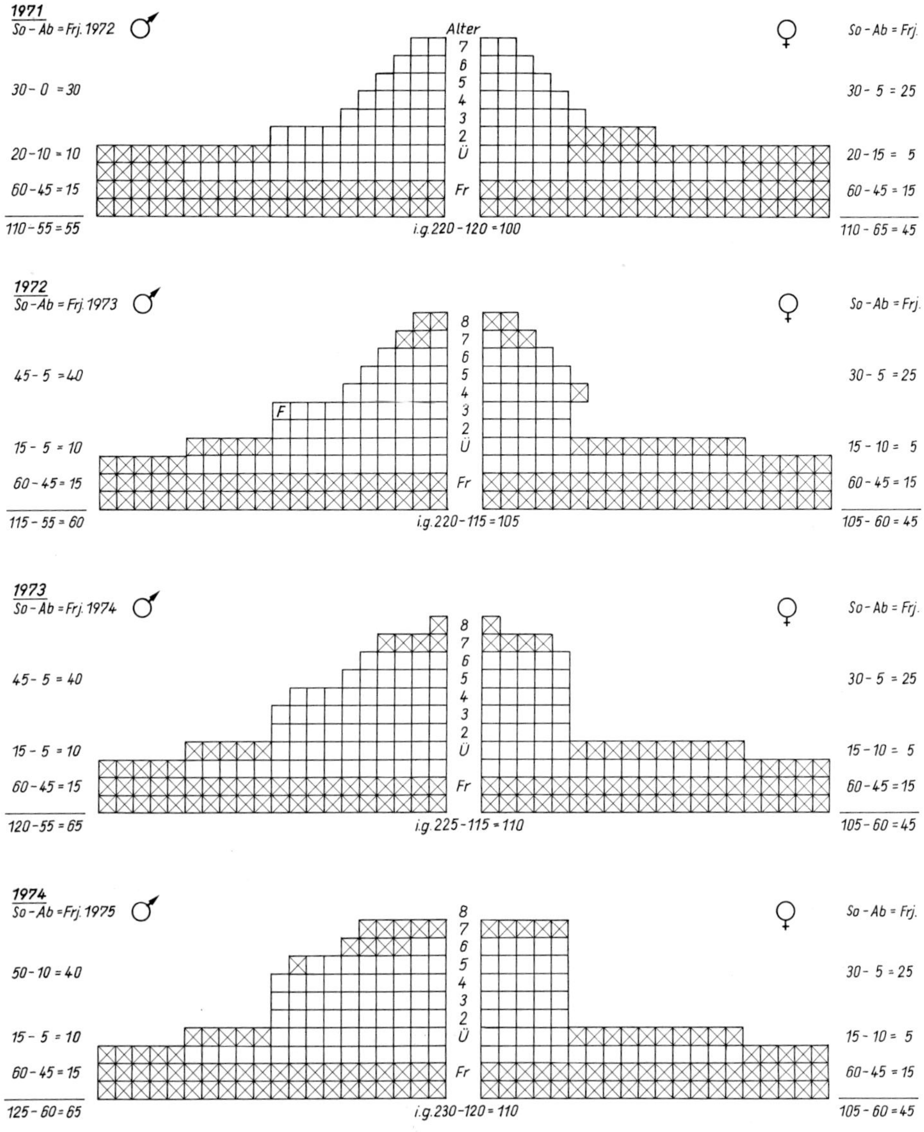

Graphik 11 (Fall 7). Hegezielgerechter Wahlabschuß (Helmstedter Modell). Umbau eines „Normalbestandes" in einen Idealbestand

Unterschiede zu den vorher beschriebenen Modellen, besonders zum Modellfall 1 „Normalbestand".

1. Der *Bachenbestand* wird umgebaut in einen Block von 30 Stück, in dem die Altersklassen 2–7 gleichmäßig mit je fünf Stück vertreten sind.

   Wie im Modellfall 1 werden jährlich 10 (geschlechtsreife) weibliche Stücke erlegt, jedoch nur 5 Bachen, dazu 5 Überläuferbachen mehr. Das Älterwerdenlassen der Bachen ist nur möglich durch diesen Wahlabschuß. Von 20 Überläuferbachen werden (statt 10 im Modellfall 1) hier im 1. Jahr (1971) 15 erlegt. 5 müssen (jährlich) übrigbleiben als Nachwuchsjahrgang. Von den 10 zweijährigen Bachen sollen gleichfalls nur 5 überleben. Mehr werden als Nachwuchs nicht gebraucht, da eine Altersklasse nicht stärker als 5 sein darf, wenn wir bis zum Alter 7 kommen wollen. Diese Erstlingsbachen sind relativ leicht anzusprechen. Sie werden mit ihren Frischlingen erlegt. Alle gröberen Bachen sind zunächst zu schonen. Bei dem gegebenen relativ günstigen Ausgangsbestand (von den 30 Bachen sind immerhin 9 fünfjährig und älter!) können und müssen ab 2. Jahr (1972) schon wieder jährlich 5 erlegt werden, um Platz zu schaffen für die Nachwuchsjahrgänge. Dabei spielt es praktisch keine große Rolle, ob das nun auch wirklich die fünf ältesten sind, wenn nur eine einigermaßen gleichmäßige Altersklassenverteilung erhalten bleibt.

2. Bei den *Überläufern* soll der Wahlabschuß in erster Linie die weiblichen erfassen und die Keilerchen möglichst schonen. Durch den gegenüber dem Idealbestand (Graphik 9) reduzierten Frischlingsabschuß sind 10 Überläufer mehr vorhanden.

   Der Wahlabschuß muß vorzugsweise im Sommer und Herbst bei Einzeljagd (Ansitz, Pirsch) geschehen. Ein Verhältnis von 2 (männlich) zu 3 (weiblich) beim Abschuß zu erreichen (hier 10 : 15), ist im 1. Jahr zu schaffen. In den folgenden Jahren ist dieses Ziel schon schwerer zu erreichen (5 : 10), muß aber verfolgt werden. Wenn zuviel Überläufer*keiler* fallen, fehlt der Nachwuchs für die angestrebte Vermehrung des Keilerbestandes. Werden andererseits zu wenig Überläufer*bachen* erlegt, steigt im Jahr darauf der Bachenanteil und damit die Vermehrungsquote. Wenn das Soll an Überläuferbachen nicht erreicht wird, müssen entsprechend mehr ältere Bachen erlegt werden. Damit sinkt allerdings wieder das Durchschnittsalter.

3. *Frischlinge* sind besonders stark zu bejagen, 90 von 120 sind zu schießen.

   Nach dem Gesetz des Zufalls ist anzunehmen, daß gleichviel männliche wie weibliche erfaßt werden. Aus einer Rotte werden möglichst jeweils die schwächsten herausgeschossen. Doch darf zu langes Zaudern nicht den zahlenmäßigen Erfolg in Frage stellen. Der Gesamtabschuß soll erfüllt werden, und nur ein höherer Frischlingsanteil an der Gesamtstrecke ermöglicht es, bei gleichbleibendem Bestand mehr Keiler älter werden zu lassen. Wenn der hohe Frischlingsanteil nicht erreicht wird, muß das Fehl im folgenden Jahr nachholend als Überläufer erlegt werden (zusätzlich). Das ist jedoch schon problematisch, oft nicht möglich.

4. Der *Keileranteil* wird erhöht von 30 auf 50 auf Kosten der Frischlinge und Überläufer und kann dadurch älter und stärker werden. 10 wachsen jährlich nach.

   Im 1. Jahr (1971) werden die Keiler ganz geschont. Ab 1972 sind (aus demselben Grunde wie bei den Bachen) schon wieder fünf freizugeben. Unbeabsichtigte Ausfälle (siehe F = Fehlabschuß oder Fallwild durch Straßenverkehr) werden auf den Abschuß angerechnet.

   Die Erhöhung des Keileranteils von 30 auf 40 geht noch zu Lasten der Jugendklassen; eine weitere Verschiebung auf 50 ist nur möglich durch Erhöhung des Gesamtbestandes von 100 auf 110 (Frühjahrsstand ab 1974). Ab Sommer 1974, also drei Jahre nach Beginn des Wahlabschusses, sind wieder jährlich 10 Keiler frei. Doch hier kann die Abschußverteilung in den ältesten Jahrgängen beliebig anders aussehen, z. B. 3 Fünfjährige, 3 Sechsjährige, 4 Siebenjährige. In jedem Falle bleiben für das Folgejahr 10 jagdbare Keiler übrig, wenn von unten jährlich 10 junge nachwachsen.

Das Geschlechterverhältnis – im Frühjahr 50 : 30 – ist nicht so ungünstig, wie es auf den ersten Blick aussieht. Mancher Keiler wird schon im Sommer oder Herbst erlegt werden. Die Zweijährigen haben in der Rauschzeit noch nicht viel zu melden. Damit sinkt die Zahl der Konkurrenten schon von 50 auf 35 bis 40. Außerdem: Je höher der Keileranteil, desto größer ist die Wahrscheinlichkeit, daß sich nur die stärksten vererben. Denn in der Rauschzeit finden ähnliche Rangordnungskämpfe statt wie bei der Massenbrunft des Rotwildes. Andererseits werden die zum Abschuß freigegebenen Bachen normalerweise erst später erlegt, sind in der Rauschzeit meist noch am Leben und werden außerdem verstärkt durch die dann schon geschlechtsreifen Überläuferbachen.

Nach diesem Modell werden also (nach Erreichen des Hegeziels) in Normaljahren 120 Stück jährlich erlegt, davon:

			♂		♀	
10	jagdbare Keiler	= 8,3 % der Strecke	10			
5	Bachen	= 4,2 %		15	5	
5	Überläuferkeiler	= 4,2 %	5			15
10	Überläuferbachen	= 8,3 %			10	
90	Frischlinge	= 75 %	45		45	
120		100 %	60 Stück		60 Stück	

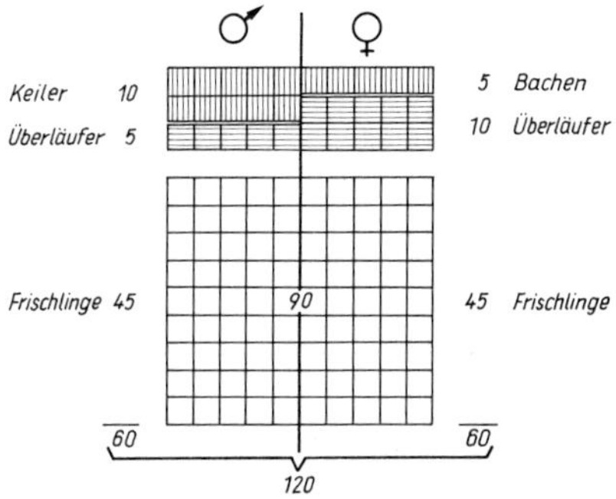

Graphik 12. Aufteilung des Abschußsolls nach dem Helmstedter Modell, nach Aufbau eines Idealbestandes durch Wahlabschuß. *„Normale" Vermehrungsquote* (vgl. hierzu Abschuß nach Übervermehrung, Graphik 14)

Damit wären die eingangs genannten Hegeziele erreicht:

1. Der Bestand wird in angemessenen Grenzen auf gleicher Höhe gehalten durch Kurzhalten des weiblichen Wildes.
2. Der Bestand ist qualitativ besser, auch durch einen größeren Anteil der älteren Altersklassen.
3. Es kann eine höchstmögliche Zahl starker Keiler erlegt werden.

Die Ziele 2 und 3 sind nur zu erreichen durch *starken* Eingriff in die Frischlinge und Verschiebung des Geschlechterverhältnisses zugunsten der Keiler.

Ähnlich obigem Beispiel läßt sich auch mit anderen, schlechter strukturierten Ausgangsbeständen ein Wahlabschußmodell errechnen – als Grundlage für Hege- und Abschußrichtlinien. Der Umbau ist etwas komplizierter, aber die Grundsätze sind dieselben – und es dauert nicht einmal länger. Nach vier Jahren ist eben die Alterspyramide schon bis nach oben durchgewachsen und aus einem Überläufer ein jagdbarer Keiler bzw. eine alte Bache geworden. Das soll schließlich noch am folgenden Beispiel demonstriert werden:

(Fall 8) *Umbau eines schlecht strukturierten Schwarzwildbestandes* in einen Idealbestand nach dem Helmstedter Modell

Da der Rechengang – analog Modellfall 7 – nun bekannt ist, kann hier auf die Tabelle verzichtet werden und mag die Graphik 13 zur Veranschaulichung genügen; die daneben gesetzten Zahlen entsprechen denen, die in der Tabelle gestanden hätten.

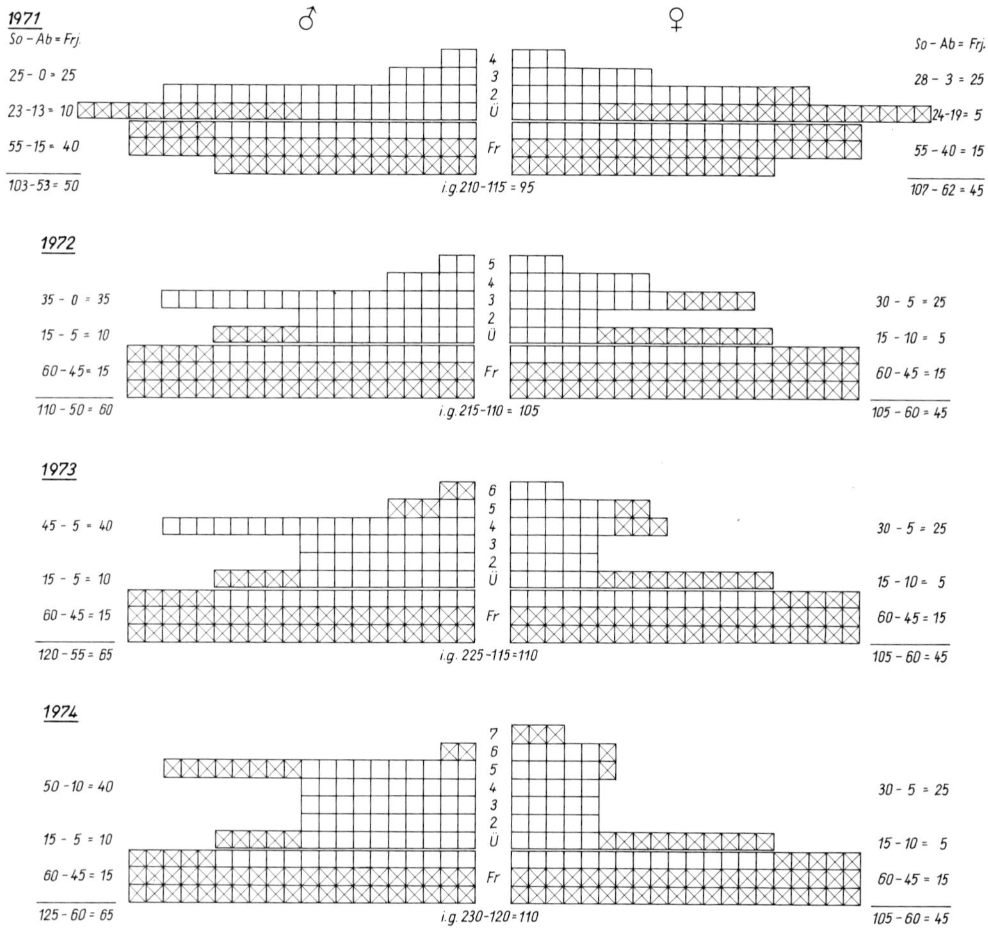

Graphik 13 (Fall 8). Umbau eines schlecht strukturierten Schwarzwildbestandes in einen Idealbestand nach dem Helmstedter Modell

Der *Modellfall 8* kommt in dieser oder ähnlicher Form in der Praxis häufig vor. Der Gesamtbestand, im Frühjahr 100 Stück, hat erhebliche Mängel:

- Grobe Sauen sind zu stark bejagt worden und kaum vertreten, den größten Anteil stellen die Zweijährigen (die vorjährigen Überläufer)
- Der Frischlingsabschuß im Vorjahr blieb dagegen zurück, es kamen zuviele in die Klasse der Überläufer
- Keiler sind zu wenig, weibliches Wild ist zuviel vorhanden

Da auch die Bachen ihren Normalanteil nicht erreichen (nur 28 statt 30), außerdem

Abb. 27. Rotte in voller Flucht über eine Freifläche; vier führende Bachen und etwa zehn Frischlinge. Ein guter Anblick für den Jäger – aber schwer, hier einen waidgerechten Schuß auf ein einzelnes Stück anzubringen. Da hilft nur Mitziehen, bis man einen einzelnen Frischling erwischt (Phot. M. W. SCHMELZENBACH)

zumeist Erstlingsbachen sind, ist der Zuwachs im Sommer 1971 geringer als 120 Stück – angenommen 110. (Der Sommerstand liegt demnach bei nur 210 statt 220). Dennoch müssen gleich im ersten Sommer drei junge Bachen und 19 Überläuferbachen erlegt werden, um auf annähernd normale Altersklassenstärken zu kommen. Außerdem dürfen nicht mehr als 25 (+ 5 Überläufer) übrigbleiben, sonst wird der Zuwachs im Jahr 1972 wieder zu hoch. So wird auf der Bachenseite schon im 1. Jahr, zunächst erst einmal zahlenmäßig, das Soll erreicht.

Deshalb ist auch der Abschuß etwas höher als der Zuwachs (115 : 110); das schadet nichts, da für 1972 der Bestand von 30 Bachen gesichert ist.

Die Keiler werden 1971 geschont. Nur einige Überläuferkeiler können noch geschossen werden (das geschieht meist sowieso); der Nachwuchsbedarf (10) muß aber leben bleiben.

Die Frischlinge werden – wie im Fall 7 – bis auf 30 (beiderseits je 15) entnommen.

1972 ist der Zuwachs wieder normal (120). Er wird nicht ganz entnommen, um den Keileranteil anzuheben. Da hier die älteren noch fehlen, können nicht schon – wie im Modellfall 7– fünf freigegeben werden. Damit steigt deren Zahl in diesem Jahr von 50 auf 60.

Bei den Bachen werden wieder 5 erlegt, womit die Altersabstufung verbessert werden kann. Sonst sind hier – wie auch bei den Überläufern und Frischlingen – die Zahlen schon normal und der Rechengang gleichbleibend.

1973 sind die ältesten Keiler fünf- und sechsjährig, und es können nun 5 freigegeben werden.

1974 zeigt der Sommerstand zwar noch den breiten Balken des starken, bisher geschonten Jahrgangs als Schönheitsfehler, doch ist jetzt der Gesamtbestand so alt geworden, daß von nun an jährlich auch wieder 10 Keiler erlegt werden können und nach dem Abschuß dieses Jahres der Idealaufbau erreicht ist.

Das Problem Vermehrungsquote

In der Praxis wird – wie schon gesagt – manches anders aussehen. Der größte Unsicherheitsfaktor bleibt die schwankende Vermehrungsquote. Da diese sich aber bei einem festen Stamm an geschlechtsreifem Wild *nur in der Zahl der Frischlinge* ausdrückt, ist das auch beim Frischlingsabschuß zu regulieren.

Merke: *Die Schwarzwilddichte muß in erster Linie durch den Frischlingsabschuß bestimmt werden.*
Versäumnisse hierbei lassen sich später nur durch Bachenabschuß wiedergutmachen.

Beim Frischlingsabschuß darf man sich durch den (nur als Anhalt!) genannten Prozentsatz nicht täuschen lassen, sondern sollte lieber mit absoluten Zahlen arbeiten. Der beste Grundsatz ist: So lange Frischlinge schießen, bis „keine mehr da" sind. Dann bleiben immer noch genug übrig (nämlich die stärksten, die schon als „Überläufer" angesprochen werden).

Wenn z. B. nach einem Mastjahr (siehe Modellfall 3) statt 120 Frischlingen plötzlich 250 da sind, muß man nicht nur 75 % davon erlegen (188), sondern 88 % (220 Stück)! Oder gar 90 % (270 von 300 – siehe Graphik 14)!

Wie groß die Vermehrungsquote jeweils ist, läßt sich spätestens im Mai/Juni durch Zählen der Frischlinge pro Bache und Zählen der führenden Überläuferbachen repräsentativ ermitteln. Schon im Januar erhält man Hinweise aus der Zahl der Föten in der Tracht erlegter Bachen und Überläuferbachen und aus der Zahl der beschlagenen Frischlinge.

So wurden z. B. hier durch den Helmstedter Kreistierarzt (zugleich Kreisjägermeister) Dr. Straden von der Strecke einer Jagd im Winter 1976/77 eine Überläuferbache und neun weibliche Frischlinge untersucht. Diese hatten zusammen 55 Föten in der Tracht! In einem normalen oder schlechten Jahr hätte sonst nur die eine Überläuferbache 3–5 Frischlinge gebracht. Das bedeutet:

Nach einem Mastjahr werden aus 10 zu wenig erlegten weiblichen Frischlingen nicht 10 Überläufer, sondern 60–70 Sauen!

(Rechnet man bei den Frischlingen 20 % Verluste in den ersten Lebenswochen ab, so bleiben in der Jagdzeit immer noch 50 Sauen – statt 10 –, die nun nachholend erlegt werden müssen.)

Gegebenenfalls muß dann also das vorgesehene Abschußsoll *sofort* entsprechend erhöht werden. In solchen Jahren müssen die weiblichen Überläufer, die erlegt werden sollten, notfalls als führende Erstlingsbachen (zusammen mit ihren Frischlingen) geschossen werden. Es wäre falsch, diesen auf Grund ihrer vorzeitigen (unerwünschten) Fruchtbarkeit eine Sonderstellung einzuräumen. Im Gegenteil: Sie sind durch Trächtigkeit und Säugen in ihrer körperlichen Entwicklung zurückgeblieben (wenn sie auch

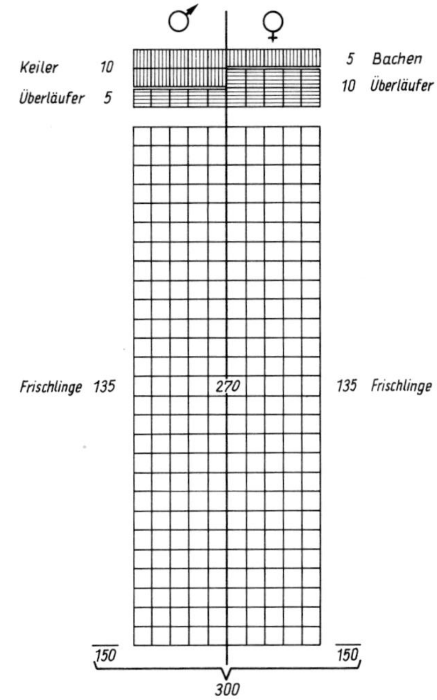

Graphik 14. Aufteilung des Abschußsolls nach dem Helmstedter Modell, nach Aufbau eines Idealbestandes durch Wahlabschuß. Hier: *nach Übervermehrung* (vgl. Abschuß bei „normaler" Vermehrungsquote, Graphik 12). Von den Frischlingen dürfen jeweils nur soviel übrigbleiben, wie als Nachwuchs gebraucht werden – im Modellfall 30 Stück. Liegt die Zuwachsrate (statt bei 120) nach einem Mastjahr bei 300 %, so sind davon 270 Frischlinge abzuschießen. Das sind dann nicht 75 %, sondern 90 % der Strecke! Solche Prozentsätze (s. S. 123, 130, 141) sind als Abschußrichtlinie problematisch. Wenn in einem solchen Jahr tatsächlich 300 Stück zur Strecke kommen, und davon sind nur 75 % Frischlinge (= 225 Stück), dann müßten noch 75 ältere Sauen erlegt worden sein. D. h. man hätte bei einem Ausgangsbestand von 100 Stück drei Viertel des Grundbestandes abgeschossen und müßte mit dem Aufbau von vorn beginnen

ursprünglich etwas weiter entwickelt gewesen sein mögen als in Normaljahren oder als andere Stücke ihres Jahrganges und deshalb so „frühreif" waren). Desgleichen werden ihre Frischlinge – meist später gesetzt – unterdurchschnittlich sein. Solche Rotten müssen bevorzugt völlig abgeschossen werden. Tut man das nicht, so muß man stärker in die wertvolleren starken Bachen eingreifen; denn in jedem Falle müssen nach unserer Rechnung 15 geschlechtsreife weibliche Stücke zur Strecke kommen. Zaudern bringt sofort im nächsten Jahr erneut erhöhten Zuwachs – diesmal nicht durch günstige Umweltbedingungen, auf die der Jäger keinen Einfluß hat, sondern durch Bachenüberschuß, also durch sein Verschulden.

Von den Frischlingen bleibt jedes Jahr nur der für den laufenden Nachwuchs erforderliche Teil verschont (im Beispiel 30), alle anderen müssen erlegt werden – einmal mehr, einmal weniger, notfalls ein Jahr später als Überläufer. Von dieser Möglichkeit eines nachholenden Verminderungsabschusses sollte man aber wirklich nur im Notfall Gebrauch machen. Wenn das nämlich im Jahr darauf auch nicht klappt – sei es witterungsbedingt, wegen abermals überhöhter Vermehrungsquote oder aus welchen Gründen auch immer – kommt man in arge Bedrängnis (siehe Wilddichte, S. 123, u. Jahresstrecken, S. 203). Denn – wie gesagt – nach einem Jahr kann sich ein (weiblicher) Frischling verfünffacht haben, nach zwei fruchtbaren Jahren hat er unter Umständen schon 20 Nachkommen!

Das Problem Wahlabschuß

Das Helmstedter Modell geht davon aus, daß man mit dem Wahlabschuß im Überläuferalter beginnen, also dort schon nach Geschlechtern unterscheiden kann. Nur wenn man gezielt – quasi neben dem normalen Überläuferabschuß (10 : 10 Stück) – noch fünf Überläufer*bachen* mehr erlegt, kann der Abschuß bei den Bachen von 10 auf 5 herabgesetzt, d. h. sie können älter werden. Das mutet schwieriger an, als es in Wirklichkeit ist. Bei der Einzeljagd kann man (ebenso wie bei den Rehkitzen) in Ruhe ansprechen und die Geschlechter ganz gut unterscheiden. Und wenn aus einer Rotte der schwächste Überläufer geschossen wird, und das ist wirklich ein Keiler, so ist das gewiß kein Schaden. Stärkere Überläuferkeiler sondern sich bekanntlich meist schon im Spätsommer von den Rotten ab und werden Einzelgänger. So sind auch bei den Drückjagden im Winter, wo man beim Schuß auf flüchtiges Wild nicht lange ansprechen kann, einzeln kommende stärkere Überläufer immer „verdächtig" und im Zweifelsfalle als Keiler zu schonen (Abb. 29, 30).

Merke: *Das Schwarzwild-Hegeziel wird beim Überläuferabschuß entschieden.*
Fehler hierbei gehen zu Lasten der starken Bachen und der Erntekeiler.

Für manchen Jäger wird die Schwarzwildhege mit Umdenkenmüssen verbunden sein. Der eine muß lernen, daß jetzt auch die Sauen *vor* dem Schuß angesprochen werden sollen. Dem anderen geht es gegen den Strich, wenn auf Drückjagden eine führende Bache vor den Frischlingen totgeschossen wird. Dabei sind die nachfolgenden Frischlinge das sicherste Zeichen dafür, daß das führende Stück eine Bache ist. Da Gesellschaftsjagden in der Regel erst im Winter abgehalten werden, müssen die Frischlinge dann auch selbständig sein und notfalls ohne die bis dahin geschonte Bache auskommen. Wenn sie also freigegeben ist, soll man auch darauf schießen, denn auch der Bachenabschuß muß erfüllt werden. Führen wird eine Bache immer, auch noch Ende Januar. Sollte sie wirklich als letzte übriggeblieben sein, nach Abschuß der Frischlinge, wird kaum rechtzeitig zu erkennen sein, daß diese einzelne grobe Sau von 70 oder 90 kg *kein* Keiler ist. Sie wird gegebenenfalls als „zu junger Keiler" durchkommen.

Abschußrichtlinien dürfen also auch nicht so engherzig gefaßt oder ausgelegt werden, daß die Jäger schließlich aus Furcht vor einem Fehlabschuß nicht mehr zu

Abb. 28. Überläuferrotten, wie hier im Frühsommer, bestehen fast ausschließlich aus Bachen. Hier sollte man unbesorgt eingreifen, und wenn möglich, die schwächsten Stücke zuerst erlegen

Abb. 29 (links). Keiler werden schon als ältere Frischlinge oder Überläufer Einzelgänger. Einzeln kommende Stücke sind also immer „keilerverdächtig". Hochstehender Pürzel gilt als Zeichen der Erregung – *Abb. 30 (rechts).* Häufig kann man durch Pfiff oder anderen Laut ein ziehendes oder trollendes Stück zum Verhoffen veranlassen (um besser ansprechen zu können). Jetzt sieht man an der hochgezogenen Oberlippe, daß es ein Keilerchen ist. Der Wurf wirkt dadurch breiter (vgl. sichernde Bache, Abb. 12)

schießen wagen. Besonders bei überhöhter Wilddichte gilt hier letzten Endes wie bei jeder Wildart: Zahl geht vor Wahl.

Andererseits kann es nach besonders strengen Wintern mit viel Fallwild auch einmal vorkommen, daß der Abschuß etwas gedrosselt werden muß. Länger als ein Jahr wird das aber kaum nötig sein, denn Schwarzwild regeneriert sich sehr rasch. Es sei nochmals darauf verwiesen: Die Gefahr eines Aussterbens oder einer Ausrottung besteht nicht – zumal seit Bestehen der gesetzlichen Schonzeit. Groß ist dagegen die Gefahr der Übervermehrung.

Sonstige Hegemaßnahmen

Die für die *Hege mit der Büchse* allgemein anerkannten waidgerechten Grundsätze gelten selbstverständlich auch für Schwarzwild, wie z. B. der bevorzugte Abschuß kranken oder verletzten Wildes.

Die gesetzliche Schonzeit der Bachen ist als Mindestzeit anzusehen. Darüber hinaus sollten führende Stücke noch längere Zeit geschont werden, zunächst so lange, bis die Frischlinge voll selbständig sind. Das kann sich bei späten Würfen bis in den November hinein erstrecken. Deshalb muß man bei geringen Bachen, die spät gefrischt haben, die Frischlinge auch dann schon schießen, „wenn noch nicht viel dran ist", sonst kommt man an die Bachen nicht heran.

Aus Rotten sollen grundsätzlich die schwächeren Stücke zuerst erlegt werden, ebenso „bunte".

Geschecktes Schwarzwild ist generell freizugeben, also auch die sonst zu verschonenden jüngeren Keiler. Solche spontanen Farbmutationen kommen immer wieder vor und sind unerwünscht. Gegebenenfalls sind auch die normal gefärbten Bachen, die solche schwarzweißen Frischlinge führen, mit abzuschießen. (Bei den Keilern lassen sich die Träger solcher rezessiver Erbanlagen ja nicht feststellen, bei den Bachen aber kann man sagen: „An ihren Früchten sollt Ihr sie erkennen!")

Der Bachenabschuß soll ebenfalls zuerst die schwächeren erfassen, besonders auch die, die (zu) spät gefrischt haben – zusammen mit ihren Frischlingen. Damit werden auch die Frischlingsbachen erfaßt. Wenn allerdings nach Mastjahren eine starke Bache noch im Oktober/November geringe Frischlinge führt, so ist das kein Zeichen einer schlechten Veranlagung, sondern der zweite Wurf. Dieses führende Stück ist zu schonen. Die Frischlinge werden abgeschossen, solche auch in der Schonzeit (im Rahmen der gesetzlichen Bestimmungen).

Auch von den Frischlingen sollten nur die kräftigsten in den Winter kommen und die Jagdzeit überleben. Soll der Bestand verbessert werden, müssen zur Nachzucht die kräftigsten Stücke leben bleiben.

Abb. 31. Führende Bachen sind im Frühjahr mager und kommen erst später als die übrigen Sauen in den Haarwechsel; denn durch das Frischen und Säugen werden sie körperlich stark beansprucht. Diese Erstlingsbache mit vier Frischlingen hat noch das Winterhaar. Sie wiegt sicher unter 50 kg. (Nicht etwa voreilig als „kranken Überläufer" abschießen!)

Wenn das Hegeziel (Aufartung, Erhöhung des Durchschnittsalters) erreicht ist, müssen schließlich auch laufend einige starke, alte Bachen entnommen werden, damit deren Bestand nicht überaltert. Meist wird man aber bei kritischer Analyse der Jahresstrecke feststellen, daß das in dem betreffenden Schwarzwildgebiet von selbst (versehentlich) geschieht – also braucht man nicht besonders darauf hinzuwirken. Außerdem kann man Bachen nicht nach dem Alter ansprechen. Schwarzwild lebt nun einmal gefährlich, und es wird wohl keinem Stück gelingen, allen Kugeln aus dem Wege zu gehen, um schließlich an Altersschwäche zu sterben.

Verbesserung des Lebensraumes

Grundsätzlich müssen zunächst einmal die natürlichen Lebensbedingungen des Reviers der betreffenden Wildart entsprechen. Das gilt für Schwarzwild noch mehr als für andere Wildarten, da man es – wie schon erwähnt – als Kulturfolger bezeichnen kann, es sich also den veränderten Bedingungen in unserer Kulturlandschaft gut anpassen kann – oft „zu gut", wie wir gesehen haben.

Schwarzwildhege besteht in erster Linie in Hege mit der Büchse, dem Wahlabschuß, weshalb der oben den breitesten Raum einnimmt. So ist auch im RAESFELD, dem bekannten Standardwerk (neubearbeitet von BEHNKE, 1978) über die Hege des Schwarzwildes nicht viel zu finden – eine halbe Seite, die nur die bekannten oder schon genannten Maßnahmen der Hege mit der Büchse behandelt, sowie ein kurzer Abschnitt über Schüttungen. Doch gibt es gerade auch bei der *Hege ohne Waffe* eine ganze Reihe von Maßnahmen zum Schutz und zur Pflege des Wildes, die auch dieser Wildart zugute kommt – letzten Endes auch den Jägern durch Verbesserung des jagdlichen Erfolges. Dieser „eigennützige" Gesichtspunkt ist durchaus legitim, zumal wenn er beiden Seiten nützt und keinem Dritten schadet. Das weist wieder darauf hin, daß Hegemaßnahmen eng mit der Wildschadensverhütung verbunden sein müssen.

Am Standort (Boden, Klima) läßt sich kaum viel ändern. Entweder er sagt dem Schwarzwild zu, dann hält es sich da auf, oder er ist weniger gut bis ungeeignet, dann sind Sauen zeitweilig (z. B. bei Übervölkerungsdruck nach Massenvermehrung), als Wechselwild oder gar nicht anzutreffen. Man kann aber Schwarzwild selbst in seinen Einstandsgebieten vergrämen, wie man andererseits auch ein weniger geeignetes Revier verbessern kann. Denn oft liegt es nicht so sehr am Standort, sondern an der Art und Weise, wie dieser genutzt wird.

Wirkungsvollste Maßnahme ist, den durch menschliche Einflüsse veränderten Biotop wieder natürlichen Verhältnissen anzunähern. Je besser das gelingt, desto besser ist die Lebensgrundlage für die Sauen, desto geringer ist der Wildschaden, desto höher liegt der Grenzwert für die Wilddichte.

Der Jäger, der selbst Grundeigentümer, vor allem Waldbesitzer ist, hat es am leichtesten. Denn der Lebensraum des Schwarzwildes ist der Wald; hier müssen die Maßnahmen ansetzen.

Jeder Waldumbau nach ökologischen Grundsätzen, besonders in Laub- und Mischwald, kommt den Sauen zugute. Die nach den Katastrophen der letzten Jahre (Sturm, Waldbrand, Insekten), vornehmlich in reinen Nadelholzgebieten, in der Forstwirtschaft zu erkennende Tendenz, beim Aufbau der neuen Wälder, da, wo es der Standort zuläßt, wieder mehr Laubholz, vor allem Eiche, zu verwenden, wird manche Schwarzwildreviere verbessern und neue erschließen. Allerdings wirkt sich das erst in Jahrzehnten aus.

Kurzfristig wirksame Maßnahmen, wie z. B. Wildwiesen zur Verbesserung der Äsungsverhältnisse für Rotwild, gibt es für Schwarzwild leider nicht. Man kann zwar auch Wildäcker für Sauen anlegen. Doch davon halte ich nicht viel. Solche Mais-, Hafer- oder Kartoffeläcker im Walde sind in der Anlage und Bewirtschaftung meist erheblich teurer als gleichartige Kulturen in der Feldmark. Sie müssen durch einen sehr stabilen und entsprechend kostspieligen Zaun geschützt werden. Sie würden nur dann ablenkend wirken, wenn man sie kurz vor den Hauptschadenszeiten (z. B. der Milchreife des Hafers) den Sauen freigibt, damit diese dann den Feldern fernbleiben. Das scheitert aber meist daran, daß die Feldfrüchte im Walde später reif werden als die in der freien Flur. Die Maßnahmen sollten also besser standortgemäß sein.

Bereits vorhandene Laubbäume sollte man unbedingt erhalten und darauf achten, daß bei Kahlschlägen einzelne ältere Eichen oder andere fruchttragende Bäume möglichst stehen bleiben – auch aus ästhetischen Gründen, z. B. an Ecken, Wegen oder am Waldrand als Windschutz. Häufig sind das breitkronige, ästige Exemplare, deren Holzwert unter Umständen niedriger liegt als der Aufwand für die Arbeitslöhne (und in die sich gut ein Hochsitz einbauen läßt).

Wichtig sind ruhige Ecken im Revier mit guter Deckung, vor allem eine ungestörte Kinderstube im Frühjahr. Da, wo die Bache frischt, bleibt meist auch die ganze Rotte, bzw. sie kommt immer wieder dorthin zurück. Solche Revierteile, also z. B. alte Laubholzbestände mit dichtem Unterwuchs, Dornengestrüpp, Fichten- und Kieferndickungen, sind in dieser Zeit von Störungen (wie Holzeinschlag und anderen Arbeiten) freizuhalten.

Sauen sind – wie schon erwähnt – wärmeliebend. Nicht nur für die Wurfkessel, auch für die Ruhestunden am Tage suchen sie mit Vorliebe trockene, windgeschützte Plätze auf, an Südhängen, in Feuchtgebieten höher gelegene, vergraste Partien. Auch auf Kiefernstandorten findet man ihre Kessel, wenn dort – z. B. durch Adlerfarn – nur genügend Deckung vorhanden ist. Durch Anlage von Hegebüschen oder Pflanzung von Nadelholzhorsten in sonst, besonders im Winter, kahlen oder durchsichtigen Laubholzkulturen oder Altholzkomplexen können solche Einstände auch relativ rasch geschaffen oder verbessert werden. Bevor sie aus dem Dickungsalter herauswachsen, ist für entsprechende Nachwuchsbestände zu sorgen.

Hierher paßt die kleine Geschichte von dem Schwarzwild-liebenden Förster im Forstamt Danndorf, die schon zu Zeiten meines Vorgängers passierte: Er hatte den Auftrag, auf einer Kahlschlagfläche Kiefer mit 10 % Fichtenbeimischung pflanzen zu lassen. Statt auf jeden zehnten Platz eine Fichte zu setzen, ließ er diese zusammenfassen zu mehreren Horsten, die unregelmäßig auf der Fläche verteilt wurden – und entschuldigte sich hinterher mit treuherzigem Augenaufschlag für dieses offenbare „Mißverständnis". Inzwischen ist das längst eine schwer durchdringbare Dickung, und schon seit vielen Jahren stecken bei fast jeder Jagd in diesem Treiben die Sauen.

Wenn ein Jagdpächter waldbauliche Entscheidungen nicht beeinflussen kann, so kann er aber „jagdliche Einrichtungen" schaffen, z. B. sogenannte „Sauhütten". Das sind aus derben Stangen gefertigte, zeltähnliche Gestelle, die mit Latten benagelt, mit Fichtenzweigen, Schilf oder Stroh dick abgedeckt und etwas „ausgepolstert" werden. Oder auch „Saubuchten" mit Wänden aus Strohballen, die man mit Pfählen stabilisiert. Daß man die nicht da hinbaut, wo sie jeder Pilzsammler findet, versteht sich von selbst.

Das Suhlen gehört zur notwendigen Körperpflege der Sauen. Wassertümpel, sumpfige Mulden, verwilderte Unlandflächen bereichern das Revier – nicht nur als Biotop für Schwarzwild, sondern auch für andere Arten der heimischen Fauna und Flora. Es ist wünschenswert, daß nicht jeder Winkel entwässert, gerodet, urbar gemacht und bewirtschaftet wird. Notfalls werden auch feuchte Schlaglöcher auf wenig befahrenen Holzabfuhrwegen als Suhlen angenommen. An geeigneten Stellen lassen sich künstliche Suhlen anlegen mit einer Fuhre Lehmboden in einer feuchten Mulde.

Fütterung und Wildschadensverhütung

Eine *Fütterung* der Sauen ist nur in Notzeiten am Platze. Grundsätzlich sollte das natürliche Nahrungsangebot ausreichen und ist die Wilddichte dem anzupassen. Ein Revier, dessen Schwarzwild nur mit ständigem Zufüttern den Winter überlebt, ist überbesetzt – und seuchengefährdet. Mit den bis zu Beginn des Winters angemästeten Reserven vermögen die Sauen recht gut auch eine knappe Zeit zu überstehen, und man ist oft erstaunt darüber, wenn im März erlegte Frischlinge noch einen Fingerbreit Weißes unter der Schwarte haben (und der Hausfrau dieses Wildpret als Braten noch „zu fett" ist). Gegen gelegentliche „Zugaben" aus der Landwirtschaft ist nichts einzuwenden.

In strengen Wintern jedoch, wenn der Boden stark gefroren oder tief verschneit ist und die Sauen nicht mehr brechen können, muß der Jäger ihnen helfen.

Die Futterstellen werden auf vom Schnee geräumten Plätzen in der Nähe der Wege angelegt und meist mit Kartoffeln, Rüben, Eicheln, Mais usw. beschickt. Eicheln sind am besten. Doch wenn kein Mastjahr war, bekommt man keine (in der Nähe); und wenn es eine Mast gab, braucht man die Eicheln nicht den Sammlern, die sie aus dem Walde holen, abzukaufen, um sie dann dort wieder hinzufahren. Von Körnerfutter wird Mais am liebsten genommen. Doch Sauen sind Allesfresser, und so sind der Findigkeit des Revierinhabers, an billige Futtermittel zu kommen, keine Grenzen gesetzt. Sie nehmen auch (aussortiertes) Obst und Gemüse. Und in einem Revier, dessen Inhaber gute Beziehungen zum nahe gelegenen Hafen hatte, sind aus beanstandeten Frachten auch Bananen und Apfelsinen, ja sogar wassergeschädigte Pralinen (in Kartons) an die Sauen verfüttert worden. (Sie haben es schnell gelernt, sie sich „auszupacken".)

Um *Wildschäden* zu *verhüten*, ist oft auch außerhalb der Wintersnot eine dosierte Fütterung angebracht, durch die das Wild länger im Wald gehalten, dort zur weiteren Futtersuche veranlaßt und von den Feldfrüchten ferngehalten wird.

In der Regel werden die Landwirte – durch Schaden klug geworden – Mais oder wertvolle Saatzuchtkartoffeln nicht gerade da anbauen, wo am ehesten mit Sauen zu rechnen ist. Im nachbarschaftlichen Gespräch kann der Jäger gegebenenfalls auch etwas lenkend einwirken. Manchmal läßt aber der gebotene Fruchtwechsel keine andere Wahl. Snethlage (1982) empfiehlt da, den Sauen auf vorhandenen Wildäckern im Walde – in einer Art „Vorfruchtanbau" – ein Kartoffelfeld als Ersatz anzubieten. Beim Pflügen des Wildackers im Frühjahr werden gleichzeitig in 50–60 cm Abstand Kartoffeln in die Furche gelegt und mit der nächsten zugepflügt. Zwei bis drei Wochen sind dann die Sauen damit beschäftigt, den Wildacker wieder umzuwühlen, bis sie die letzte Kartoffel gefunden haben. Dann werden nochmals 1000 kg alte Kartoffeln in die Löcher gestreut, darüber wird breitwürfig ein Gemisch aus Lupine, Seradella und Hafer gesät und alles mit der Egge eingeebnet. Die Sauen beschäftigen sich nun nochmals 14 Tage mit den Kartoffeln, und trotzdem soll von der Saat noch soviel auflaufen, daß sich im Herbst noch eine schöne Äsungsfläche für Rehe und Rotwild ergibt.

Bewährt haben sich auch die sogenannten „Maispfropfen". Mit einem Spatenstich hebt man einen Erdpfropfen aus, streut ein paar Maiskörner in das Loch und verschließt es wieder fest. Am besten geht das mit einem Hohlspaten, wie er im Wald zum Pflanzensetzen verwendet wird. Die Sauen sind damit lange Zeit beschäftigt, bis sie das letzte Korn herausgewühlt haben.

Wirkung und Erfolg solcher Ablenkungsfütterungen, an denen im Grundsatz nicht geschossen werden darf, hat in den letzten Jahren u. a. auch MEYNHARDT (1978) im Raum Magdeburg untersucht und stellt abschließend fest, „daß sie uns, richtig angewandt, die günstigsten, ökonomisch vertretbaren Möglichkeiten bieten, die Feldschäden erheblich zu vermindern bei gleichzeitiger Erhöhung der Schwarzwilddichte an die obere tragbare Grenze". Infolge der Ablenkfütterung (er rechnet mit 0,3 bis 0,5 kg je Stück und Tag) wurden die angrenzenden Felder, die in den Wochen der Aussaat bzw. der Milchreife des Getreides ständig von Jägern besetzt waren, nicht mehr besucht. Die Sauen brauchten etwa 2½ Stunden, um den breitwürfig ausgestreuten Mais aufzulesen, bei (billigerem) Bruchmais eine Stunde länger. In den Hauptschadenszeiten wurde täglich gefüttert.

Bekanntlich gehen Sauen auch an die Fasanenfütterungen und bedienen sich dort aus den aufgestellten oder aufgehängten Futterautomaten – zum Schaden der Fasanen und oft auch der Automaten. Es lag nahe, nach diesem Prinzip auch Sauen zu füttern, z. B. mittels aufgehängter durchlöcherter Kanister. Die müssen aber sehr stabil, gut verschließbar und sicher befestigt sein.

Ein findiger Revierinhaber in Mitteldeutschland hat die „Flaschenfütterung für Sauen" entdeckt, worüber GENDRICH 1976 berichtete (zit. nach MEYNHARDT). Mit Mais gefüllte Flaschen, am besten Sektflaschen, werden offen auf den Boden gelegt. Die findigen Sauen haben sehr schnell begriffen, daß man durch Hin- und Hertrudeln der Flaschen den Inhalt herausbekommt. MEYNHARDT hat dieses Verfahren ausprobiert und dabei festgestellt, daß man damit gegenüber seiner normalen Ablenkfütterung (s. o.) die Sauen fast doppelt so lange beschäftigen kann, nämlich 5 Stunden, und 50 % der Futterkosten spart. Eine Flaschenfüllung, 0,5 kg Mais, reicht für 2–3 Tage.

Für alle Fütterungen gelten die bekannten Grundsätze der Hygiene, also mehrere kleinere Stellen einrichten, um Wildmassierungen zu vermeiden, die Plätze von Zeit zu Zeit wechseln. Auch eine gelegentliche Desinfektion mit Kalk kann nichts schaden, obwohl die Sauen sauberer sind als das übrige Schalenwild und die Futterplätze nicht durch ihre Losung verunreinigen.

Auch bei den meisten dieser vorgenannten Hegemaßnahmen (ohne Waffe) ist es – wie bei der Hege mit der Büchse – wichtig und für den Erfolg entscheidend, daß sie gleichsinnig in größeren zusammenhängenden Gebieten durchgeführt werden und die Jagdnachbarn nach gemeinsam abgesprochenen Richtlinien verfahren.

Schließlich ist es noch von der Art der Jagdausübung abhängig, ob sich Sauen im Revier halten oder abwandern. Der Ansitz stört am wenigsten. In Feldrevieren kommt man gegebenenfalls auf der Pirsch besser an (zu Schaden gehende) Sauen heran, die infolge des Fruchtwechsels jährlich an anderer Stelle auftauchen; es sei denn, man folgt ihnen mit fahrbaren Hochsitzen oder rasch aufgestellten Leitern. Allein auf Einzeljagd wird jedoch der Abschuß nicht zu erfüllen sein, und so sind auch Gesellschaftsjagden, besonders im Wald, unentbehrlich. Dabei sind gut organisierte Drück- bzw. Riegeljagden mit Ansitz an den Hauptwechseln vorzuziehen, desgleichen sichere Treibjagden bei festgemachten Sauen nach Neuschnee. Zu häufig durchgeführte laute Treibjagden „auf Verdacht", die das ganze Revier beunruhigen, verleiden dem Schwarzwild schließlich auch die schönsten Einstände. Aber oft lassen ein hohes Abschußsoll und fehlender Schnee leider keine andere Wahl.

Hegegemeinschaften

Es wurde bereits mehrfach betont, daß das Bewirtschaften von Schwarzwild nur in größeren zusammenhängenden Gebieten nach gemeinsamen, gleichsinnigen Richtlinien sinnvoll möglich ist. Somit bietet sich der Zusammenschluß der in einem Schwarzwildgebiet liegenden Reviere zu einer Hegegemeinschaft gradezu an. Für Niedersachsen wird das in dem schon genannten Schalenwilderlaß auch gefordert, weshalb hier in den letzten Jahren zahlreiche Schwarzwildringe entstanden sind.

Abgrenzung und Größe eines Schwarzwildringes

Es empfiehlt sich, diese Zusammenschlüsse deckungsgleich mit regionalen Einteilungen zu bilden und die schon vorhandenen jagdlichen Organisationen wie Hegeringe, Jagdkreise, Rotwildringe usw. dafür zu benutzen. Andernfalls kommt es nur zu neuen Grenzziehungen, die in der jagdlichen Praxis immer von Nachteil sind, und zu Kompetenzzersplitterungen. Wenn ein Hegeringleiter, Kreisjägermeister oder Forstamtsleiter, an den sowieso laufend die Streckenmeldungen zu erstatten sind, in Personalunion gleichzeitig Schwarzwildringleiter ist, wird der Verwaltungsaufwand wesentlich erleichtert.

Ein geschlossenes Schwarzwildvorkommen sollte auch zusammengefaßt werden; nur wenn es zu groß wird oder gegebenenfalls politische Grenzen Schwierigkeiten machen, kann eine Teilung zweckmäßiger sein. Doch sollten wildbiologische Gesichtspunkte den Vorrang haben vor kommunalpolitischen oder verwaltungstechnischen (zumal wenn sich – wie zur Zeit – durch Verwaltungs- und Gebietsreformen die Grenzen alle paar Jahre ändern).

Anzustreben ist somit, über Kreis- und Bezirksgrenzen hinweg auch Nachbarreviere mit zu erfassen, die nach ihrer naturräumlichen Struktur zum selben Schwarzwildvorkommen gehören, falls dort nicht ebenfalls ein Schwarzwildring nach gleichen Grundsätzen wirkt.

In einem solchen Bereich wird es Schwarzwild-Schwerpunkte geben ebenso wie auch wildarme Gebiete. Es empfiehlt sich jedoch, auch solche im Gemenge liegenden Reviere mit einzubeziehen, in denen Sauen nur als Wechselwild oder gar nicht vorkommen. Es gibt dann keinen Ärger, wenn dort die Jäger aus „Unkenntnis" oder als „Nichtbetroffene" einen im Ring geschonten Keiler totschießen.

Größe

Sauen haben einen großen Aktionsradius. Auch die niedrige tragbare Wilddichte zwingt dazu, größere Gebiete zusammenzufassen, denn ein Bestand unter 100 Stück läßt sich kaum sinnvoll bewirtschaften. Bei z. B. 1 Stück/100 ha (Frühjahrsstand) ergibt sich schon eine Jagdfläche von 10 000 ha als untere Grenze.

Die obere Grenze ist da, wo diese Organisation zu groß wird – in der Zahl der Mitglieder, in der Weite der Entfernungen. Sie mag, je nach Waldanteil und zulässiger Wilddichte, bei 40–50 000 ha liegen. Das wäre schon fast die Größe eines Landkreises oder ein Zusammenschluß von 50–70 Revieren (mit etwa 300–400 Jägern).

Wenn in benachbarten Schwarzwildringen nach den gleichen Richtlinien verfahren wird, sind zwei kleinere besser als ein zu großer, sonst wird aus der Selbstverwaltungs-Gemeinschaft leicht ein unpersönlicher Verwaltungsapparat.

Organisation eines Schwarzwildringes

Eine gesetzliche Grundlage für die Bildung von Hegegemeinschaften schlechthin – also auch für Schwarzwildringe – gibt für sämtliche Bundesländer jetzt das Bundesjagdgesetz in seiner Neufassung vom 29. 9. 1976, § 10a (s. S. 116).

Niedersachsen hat daraufhin in der Neufassung des Landesjagdgesetzes vom 24. 2. 1978 schon ins Einzelne gehende Bestimmungen erlassen, die einer großräumigen Wildbewirtschaftung sehr förderlich sind. In Artikel 15 LJagdG (zu § 10a BJG) heißt es:

„(2) Eine Hegegemeinschaft ist der Zusammenschluß der Revierinhaber für mehrere Jagdbezirke zu dem Zweck, den Abschuß bestimmter Wildarten nach gemeinsamen Plänen durchzuführen."

Zu beachten ist in diesem Text: „Bestimmte Wildarten" schließt Schwarzwild mit ein. Ferner heißt es: „. . . nach gemeinsamen Plänen", nicht „. . . Abschußplänen" (der gesetzlich vorgeschriebenen Art); Abschußregeln würden also auch genügen.

Zwar besagt der vorhergehende Absatz:

„(1) Der Abschuß des Rot-, Dam-, Reh- oder Muffelwildes kann für mehrere zusammenhängende Jagdbezirke in einem gemeinsamen Abschußplan geregelt werden, wenn eine anerkannte Hegegemeinschaft besteht."

Das bedeutet aber nicht (wie häufig argumentiert wird), daß es nur für die genannten Wildarten anerkannte Hegegemeinschaften geben dürfe – für Schwarzwild also nicht. Es geht hier um einen *gemeinsamen* Abschußplan an Stelle der obligatorischen Abschußpläne für jedes *einzelne* Revier. Schwarzwild ist deshalb nicht genannt, da für dieses ein Abschußplan nicht gesetzlich vorgeschrieben ist. Das heißt nicht, daß es „planlos" abgeschossen werden soll – aber nach *solchen* Abschußplänen, in denen das Wild nach Geschlecht, Güte-, Stärke-, Altersklasse usw. eingeteilt und auf die Reviere verteilt wird, läßt sich Schwarzwild eben nicht bewirtschaften. Der Sinn des zitierten Absatzes wird klarer, wenn man ihn wie folgt formuliert:

„(1) Wenn eine anerkannte Hegegemeinschaft besteht, kann der Abschuß des Rot- (usw.) . . . wildes für mehrere Jagdbezirke in einem *gemeinsamen Abschußplan* geregelt werden."

Das ergibt sich auch aus dem Absatz (4), wonach dieser gemeinsame Abschußplan der Jagdbehörde durch die Hegegemeinschaft vorzulegen ist – wieder nur für die genannten Wildarten, für Schwarzwild nicht.

Es können also – das gilt für das ganze Bundesgebiet – zunächst auf freiwilliger Basis als privatrechtlicher Zusammenschluß auch Schwarzwild-Hegegemeinschaften oder Schwarzwildringe gegründet werden. In Niedersachsen müssen diese auch anerkannt werden, wenn sie bestimmte Voraussetzungen erfüllen. Art. 15 besagt dazu:

„(3) Eine Hegegemeinschaft ist durch die Jagdbehörde anzuerkennen, wenn
1. eine einheitliche Bewirtschaftung der Jagd für die betreffende Wildart im Gebiet der Hegegemeinschaft biologisch und jagdwirtschaftlich zweckmäßig ist."

Das ist in Schwarzwildgebieten immer der Fall, sogar notwendig. Schwarzwild verlangt mehr als jede andere Wildart eine einheitliche, großräumige Bewirtschaftung aus biologischen und jagdwirtschaftlichen Gründen.

Rehwild läßt sich auch in kleineren Räumen bewirtschaften.

In Rotwildgebieten erfordert in erster Linie das Hegeziel (die gute Trophäe) eine Hegegemeinschaft. Bei zu hohen Wildschäden sind (relativ wenige) Waldbesitzer betroffen, die in der Regel die Jagd selbst ausüben können und/oder über den Abschußplan für Abhilfe sorgen können.

Gleiches gilt für Damwild und für Muffelwild.

All diese Arten sind in ihrer Lebensweise besser zu kontrollieren und haben niedrige, etwa gleichbleibende Zuwachsraten.

Schwarzwild dagegen ist schwer zu überwachen, hat einen weiten Aktionsradius und hohe, stark schwankende Vermehrungsquoten; der einzelne Revierinhaber bekommt es nicht in den Griff. Von Schwarzwildschäden sind gegebenenfalls Hunderte von Landwirten betroffen, die zumeist auf die Wilddichte keinen Einfluß nehmen können. Hier müssen die Jäger als Treuhänder die Verantwortung tragen und für Interessenausgleich sorgen. Das ist in unserem dicht besiedelten Lebensraum nur gemeinschaftlich zu schaffen, wenn wir nicht wieder zum Abschuß nach dem Schädlingsbekämpfungsprinzip zurückkehren wollen.

Unter Punkt 2 sind dann weitere Voraussetzungen genannt, die logischerweise dazugehören, wenn der Zusammenschluß seinen Zweck erfüllen will, wie z. B. Gewähr für ausreichende Dauer, einheitliche Abschußregeln, deren Einhaltung „durch geeignete Bestimmungen gewährleistet sein" muß usw. Diese Bestimmungen wird man zweckmäßigerweise in einer Satzung festlegen, wodurch auch diese Forderungen des Gesetzgebers erfüllt wären und einer Anerkennung nichts mehr im Wege stünde.

In den folgenden Artikeln 16–18 wird das Verfahren für die Bildung von Hegegemeinschaften als Zwangsverband geregelt, hier „Hegeverband" genannt, als Körperschaft Öffentlichen Rechts unter Aufsicht der Jagdbehörde. Wenn sich ein Zusammenschluß als notwendig erweist und nach schriftlicher Aufforderung der Jagdbehörde an die Revierinhaber nicht (mit Zustimmung aller) zustande kommt, kann er – falls die Revierinhaber mit vier Fünfteln der Fläche dafür sind – zwangsweise gegründet werden. Damit werden auch die Reviere einzelner Außenstehender in den Verband mit einbezogen.

Bisher ist in Niedersachsen von diesen Bestimmungen noch kein Gebrauch gemacht worden. Vielmehr sind – meist schon vorher – zahlreiche Hegegemeinschaften für andere Schalenwildarten und auch Schwarzwildringe auf freiwilliger Basis entstanden.

Den Initiatoren von Schwarzwildringen sind solche Bestimmungen willkommen; sie erleichtern ihnen ihre Arbeit. Für einzelne Widersacher geben sie Anlaß zum Nachdenken, ob es weiterhin sinnvoll ist, sich den Argumenten der einsichtigen Jagdnachbarn zu verschließen, um „frei jagen" zu können.

Satzung eines Schwarzwildringes

Auch Hegegemeinschaften, die sich auf freiwilliger Basis zusammenschließen, sollten sich eine Satzung geben, gegebenenfalls die schon bestehende eines Rotwildringes ergänzen, so daß das Schwarzwild in die schon vorhandene Organisationsform mit einbezogen wird. Wie man diesen Zusammenschluß nennt, bleibt sich letzten Endes gleich. „Schwarzwildring" halte ich aus psychologischen Gründen für besser (auch kürzer und einprägsamer). Denn in weiten Kreisen der Landwirtschaft wird Hege vielfach noch mit Schonung, Überhege, gleichgesetzt, der Name also mit einer falschen Zielvorstellung und Skepsis verbunden.

In der Satzung wird festgelegt:
- Gebiet – Größe, Abgrenzung, dazugehörige Reviere
- Zweck und Ziele des Zusammenschlusses
- Aufgaben (= Wege zu diesen Zielen, Maßnahmen)
- Mitglieder und deren Stimmrecht (z. B. nur die Revierinhaber, mit einfacher Stimme oder gewogen mit der Flächengröße, oder alle im Jagdverband organisierten Jäger)
- Organe, deren Aufgaben, Amtszeit
- Beschlußfassung, Wahlverfahren, Finanzierung usw.

Schon vorhandene Satzungen von Hegegemeinschaften für andere Wildarten, die bekannten Regeln aus dem Vereinsrecht u. ä. können als Vorlage herangezogen und dem Zweck entsprechend geändert werden. Die eingangs (für Niedersachsen) genannten Voraussetzungen für eine erfolgswirksame Zusammenarbeit dürften allgemein Gültigkeit haben.

Zu den wichtigsten Aufgaben eines Schwarzwildringes gehört somit
- das Festsetzen langfristiger gemeinsamer Hege- und Abschußrichtlinien
- das Aufstellen jährlicher gemeinsamer Abschußquoten
- das Überwachen des Abschusses und der Bestandesentwicklung
- Absprachen über gemeinsame Hegemaßnahmen
- gegebenenfalls Einschreiten bei Verstößen.

Hege- und Abschußrichtlinien

Hege- und Abschußrichtlinien sollten nicht im einzelnen Bestandteil der Satzung sein, denn sie müssen geändert und gegebenenfalls wechselnden Verhältnissen angepaßt werden können. Sie werden (anhand einer Vorlage) von der Mitgliederversammlung erarbeitet und beschlossen.

Im Anhalt an die vor 10 Jahren erstellten Richtlinien für den Schwarzwildring Drömling und den Jagdkreis Helmstedt seien hier die wichtigsten Punkte aus dem Inhalt stichwortartig als Beispiel genannt:

1. Hegeziele (s. S. 117)
   - zahlenmäßig etwa gleichbleibender, landeskulturell tragbarer Bestand
   - gesunder Bestand mit hohen Wildpretgewichten
   - hoher Anteil an jagdbaren Keilern
2. Zulässige (angestrebte) Wilddichte
   Vorhandener Bestand zu niedrig, angemessen, zu hoch –
   Übergangszeit, Übergangsregelungen
3. Bestandesgliederung
   gegebenenfalls besondere Bestimmungen für Umstrukturierung im Anpassungszeitraum
4. Abschußrichtlinien – Helmstedter Modell
   Zielvorstellung eines Idealbestandes (s. Modellfall 7, Graphik 11)

	Keiler	*Bachen*	*Überläufer* ♂	*Überläufer* ♀	*Frischlinge*	*insges.*
Frühjahrsstand:	40	25	10	5	30	110
Jährl. Abschuß, z. B.	10	5	5	10	90	120 Stück
Wahlabschuß – jeweils in Höhe des Zuwachses						(ggf. 200–300 St.)

5. Abschußquote – gemeinsames Soll als Richtzahl (Mindestabschuß) wird jährlich neu bestimmt.

Diese Richtzahlen werden – in Verbindung mit Ziffer 2 – für den ganzen Schwarzwildring ermittelt, zunächst vorläufig; sie können bei Bedarf geändert werden. Vorstehende Zahlen würden z. B. für einen Schwarzwildring von rund 10 000 ha bei einer Wilddichte von (im Mittel) 1 Stück/100 ha gelten.

Einzelbestimmungen:
(1) Bei Frischlingen so viel wie möglich erlegen.
(2) Bei Überläufern: Keiler möglichst schonen, vorzugsweise Bachen schießen. Die jährlich festzusetzende Gewichtsbegrenzung (z. B. 50, 60 kg) darf nicht überschritten werden.
(3) Bachen: Führende Stücke sind über die gesetzliche Schonzeit hinaus bis mindestens 31. August zu schonen. Spätestens ab 1. Dezember müssen auch Bachen geschossen werden und in der im Abschußplan vorgesehenen Stückzahl bis 31. Januar zur Strecke kommen.
(4) Keiler sind erst ab 5jährig zum Abschuß frei – nach besonderen Bestimmungen (s. „Abschußrichtlinien für jagdbare Keiler"). Jüngere Keiler sind zu schonen.
(5) Für gescheckte Stücke gelten die unter (2) und (4) genannten Einschränkungen nicht; sie sind bevorzugt abzuschießen.
(6) Der Abschuß soll möglichst schon während der Jagdzeit erfüllt werden. Wenn Frischlinge und Überläufer entsprechend den gesetzlichen Möglichkeiten auch noch in der Schonzeit bejagt werden müssen, gilt folgendes: Vom 1. Februar bis 31. März sind nur (noch) Frischlinge freigegeben, ab 1. April bis 15. Juni Frischlinge (die diesjährigen) und Überläufer (z. B.) bis 25 kg (d. h. die geringsten der vorjährigen Frischlinge).
(7) Aus Rotten sollen grundsätzlich zuerst die schwächsten Stücke erlegt werden. Einzelstücke sollen – soweit sie nicht deutlich unter den Gewichtsgrenzen liegen – geschont werden.
(8) Bis zum 15. Oktober werden keine Drückjagden auf Schwarzwild abgehalten.
(9) Richtlinien über sonstige Hegemaßnahmen (z. B. Fütterung in Notzeiten, Ablenkfütterung) werden bei Bedarf gegeben und diese, wo notwendig, aufeinander abgestimmt.

Weitere Bestimmungen, den örtlichen Verhältnissen entsprechend, sind denkbar. Doch sollte man nicht zuviel einschränkend reglementieren, sonst wird das Abschußsoll nicht erfüllt.

Abschußplanung und -überwachung

Abschußplanung für die einzelnen Reviere ist bei obigen Abschußrichtlinien überflüssig. Es wird lediglich entsprechend der Wildstandsschätzung jährlich eine gemeinsame Abschußquote ermittelt, die im wesentlichen aus einer Richtzahl für den Gesamtabschuß des Schwarzwildringes besteht. Dieser wird im Anhalt an das Modell und an repräsentative Ermittlungen der Bestandsgliederung gutachtlich aufgeschlüsselt.

Der Abschuß wird nicht auf die Reviere verteilt oder bei diesen zahlenmäßig begrenzt. Wo das meiste Schwarzwild vorkommt (und wo der meiste Schaden entsteht) kann auch am meisten geschossen werden.

Eine *Abschußüberwachung* ist unerläßlich, um die Hegeziele zu erreichen. Der Schwarzwildringleiter muß durch die Streckenmeldungen ständig auf dem laufenden sein über den Stand des Abschusses, um gegebenenfalls rechtzeitig korrigierend – ermunternd oder bremsend – eingreifen zu können. Dazu ist ein kurzer direkter Meldeweg nötig. Er kann die Meldungen dann an die Untere Jagdbehörde weiterleiten. Der umgekehrte Weg ist erfahrungsgemäß nicht gangbar, zumal dann nicht, wenn in seinem Bereich mehrere Kreisjägermeister zuständig sind. Er muß das Recht haben, jeden Abschuß zu kontrollieren und diese Aufgabe auch zu delegieren, da er nicht alles selbst tun kann. Es ist Sache des Schwarzwildringes, das rechte Maß dieser Überwachung festzulegen. Bei Frischlingen genügt m. E. eine Postkarte, ansonsten können sie gleich verwertet werden. Bei Überläufern (besonders solchen an der Gewichtsgrenze), groben Sauen, Notabschüssen und Zweifelsfällen wird telefonisch vorweg gemeldet. Das Stück kann dann vor dem Zerwirken besichtigt werden (es muß nicht). Allein die Tatsache, daß der Erleger mit einer Begutachtung rechnen muß, wird meist genügen, Falschmeldungen zu verhindern.

Die Ansicht einiger Skeptiker, wonach eine wirksame Überwachung nicht möglich sein soll, kann ich nicht teilen. Sicher gibt es auch unter den Jägern – wie in jeder Gemeinschaft – einige schwarze Schafe, doch im ganzen gesehen ist es eine anständige Zunft, und es dürfte jeder Manns genug sein, auch einmal einen Fehler zu bekennen. Außerdem: Bei Gesellschaftsjagden läßt sich nichts verheimlichen. Und selbst bei der Einzeljagd ist es kaum möglich, alles – Schuß, Aufbruch, Schweißspuren, Transport, Abschwarten, Trichinenschau – zu vertuschen und ohne Zeugen abzuwickeln. Und wer wird schon wegen eines solchen Vertrauensbruches oder Verstoßes seinen guten Ruf als Waidmann oder seinen Jagdschein riskieren wollen? Darin liegt das Problem nicht.

Wenn ein Schwarzwildring erst einmal gegründet ist, wird seine Wirksamkeit kaum von der Abschußkontrolle bestimmt, aber entscheidend von einer raschen und guten Information der Zentrale und von einer den wechselnden Wildbeständen angepaßten straffen Abschußregulierung. Die Gefahr, daß – wie schon gesagt – zu wenig geschossen wird, ist größer als die, daß zu viele Fehler gemacht werden oder zuviel geschossen wird.

Die Abschußquote muß erreicht werden. Sie muß gegebenenfalls im Laufe des Jagdjahres sogar geändert – meist erhöht – werden, wenn Beobachtungen im Revier, zunehmende Wildschadensmeldungen usw. ergeben, daß die Einschätzung des Bestandes und des Zuwachses zu niedrig lag. Auch die Abschußgliederung muß (durch ein kurzes Rundschreiben) korrigiert werden, z. B. „mehr Frischlinge", „weniger Überläufer(-keiler)", oder wenn die Sollzahl an Bachen oder Keilern erreicht ist, wird für diese „Halt" geblasen. Wenn die Gesamtzahl oder die Zahl der Frischlinge überschritten wird, oder wenn die freigegebenen Keiler nicht alle zur Strecke kommen, so schadet das nichts. Rückstände bei Überläuferbachen und Bachen dagegen sind bedenklich. Die Einzelzahlen (im Modell 10 und 5) sind z. T. austauschbar, die Gesamtzahl (15) ist jedoch verbindlich.

Ich habe kaum erlebt, daß gebremst werden mußte (höchstens bei Überläuferkeilern), meist waren „Aufmunterungsappelle" nötig, um den Gesamtabschuß zu erfüllen.

Eine „Inventur" in bestimmten Zeitabständen (z. B. 1. Oktober, 1. Dezember) läßt anhand von Erfahrungszahlen erkennen, ob man mit dem Abschuß auf dem laufenden ist. Wenn er bis dahin nachhinkt, sollte man sich nicht auf die großen Strecken bei den winterlichen Neuschneejagden verlassen, schon gar nicht in Gegenden, wo Schnee spärlich oder erst im Februar fällt. Dann müssen notfalls auch Treibjagden auf Verdacht oder Ansitz-Drückjagden durchgeführt werden.

Eng verbunden mit der Abschußüberwachung und mit entscheidend für das richtige Einschätzen des Abschußsolls ist die *Bestandsüberwachung*. Die Revierinhaber sollten sich nicht nur darauf beschränken, dem Schwarzwildringleiter die obligatorischen Abschußmeldungen zu schicken, sondern darüber hinaus auch laufend Hinweise geben, die für ihn – als Ergänzung seiner eigenen Erkenntnisse – zur Beurteilung des Schwarzwildvorkommens, der Wilddichte, Bestandesentwicklung usw. wertvoll sind.

Wichtig sind z. B. folgende Beobachtungen:
- Im Frühjahr Zahl der führenden Bachen
- Zeitpunkt des Frischens
- Anzahl der Frischlinge je Bache
- Erlegte Frischlinge des Vorjahres, die schon inne hatten (Zahl und Größe der Föten)
- Im Sommer Zahl der Frischlingsbachen, verspätete Würfe, Größe der Frischlinge (geschätzt; die genauen Gewichte erlegter Stücke stehen ja in der Streckenmeldung)
- Im Herbst gegebenenfalls zweite Würfe älterer Bachen
- Im Winter Zeitpunkt der Rauschzeit, Zahl und Größe der Föten in der Tracht bei älteren Bachen, Überläuferbachen und gegebenenfalls Frischlingen
- Allgemein: Zusammensetzung und Größe der Rotten, massiertes oder spärliches Auftreten, führungslose Frischlinge, Überläuferrotten, Größe der führenden Bachen, gegebenenfalls Ernährungszustand, Krankheiten usw.

Solche Angaben – auch wenn sie zum Teil nur geschätzt sein können oder lediglich einen allgemeinen Eindruck wiedergeben – lassen umso bessere Schlüsse auf den Bestand zu, je zahlreicher sie eingehen und sind wertvolle Weiser für die Festsetzung bzw. Revision des Abschusses. Der Schwarzwildringleiter tut gut daran, einzelne Jäger oder Revierinhaber (mit hohen Abschußziffern) persönlich anzusprechen und um diese Angaben zu bitten, denn erfahrungsgemäß haben solche allgemein gehaltenen Aufforderungen bei Versammlungen oder in Rundschreiben nur wenig Resonanz.

Mit jagdwissenschaftlicher Forschungsarbeit hat das nichts zu tun. Es sind praktische und praktikable Hilfen, die mit wenigen Stichworten gegeben werden können. Daneben sind solche Angaben natürlich auch noch durch Umfragen bei Versammlungen zu ermitteln.

Abschußrichtlinien für starke Keiler

Theoretisch könnte man die alten Keiler uneingeschränkt freigeben. Wenn nur die über 5jährigen geschossen würden, wären – da nach dem Modellfall jährlich zehn nachwachsen – immer wieder neue da. Doch leider sind die erlegten eben dann doch nicht alle alt genug, und mit dem Nachwuchs klappt es auch noch nicht wie erhofft, da zu viele schon im Überläuferalter dran glauben müssen. Deshalb muß man sie schon kontingentieren, damit nicht etwa bei völliger Freigabe nach einem Jahr „reicher Ernte" mehrere Jahrgänge fehlen.

Bei den starken Keilern kann man meines Erachtens nicht sagen: Wo sie kommen, werden sie geschossen. Denn merkwürdigerweise kommen sie an bestimmten Stellen (z. B. an Kirrungen in verschwiegenen Ecken) immer wieder vor. So meinten wir damals auch im Kreis Helmstedt, man müsse gerechter ausgleichend einwirken und haben 1971 – nach zweijähriger Schonung während der Aufbauzeit – für die drei Schwarzwildringe u. a. folgendes festgelegt:

- Die Zahl der freizugebenden Keiler wird jährlich entsprechend dem Schwarzwildbestand für jeden Schwarzwildring festgesetzt und zusammen mit dem Jahresabschuß bekanntgegeben. Die Schwarzwildringe sollen sich untereinander und möglichst auch mit den Nachbarkreisen abstimmen.
- Die freigegebenen Keiler werden nicht auf bestimmte Reviere aufgeteilt. Zunächst nehmen alle Reviere an der Bejagung teil. Das Revier, in dem ein Keiler gestreckt wurde, scheidet im laufenden und im folgenden Jagdjahr aus.
- Zu jung erlegte Keiler rechnen auf den Abschuß an. Außerdem verlängert sich die Abschußsperre um je ein weiteres Jagdjahr für jedes Jahr, das der Keiler zu jung ist. Bei einem Gewicht von über 100 kg aufgebrochen wird ein Schätzfehler von einem Jahr toleriert.

Der Ruf nach Freigabe der starken Keiler wurde damals schon sehr bald laut. Ein Schwarzwildring war seinerzeit noch ein Experiment auf schwachen Füßen, wir wollten die Jäger in Stimmung halten und gaben nach – mit zwei bis drei Keilern je Schwarzwildring, und der Burgfrieden war wiederhergestellt.

Ahndung von Verstößen

Das ist das unerfreulichste Kapitel – aber es muß sein. In der Anlaufzeit kann man (wie bei Änderungen der Straßenverkehrsordnung) etwas nachsichtiger sein. Doch dann müssen die korrekten Jäger auch sehen, daß die leichtfertigen nicht immer ungeschoren davonkommen, sofern sie sich gerade noch im Rahmen des *gesetzlich* Erlaubten bewegen, denn der ist sehr weit.

Es gehört etwas Fingerspitzengefühl und Menschenkenntnis dazu, um unter Würdigung „mildernder Umstände" und der Person das richtige Maß zwischen großzügig und kleinlich zu finden. Wenn z. B. ein Jäger bei einer Drückjagd aus einer Rotte starker Überläufer eine Bache schießt, die die Gewichtsgrenze um 10 oder auch 20 % überschreitet, so mag das noch durchgehen. Wenn ein anderer (wiederholt) an der Kirrung einen 2- bis 4jährigen Keiler von 70–80 kg auf die Schwarte legt oder im August eine führende Bache streckt, in der Annahme, sie sei ein Überläufer, so muß eingeschritten werden, auch wenn kein Verstoß gegen ein Gesetz vorliegt.

Es ist nicht unbedingt nötig, hierbei von „Strafen" oder „Bußgeld" zu reden. Dem Unglücksschützen ist sein Fehlabschuß meist selbst peinlich. Am liebsten möchte er das Stück wieder lebendig machen. Normalerweise wird ein Versehen vorliegen. Also läßt sich psychologisch geschickter wie folgt argumentieren:

Der Abschuß war ungewollt. Ungeschehen machen läßt er sich zwar nicht. Doch wird der Erleger sicher keinen Wert darauf legen, für das Wildpret nun noch eine zusätzliche (ungewollte) Einnahme zu erzielen.

Also wird der Wildpreterlös abgeführt – an die Kasse der Hegegemeinschaft, der Kreisjägerschaft, für den Schießstand, für Wildfütterung usw., worüber die Mitgliederversammlung – allgemein für solche Fälle – beschließen kann.

Einfach ist das, wenn der Revierinhaber selbst den Fehlabschuß verschuldet hat. War es ein Jagdgast, so wird man den zur Kasse bitten müssen, wenn der Revierinhaber auf die Wildpreteinnahme nicht verzichten will oder (im Staatswald) kann (weil der Erlös an die Staatskasse abzuführen ist).

Zu umseitiger Farbtafel
„Pürsch-/Schußzeichen“

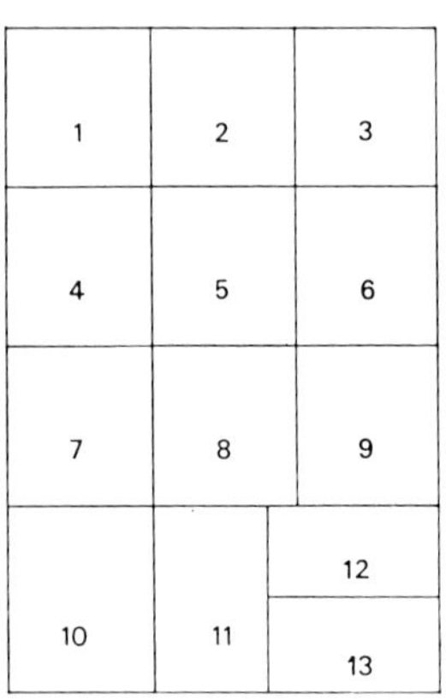

1. Frischer, blasiger Lungenschweiß
2. Lungenschweiß teilweise bereits angetrocknet mit Lungensubstanz
3. Lungenschweiß angetrocknet
4. Wildpretschweiß mit hineingelaufenem Knochenmark. In dem fettig glänzenden Schweiß gerinnt oft das Knochenmark zu kleinen weißen Kügelchen. Bei nicht genauem Betrachten können die Kügelchen leicht mit Bläschen verwechselt werden. Infolgedessen wird dieser Schweiß häufig als Lungenschweiß angesprochen
5. Leberschweiß
6. Milzschweiß
7. Ausgelaufenes Knochenmark
8. Festes Knochenmark. Beim Zerreiben zwischen den Fingern bleibt keine Substanz – Fasern – zurück wie bei Weißem oder Feist
9. Links: Weißes vom Gescheide, rechts: Weißes von der Schwarte mit Borstenteilen
10. Panseninhalt des Rotwildes mit unsauberem Waidwundschweiß
11. Lauf: Poröser Splitter aus einem Gelenkkopf
12. Lauf: Scharfkantiger Röhrenknochen mit einem kleinen Spritzer Wildpretschweiß, dessen Ausformung die Fluchtrichtung – hier nach rechts – anzeigt
13. Knochensplitter von der Rippe

Schwierig wird es, wenn der schuldige Jagdgast sich weigert zu zahlen. Kein Jagdgesetz verbietet zum Beispiel, einen dreijährigen Keiler oder im Sommer eine führende Bache zu schießen. Das ist der Nachteil bei freiwilligen Zusammenschlüssen ohne gesetzliche Grundlage. Da kann man das nicht erzwingen. Der Schütze darf nur sicher sein, in diesem Raum nicht wieder eingeladen zu werden.

Mitglieder sind natürlich an ihre Pflichten als Mitglieder und an die Beschlüsse der Mitgliederversammlung gebunden, bei anerkannten Hegegemeinschaften oder Hegeverbänden an die Satzung, die auch Zwangsbeitreibung zuläßt.

Das Zustandekommen und der Erfolg einer Hegegemeinschaft sind jedoch wesentlich vom gutnachbarlichen Verhältnis der Jäger untereinander und nicht zuletzt von der Persönlichkeit des Vorsitzenden abhängig, der die Einsicht in die Notwendigkeit dieser Maßnahmen im allgemeinen Interesse des Wildes und der Jäger zu wecken und wachzuhalten versteht.

Schwarzwildringe in der praktischen Bewährung

Im Kreis Lüneburg hat der dortige Kreisjägermeister sich für Hege und Bejagung des Schwarzwildes nach einheitlichen Richtlinien mit Erfolg eingesetzt, woraus sich das sogenannte „*Lüneburger Modell*" entwickelte (Teuwsen 1977). Die darin genannten Maßgaben entsprechen den Empfehlungen, die im niedersächsischen Schalenwilderlaß (s. S. 115) enthalten sind, z. B. Abschuß in Höhe des Zuwachses, starker Eingriff in die Jugendklasse (Frischlinge und weibliche Überläufer), Schonung junger Keiler und starker Bachen, kümmerndes (auch geschecktes) Wild bevorzugt erlegen usw. Damit verbunden sind Durchführungsbestimmungen für die Praxis: Einteilung des Schwarzwildes in Klassen, Festlegung einer 50-kg-Grenze und bestimmter Abschußquoten (80–85 % unter 50 kg), Schonung der Mittelklasse, Kontingentierung grober Sauen (mindestens 5jährig bzw. 100 kg aufgebrochen) als „Gruppenwild" bzw. Gruppenkeiler, Sühnegeld für Fehlabschüsse usw.

Das sind zunächst altbewährte waidmännische Grundsätze und Erfahrungsregeln, wie sie allgemein auch für andere Schalenwildarten bzw. Hegegemeinschaften gelten – hier auf das Schwarzwild angewandt, dem bis dahin eine solche bevorzugte (gleichberechtigte) Behandlung nicht zuteil geworden war. Weitere Bestimmungen gehen darüber hinaus, z. B. Verlängerung der Schonzeit für führende Bachen, und werden den eingangs dieses Kapitels genannten wildbiologischen Forderungen besser gerecht, die die Gesetzgeber in den einzelnen Ländern bisher nur zögernd oder nur teilweise berücksichtigt haben (s. S. 116). Insgesamt sind das wesentliche Verbesserungen, die sich für das Schwarzwild positiv ausgewirkt haben.

Was diesen Richtlinien bisher fehlt, ist eine jagdwissenschaftliche Fundierung bzw. zunächst einmal eine rechnerische Ableitung und Überprüfung, ob und inwieweit damit wenigstens in der – praxisbezogenen – Theorie das Hegeziel erreicht werden kann, ob die Rechnung aufgeht und in sich schlüssig ist. So hat sich in der Praxis auch hier gezeigt, daß das naheliegende Patentrezept „einfach älter werden lassen" seine Tücken hat und leicht zu Übervermehrung führt, insbesondere wenn der Abschuß der Bachen zur richtigen Zeit nicht mit dem notwendigen Nachdruck vollzogen wird. Eine Klasseneinteilung nach festen Gewichtsgrenzen sowie prozentuale Abschußquoten können problematisch, ja falsch sein (s. S. 133, 144) bei einer Wildart, bei der körperliche Entwicklung und Vermehrungsrate in Abhängigkeit von den fast jährlich wechselnden Lebensbedingungen so stark schwanken. Schwarzwild braucht eine dynamische Bewirtschaftung, deren Durchführungsbestimmungen gegebenenfalls jährlich wechseln können und müssen (OLOFF 1951).

Der Abschuß war bei den Frischlingen zu gering, dagegen bei den Überläufern zu hoch und erfaßte hier – im Sommer – überwiegend männliche Stücke, also den Keilernachwuchs (JUNACK 1981). Zwar wurden (absolut) mehr starke Keiler erlegt als früher – durch das Älterwerdenlassen, aber auch infolge der insgesamt höheren Jahresstrecken. Auch relativ waren es mehr. Doch ist 1 % von der Gesamtstrecke noch kein Ergebnis, das die Herzen höher schlagen läßt, und noch kein Erfolg, mit dem man sich begnügen muß. Diese Unzulänglichkeiten sind jedoch inzwischen weitgehend erkannt und bei Überarbeitung der Richtlinien bereinigt worden (STAHL 1980, TEUWSEN 1980).

Der größte Erfolg des Lüneburger Modells liegt darin, daß es hier gelungen ist, von einer Keimzelle ausgehend eine immer größere Zahl von Jagdbezirken – über die Grenzen des Kreises Lüneburg hinaus – auf freiwilliger Basis zu Schwarzwild-Hegegemeinschaften zusammenzuschließen und die Jäger zu einer neuen Einstellung dieser Wildart gegenüber zu erziehen, womit ein hohes Maß an Selbstdisziplin – auch Enthaltsamkeit – verbunden ist.

Wieviel man damit in der Praxis besser machen kann, hat das Lüneburger Beispiel gezeigt. Wie man es noch besser machen, vor allem den Keileranteil erhöhen kann, zeigt das Helmstedter Beispiel, das in seiner Konzeption zwar etwas weiter zurückreicht, dem es jedoch (bedingt durch Gebietsreformen, Kompetenzenzersplitterung und andere verwaltungstechnische Erschwernisse, aber auch durch uneinsichtige Jagdinhaber) bisher versagt geblieben ist, sich in einem ähnlich großen Raum „modellgemäß" auszuwirken, obgleich es auch schon bei der Gründung von Schwarzwildringen in anderen Bundesländern Pate gestanden hat. Zwar sind auch hier mehr starke Keiler als früher erlegt worden und haben sich die Bestände verbessert. Jedoch sind die Abschußergebnisse gleichfalls vom erstrebten Idealzustand noch ziemlich weit entfernt, von nicht wägbaren Einflüssen mitbestimmt und reichen nicht aus, daraus statistisch gesicherte Erfolgszahlen abzuleiten. Vielleicht entwickelt sich aus beiden, die naturgemäß in vielen Grundsätzen übereinstimmen, ein „Niedersachsen-Modell". Allerdings sollte die Bezeichnung „Modell" nicht zu dem Gefühl der Vollkommenheit verleiten. Wie oft schon hat sich gezeigt, daß man Erkenntnisse, nach denen natürliche Erscheinungen ablaufen sollten, als unvollkommen revidieren mußte.

Aus der Pflanzenzüchtung, der Tierzucht, auch aus jagdwissenschaftlicher Forschung wissen wir, wieweit sich Populationen unseren Vorstellungen entsprechend verändern, verbessern lassen, wo die Fehler und die Grenzen liegen. Mit der Schwarzwildbewirtschaftung stehen wir erst an einem Anfang. Bei ständiger Mehrung und richtiger, konsequenter Anwendung unserer Erkenntnisse wird ein Erfolg nicht ausbleiben. Wie rasch er sich gerade beim Schwarzwild erreichen läßt, wurde in diesem Kapitel gezeigt. Wenn es länger dauert, liegt das nicht an den Sauen, sondern an den Jägern.

VII Altersschätzung

Ansprechen in der Wildbahn

Das Ansprechen des Schwarzwildes nach Alter und Geschlecht ist in der freien Wildbahn schwieriger als beim übrigen Schalenwild. Es ist aber nicht schwerer als z. B. das Ansprechen des Rchwildes im Novemher/Dezember (wenn die Böcke gerade abgeworfen haben). Die Häufigkeit der Fehlabschüsse liegt meines Erachtens hauptsächlich darin begründet, daß die Jäger bisher im Ansprechen von Schwarzwild wenig geübt sind, sei es, weil diese Wildart in ihrem Revier jetzt erst neu aufgetaucht ist, oder sei es, daß sie sich erst daran gewöhnen müssen, künftig auch die Sauen schon *vor* dem Schuß anzusprechen, was ja bislang nicht nötig war.

Da ein Geweih oder ein anderes deutlich und weithin sichtbares Erkennungsmerkmal für männliches Wild fehlt, muß man die verbleibenden Kennzeichen um so

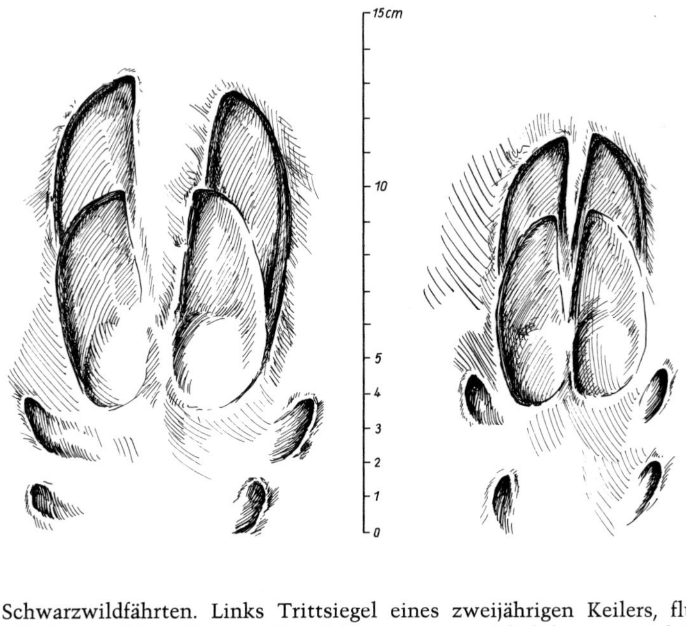

Abb. 32. Schwarzwildfährten. Links Trittsiegel eines zweijährigen Keilers, flüchtig. Rechts zweijährige Bache in ruhiger Gangart. Das Geäfter – etwas seitlich herausgerückt – ist meistens im Fährtenbild erkennbar

sorgfältiger beachten sowie als wesentliche Hilfe das Benehmen und das Verhalten sowie dazu auch die Fährten (Abb. 32 und 33) und sonstige Pürschzeichen verwenden, wie sie im Abschnitt Einzeljagd genannt worden sind.

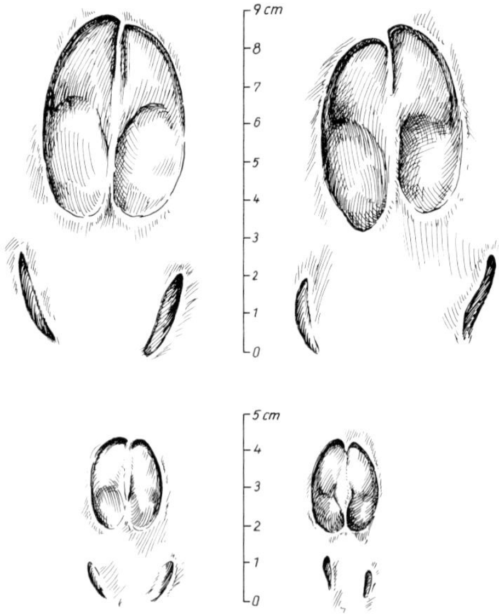

Abb. 33. Oben Trittsiegel eines Überläufers, knapp eineinhalb Jahre alt, links Vorderlauf, rechts Hinterlauf. Darunter Vorderlauf (links) und Hinterlauf eines zwölf Wochen alten Frischlings

Frischlinge sind am leichtesten zu erkennen, zunächst an der geringen Größe. Außerdem haben sie immer einen kürzeren Pürzel *ohne* Quaste (Abb. 27, 20). Die sehr häufig vorkommende braune oder graubraune Farbtönung noch in der Winterschwarte ist ebenfalls immer ein Kennzeichen für einen Frischling. Da etwa 75–85 % der Jahresstrecke aus Frischlingen bestehen soll, ist dieser Teil des Abschusses schon einmal problemlos. Im Dezember/Januar können starke Frischlinge – wie wir gesehen haben – 30 bis 40 (sogar 50!) Kilo wiegen und dann leicht mit Überläufern verwechselt werden. Da letztere jedoch gleichzeitig frei sind, ist eine Fehlansprache in diesem Grenzbereich praktisch ohne Belang. An Hand der Zähne kann man sie nach dem Erlegen genau einstufen (siehe Abschnitt „Altersbestimmung").

Überläufer sind dann relativ leicht anzusprechen, wenn sie gerade in diese Altersstufe hineingewachsen sind, also im April/Mai (Abb. 8, 24). Das gilt besonders für die schwächeren, im Jahr zuvor spät gefrischten. Wenn sie in der Schonzeit freigegeben sind, sollte man sowieso nur diese schwachen erlegen, wobei Verwechslungen mit (dann geschonten!) groben Sauen kaum möglich sind. Sie können in Überläuferrotten (Abb. 28), in gemischten Rotten (also zusammen mit führenden Bachen, meist ihrer Mutter) oder einzeln kommen. Letztere sind fast immer Keiler.

Die Keilerwaffen werden kaum deutlich zu sehen sein. Sollte man sie erkennen, bleibt der Finger gerade. Genauer gesagt, sieht man weniger deutlich die Waffen als die hochgeschobene Oberlippe (Abb. 30). Bei starken Überläufern von 60 bis 80 kg im Winter ist das auf nahe Entfernung oder mit gutem Glas durchaus möglich.

Bei freistehenden Überläuferkeilern kann man den Pinsel sehen – im Sommerhaar besser als in der Winterschwarte. Es kommt vor, daß im Sommer, wenn die Bachen Schonzeit haben, versehentlich eine Erstlingsbache erlegt wird, weil man deutlich den „Pinsel" gesehen hat. Frühreife Frischlinge, die bereits im Überläuferalter ihrerseits frischen, führen manchmal nur ein oder zwei Frischlinge. Dann ist gegebenenfalls nur eine Zitze angesaugt und so deutlich sichtbar, daß man sie leicht mit einem Pinsel verwechseln kann (Abb. 12). Die Größe des Stückes stimmte auch. Überläufer (beiderlei Geschlechts) sind schließlich frei, es war eine ganze Rotte, zwei starke Bachen, zwölf Frischlinge verschiedener Größe und drei Überläufer – na also! Aber wenn der Schütze sich dann an die Abschußempfehlung gehalten hätte, Überläuferkeiler möglichst zu schonen (und er sah ja deutlich, daß es ein „Keilerchen" war), dann wäre diese Panne nicht passiert und brauchte kein verwaister Frischling zu verhungern. Das ist also eine schlechte Ausrede.

Ansonsten sind in Rotten kommende Überläufer natürlich frei. Und wenn die Frischlinge noch zu klein sind, kann man aus solch einer gemischten Rotte einen Überläufer herausschießen. Wenn die Frischlinge in der Größe sehr unterschiedlich sind, ist aber Vorsicht geboten! Dann ist höchstwahrscheinlich einer der Überläufer eine Erstlingsbache, die später gefrischt hat als die groben Bachen. Reine Überläuferrotten sind – wenn man deutlich erkannt hat, daß keine Frischlinge dabei sind – relativ problemlos. Gerade das gemeinsame Auftreten solcher halbwüchsigen, annähernd gleichgroßer Sauen von – je nach Jahreszeit, also Alter – 30 bis 50 kg ist ein Hinweis darauf, daß es sich um eine Überläuferrotte handelt. Meist sind es die vorjährigen Frischlinge desselben Wurfs, die sich selbständig gemacht haben, freiwillig oder unfreiwillig, abgedrängt von der alten Bache, die den diesjährigen Wurf führt. Oder sie haben im Vorjahr die führende Bache verloren. Wenn das zu früh geschah, sind sie in der Entwicklung zurückgeblieben und dann bevorzugt abzuschießen.

Rotten normal entwickelter Überläufer bestehen gegen Ende des Sommers, wenn die männlichen schon zu Einzelgängern geworden sind, meist aus weiblichen Stücken. Wenn man den Grundsatz beherzigt, aus solchen Rotten immer zuerst das schwächste Stück zu schießen (oder im obigen Beispiel aus der gemischten Rotte den schwächsten der Überläufer), kann man nichts falsch machen (Abb. 28).

Bei einzeln kommenden Überläufern läßt man am besten den Finger gerade. Das sind meist Keiler. Oder es sind hochbeschlagene Bachen, die sich zum Frischen abgesondert haben, oder gar führende Bachen, deren Frischlinge man noch nicht sieht, weil sie noch im Unterholz stecken oder im Kartoffelkraut, den Rüben usw. nicht zu sehen sind. Solche peinlichen Fehler wie in obigen Beispielen, also das Erlegen führender Erstlingsbachen, können eigentlich nur im Sommer vorkommen, nach Ende der Schonzeit, oder auch schon vorher, wenn während der Schonzeit ausnahmsweise (zur Abwehr größerer Wildschäden) Frischlinge und Überläufer freigegeben worden sind. Durch Gewichtsbegrenzung bei der Freigabe dieser Überläufer (z. B. bis 25 oder 30 kg) lassen sich aber dabei schon die meisten Pannen oder gar Verstöße gegen das Jagdrecht (siehe S. 113/114) vermeiden.

Außerdem kommt im Sommer nur Einzeljagd in Frage. Und dabei hat man Zeit bzw. muß man sich eben die Zeit nehmen, in Ruhe anzusprechen.

Überläufer haben schon einen längeren Pürzel. Die Quaste bildet sich erst voll im Winterhaar aus (Abb. 29). Sie können gegen Ende des Jahres – vor allem die Keiler – stärker sein als manche zwei- oder dreijährige Bache. Eine Altersansprache nach der Größe ist dann meist nicht mehr möglich, denn die Größen überschneiden sich. Eine zwei- bis dreijährige Bache kann im Dezember/Januar nur 50–60 kg wiegen, ein gut

Abb. 34. Der Anblick eines hauenden Schweines (5–6j.) verursacht jedem Jäger Herzklopfen. Erst ab diesem Alter sind die Waffen deutlich zu sehen (s. auch Abb. 19). Jüngere Keiler sollten geschont werden (Phot. ROBERT SPÖNLEIN)

entwickelter Überläuferkeiler 60–70, ja sogar über 80 kg! Auch hier hilft wieder die Gewichtsbegrenzung, besonders z. B. bei Drück- oder Treibjagden im Winter (darauf komme ich noch).

Mit einer Grenze von 50 kg während der Jagdzeit (nach Mastjahren oder Übervermehrung kann man auch auf 60 kg gehen) wären zunächst einmal alle groben Sauen tabu, außerdem aber auch die stärksten Überläufer, also vornehmlich Keiler, und das ist genauso richtig. Sollte trotzdem bei einer Gesellschaftsjagd im Winter eine grobe Sau (also z. B. eine dreijährige Bache) von 50 (60) kg zur Strecke kommen, also ein schwach entwickeltes Stück, war der Abschuß gerechtfertigt. Er muß auch dann als richtig gelten, wenn „nur Frischlinge und Überläufer bis 50 kg" freigegeben worden sind. Denn man kann bei einer Drückjagd von keinem Schützen verlangen, daß er einer einzeln kommenden zwei- oder dreijährigen Bache von 50 kg ansieht, daß sie *kein* Überläufer mehr ist. Andererseits – wenn nur „Frischlinge und Überläufer" (ohne Gewichtsangabe) freigegeben werden, und es fällt ein starker Überläuferkeiler von 75 kg, so hat der Schütze Glück gehabt (wenn auch leichtfertig geschossen) und kann nicht zur Verantwortung gezogen werden. Der Jagdherr bzw. Jagdleiter muß also ganz klare Anweisungen geben, was geschossen werden darf.

Damit sind wir bei den *groben Sauen.* Ein jagdbarer Keiler ist ein derart seltener und imposanter Anblick, daß dem Jäger der Atem stockt. Wenn man das Gewaff deutlich blitzen sieht, wenn das Stück alles bisher Gesehene an Wucht und Größe übertrifft, einen Pürzel mit einer in der Winterschwarte starken Quaste hat, man auch noch den Pinsel sieht und die „typische Keilerfigur" – dann „Waidmannsheil"! Wenn man sich nicht ganz im klaren ist, ob er auch alt genug ist, dann ist er sicher zu jung. Alles, was dazwischen liegt (bis zur 50-kg-Grenze) ist zu schonen. Mit der „typischen Keilerfigur" ist das allerdings so eine Sache. Nicht alle Keiler sehen so aus wie die „typischen" auf den Bildern der Jagdmaler. Also: rhombische, gedrungene Figur mit hohem Widerrist und wütend gesträubtem Kamm, abfallender Rückenlinie und gedrungenem, kurzem Haupt mit blitzenden Waffen (Abb. 17). Es gibt auch starke Bachen mit einer „Keilerfigur", also kürzerem Haupt, und ich habe schon welche nebeneinander auf der Strecke liegen sehen, wovon man die eine sofort als typische Bache, also mit mehr langgestrecktem Körper und längerem Kopf, die andere als „Keiler" angesprochen hätte. Es bleiben beim starken Keiler als Ansprechmerkmale also nur der Pinsel, der starke Pürzel mit einer langen Quaste und bei guten Ansprechmöglichkeiten – mit starkem Glas oder auf nahe Entfernung – die Waffen (Abb. 19, 34, 39).

Die mancherorts, z. B. im Bezirk Lüneburg, geltende untere Grenze für freigegebene starke Keiler: 5 Jahre *oder* 100 kg ist schon ein Zugeständnis an diese Schwierigkeiten beim Ansprechen. Man kann es zunächst zur Vereinfachung gelten lassen. Doch sei auch hier noch einmal darauf verwiesen, daß das Gewicht oder die Größe der Sauen ab Überläuferalter *kein* zuverlässiges Merkmal für die Altersansprache ist. Der glückliche Schütze muß nicht enttäuscht sein, wenn sein Zweizentnerkeiler erst dreijährig ist. Ebenso kann ein sechs- oder siebenjähriges hauendes Schwein mit imposantem Gewaff nur 90 kg oder gar weniger wiegen.

Verwertbar beim Ansprechen ist aber das Verhalten: Außerhalb der Rauschzeit wird ein immer einzeln kommendes, besonders starkes, heimliches Stück normalerweise ein Keiler sein. Starke Geltbachen, die ihm ähnlich sehen könnten, sind sehr selten.

Abb. 35 (links). Das Sommerhaar des Schwarzwildes ist nicht nur kürzer, sondern auch meist heller, mehr grau getönt (zweijähriger Keiler). – *Abb. 36 (rechts).* Derselbe Keiler im folgenden Winter. Das Haar ist dunkler. Durch die längeren Borsten, mit Wollhaaren unterfüttert, und durch das als „Winterreserve" angemästete Weiß wirkt er wesentlich stärker und älter, als er in Wirklichkeit ist (noch keine drei Jahre!)

Die grobe Fährte gibt einen weiteren Anhalt. Auf Anhieb wird man ein Hauptschwein höchst selten strecken können. Man muß seine Gewohnheiten erforschen, Wechsel, Fraßplätze, Suhlen, Malbäume usw. ausmachen, und somit spielt das Fährtenstudium auch beim Ansprechen eine wichtige Rolle. Daß die Größe des Körperabdrucks in der Suhle, die Höhe der Scheuerstellen am Malbaum Schlüsse auf die Stärke des Stückes zulassen, wurde schon erwähnt.

Auch in der Rauschzeit kommen im Treiben alte Keiler selten zusammen mit den Rotten vor die Schützen. Manchmal kommen sie einzeln hinterher oder versuchen, sich durch ein Loch in der Schützenkette zu verdrücken, gelegentlich auf einem Fuchspaß, oft aber bleiben sie überhaupt im Treiben, lassen sich im Verhau oder Dorngestrüpp gut eingeschoben von den Treibern überlaufen und lieber einmal von einem kleinen Terrier die Schwarte rupfen, als sich in die Schußlinie zu begeben. Man braucht schon scharfe Hunde und gute Treiber, die ihnen zu Hilfe kommen, um einen alten Bassen in Bewegung zu bringen – und dann geht er mit Vorliebe im Treiben zurück.

Wenn man in der Rauschzeit das Glück hat, an der richtigen Stelle anzusitzen und werbende oder kämpfende Keiler zu beobachten, ist das Ansprechen – auch im Größenvergleich – erleichtert (Abb. 15, 17, 37, 38).

Bachen sind am sichersten an den Frischlingen anzusprechen, die sie führen. Wenn die Frischlinge schon selbständig sind, also im Winter, und noch Bachen erlegt werden müssen, sollte man sich also meines Erachtens auch nicht scheuen, ein bis dahin geschontes führendes Stück zu schießen. Hier sei auf das verwiesen, was ich dazu im Abschnitt Hege (Kap. VI) gesagt habe.

Aus den Bachen ergibt sich der Zuwachs. Wenn deren Zahl eine angemessene Größe überschreitet, kommt es zu Übervermehrung – und zwar sofort, nicht erst ein Jahr später wie bei nicht erfülltem Frischlingsabschuß. Deshalb ist der Bachenabschuß genauso wichtig und darf man den Grundsatz „führende Bachen schonen" nicht

Abb. 37 (links). Typische Keilerfigur, wuchtig, stark betonte Vorderpartie, Pinsel, Pürzel mit deutlicher Quaste. Etwa dreijährig. (vgl. Bache daneben). – *Abb. 38 (rechts).* In der Figur der Bache sind Vorder- und Hinterpartie ausgeglichener, der Kopf etwas kleiner, Oberwurf schmaler, die Quastenhaare am Pürzel spärlicher. Grobe Bachen (ab zweijährig) – z. B. nach der Größe – auf ihr Alter anzusprechen, ist nicht möglich. Eine dreijährige kann mehr wiegen als eine fünfjährige

Abb. 39. Der Figur nach ein „gewaltiger" Keiler. Doch täuscht hier die Masse, begünstigt durch gutes Futter im Gehege, ein höheres Alter vor. Außer dem Pinsel sind die typischen Merkmale des hauenden Schweines zu sehen: Masse, kräftiges Haupt, starke Vorderpartie, Pürzel mit starker Quaste, die kurz nach dem Haarwechsel noch nicht besonders lang ist. Bei der Freigabe nach Gewicht (z. B. ab 100 kg) werden oft gerade die am kräftigsten entwickelten jungen Keiler vorzeitig erlegt. Nach den Gewehren ist dieser eben vierjährig (vgl. Abb. 34)

übertreiben. Drei nicht erlegte Bachen sind im folgenden Frühjahr zwanzig Sauen mehr! (Dagegen: Drei Keiler bleiben drei Keiler.)

Schließlich muß beim Ansprechen noch der Unterschied zwischen dem Sommer- und dem Winterhaar beachtet werden. Führende Bachen kommen später in den Haarwechsel als Keiler. Sie haben noch im Mai (auch noch im Juni – je nach den örtlichen Klimaverhältnissen) die langen schwarzen Winterborsten und beginnen dann erst allmählich, zunächst am Hals und an den Blättern, das Haar zu wechseln.

Da das kurze Sommerhaar hellgrau ist, sehen Sauen im Haarwechsel scheckig aus. Danach wirken sie in dem kurzen Sommerhaar wesentlich schlanker, der Kopf und die Läufe sehen länger aus. Keiler wirken dann „bachenähnlich". Normalerweise ist jetzt Schonzeit, also kann eine Fehlansprache keine Folgen haben. Doch können, wie gesagt, Frischlinge und schwache Überläufer freigegeben sein. Wenn man dann also auf ein überläufergroßes Stück trifft, das im Haarwechsel den anderen Sauen gegenüber in dieser Jahreszeit noch zurück ist, so ist Vorsicht am Platze, denn das ist höchstwahrscheinlich eine junge führende Bache (Abb. 31).

Da die Bachen durch Trächtigkeit und durch das Säugen der Frischlinge stark beansprucht werden, haben sie im Frühjahr mehr an Wildpret verloren als Keiler (oder nicht führende Stücke). Von vorn oder hinten gesehen sind sie „schmal wie ein Brett", erst im Spätsommer setzen sie wieder Weiß an.

Sommerkeiler sind dagegen schon gut abgerundet (Abb. 35). In der Sommerschwarte sieht man auch in der Seitenansicht (Silhouette) deutlicher den Pinsel, und zwar als dreieckigen, flachen Zipfel (Abb. 39); im Winter als dünnes, herabhängendes Haarbüschel (Abb. 37). Auch die Brunftkugeln heben sich im Sommer deutlich ab und sind bei günstigen Beobachtungsmöglichkeiten zu erkennen.

Gerade im Sommer ist also besonders sorgfältiges Ansprechen nötig und auch möglich. Selbstverständlich sind dann die führenden Stücke tabu, und der waidgerechte Jäger schont sie eben nicht nur bis zum 15. Juni.

Altersbestimmung nach dem Gebiß

Im Gegensatz zum Ansprechen eines lebenden Stückes ist die Altersbestimmung eines erlegten jüngeren Stückes Schwarzwild ebenso gut, mit dem gleichen Genauigkeitsgrad, möglich wie bei anderen Schalenwildarten. Auch gibt es Parallelen in der Gebißentwicklung – z. B. zum Rehwild oder Rotwild –, die dem Jäger, dem die Altersbestimmung beim Schwarzwild noch neu ist, das Erlernen der wichtigsten Gesetzmäßigkeiten erleichtert. Ja, da man das Alter der Frischlinge und Überläufer – und auf die kommt es hauptsächlich an – schon allein nach den Schneidezähnen (dem Zahnwechsel) hinreichend genau bestimmen kann, ist das noch einfacher als sonst beim Schalenwild; meist braucht man nicht einmal das Gebiß freizuschärfen.

Bislang genügte – von den Keilern abgesehen – eine verwertungsorientierte grobe Einteilung in Altersklassen. Wenn dabei ein Frischling von 40 kg als „Überläufer" eingestuft wurde, spielte das keine Rolle.

Für eine sinnvolle Schwarzwildbewirtschaftung reicht das jedoch nicht aus. Bei einer statistischen Auswertung der Streckenmeldungen läßt sich dann z. B. nicht ermitteln, ob ein Hegeerfolg (qualitativ guter Bestand mit hohen Wildpretgewichten) erreicht wurde, wenn durch „Falschmeldungen" die stärksten Frischlinge in der Spalte „Überläufer" und die starken Überläufer bei „groben Sauen" eingetragen werden. Auch andere wichtige wildbiologische Erkenntnisse lassen sich nur aus genauen Angaben ableiten; z. B. ergibt sich aus dem Erlegungsdatum *und* dem Alter der Zeitpunkt des Frischens, dazu sind aus der Gewichtsangabe Rückschlüsse auf die Entwicklung, die Ernährungsbedingungen, die voraussichtliche Geschlechtsreife, die Vermehrungsquote im folgenden Jahr möglich usw. Ohne Jagdwissenschaft und wildbiologische Forschung ist eine Wildbewirtschaftung nicht denkbar, können Erfolge oder Mißerfolge nicht nachgewiesen bzw. ergründet werden. Und ohne exakte Zahlen ist jede wissenschaftliche und statistische Auswertung sinnlos. Meinungsumfragen bei den Jägern, gefühlsmäßige, subjektive Eindrücke sind keine Basis.

Auf der anderen Seite darf das auch nicht übertrieben werden, und es ist Sache der in einem Schwarzwildring zusammengeschlossenen Jäger, dafür zu sorgen, daß diese „Wissenschaft" nicht zum Selbstzweck wird, sondern praxisbezogen ist und für jeden Praktiker, auch dem Jungjäger, leicht verständlich bleibt. So halte ich eine Neueinteilung des Schwarzwildes in bezifferte (man kann auch sagen „verschlüsselte") Alters-, Stärke-, Güte- und sonstige Klassen schon für übertrieben und überflüssig. Die bisherige Gliederung in biologische Altersklassen hat sich seit Jahrhunderten bewährt und reicht auch für eine Bewirtschaftung völlig aus.

Eine Anweisung wie: „Freigegeben sind Frischlinge, Überläufer (bis 50 kg) und jagdbare Keiler (ab 5j.)" ist klarer, als wenn da mit römisch bezifferten Klassen gearbeitet wird, wie das hier und da schon vorgeschlagen wurde. Eine Vereinfachung (wie z. B. beim Rotwild, wo mit „Kurzbezeichnungen" wie Ia, IIb mehrere wertbestimmende Faktoren eines Geweihs zusammengefaßt werden) wird hierbei nicht erreicht, im Gegenteil, es wird unnötig kompliziert.

Mit Rücksicht auf die Geschlossenheit dieses Abschnitts müssen nachstehend zunächst die schon in vorhergehenden Kapiteln verwendeten Altersstufenbezeichnungen nochmals aufgeführt werden. Im übrigen werden bei der Zahnbildung nur typische Entwicklungsstufen dargestellt. Die dazwischenliegenden Alter können danach hinreichend genau eingeschätzt werden.

Die Übersicht auf S. 173/174 wurde erstmals 1969 in dieser vereinfachten tabellarischen Form mit Strichzeichnungen zusammengestellt nach Auswertung einschlägiger Veröffentlichungen über Wild- und Hausschweine (Briedermann, v. Braunschweig, Habermehl u. a.) und eigenen Erfahrungen und zunächst für den „Hausgebrauch" im Schwarzwildring Drömling und im Jagdkreis Helmstedt hektographiert, veröffentlicht 1972 in „Wild und Hund". Für Hegegemeinschaften empfiehlt es sich, solche Umdrucke an die Jagdinhaber zu verteilen und außerdem Unterkiefersammlungen anzulegen, um mit solchem Anschauungsmaterial bei Versammlungen, Trophäenschauen, Lehrgängen usw. Interesse zu wecken und die Jäger mit dieser Materie rasch vertraut zu machen. In Jägerprüfungs-Lehrbüchern steht bis jetzt noch nichts darüber, doch wird es bei der zunehmenden Verbreitung des Schwarzwildes und seiner gleichberechtigten Anerkennung als Schalenwild wohl nicht mehr lange dauern, bis solche Kenntnisse auch in der Jägerprüfung verlangt werden.

Biologische Altersklassen

Frischling
Vom Tage der Geburt bis zum 31. März des folgenden Jahres (= Ende des Jagdjahres).

Überläufer
Ab 1. April des auf die Geburt folgenden Kalenderjahres bis zum nächsten März einschließlich. (Überläuferkeiler, Überläuferbache) – danach:

Grobe Sauen

2–3j.	= geringe Bache	bzw.	geringer Keiler
älter	= alte oder grobe Bache	4j.	= angehendes Schwein
		5–6j.	= hauendes Schwein
		ab 7j.	= Hauptschwein

Die Zahnentwicklung (Unterkiefer)

Die Milchzähne beim Frischling sind fast gleichzeitig da, zuerst die Schneidezähne, ein bis zwei Monate später schon sämtliche Backenzähne. Die Milch-Schneidezähne sind glatter und schmaler als die bleibenden. Letztere haben – besonders auf der Innenseite – stärker ausgeprägte Längsrillen bzw. -furchen; sie wirken auch stärker zusammengedrängt, während die Milchzähne mit zunehmendem Breitenwachstum des Unterkiefers im unteren Teil lückiger stehen und sich erst an der Schneidezahnfront zusammenschließen.

Die weitere Entwicklung der *Schneidezähne* ist aus den Zeichnungen und dem Begleittext zu ersehen.

Bei den *Backenzähnen* kommt zu dem vollständigen Milchgebiß als nächstes hinter den (jederseits drei) Milchzähnen als vierter je ein Dauerbackenzahn (der erste bleibende), mit IV bezeichnet, danach V, dann – fast gleichzeitig – I, II und III, (die die drei Milchzähne ersetzen) und am Schluß VI.

Der Ordnung halber noch eine Anmerkung: Die Zahnbestimmungstabelle ist für den Praktiker gedacht und deshalb vereinfacht.

Wissenschaftlich werden die Schneidezähne mit I (Incisivi), die Eckzähne mit C (Canini) bezeichnet und die Backenzähne unterteilt in die Vorbackenzähne (P = Praemolaren) und die Backenzähne (M = Molaren). Es ist gebräuchlich, die Milchzähne mit kleinen Buchstaben (i1, i2 oder p1 usw.) zu bezeichnen, die Dauerzähne mit großen (I1, P1, M1 usw.). Molaren gibt es nur im Dauergebiß. Genaugenommen steht der erste Dauerbackenzahn im Unterkiefer des Schwarzwildes (P1) – ein einzelner kleiner, ohne Gegenbiß – schon in der Lücke zwischen den Eckzähnen (Gewehren bzw. Haken) und der folgenden geschlossenen Backenzahnreihe (siehe Abb. 41 und Anmerkung bei a in der nachstehenden Tabelle). Da dieser aber häufig fehlt – auf einer oder auf beiden Seiten – und für die Altersbestimmung ohne Bedeutung ist, habe ich ihn weggelassen.

Die Zahnreihe als Formel angegeben sieht somit in einem vollständigen Gebiß wie folgt aus:

												(Unterkiefer i. g.)
Milchgebiß	i1	i2	i3	c		p1	p2	p3				(14)
Dauergebiß	I1	I2	I3	C	P1	P2	P3	P4	M1	M2	M3	(22)

In der Tabelle und den Abbildungen vereinfacht bezeichnet mit

Milchgebiß	1	2	3		1	2	3			
Dauergebiß	I	II	III	(z)	I	II	III	IV	V	VI
zeitliche Folge des Zahndurchbruchs					3.	4.	5.	1.	2.	6.

Genaugenommen wird also in einem „vorschriftsmäßigen" Gebiß der erste Milchbackenzahn (p1) durch den *zweiten* Dauerbackenzahn (P2) ersetzt usw., und der sechste (VI) ist eigentlich der siebente (= M3).

Auch andere Unregelmäßigkeiten kommen bei den Backenzähnen öfter vor. So kann z. B. der (kleine) P1 vorhanden sein, aber der (wichtige) P2 fehlen (Abb. 42). Man muß sich also im Zweifelsfalle das ganze Gebiß, beide Seiten, ansehen und bei den Backenzähnen da zu zählen beginnen, wo sie „richtig" anfangen (sollten). Gegebenenfalls muß man den Oberkiefer hinzunehmen, um festzustellen, ob der Gegenbiß im Unterkiefer fehlt. Wenn man dazu die unterschiedliche Form der Backenzähne beachtet, lassen sich Irrtümer leicht vermeiden: Im Milchgebiß sind die beiden ersten Backenzähne (p1 und p2) keilförmig spitz, der dritte (p3) ist stumpf, zerklüftet und *dreiteilig*. Im Dauergebiß sind die drei an dieser Stelle stehenden (P2, P3, P4 oder nach meiner Bezifferung I, II, III) alle keilförmig, der dritte ist nur noch zweiteilig. Erst die dahinter stehenden (Molaren) haben eine breite, höckerige, zerklüftete Krone und sind in den Rillen und Klüften mehr oder weniger schwarz.

Mit 24 Monaten ist die Zahnentwicklung beim Schwarzwild abgeschlossen (beim Rehwild schon mit 14 Monaten, beim Rotwild erst mit 2½ Jahren).

Altersbestimmungstabelle (Unterkiefer) für Frischlinge und Überläufer

Alter	Schneidezähne	Backenzähne

a. 3–4 Monate

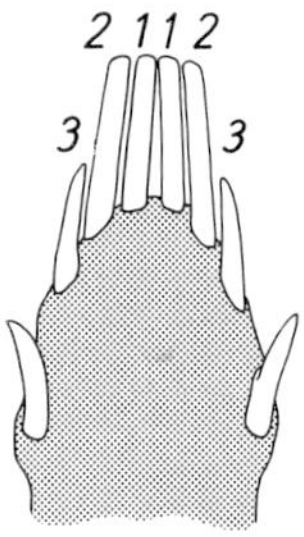

Milchgebiß

Schneidezähne: 6 Schneidezähne, lang und schmal. Die vier mittleren sind 4–5 mm breit, die beiden äußeren kurz und stiftförmig. – Dahinter: „Milchhaken“ = Eckzähne.

Backenzähne: Beiderseits je drei Backenzähne. Der dritte (letzte) ist dreiteilig (vgl. Rehwild).

Anmerkung: In der Lücke zwischen den Gewehren bzw. Haken und den Backenzähnen kann ab 5. Monat noch ein einzelnstehender kleiner Backenzahn wachsen, ein bleibender, der eigentliche erste, der jedoch meist fehlt und hier außer acht bleiben soll.

b. 6–8 Monate (ohne Abb.)

noch Milchgebiß

Schneidezähne: 6 Schneidezähne wie oben bei a.

Backenzähne: Hinter den drei Milchzähnen kommt jetzt als vierter der erste Dauerbackenzahn dazu.

c. ca. 12 Monate

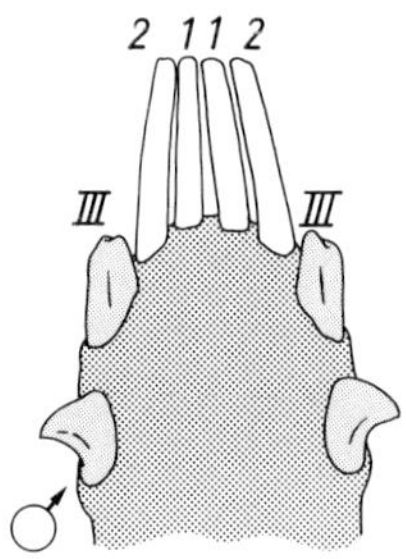

Zahnwechsel, teils Milchgebiß (arabische Ziffern), teils Dauergebiß (römische Ziffern)

Schneidezähne: Die beiden äußeren Schneidezähne (3) wurden durch bleibende ersetzt (III), sind nicht mehr stiftförmig; die vier mittleren noch wie oben.

Backenzähne: Backenzähne wie bei b, jedoch die drei Milchzähne schon stark abgenutzt (vgl. 1jähriges Reh). Der zweite Dauerbackenzahn bricht mit etwa 13 Monaten durch.

Im 10. bis 12. Monat brechen beim Keiler die Gewehre, bei der Bache die Haken durch, die sich anfangs ähneln, sie ersetzen die Milchhaken.

d. ca. 15 Monate

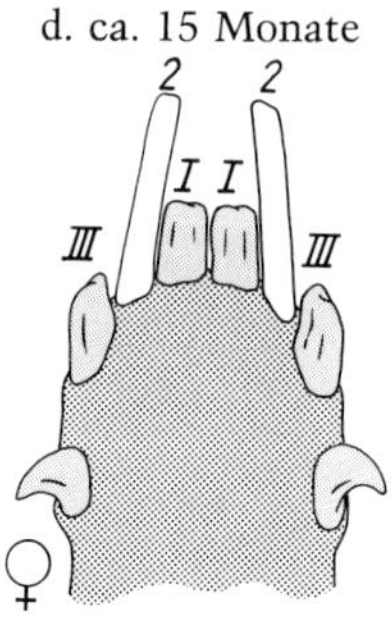

Zahnwechsel fortgeschritten (U-Bogen)

Schneidezähne: Schneidezähne in der Front ungleich hoch; die beiden mittleren (I) sind noch kürzer, aber breiter (6–7 mm); es sind die noch wachsenden Dauerzähne. Nur die beiden nächsten (2) sind noch Milchzähne, länger und schmaler.

Backenzähne: Die drei Milchbackenzähne werden gewechselt; der dreiteilige wird durch einen zweiteiligen ersetzt (weiß, keilförmig). Dahinter noch zwei Dauerzähne (älter, breit, höckerig, in den Klüften schwarz).

e. 17–18 Monate

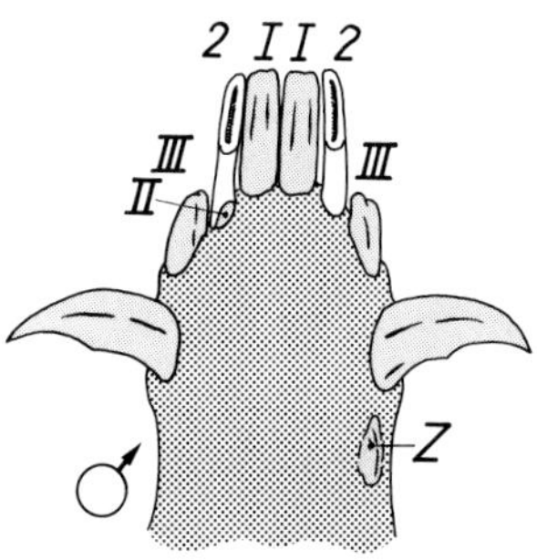

4 etwa gleichlange Schneidezähne, aber gemischt

Schneidezähne: Die beiden mittleren Schneidezähne (I) sind ausgewachsen. Zahnfront wieder gleich hoch. Aber (im Unterschied zu g!): Die äußeren sind noch Milchzähne (2), schmaler (von unten besser zu sehen), Innenseite schon stark abgeschliffen, brauner Kern sichtbar (s. Abb.). Ggf. gucken am Zahngrund schon die Spitzen der nachwachsenden Dauerzähne (II) aus dem Kieferknochen.

Backenzähne: Die Milchbackenzähne sind alle gewechselt, kein dreiteiliger mehr. Der letzte Dauerbackenzahn, noch vom Zahnfleisch überwachsen, hat den Unterkiefer schon durchbrochen (abgekocht deutlich zu sehen). Der eigentliche erste Dauerbackenzahn (z) fehlt häufig ein- oder beidseitig (siehe Anmerkung bei a).

Eckzähne: Die Gewehre können (wie in der Vorlage zu dieser Abbildung) schon über 4 cm aus dem Kiefer herausragen – bei 25 bis 30 mm Anschliff!

Alter	Schneidezähne	Backenzähne
f. 19–20 Monate 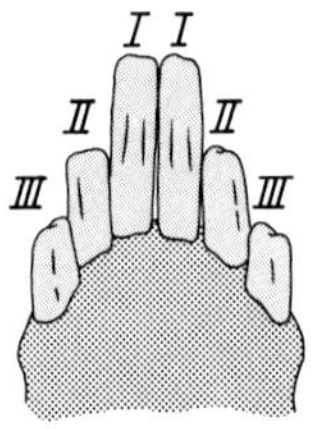	*Zahnwechsel fast beendet (Spitzbogen)* Schneidezähne umgekehrt wie bei d: Die ersten (I) sind ausgewachsen und am längsten, die beiden nächsten sind gewechselt und wachsen noch (II): alle gleich breit, mit Längsrillen. Schneidezahnfront etwa spitzbogig.	Backenzähne wie bei e: Fünf sind voll ausgewachsen, die drei vorderen (Praemolaren) heller, keilförmig-spitz, die beiden nächsten (Molaren) braun, breit, zerklüftet, schwarz gefurcht. Der dritte Molar (= der letzte Backenzahn) bricht durch das Zahnfleisch.
g. 22–24 Monate 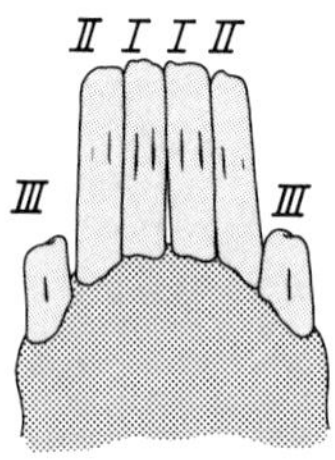	*4 breite neue Schneidezähne* Schneidezähne alle ausgewachsen; die vier vorderen etwa gleich hoch und breit, II eher breiter als I und kaum angeschliffen (vgl. e!).	Der letzte Dauerbackenzahn wächst; er ist der weitaus größte.

Mit dem vollendeten zweiten Lebensjahr ist das Dauergebiß dann vollständig.

Besondere Hinweise

Wichtig ist für eine richtige Streckenmeldung, zumindest nicht Frischlinge und Überläufer oder Überläufer und grobe Sauen zu verwechseln. Häufig wird der Fehler gemacht, die Stücke nach der Größe einzustufen. Das Gewicht ist nicht entscheidend! In Grenzfällen muß immer das Gebiß zur Altersbestimmung hinzugezogen und gegebenenfalls auch die Backenzahnreihe freigeschärft werden.

Ein im Januar/Februar geborener Frischling kann im Dezember 40 bis 50 kg wiegen und stärker sein als ein im Mai des vorhergehenden Jahres gefrischter Überläufer.

Ein im *Winter* – in der Hauptjagdzeit November/Januar – erlegtes Stück ist dann ein Frischling, wenn es noch alle Milch-Schneidezähne hat (siehe b und c in der Tabelle). Ein Überläufer hat normalerweise um diese Zeit den Zahnwechsel fast beendet (siehe f). Hier genügt ein Blick auf die Schneidezähne.

Ein stärkeres Stück (50–60 kg und darüber) mit Dauer-Schneidezähnen, das noch nicht den letzten Backenzahn hat (M III, oder in der Abb. 41: VI), ist immer ein Überläufer und noch keine grobe Sau (Bache oder Keiler). Hier muß man aufschärfen.

Eine im Dezember/Januar erlegte, 22 Monate alte Überläuferbache kann schon 8 Monate alte Frischlinge haben. Sie ist nicht als „Bache" anzugeben, sondern richtig als „führende *Überläufer*bache".

Ein Überläuferkeiler kann bereits 80 kg wiegen und aussehen wie ein Dreijähriger. Gebucht werden muß er als *Überläufer*(keiler), nicht als „Keiler".

Angesichts der verbindlichen jagdgesetzlichen Erfordernisse muß vor allen Dingen die Altersbestimmung der Überläufer und der zweijährigen Sauen in bezug auf den 1. April exakt unterschieden werden: Ein Überläufer könnte am 31. März noch als solcher erlegt werden. Das gleiche Stück würde jedoch ab 1. April zur zweijährigen Sau und mithin in die Schonzeit (Erlegungsverbot) wachsen. Da im allgemeinen nicht bekannt sein kann, in welchem Monat das zu beurteilende Stück gefrischt ist, muß der

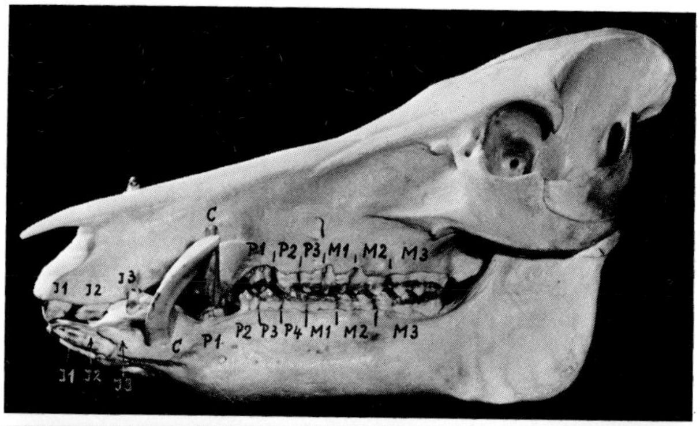

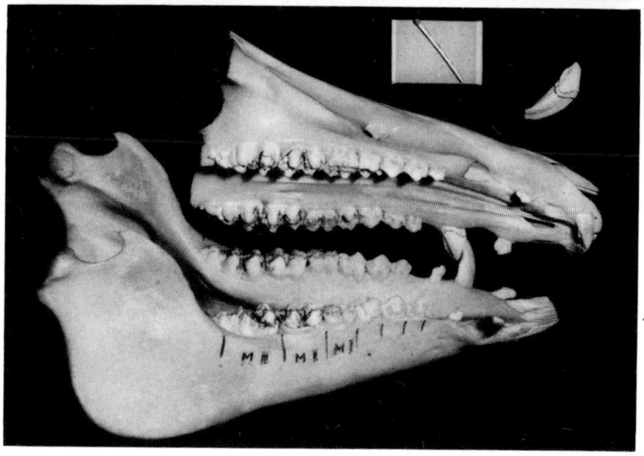

Abb. 40a. Schädel eines dreijährigen Keilers mit vollständigem Gebiß. – *Unterkiefer* (auf jeder Seite): 3 Schneidezähne (der 3. kleiner), 1 Eckzahn (Gewehr), 4 Praemolaren (Vorbakkenzähne), davon steht der erste einzeln in der Lücke zwischen dem Eckzahn und der folgenden geschlossenen Zahnreihe; dieser fehlt oft. Da ihm der Gegenbiß fehlt, ist er für das Kauen ohne Bedeutung. Im Oberkiefer steht ihm der Eckzahn gegenüber. Von den 3 Molaren (Backenzähnen) ist der letzte doppelt so breit wie die beiden vorhergehenden und dreiteilig. – *Oberkiefer* (auf jeder Seite): 3 Schneidezähne, kürzer und breiter als im Unterkiefer, der dritte ebenfalls kleiner und etwas zurückgesetzt, isoliert, ohne Gegenbiß. 1 Eckzahn (Haderer); danach (hier nur) 3 Praemolaren und wieder 3 Molaren, die zu denen im Unterkiefer den Gegenbiß bilden. – *Abb. 40b.* Gebiß einer knapp dreijährigen Bache. Die Eckzähne (Haken) sind kleiner; hier ist zu erkennen, wie sie aneinander schleifen. Die oberen lassen sich leicht herauslösen; bis zur schwarzen Linie stecken sie in der Zahnhöhle. Punktierte Linie = Zahnfleischgrenze

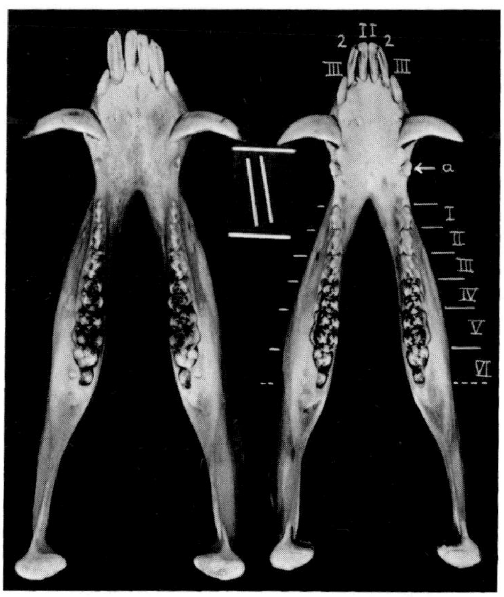

Abb. 41. Unterkiefer von Überläuferkeilern. Links: 20–21 Monate alt, Gewicht aufgebrochen 80 (!) kg (erlegt 23. 11. 1970); rechts: 17–18 Monate alt, 53 kg (erlegt 30. 12. 1970). Bei beiden ist der letzte Molar noch im Durchbrechen. Erst mit zwei Jahren ist das Gebiß vollständig. Der rechte hat noch zwei Milch-Schneidezähne (2). Mit a ist der eigentliche erste Backenzahn (Praemolar) bezeichnet, der häufig (ein- oder beidseitig) fehlt. Kräftige Überläufer können schon das Gewicht von groben Sauen erreichen oder übertreffen. Nach Größe oder Gewicht kann man also das Alter von Sauen nicht schätzen. Ebenso ungenau ist eine Altersbestimmung nach dem Anschliff der Gewehre. Die des linken Unterkiefers haben schon 35 mm (!) Schleiffläche, die des rechten 31 mm (siehe S. 179)

Zahnwechsel als Beweis für das Alter stets mit dem Zeitpunkt des 1. April verglichen werden.

Jeder Jäger sollte sich bei der Bejagung des Schwarzwildes in der Zeit um den 1. April Zurückhaltung auferlegen und nur zum Schuß auf ein Stück entschließen, wenn er es eindeutig als *Frischling* angesprochen hat. Das Erlegen einer zweijährigen Sau in der Schonzeit wird als Straftat geahndet, auch Fahrlässigkeit ist strafbar.

Für die Praxis – auf den Streckenmeldungen – genügt normalerweise die Unterscheidung nach den natürlichen Altersklassen: Frischling (mit Angabe des Geschlechts), Überläuferkeiler – Überläuferbache (gegebenenfalls „führende"), geringe Bache – grobe Bache, Keiler (immer mit Altersangabe in Jahren).

Altersschätzung bei groben Sauen

Zur weiteren Altersbestimmung über den Zahnwechsel hinaus kann man die Abnutzung der Backenzähne nicht so gut heranziehen wie beim übrigen Schalenwild. Letzteres gehört zu den Wiederkäuern, bei denen die Backenzähne besonders gut zur Altersbestimmung verwendet werden können, weil sie sich zeitlich recht genau und gleichmäßig beim Zerkleinern der im Pansen gespeicherten und hochkommenden Nahrung abschleifen. Da das Schwarzwild aber bunodonte (höckerförmige, mit einer geschlossenen Schmelzschicht überzogene) Zähne hat, nutzt sich das Gebiß nur langsam ab, und es werden – beim Allesfresser Sau – Altersunterschiede oft überdeckt durch eine unterschiedliche Abnutzung entsprechend dem Nahrungsangebot. Mehr als eine grobe Schätzung kann das nicht sein. Inzwischen ist man in Eberswalde dabei, diese Methode zu verfeinern (Briedermann 1984). Das Verfahren ist aber noch nicht so ausgereift, daß es im praktischen Jagdbetrieb bereits angewendet werden könnte (Möller 1984). So sind wir also bei älteren Sauen nach wie vor auf die bisher beste Möglichkeit der Altersschätzung – anhand der Eckzähne – angewiesen.

Altersschätzung bei Bachen

Hier genügt – auch für statistische Auswertung – eine grobe Unterteilung in geringe Bachen, mittelalte und alte. Die Haken einer Bache sehen oft recht imponierend aus und haben schon manchen Jungjäger, der zuerst nur auf das Gebrech guckte, zu dem Trugschluß verleitet, er habe einen jungen Keiler gestreckt. Jüngere Bachen „prahlen" gelegentlich mit gewehrähnlichen Haken im Unterkiefer (Abb. 42). Wenn man sich aber an einem abgekochten Schädel die Haken im Oberkiefer dazu ansieht, wird der Unterschied deutlich (Abb. 44).

Die Haken der Bache sind kleiner, vor allem aber verjüngen sie sich nach der Wurzel zu, mit zunehmendem Alter immer stärker. Das erklärt sich daraus, daß sie nicht – wie die Gewehre beim Keiler – ständig weiterwachsen. Nur in der Jugend ähneln die *unteren* Haken mit ihrem weit offenen Wurzelende den Gewehren. Die breiteste Stelle liegt allerdings nicht an der Wurzel (wie beim jungen Keiler), sondern im unteren Drittel; allmählich verschiebt sie sich nach oben und liegt schließlich außerhalb der Zahnhöhle kurz vor Beginn der Schleiffläche. Gleichzeitig schließt sich die Wurzel immer mehr in dem Maße, wie das Wachstum aufhört, und in dem immer spitzer werdenden Wurzelende bleibt schließlich nur noch eine kleine Öffnung (Abb. 43).

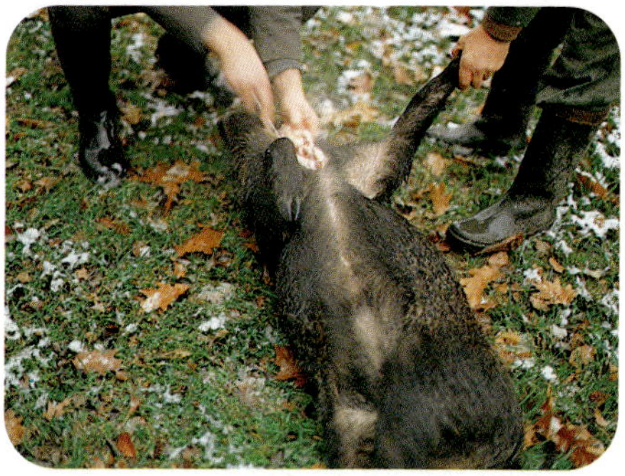

1. Mit kurzem Schnitt die Drossel und den Schlund durchschärfen

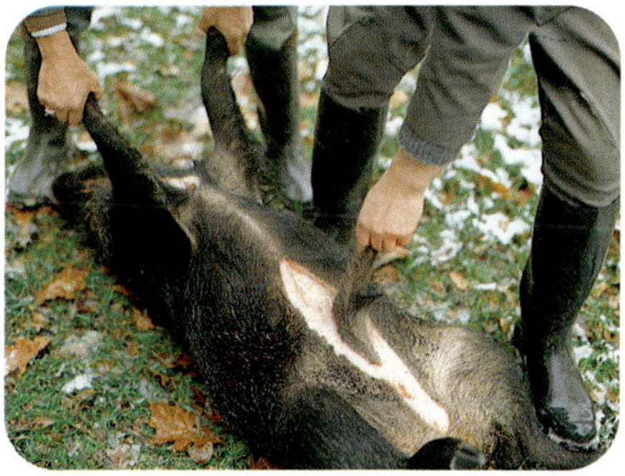

2. Pinsel und Brunftrute lösen und nach hinten herausschälen

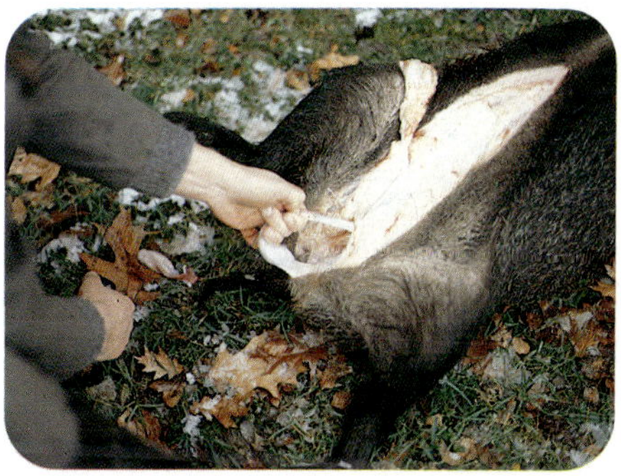

3. Auslösen der Brunftkugeln und Samenstränge

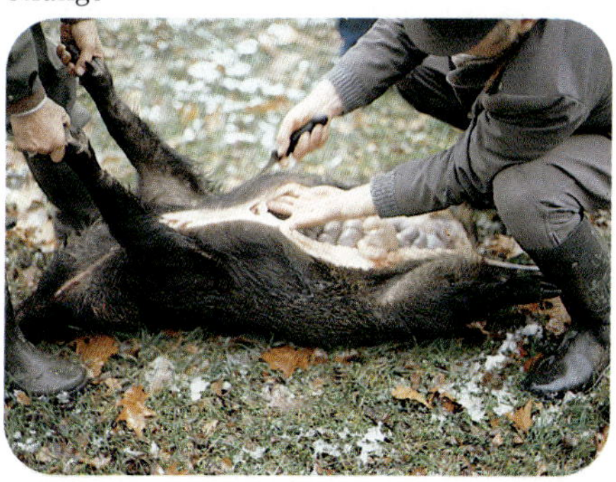

4. Das Gescheide vorsichtig freilegen und mit beiden Händen herausheben

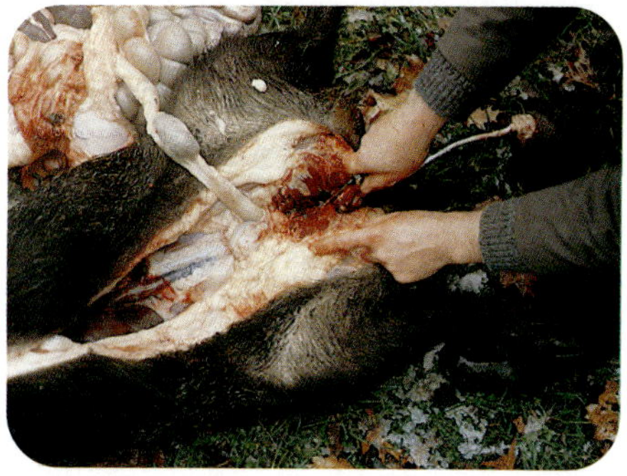

5. Öffnen des Schlosses. Aber Vorsicht, Blase nicht verletzen

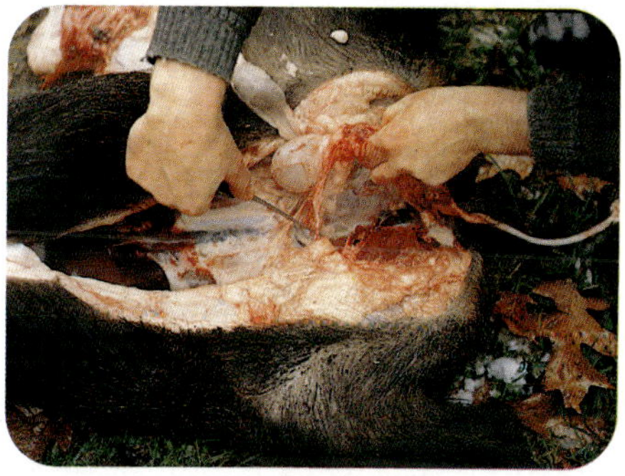

6. Weiddarm und Blase ausschärfen. Deutlich erkennt man die Brandadern

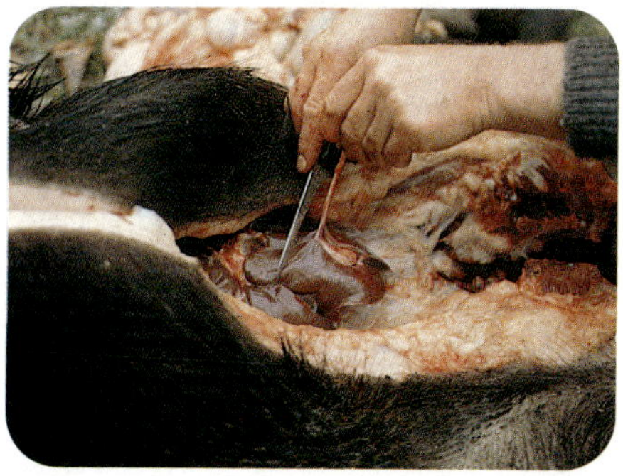

7. Sauen haben eine Gallenblase, vorsichtig entfernen

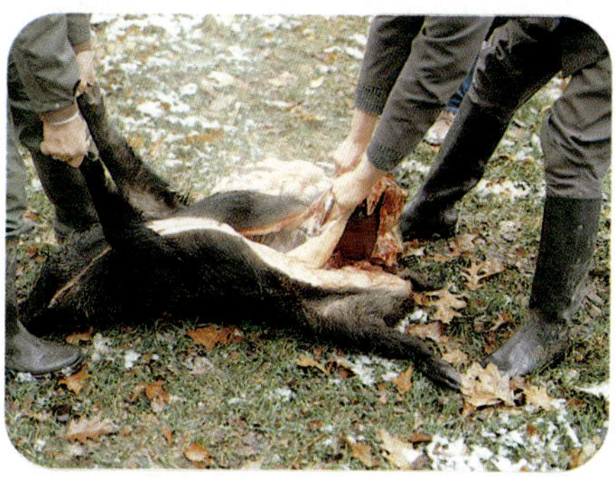

8. Das Geräusch mitsamt den Bauchhäuten nach hinten herausziehen

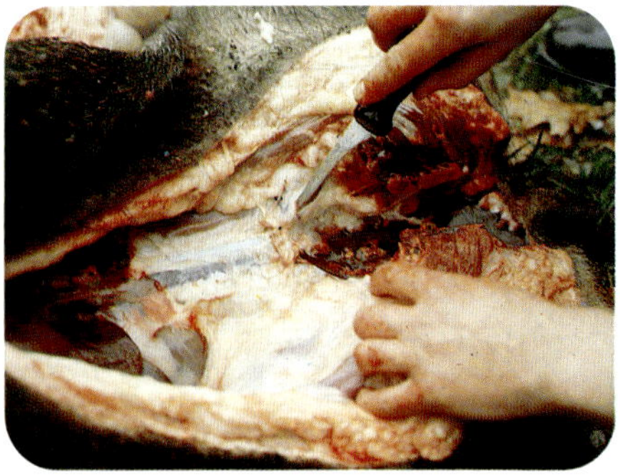

9. Alle sichtbaren großen Blutgefäße, besonders die Brandadern, öffnen

10. Das Stück zum Ausschweißen und Auskühlen luftig aufhängen

11. Die Schwarte bis zu den Schalen, die an ihr verbleiben, aufschärfen

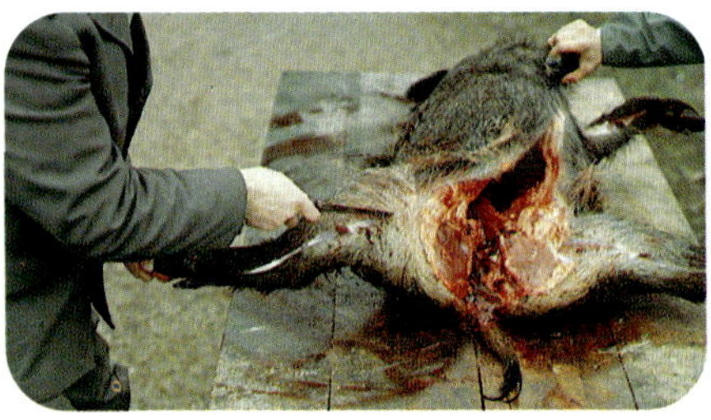

12. Schnittführung bis zum Schloß bzw. an den Vorderläufen bis zum Brustkern

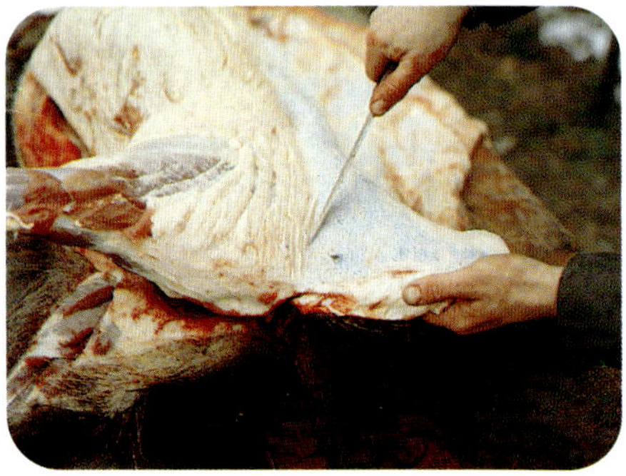

13. Die Schwarte muß Stück für Stück abgeschärft werden

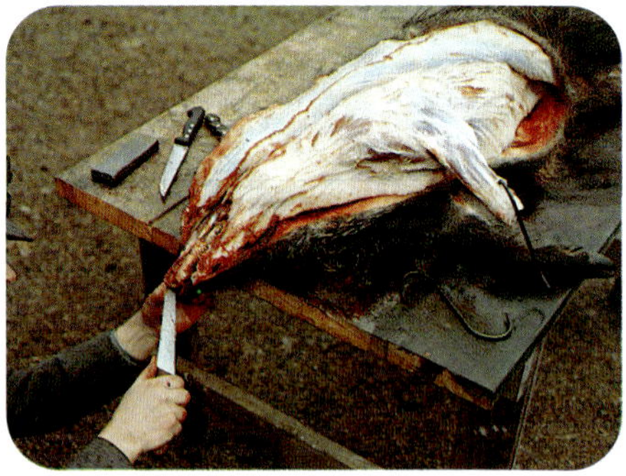

14. Das Abschwarten des Kopfes verlangt besondere Sorgfalt

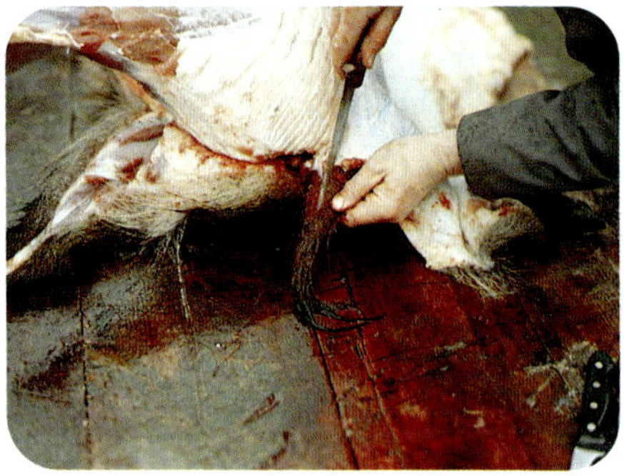

15. Pürzel der Länge nach aufschneiden und den Kern herauslösen

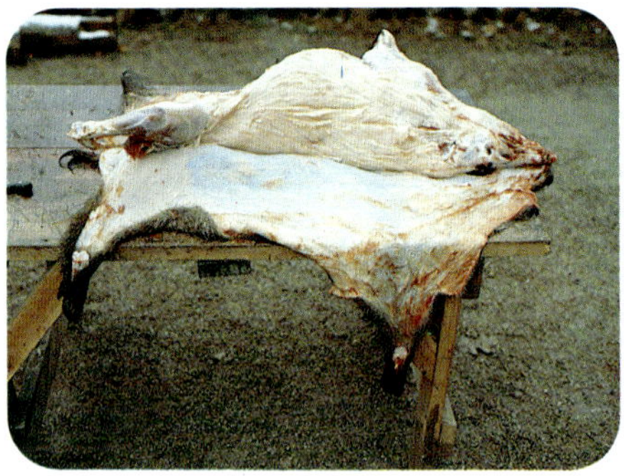

16. Eine Hälfte ist fertig – so soll die Sau nach sauberer Arbeit aussehen

(Photos: G. Claußen)

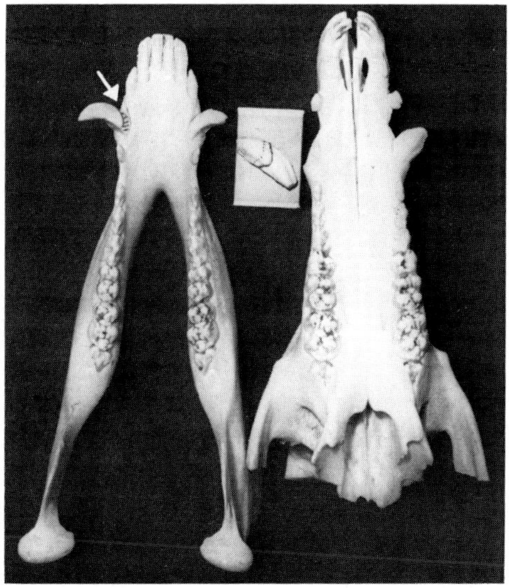

Abb. 42. Unter- und Oberkiefer einer Überläuferbache (21 Mon.). Die Haken des Unterkiefers ähneln sehr den Gewehren gleichaltriger Keilerchen, sind nur schwächer. Sie lassen sich auch nur ein Stück (schraffiert) herausziehen, erst bei alten Bachen ganz (s. Abb. 43c). Die mandelförmigen Haken im Oberkiefer dagegen unterscheiden sich deutlich von den unten weit offenen, stärker gekrümmten Haderern ▷

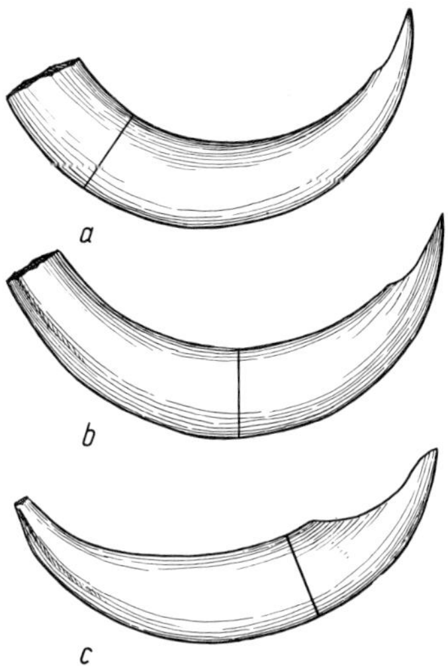

◁ *Abb. 43.* Bis zum Alter 2 ermöglicht der Zahnwechsel eine ziemlich genaue Altersbestimmung. Bei älteren Bachen kann man anhand der Haken das Alter schätzen. Die unteren Haken einer jungen Bache haben noch eine weit offene Wurzel, ähnlich den Keilergewehren (a), mit nachlassendem Zahnwachstum schließt sich das Wurzelende (b, etwa 4–5jährig). Bei alten Bachen ist nur noch eine kleine Öffnung in der Wurzelspitze und die Haken sind durch Abnutzung wieder kürzer geworden (c). Die Stelle des größten Durchmessers wächst nach vorn (nach BRIEDERMANN)

Die oberen und unteren Haken einer alten Bache kann man (nach dem Abkochen) herausziehen. Die unteren Haken (Abb. 42) einer jungen Bache noch nicht, da die breiteste Stelle, etwa in der Mitte, noch in der Zahnhöhle steckt. Gewehre muß man immer nach unten hinten durch die Höhlung des Unterkieferknochens herausschieben, da sie am unteren Ende breiter sind als das Zahnfach, das Loch im Unterkiefer, aus dem die Spitze herausschaut (s. S. 184).

Die Haken im Oberkiefer lassen sich – ebenso wie die Haderer – relativ leicht herauslösen. Sie sind kurz und gerade, nicht aufgebogen wie die Haderer, herausgelöst in der Jugend mandelförmig, also beiderseits spitz, unten noch offen, in höherem Alter durch den Anschliff oben keilförmig abgeschrägt, am Wurzelende geschlossen und etwas zerklüftet. Während sie in der Jugend weiß sind, wird der aus dem Oberkiefer herausschauende Teil der Haken bei alten Bachen gelb-braun marmoriert; auch der Anschliff bekommt einen Kern (ähnlich wie bei den Grandeln eines Alttieres). Wenn die Wurzel geschlossen und in mehrere Wurzelenden zerklüftet ist (Abb. 44, 45), ist das Wachstum abgeschlossen. Von da ab kann dieser Eckzahn mit zunehmendem Alter durch die Abnützung nur noch kürzer werden.

Mit Hilfe der Oberkiefer-Haken läßt sich das Alter einer Bache also ebensogut einstufen. Dieses Verfahren ist sogar noch einfacher, da sich diese Eckzähne in jedem

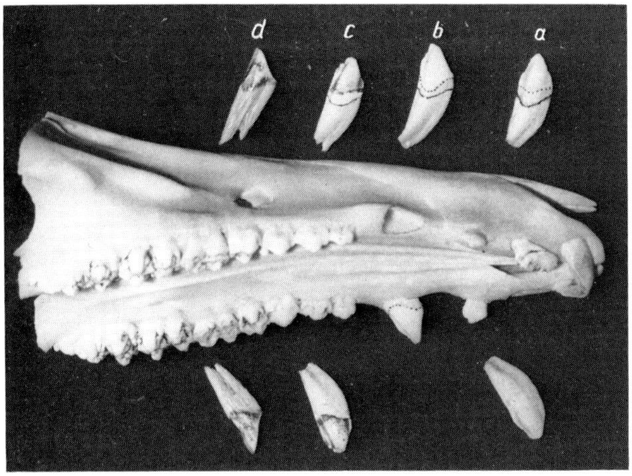

Abb. 44. Bachenhaken aus dem *Ober*kiefer eignen sich ebenso gut wie die des Unterkiefers zur Altersschätzung bzw. noch besser, weil sie leichter herauszulösen sind. a: Haken einer etwa 21 Monate alten Überläuferbache, weiß, mandelförmig, mit offener Wurzel (in dem Alter ist die Zahntabelle noch genauer); b: knapp dreijährig, längeres Oberende mit langem schrägen Anschliff, meist noch weiß, Wurzelende flach zusammengedrückt mit schmaler, länglicher Öffnung (hierzu gehört der Oberkiefer); c: etwa (3-)4jährig, Oberende durch Abschliff schon verkürzt, keilförmig, z. T. grau-gelblich gefärbt, Wurzel beginnt sich zu teilen, nur noch punktförmige Öffnung an der Spitze; d: etwa 5–6jährig, Zahnkrone noch stärker verkürzt (Abschliff reicht fast bis zum Zahnfleisch), spitz-dreieckig, ungleichmäßig gebräunt, Wurzel gefurcht, zerklüftet, mit mehreren zipfeligen Enden, geschlossen

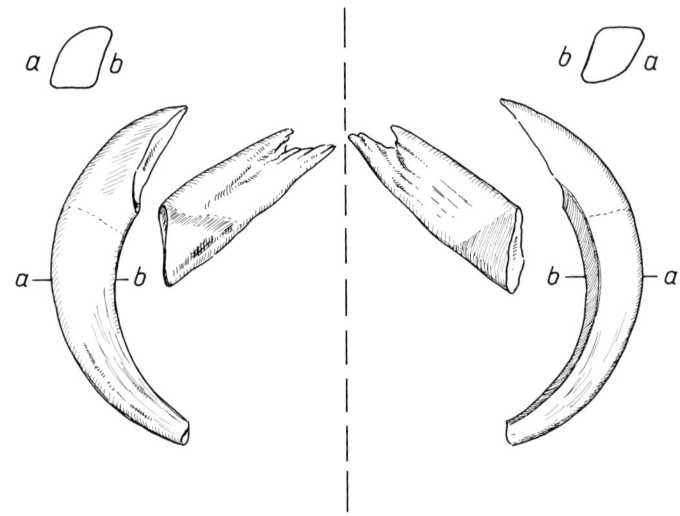

Abb. 45. Die beiden rechten Haken einer etwa fünf- bis sechsjährigen Bache. In der rechten Bildhälfte liegen beide so, wie sie im Unterkiefer sitzen, die Außenseite ist oben; links dieselben Haken, Innenseite nach oben. Der Anschliff an den unteren Haken (bzw. beim Keiler an den Gewehren) ist also innen. Auch Keilergewehre legt man so auf ein Brettchen beim Aufsetzen, nämlich auf die Außenseite. D. h. das rechte Gewehr liegt links auf dem Brett, so daß man auf die Innenseite und den Anschliff blickt; anders bei den oberen Eckzähnen: Bei den nach außen, oben gekrümmten Haderern des Keilers sieht man die Schleiffläche besser, wenn sie auch mit der Außenseite auf dem Brettchen liegen (rechter Haderer über dem rechten Gewehr, s. Abb. 49, 51). Da die oberen Bachenhaken aber gerade nach unten wachsen, ist die Schleiffläche besser von außen zu sehen. D. h. der rechte obere Haken liegt über dem linken unteren. Die Nebenzeichnung oben zeigt den Querschnitt des unteren Hakens

Alter leicht herausziehen lassen. Durch weitergehende Untersuchungen an einem umfangreicheren Material wird sich die bisherige grobe Einteilung sicher noch etwas verfeinern lassen. Für die Praxis reicht diese Einschätzung zunächst aus.

Altersschätzung anhand der Keilerwaffen

Zu wissen, wie alt ein Keiler ist, hat die Jäger von jeher interessiert. Deshalb gibt es auch in der Jagdliteratur eine lange Reihe von Veröffentlichungen, die sich nur mit diesem Thema befassen.

Das herkömmliche Verfahren, das Alter nach der Länge des Anschliffs der Gewehre zu bestimmen, ist sehr grob und führt besonders bei jüngeren Keilern zu erheblichen Fehlern. Die einfache Faustregel besagte:

1 cm Schleiffläche = 1 Jahr.

Nachdem man gelernt hatte, mit Hilfe der Schneide- und Backenzähne das Alter in den ersten 2 Jahren auf den Monat genau zu bestimmen, stellte sich heraus, daß junge Keiler mit 30–40 mm Schleiffläche an den Gewehren (also „Dreijährige" bzw. „Vierjährige") in Wirklichkeit erst 1½- bzw. 2jährig waren, da sie noch Milch-Schneidezähne hatten bzw. der letzte Backenzahn noch nicht ausgewachsen war (Abb. 41). Danach wurden bisher – und werden noch heute vielerorts – junge Keiler erheblich zu alt eingestuft, besonders dann, wenn sie auch noch stark im Wildpret waren. Der Anschliff ist nämlich in der Jugend stärker und nimmt mit zunehmendem Alter ab, so daß sich der Schätzfehler dann verringert. Er ist außerdem abhängig von der Stellung der Eckzähne im Kiefer, die individuell verschieden sein kann. Je nach dem Winkel, in dem Gewehre und Haderer aufeinanderliegen, ist die Schleiffläche größer oder kleiner. Schließlich erreicht sie auch mit 60–70 mm ihre größte Länge, wenn sich Zuwachs und Abschliff ausgleichen, so daß nach diesem Verfahren auch das Alter von Hauptschweinen nicht genau bestimmt werden kann. Hinzu kommt, daß oft bei abgekämpften Spitzen der Gewehre exaktes Messen gar nicht möglich ist. Schließlich werden auch noch je nach Veranlagung des Einzelstücks, örtlicher Bestandsentwicklung, Wildpretgewicht usw. bei gleichem Alter unterschiedlich starke Waffen gebildet.

Solange man schießen konnte, was vor die Büchse kam, spielte eine genaue Altersbestimmung auch beim Keiler noch keine große Rolle. Der Wert der Trophäe wurde und wird nach Messungen und Formeln ermittelt, das Alter bleibt unberücksichtigt.

Wenn jedoch bei einer planmäßigen Schwarzwildbewirtschaftung nur reife Keiler erlegt und jüngere geschont werden sollen, muß man schon ein genaueres Verfahren anwenden.

Eine verbesserte Methode zur Altersschätzung nach den Keilerwaffen ist die von der Arbeitsgemeinschaft für Jagd- und Wildforschung, Institut für Forstwissenschaften in Eberswalde, von E. Brandt (1961) entwickelte. Das Verfahren basiert auf Veröffentlichungen von Jaerisch, Snethlage und Peyer. Alle drei haben erkannt bzw. bestätigt, daß der Durchmesserabfall der Gewehre von der Wurzel bis zur Schleifecke beim jungen Keiler größer ist als beim mittelalten, und daß diese beiden Durchmesserwerte sich mit zunehmendem Alter immer mehr angleichen. Während die Erklärungen dazu von Peyer (1930, 1933) nicht befriedigen, hat Jaerisch (1930, 1933) – als Tierarzt – die biologischen Zusammenhänge der Zahnentwicklung richtig gedeutet, was von Snethlage (1933) mit Beispielen und Erfahrungen aus der Praxis unterstützt wurde.

Die Eckzähne des Keilers sind nachwachsende Zähne mit einem weiten, offenen Wuchsansatz. Der Abschliff an der Spitze wird durch das Nachwachsen ständig ausgeglichen (ähnlich wie bei den Schneidezähnen der Nagetiere). Die sich in der Jugend entwickelnden Gewehre werden mit zunehmendem Kieferwachstum an der Wurzel immer breiter. Erst wenn das Jugendwachstum abgeschlossen ist, der Kiefer sich nicht mehr ausdehnt, ändert sich der Wurzeldurchmesser nicht mehr. Von da ab bleibt auch das nachwachsende untere Ende des Gewehrs (im Unterkiefer) gleich breit. Bemerkt sei, daß beim ganz alten Keiler sich die Wurzelöffnungen der Eckzähne auch allmählich verengen.

Somit besteht eine altersbedingte gesetzmäßige Beziehung zwischen den an bestimmten Stellen ermittelten Durchmessern eines Gewehrs, unabhängig davon, ob das nun insgesamt stärker oder schwächer ist. Entwicklungs- oder rassebedingte Unterschiede in der Stärke von Keilergewehren könnten bei Verwendung absoluter Zahlen zu Fehlbestimmungen führen. Schmale Gewehre würde man gegebenenfalls jungen, breite Gewehre starken, alten Keilern zuordnen.

Gleichwohl sind die vielfältigen Zusammenhänge für das Wachstum der Eckzähne noch nicht befriedigend geklärt. Hausschweineber entwickeln im Alter von zwei Jahren aus dem Unterkiefer Eckzähne, die eine Länge von 20 cm und mehr haben können, was bei jungen *Wild*schweinen selten vorkommt. Interessant ist die Beobachtung, daß die Eckzähne von kastrierten Hausschweinebern auch nach Kürzen der Zähne unvermindert weiterwuchsen (W. SCHULZE, Hannover, mdl.). Demnach kann das Wachstum der Eckzähne nicht an Sexualhormone gebunden sein. Reichlich bemes-

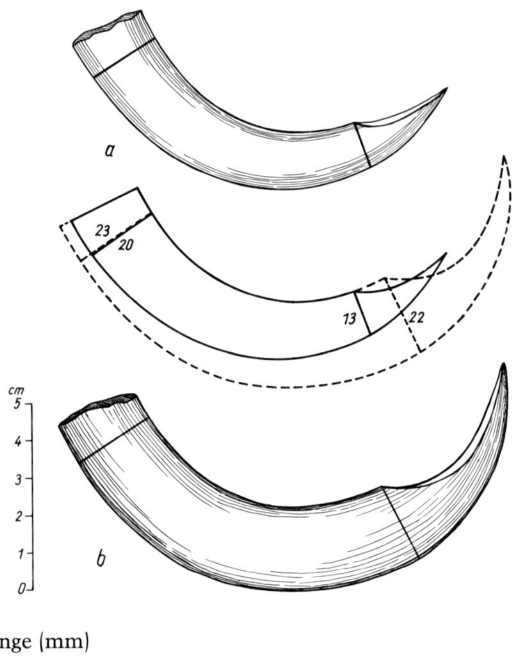

Abb. 46. Oben (a): linkes Gewehr eines knapp zweijährigen Keilers (Überläufer, 22 Monate alt). Starker Durchmesserabfall von der Wurzel bis zur Schleifecke. Je geringer die Differenz zwischen diesen beiden Durchmessern, desto geringer die Formzahl, desto älter der Keiler. Unten (b): Erst beim voll ausgereiften Keiler (ab 9–10jährig) laufen die Außenkanten parallel. Das Gewehr hat mit etwa 6 Jahren an der Wurzel seine größte Breite erreicht und wächst dann in dieser Breite nach vorn, in etwa 3 Jahren bis zur Schleifecke (nach BRANDT). Maße der abgebildeten Gewehre:

Durchmesser (mm)		Länge (mm)			
Wurzel	Schleifecke	Außenkante	Abschliff	Formzahl	Alter
(a) 20	13	125	27	1,54	2 J.
(b) 23	22	182	54	1,05	7–8 J.

Die Umrißzeichnungen in der Mitte verdeutlichen die Maßunterschiede

senes, gutes Futter in Gehegen hatte ebenfalls keine sichtbare Verbesserung des Wachstums der Eckzähne erbracht. Offenbar sind sowohl genetische als auch physiologische Voraussetzungen maßgebend.

Gelegentlich entsteht auch ein abnormes Wachstum. Im Jahre 1957 wurde im Saupark Springe ein sechsjähriger Keiler erlegt, der eine Doppelbildung der Haderer auf einer Seite hatte. Die übrigen Eckzähne waren normal.

Die Gesetzmäßigkeit des Durchmesserverhältnisses jedoch läßt sich zur Altersschätzung verwenden. Peyer (1933) versuchte, den Durchmesserunterschied in Prozentzahlen auszudrücken, Jaerisch (1933) nannte Verjüngungsfaktoren – bei jungen Stücken etwa wie 3 : 2, bei älteren wie 3 : 2,5, bei alten wie 3 : 3, Brandt (1961, 1965) arbeitet mit Formzahlen.

Setzt man den am unteren Ende der Schleiffläche gemessenen Wert zu dem an der Wurzel ins Verhältnis, so ergibt sich daraus die Gewehrformzahl nach der Formel

$$\text{Formzahl} = \frac{\text{Durchmesser an der Wurzel}}{\text{Durchmesser an der Schleifecke}} \quad \text{z. B.} \quad \frac{18\text{ mm}}{15\text{ mm}} = 1{,}20$$

Je größer der Unterschied zwischen den beiden Werten ist, also bei jungen Keilern, desto größer ist die Formzahl. In dem Maße, wie sich die beiden Durchmesser einander nähern, nähert sich die Formzahl dem Wert 1,0. Brandt geht davon aus, daß die Gewehre im Verlauf von drei Jahren von der Wurzel bis zur Schleifecke nachwachsen. Ein 7jähriger Keiler, bei dem die Gewehre am Wurzelende die größte Breite erreicht haben, z. B. 24 mm, und nun in gleicher Breite nach vorn wachsen, muß also 10 Jahre alt werden, bis diese Stelle die Schleifecke erreicht hat. So ergibt sich die Formzahl 1,0 erst für einen zehnjährigen Keiler (Abb. 46). Die Werte, die sich aus einem umfangreichen Untersuchungsmaterial ergaben, sind im einzelnen:

Überläufer	1,80	6- bis 7jährig	1,10
2- bis 3jährig	1,50	7- bis 8jährig	1,06
3- bis 4jährig	1,35	8- bis 9jährig	1,04
4- bis 5jährig	1,25	9- bis 10jährig	1,02
5- bis 6jährig	1,17	über 10 Jahre	1,00

Briedermann hat diese Formzahlen in seinem Merkblatt zur Altersbestimmung (1965) verwendet und zum Gebrauch in der Praxis zu folgenden Gruppen zusammengefaßt:

Formzahl	*Alter*	*Bezeichnung*	
um 1,80	ca. 1 Jahr	Überläuferkeiler	nicht jagdbar
1,50–1,21	2–4 Jahre	geringer Keiler	
1,20–1,05	5–7 Jahre	hauendes Schwein	jagdbar
1,04–1,00	8 Jahre u. älter	Hauptschwein	

Der Durchmesser wird mit einer Schieblehre auf 1/10 mm genau ermittelt, das Maß an der Wurzel 1 cm vom Ende entfernt gemessen. Gerechnet wird bis auf zwei Dezimalen hinter dem Komma.

Es gibt zwar auch hierbei naturgemäß noch Überschneidungen in den Grenzbereichen, so daß man z. B. nicht genau sagen kann, ob die Gewehre mit einer Formzahl von 1,21 nun von einem vierjährigen oder fünfjährigen Keiler stammen. Hilfsweise kann man den Erlegungszeitpunkt hinzuziehen, um zu ermitteln, ob man mit gerade

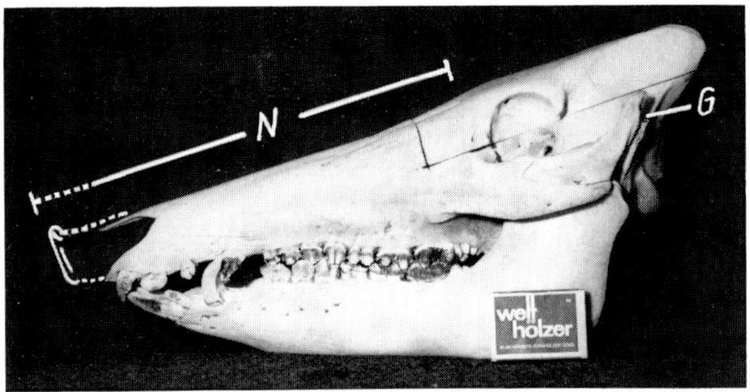

Abb. 47 (oben). Schädel einer knapp vierjährigen Bache. Vom letzten Molar guckt häufig das letzte Drittel (weiß) – auch lange nach Abschluß der Zahnentwicklung wie hier – kaum aus dem Zahnfleisch heraus. Durch die besonders lange Nase (N), deren Höhle ausgefüllt ist mit einem Labyrinth von muschelförmig eingerollten dünnen Knorpel- und Knochenwänden, Schleimhäuten und Riechepithel, ist das hervorragende Geruchsvermögen bedingt. Die knorpelige, muskulöse Verlängerung im Rüssel (Wurf) ist angedeutet

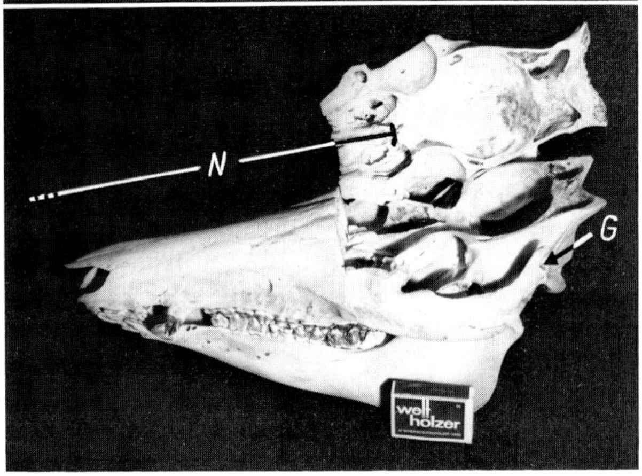

Abb. 48 (unten). Am aufgeschnittenen Schädel wird deutlich, wie groß die Gefahr eines Gebrechschusses und wie klein als Ziel die weit oben und hinten sitzende Gehirnpartie ist. G = Gehörgang

begonnenen (Juni) oder fast vollendeten Jahren (Januar) rechnen soll. Die Erfahrungen haben gezeigt, daß die Methode nach Brandt-Briedermann nur eine ungefähre Altersschätzung erlaubt. Eine Differenzierung über ein Alter von 7 Jahren hinaus wird sehr ungenau, deshalb hat sich für die praktische Anwendung die folgende Faustregel bewährt:

Hat die Formzahl einen Wert von 1,1 erreicht, so ist der Keiler mindestens 5 Jahre alt. Anders ausgedrückt: Laufen die Außenkanten des Gewehrs (eines unteren Eckzahns) zur Spitze konisch zu, so ist der Keiler unter 5 Jahre alt, laufen sie fast parallel zueinander, so ist der Keiler 5 Jahre und älter.

Auch die Haderer können hilfsweise zur Altersbestimmung herangezogen werden. Mit zunehmendem Alter sind sie stärker gekrümmt – bis zum Halbkreis – und haben eine längere Schleiffläche (Snethlage, 1982, s. Abb. 51).

Bei der Beurteilung eines Fehlabschusses jedoch sollte man m. E. bedenken, daß der Erleger nicht die präparierten Keilerwaffen vorher betrachten konnte. Auch der Gesamteindruck des erlegten Stückes und andere Umstände sollten berücksichtigt werden und mit maßgebend sein für die Entscheidung, ob man das bei sorgfältigerem Ansprechen als zu jungen Keiler hätte erkennen können, oder ob ein leichtfertiger Schuß zu beanstanden und gegebenenfalls mit einer Buße zu ahnden ist. Einem Jäger, der z. B. einen Zweieinhalb-Zentner-Keiler erlegt hat und hinterher feststellen muß, daß der erst vierjährig ist, kann man schlecht den Vorwurf machen, er hätte das Alter nicht richtig angesprochen.

VIII Schwarzwildtrophäen

Präparieren der Trophäen

Als Trophäen gelten beim Schwarzwild einmal die deutlich verlängerten Eckzähne, beim Keiler „Gewaff" genannt, bei der Bache „Haken", zum anderen die Schwarte und der Saubart. Ihre dauerhafte Aufbereitung verlangt Sorgfalt und Geschick, die dem Fachmann eigen sind, aber auch vom Erleger erbracht werden können. Ob man die Waffen von Keiler oder Bache auf Brettchen aufsetzt oder in Silber fassen läßt, ob mit den Zahnspitzen nach oben oder unten, ob man die Schwarte mit grünem Tuch unterlegt oder gar ganz abfüttert, ist Ermessenssache. Einige allgemeine Hinweise fürs Präparieren sollen aber hier folgen.

Keilerwaffen

Man sieht immer wieder Keilerwaffen, die zwar der Stolz des Erlegers, aber leider schon zum Zeitpunkt der Trophäenschau unansehnlich geworden sind, sei es durch unsachgemäße Behandlung oder weil sie aufgerissen sind. Um dem vorzubeugen, sollte man beim Präparieren des Gewaffs die notwendige Sorgfalt walten lassen.

Nachdem man den Kopf vom Wildkörper getrennt hat, wird der Unterkiefer herausgelöst. Dies geschieht wie beim übrigen Schalenwild unter gleichzeitigem Entnehmen des Leckers. Anschließend werden die Unterkieferäste getrennt und durchgesägt. Dabei ist zu bedenken, daß die Gewehre nur etwa zu einem Drittel ihrer Länge aus dem Kiefer herausragen. Die übrigen zwei Drittel liegen in der Kieferhöhle unter den Backenzähnen. Deshalb empfiehlt es sich, den Trennschnitt sicherheitshalber hinter dem letzten Backenzahn anzusetzen.

Der Oberkiefer kann vom Schädel kürzer abgesägt werden, etwa fünf Zentimeter hinter den Haderern, weil diese nicht so tief im Zahnfach stecken.

Die die Gewehre und Haderer enthaltenden Kieferteile werden dann in einem Topf mit kaltem Wasser aufs Feuer gesetzt und mindestens eine halbe Stunde gekocht. Anschließend läßt man sie in frischem handwarmen Wasser abkühlen. Ein Abschrekken unter kaltem Wasser kann zum Reißen der Zähne führen.

Eine andere Möglichkeit ist das sog. Mazerieren. Man gibt die Kieferteile mit etwas Wasser in einen Behälter, verschließt diesen gut – um die Geruchsbelästigung auszuschalten – und läßt die Fäulnisbakterien drei bis vier Wochen für sich arbeiten. Anschließend sind die Eckzähne so locker in ihrem Zahnfach, daß sie ohne Schwierigkeiten aus dem Kiefer herausgelöst werden können.

Die Haderer lassen sich mit der Hand vorsichtig nach vorn außen heraushebeln. Die Gewehre jedoch müssen nach hinten (Richtung Wurzel) herausgedrückt werden. Nur selten ist nämlich die dickste Stelle des Zahnes bereits aus dem Kiefer herausgewachsen, meist liegt sie noch im Knochen (s. Abb. 46). Um an die Kieferhöhle heranzukommen, sägt man von hinten her jeweils dünne Scheibchen vom Knochen ab, bis die Öffnung gerade zu sehen ist. Vorsicht, nicht zu große Stücke abschneiden, sonst hat man doch das Ende des Zahnes erwischt! Die Öffnung wird mit einer kleinen Zange etwas erweitert, und dann kann der Eckzahn behutsam durch Druck auf die Spitze nach rückwärts aus dem Kiefer herausgeschoben werden.

Das in den Zähnen sitzende Mark (die Papille) wird entfernt, eventuell noch anhaftende Zahnfleischreste werden mit dem Fingernagel oder einer weichen Bürste abgekratzt und die Waffen unter Wasser gereinigt. Man soll aber nicht den braunen Rand an den Haderern und Gewehren, den Ansatz des Zahnfleisches, mit Gewalt abschrubben, sonst beraubt man die Waffen eines Teiles ihrer Schönheit. Anschließend läßt man die Zähne *langsam* trocknen, ggf. schlägt man sie in ein feuchtes Tuch ein.

Leider haben die Waffen die Gewohnheit, der Länge nach aufzureißen, oft gefördert durch trockene Zimmerluft (Zentralheizung). Um dem vorzubeugen und um den hohlen Zähnen mehr Festigkeit gegen mechanische Belastung zu verleihen, können sie vor dem Aufsetzen gefüllt werden. Früher fand meistens flüssiges Stearin oder Paraffin Verwendung. Hierzu sind tropfende Kerzen geeignet. Im Tiegel auf dem Herd erhitztes Stearin ist zu heiß! Da diese Füllung jedoch ein Aufreißen nicht immer verhindert, werden heute andere Materialien bevorzugt, so z. B. Epoxydharzgemische, weißer Holzleim oder Silikonmasse (die man zum Abdichten von Fugen im Sanitärbereich verwendet). Wenn man das Glück hat, einen passionierten Zahntechniker zu kennen, kann dieser gar Spezialmischungen empfehlen.

Wie man die hergerichteten Gewehre und Haderer nun aufsetzt, bleibt dem persönlichen Geschmack überlassen. Weitverbreitet sind schlichte runde Eichenbrettchen. Wichtig ist das richtige Befestigen. Schraubt man die Waffen von der Rückseite des Brettes her (nach vorherigem Anbohren) fest, können sie jederzeit wieder gelöst werden, um sie zu vermessen und nach der Formel zu bewerten.

Auch die Haken einer Bache nehmen sich, auf ein kleineres Brettchen aufgesetzt, recht gut aus zwischen Rehgehörnen. So mancher ausländische Jagdgast, in dessen Heimat kein Schwarzwild vorkommt, ist schon mit solchen Trophäen als Zeichen seines Jagderfolges überglücklich nach Hause gefahren.

Kopfpräparate

Von einem Hauptschwein kann man sich auch den gesamten Kopf präparieren lassen. Allerdings soll dann die Schwarte nicht zu kurz abgeschärft werden. Am besten beläßt man sie bis hinter die Blätter am Haupt.

Der Präparator, der diesen Auftrag erhält, muß nicht nur technisch sein Handwerk verstehen, sondern auch anatomisch die natürliche Körperhaltung kennen und nachbilden können. Gerade beim Schwarzwild ist dies offenbar schwierig, sonst sähe man nicht immer wieder Keilerköpfe, die eine geknickte Nase haben und so den Eindruck erwecken, als wäre das Nasenbein gebrochen. Tatsächlich läuft der Wurf gerade und gestreckt nach vorn spitz zu, im Gegensatz zum Hausschwein (s. Abb. 40). Eine Unsitte ist das unnatürlich weite Herausziehen der Eckzähne aus dem Unterkiefer, um eine besondere Stärke zu simulieren. Die Gewehre sitzen nur noch knapp im Kieferknochen, aber der vorerwähnte braune Ring hinter der Schleiffläche verrät dem Kenner den ursprünglichen Ansatz am Kiefer.

SNETHLAGE (1982) und UECKERMANN (1978) empfehlen sogar, um das Gewaff in seinen Ausmaßen besser beurteilen zu können, dieses aufzusetzen und im Kopfpräparat durch Abgüsse zu ersetzen.

Schwarte und Saubart

Ebenfalls beliebte jagdliche Erinnerungsstücke – also Trophäen – sind *Sauschwarten*. Die der ersten Sau oder einer groben Bache wird man an die Wand hängen; als Fußbodenbelag ist sie zu schade. Es muß und kann nicht immer ein Keiler sein.

Wenn man den Wunsch hat, sich die Schwarte für diese Zwecke herzurichten, sollte bereits beim Abschwarten Vorsorge getroffen werden. Die Schnittführung ist gleich der beim übrigen Schalenwild (s. Farbtafel gegenüber S. 176/177): Ein Schnitt vom Beginn des Brustbeins gerade über den (dann möglichst nicht quer gelegten) Drosselschnitt bis zur Unterlippe. Nun wird die Schwarte auf der Innenseite der Keulen bzw. Vorderläufe bis zum Sprunggelenk (Handwurzelknochen) aufgeschärft. Von dort führt der Schnitt weiter auf der Rückseite der Läufe zwischen dem Geäfter durch bis zwischen die Schalen.

Bekanntlich muß nun die gesamte Schwarte Schnitt für Schnitt vom Wildkörper getrennt werden. Das erfordert eine große Sorgfalt, will man nicht durch Einschneiden die Schwarte entwerten. Es ist darauf zu achten, daß einerseits nicht zu viel Wildpret oder Weißes an ihr verbleibt, andererseits darf man nicht zu dicht an der Haut schärfen, weil sonst Haarwurzeln abgeschnitten werden; dadurch verlieren die Borsten ihren Halt und fallen nach dem Gerben aus.

Sollen die Schalen an der Schwarte bleiben, müssen die Zehenknochen bis zum letzten Glied freigelegt und erst im Gelenk abgetrennt werden. Andernfalls bleibt zu viel Material an der Schwarte, was später zu Fäulnis führen kann. Es empfiehlt sich, den Gerber ausdrücklich darauf hinzuweisen, daß die Schalen mitgegerbt werden sollen. Zusätzlich sollte man aber noch ein festes Pappschild in der Augenöffnung festbinden und diesen Wunsch darauf vermerken! Mir ist es so ergangen, daß bei der Schwarte eines gescheckten Frischlings die Schalen abgerissen waren. Das einzige, was noch an ihr Vorhandensein erinnerte, war der Rest einer Afterklaue, von der Maschine auf Lederstärke abgehobelt.

Das Abschwarten des Kopfes muß beim Durchtrennen der Gehörgänge (nicht zu weit den Knorpel herausnehmen, sonst wird das Loch zu groß!), bei den Lichtern und beim Auslösen des Wurfes besonders sorgfältig erfolgen. Der Pürzel wird auf der Unterseite bis zur Quaste aufgeschärft und die Wurzeln herausgelöst.

Auch wenn man die Schwarte sofort zum Gerber geben will, muß sie vorher eingesalzen werden, damit sie nicht verdirbt. Dazu bestreut man die Innenseite reichlich mit Speise- oder Viehsalz, besonders die Innenseite der Läufe und des Kopfes, und läßt das Salz auf die auf schräger Fläche liegende Schwarte einwirken, bis das freiwerdende Wasser abläuft.

Der *Saubart* ist auch eine Schwarzwildtrophäe. Er ist der zünftige Schmuck des Jägerhutes und gehört zur vorschriftsmäßigen Uniform eines Försters. Meist besteht er aus den kurzen festen Borsten eines alten Keilers oder einer Bache und verträgt alle Witterungseinflüsse, sei es Sonne, Regen oder Schnee. Ein Saubart kann also, ohne wie etwa der Gamsbart dadurch unansehnlich zu werden, jederzeit im Sommer und Winter getragen werden.

Besonders auffallend sind solche aus langen Borsten. Diese stammen von Frischlingen, und zwar nicht von einem einzigen, sondern es werden aus dem Kamm von mehreren nur die allerlängsten Borsten gezupft und dann passend zusammengebunden.

Man kann sich diesen Hutschmuck auch im Laden kaufen, muß das unter Umständen sogar tun, wenn man als junger Förster „vorschriftsmäßig angezogen" sein will und noch keine Gelegenheit hatte, selbst ein Stück Schwarzwild zu strecken. Der zünftige Jäger wird jedoch danach trachten, sich nicht länger als nötig „mit fremden Federn" zu schmücken, sondern möglichst bald aus einem selbst erlegten Frischling die Federn zu zupfen.

Bewertung von Keilerwaffen

Zur Beurteilung der Trophäe ist – wie für viele Wildarten – auch für das Schwarzwild eine Formel entwickelt worden. Sie geht zurück auf Vorschläge von Hübner, wurde auf der Tagung des Internationalen Jagdrats (CIC = Conseil International de la Chasse) in Prag 1937 festgelegt und erstmals bei der Internationalen Jagdausstellung in Berlin 1937 verwendet. Später wurde sie geringfügig geändert (in den Zu- und Abschlägen), behielt aber im wesentlichen ihre Gültigkeit und sieht heute wie folgt aus (Trense 1981):

$$\frac{Ll + Lr}{2} \times 0{,}1 + \frac{Bl + Br}{2} \times 3 + (HUl + HUr) \times 0{,}1 = \text{Punktzahl}$$

Die Länge des linken Gewehrs (Ll) und die des rechten (Lr) werden addiert und durch zwei geteilt; dieser Durchschnittswert (in mm) mal 0,1 ergibt die Punktzahl für die Gewehrlänge. (Man kann vereinfacht auch sagen: Durchschnittslänge in cm = Punkte.) Dazu kommt der Mittelwert aus den Breitenmessungen in mm mal drei und die Summe aus dem Umfang der beiden Haderer (HU) in mm mal 0,1.

Die Gewehrlänge wird mit einem Stahlbandmaß auf einen Millimeter genau an der äußeren Kante gemessen, einschließlich der Vorwölbung am hinteren offenen Ende. Angebrochene oder fehlende Teile bleiben unberücksichtigt.

Die Gewehrbreite wird mit der Kluppe oder besser mit dem Zirkel an der breitesten Stelle (anomale Wülste unberücksichtigt) ermittelt, auf 1/10 mm genau. Eine Kluppe darf nur leicht angelegt werden, da die Gewehre einem starken Druck nachgeben und dann ein bis zu 4/10 mm geringerer Wert gemessen werden kann. Dieser mm-Wert wird mit drei multipliziert, hat also das größte Gewicht (Abb. 49).

Der Hadererumfang wird wieder mit dem Stahlbandmaß an der breitesten Stelle gemessen, auf Millimeter genau, und der mm-Wert mit 0,1 multipliziert. (Oder vereinfacht: Beide Umfangmaße in cm addiert = Punktzahl.)

$$\text{Beispiel: } \frac{215 + 211}{2} \times 0{,}1 + \frac{26{,}3 + 26{,}0}{2} \times 3 + (72 + 70) \times 0{,}1$$

$$= 21{,}30 + 78{,}45 + 14{,}20 = 113{,}95 \text{ Punkte } (\hat{=}\ 114 \text{ Punkte})$$

Zuschläge können gegeben werden für die Gewehre bis 2 Punkte (für dunkle Färbung an den Schleifecken, lange Schleifflächen, schöne Wölbung, Krümmung,

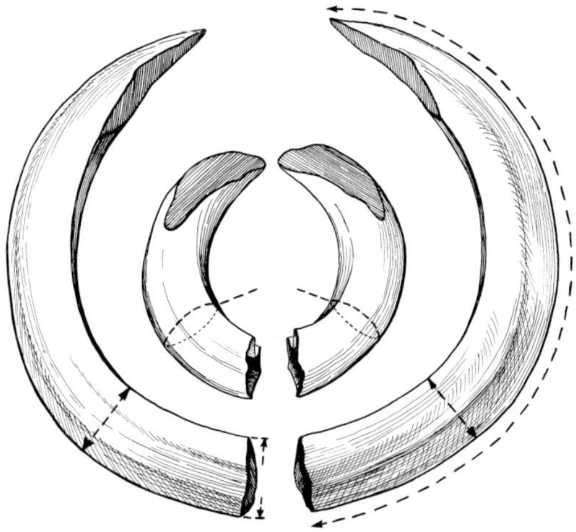

Abb. 49. Beispiel für Messungen und Meßstellen zur Punktbewertung von Keilerwaffen: Gewehrlänge an der Außenkante, Gewehrbreite an der breitesten Stelle und Hadererumfang an der breitesten Stelle

Spitzen, je Gewehr 1 Punkt) und für die Haderer bis 3 Punkte (Stärke, Krümmung, Farbe), insgesamt bis 5 Punkte.

Abzüge für Mängel bis zu 10 Punkten (für geringere Schleiffläche, unter 4 bzw. 5 cm Länge, ungleichmäßige Form der Gewehre, Haderer usw.). Eine derartige Bewertung durch exakte Messungen ermöglicht den Vergleich der Trophäen auf internationalen Ausstellungen und ist auch – die Maße betreffend – für eine wissenschaftliche Auswertung brauchbar. Anomalien und besondere Schönheit lassen sich allerdings nicht eindeutig bewerten, da die Punkte für Zuschläge und Abzüge subjektiven Maßstäben unterliegen.

Prämiierte Keilerwaffen

Auf der Weltjagdausstellung in Budapest 1971 waren 807 Schwarzwildtrophäen ausgestellt, deren genaue Vermessung die im allgemeinen von Westen nach Osten zunehmende Stärke bestätigt. Eine Ausnahme bildet das südlich etwas abgelegene Spanien, wo eine andere Unterart auftritt.

Auf der Weltjagdausstellung im bulgarischen Plovdiv 1981 waren 2374 Keilergewaffe zu sehen, fast ausschließlich aus osteuropäischen Ländern. Außerdem hatte nur Österreich ausgestellt. Die vergebenen Preise spiegeln dies Übergewicht wider:

Bulgarien	ausgestellt	1008	erste Preise	324
DDR	ausgestellt	47	erste Preise	47
Polen	ausgestellt	339	erste Preise	123
Rumänien	ausgestellt	540	erste Preise	411
Sowjetunion	ausgestellt	190	erste Preise	157
Ungarn	ausgestellt	28	erste Preise	27
Tschechoslowakei	ausgestellt	187	erste Preise	187
Jugoslawien	ausgestellt	22	erste Preise	22
Österreich	ausgestellt	10	erste Preise	1

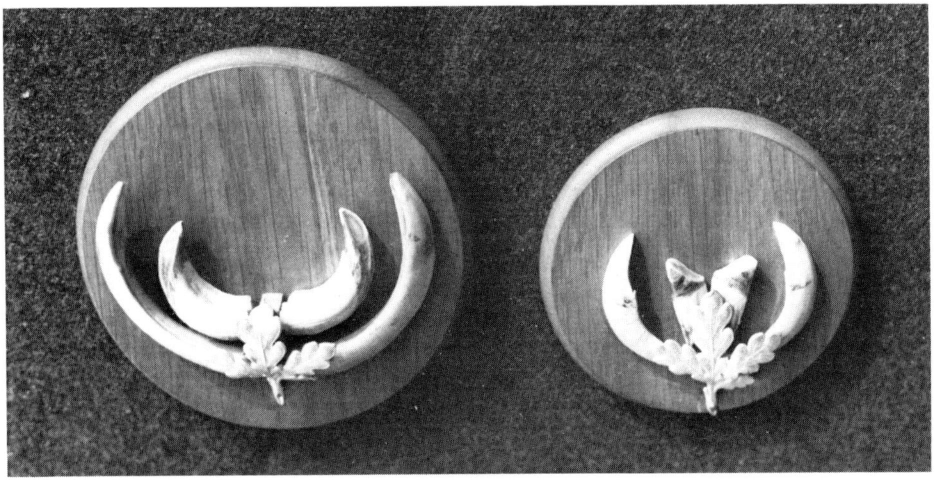

Abb. 50. Auch Bachenhaken kann man – ähnlich wie Keilerwaffen, aber auf ein entsprechend kleineres Brettchen – aufsetzen als Trophäe und zur Erinnerung an eine erlebnisreiche und erfolgreiche Saujagd an die Wand hängen. Links etwa zweijähriger Keiler, rechts etwa 5–6jährige Bache

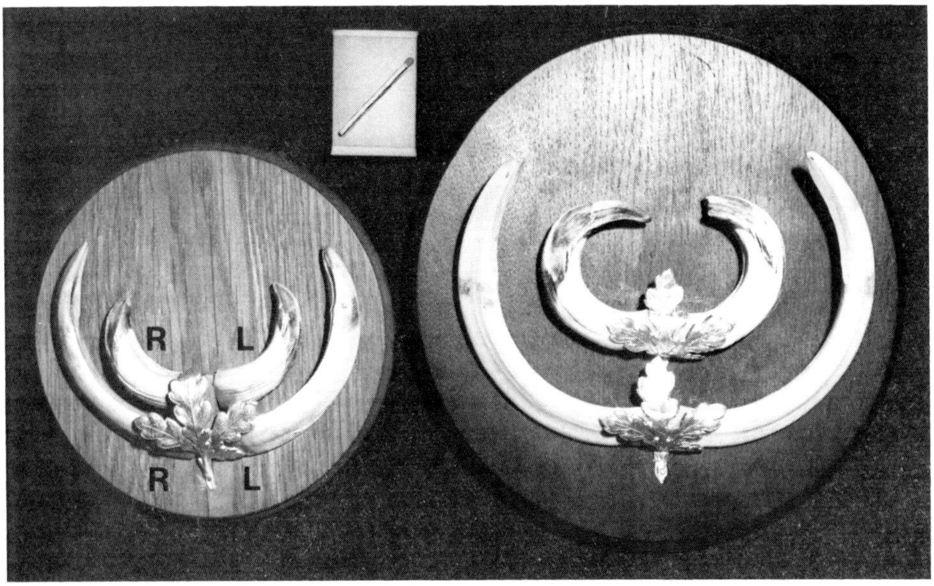

Abb. 51. Aufgesetzte Keilerwaffen. Links etwa zweijähriger Keiler (derselbe wie in der vorhergehenden Abb. als Größenvergleich), rechts etwa zehnjähriger Keiler mit relativ schlanken Waffen. Erlegt Ende Januar, Gewicht (aufgebrochen) nur 94,5 kg. Formzahl nach Brandt:

	links		rechts		i. M.
$\frac{\varnothing \text{ an der Wurzel (mm)}}{\varnothing \text{ an der Schleifdecke}}$	$\frac{21{,}7}{21{,}8}$	= 0,995	$\frac{22{,}0}{22{,}0}$	= 1,00	1,00

Länge der Gewehre: 193,0 bzw. 190,0 mm (rechts etwas abgekämpft); Länge der Schleiffläche: 57,5 bzw. 51,0 mm; Haderer-Umfang 68,0 bzw. 70,0 mm, Länge (außen) 125 bzw. 111 mm (rechte Spitze abgebrochen). – R (rechts) bzw. L (links) auf dem kleineren Brettchen geben an, auf welcher Seite der betreffende Eckzahn im Kiefer sitzt

Die stärksten gezeigten Waffen mit 149,2 Punkten stammen aus der Sowjetunion. Sie sind auch gleichzeitig die längsten mit 31,6/27,8 cm.

Der stärkste deutsche Keiler wurde 1972 von GIEBELER bei Havelberg in der DDR erlegt. Sein Gewaff erzielte 139,0 CIC-Punkte. Noch ein weiteres Gewaff kam über die „magische Grenze" von 130 Punkten. Damit wurde der seit 1954 stärkste deutsche Keiler mit 129,8 Punkten gleich zweimal übertroffen. Elf weitere Trophäen aus der DDR – aus den Jahren 1971 bis 1980 – lagen in der Bewertung über 125 Punkten. Somit hat F. W. NOTZ Recht behalten, als er anläßlich der Weltjagdausstellung Budapest 1971 sagte: „Angesichts dieser erfreulichen Entwicklung würde es durchaus nicht überraschen, wenn wir in Zukunft aus jenem anderen Teil unseres Vaterlandes erfahren würden, daß dort die ‚Traumgrenze' der Keilergewehre überschritten und Waffen von 130 und mehr Punkten erbeutet werden."

Hoffen wir, daß sich bei uns die derzeitigen Hegebemühungen auch in dieser Richtung auswirken, denn starke Trophäen sind Zeichen für gesunde Wildbestände und damit für waidgerechte Jagdausübung.

Wertziffern der stärksten Keilerwaffen

Rang	Land	Erlegungsjahr	Punkte
1	Polen	1930	151,00
2	Rußland	1976	149,20
3	Rumänien	1978	144,00
4	Rußland	1976	143,65
5	Rußland	1956	143,25
6	Bulgarien	1973	143,00
7	Rumänien	1969	142,85
8	Jugoslawien	1969	142,30
9	Polen	1980	142,00
10	Rußland	1964	141,80
–			
–			
15	DDR	1972	139,00

IX Zur Waffen- und Kaliberfrage

Jagdwaffen und Munition

Einige grundlegende Angaben zur Waffen- und Kaliberfrage sind notwendig, obwohl auf Einzelheiten nicht eingegangen werden soll. Darüber gibt es nämlich geradesoviel andere Meinungen wie verschiedene Jagdwaffen, angefangen bei Einzelladern, Repetier- und Doppelbüchsen bis zu Patronen, Pulverarten und Geschossen. Jeder Jäger wählt aus dem vielseitigen Angebot nach seinen eigenen Bedürfnissen. Jeder ist verständlicherweise stolz auf seine Waffe, aber nicht nur das, sondern er sucht zu derselben andere Waidgenossen zu bekehren. Wer kennt nicht die nie endenden Gespräche über Waffen- und Kaliberfragen. Jeder begründet seine Ansicht mit mehr oder weniger ins einzelne gehender Sachkenntnis, dabei mit meist einseitigen, selten vielseitigen eigenen Jagderfahrungen, und glaubt sich damit im Recht.

Mit vielen Jagdwaffen, auch mit schwächerem Kaliber, kann Schwarzwild waidgerecht gestreckt werden, es kommt nur darauf an, daß der Schuß richtig sitzt. Da Sauen jedoch ein hartes Wild sind, sollte bei der Wahl des Büchsenkalibers nicht an die untere Grenze gegangen werden.

Die Wirkung eines Geschosses hängt von vielen Faktoren ab. Es sind dies in erster Linie das Geschoßgewicht, der Geschoßaufbau sowie die Geschoßgeschwindigkeit und damit auch seine Energie.

Von diesen Faktoren ist die Geschoßenergie am einfachsten zu prüfen, so daß der Gesetzgeber auch diese Größe heranzieht, wenn es um die Festlegung von Mindestenergien für die verschiedenen Schalenwildarten geht.

Im § 19 des Bundesjagdgesetzes in der Fassung vom 1. April 1977 heißt es daher: „Verboten ist

2. a. auf Rehwild und Seehunde mit Büchsenpatronen zu schießen, deren Auftreffenergie auf 100 m (E 100) weniger als 1000 Joule beträgt,
   b. auf alles übrige Schalenwild mit Büchsenpatronen unter einem Kaliber von 6,5 mm zu schießen, im Kaliber 6,5 mm und darüber müssen die Büchsenpatronen eine Auftreffenergie auf 100 m (E 100) von mindestens 2000 Joule haben."

Unter „alles übrige Schalenwild" ist das Schwarzwild eingeschlossen. Oberhalb dieser Mindestgrenzen ist dem Jäger die Wahl der Waffe und der Munition freigestellt.

Damit stecken wir schon mitten in der Ballistik, einem Spezialgebiet, das nicht jedem Jäger geläufig ist. Da sich hier in letzter Zeit auch noch manches geändert hat, sollen einige grundsätzliche Fragen mit Beispielen soweit erläutert werden, daß man sich danach besser ein eigenes Urteil bilden kann beim Kauf einer Büchse oder –

gegebenenfalls neuer – Patronen. Schußtafeln, Prospekte, auch Broschüren über Waffenkunde, Ballistik usw. sind bei den Herstellern und im Waffenhandel meist kostenlos erhältlich. Weitere Einzelheiten sind daraus zu entnehmen, und wenigstens über die eigenen Waffen und Munition sollte man genau Bescheid wissen. Wer deren Leistungen und Grenzen kennt, wird vor manchen Fehlschüssen, Enttäuschungen und Ärgernissen bewahrt.

Die Weiterentwicklung der Waffentechnik und der Munition hat in den letzten Jahren erhebliche Verbesserungen gebracht, die dazu geführt haben, daß eine ganze Reihe früher gebräuchlicher Patronen vom Markt verschwunden ist, andere laufen aus, d. h. Waffen dieses Kalibers werden nicht mehr hergestellt (die Munition vorläufig noch – darauf ist beim Kauf gebrauchter Waffen zu achten!). So „lahme" Patronen wie z. B. die früher in dem alten „Försterdrilling" gebräuchliche 9,3 × 72 R, die auf 300 m Entfernung fast $1^1/_2$ m Tiefschuß hat, sind überholt. Die alten Förster wußten das natürlich und schossen eben nicht weiter als auf 150 m, dann eine Handbreit höher angehalten.

Heute werden gern kleinere Kaliber bevorzugt – hauptsächlich wegen ihrer gestreckten (rasanten) Flugbahn. Dadurch sind die Abweichungen von der Visierlinie nach oben und unten so gering, daß man sie bei den üblichen Schußentfernungen kaum noch zu berücksichtigen braucht. Und außerdem wird die Flugzeit kürzer und damit das Vorhaltemaß auf flüchtiges Wild geringer. Diese Rasanz erfordert eine sehr hohe Mündungsgeschwindigkeit (v_0) von z. B. 1100 m/s und mehr, die durch hohen Gasdruck erreicht wird (stärkere Pulverladung, längere Hülse). Wegen des starken Rückstoßes ist das nur bei kleineren Kalibern möglich. Bei größeren Kalibern ist der Gasdruck niedriger, somit auch die Anfangsgeschwindigkeit und die Auftreffgeschwindigkeit; also muß die Auftreffenergie mehr von der Geschoßmasse bestimmt werden. In Kauf genommen werden muß dann, daß die Flugbahn weniger gestreckt ist, d. h., daß man bei Weitschüssen höher anhalten, beim Flüchtigschießen weiter vorhalten muß (siehe Schußtafeln!). Im Rahmen der in der jagdlichen Praxis üblichen Schußentfernungen – bis 200 m – fallen diese Abweichungen bei den heutigen Patronen jedoch kaum noch ins Gewicht (meist sind die Fehler des Schützen erheblich größer). Erst auf größere Entfernungen ergeben sich bedeutsame Unterschiede. Durch Wahl einer günstigen Einschußentfernung kann man sie gering halten.

Die Munitionshersteller geben für jede Patrone in den Schußtafeln (seit einiger Zeit auch auf der Verpackung) eine günstigste Einschußentfernung an (G.E.E.), das ist die (Fleckschuß-)Entfernung, bis zu der die Flugbahn in der Höhe nicht mehr als 4 cm von der Visierlinie abweicht – oft eine krumme Zahl. Da ein Schießstand meist in 50-m-Abschnitte eingeteilt und das Umbauen auf Zwischenwerte umständlich ist, wählt man zum Einschießen einer Waffe mit einer bestimmten (neuen) Patrone eine durch 50 teilbare Entfernung, die der G.E.E. am nächsten kommt. Die Abweichungen zur G.E.E. werden dann entsprechend berücksichtigt.

Beispiel: Für die Patrone 7 × 57 Brennecke TIG, 11,5 g Geschoßgewicht, ist die günstigste Einschußentfernung mit 165 m angegeben. D. h. wenn die Waffe auf 165 m mit Fleckschuß eingeschossen wird, weicht das Geschoß unterwegs in seiner Flugbahn um nicht mehr als 4 cm von der Visierlinie ab. Diese höchste Abweichung, der Gipfelpunkt der Flugbahn, liegt in diesem Falle bei 100 m mit + 4 cm; bei 150 m liegt die Flugbahn noch 1,5 cm über der Visierlinie (siehe Tabelle S. 193, 3. Kasten unten rechts „Treffpunktlage in cm zur Visierlinie", bei G.E.E.). Bei 165 m liegt der zweite Schnittpunkt der Flugbahn mit der Visierlinie (Fleckschuß), bei 200 m liegt der

Treffpunkt schon 5,5 cm darunter; dazwischen liegt der Wert – 4. Abweichungen bis 4 cm kann man in der Praxis hinnehmen, also in diesem Falle bis etwa 180 m schießen, ohne ständig an Entfernungschätzen und Korrektur des Haltepunkts denken zu müssen. Falls nur ein Schießstand von 100 m zur Verfügung steht, muß man dementsprechend mit 4 cm Hochschuß einschießen, wenn man die günstigste Flugbahn voll ausnutzen will. Es sei denn, man will auf 100 m einen Fleckschuß und nimmt dafür bei (ausnahmsweise) vorkommenden größeren Entfernungen das dann stärkere Abfallen der Flugbahn in Kauf (s. Tabelle, Spalte 100 m).

Nach diesen grundlegenden Dingen noch ein Wort zu den Schußtafeln, aus denen die wichtigsten Daten über die verschiedenen Kaliber entnommen werden können. Zuerst muß sich der Jäger mit den neuen Maßeinheiten anfreunden. Die früher gewohnten Maßeinheiten für die Geschoßenergie (kpm), den Druck ($\frac{kp}{cm^2}$ oder at) sowie für die Kraft (kp) haben sich geändert. Heute wird die Geschoßenergie mit „Joule" (J) bezeichnet, der Gasdruck einer Patrone mit „bar" und die Kraft mit „Newton" (N).

Die Faustzahlen für die Umrechnung in die neuen Einheiten lassen sich recht leicht merken:

1 kpm = 10 J (genau: 9,81 J)
1 J = 0,1 kpm

Für die Kraft gelten die gleichen Umrechnungen:

1 kp = 10 N (genau: 9,81 N)
1 N = 0,1 kp

Bei der Einheit des Druckes ändern sich die Zahlenwerte nicht, man braucht nur die neuen Einheiten einzusetzen. Die Schußtafeln machen in ihrem Vorspann noch einmal besonders auf die neuen Gegebenheiten aufmerksam.

Allgemein gebräuchlich sind ferner folgende Abkürzungen der Geschoßbezeichnungen:

a. Normalgeschosse
VM = Vollmantelgeschoß
VR = Vollmantel-Rundkopfgeschoß (auch VMR)
VS = Vollmantel-Spitzgeschoß (VMS)
TR = Teilmantel-Rundkopfgeschoß (TMR)
TS = Teilmantel-Spitzgeschoß (TMS)
TF = Teilmantel-Flachgeschoß (TMF)

b. Spezialgeschosse
HMK = H-Mantel mit Kupferhohlspitze
KS = Kegel-Spitzgeschoß
TIG = Torpedo-Idealgeschoß
TUG = Torpedo-Universalgeschoß usw.

(Die Kennbuchstaben hinter Kaliberbezeichnung und Hülsenlänge beziehen sich bekanntlich nicht auf das Geschoß, sondern auf die Eigenarten der Patrone, z. B. 8×57 JRS: J = Kaliber der – früheren – Infanteriemunition, R = Hülse mit Rand für Kipplaufwaffen, S = nur für S-Läufe.)

Neuere Schußtafeln sind dreigeteilt:
Der linke Kasten enthält die Angaben über Geschoß (mit Abbildung), Gasdruck,

9,3 x 62 Original Brenneke TUG

Geschoßgewicht [g]	19,0	v_{10} [m/s]	730
Geschoßlänge [mm]	37	Lauflänge [mm]	600
		Laborierungs-Nr.	330
Geschoßtyp: Original Brenneke-TUG		Höchst-zulässiger Gebrauchs-gasdruck [bar]	3.400

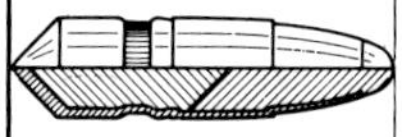

			0	50	100	150	200	300
Ballistische Daten	Entfernung [m]		**0**	**50**	**100**	**150**	**200**	**300**
	Geschwindigkeit [m/s]		740	705	675	650	625	585
	Energie [J]		5.199	4.719	4.326	4.012	3.708	3.247
	Flugzeit [ms]		0	69	142	216	296	462
Treffpunktlage in cm zur Visierlinie	durch Zielfernrohr	bei verschiedenen Fleckschußentfernungen ⊕		0	⊕	- 5,5	- 16	- 57
				+ 2,0	+ 3,5	⊕	- 9,0	- 47
				+ 4,0	+ 8,0	+ 7,0	⊕	- 33
				+ 9,5	+ 19	+ 23	+ 22	⊕
		bei G.E.E. 155 m		+ 2,0	+ 4,0	+ 0,5	- 8,5	- 46
	über Visier und Korn 100 m			+ 1,5	⊕	- 7,0	- 19	- 63

Anfangsgeschwindigkeit, Laborierungsnummer, der rechte verzeichnet oben die ballistischen Daten und unten die Treffpunktlage bei verschiedenen Fleckschußentfernungen beim Schießen mit Zielfernrohr und über Visier und Korn (s. u.). Fleckschußentfernungen und Einschußentfernung müssen nicht immer dasselbe sein. Man kann eine Waffe – wie in obigem Beispiel – auf 100 m so einschießen, daß sie 4 cm Hochschuß hat; dann ist die Einschußentfernung 100 m, die Fleckschußentfernung 155 m (= G.E.E.). Die Abweichung des Treffpunktes von der Visierlinie bei verschiedenen Fleckschußentfernungen ist in der Tabelle (3. Kasten, unten rechts) in cm angegeben. Bei Entfernungen vor dem Fleckschuß, solange die Flugbahnkurve noch über der Visierlinie liegt, sind die Abweichungen relativ gering und praktisch meist ohne Belang. Nach dem Fleckschuß, also nach dem (zweiten) Schnittpunkt der Flugbahn mit der Visierlinie, fällt das Geschoß jedoch zunehmend stärker ab.

Aus obiger Tabelle ergibt sich z. B.: Wenn man seine Waffe mit dieser Patrone auf 150 m Fleckschuß (mit Zielfernrohr) einschießt (im 3. Kasten von links nach rechts zu lesen), hat man auf 100 m 3,5 cm Hochschuß, auf 200 m 9 cm Tiefschuß, und auf 300 m liegt der Treffpunkt schon 47 cm tiefer als der Zielpunkt.

Wer gezwungen ist, oft auf weitere Entfernungen zu schießen, z. B. auf 150–250 m (Gams im Hochgebirge), würde die Waffe besser auf 200 m Fleck einschießen. Auf 100 m müßte er dann zwar (statt 4) 8 cm tiefer anfassen, jedoch auf 300 m nur noch 33 cm höher halten (statt 46 cm).

Zum Vergleich der Leistung verschiedener Patronen hierunter noch einige Auszüge der wichtigsten Daten aus den Schußtafeln.

Patrone	6,5 × 68, TMS 6,0 g (G.E.E. 210 m)			8 × 57 JS TIG 12,8 g (G.E.E. 160 m)			9,3 × 74 R TMR 18,5 g (G.E.E. 135 m)		
Entfernung m	v m/s	E J	TPL b. 200 m cm	v m/s	E J	TPL b. 150 m cm	v m/s	E J	TPL b. 150 m cm
0	1150	3963	–	800	4101	–	695	4464	
50	1075	3463	0	750	3600	+ 1,5	650	3904	+ 3,5
100	1005	3031	+ 2,5	700	3139	+ 3,5	605	3384	+ 5,5
150	935	2619	+ 2,5	660	2786	⊕	565	2953	⊕
200	870	2266	⊕	625	2502	– 8,5	530	2600	– 12
300	750	1687	– 15	570	2080	– 45	460	1962	– 63

v = Geschwindigkeit, E = Energie, TPL = Treffpunktlage

Daraus läßt sich ersehen:

Je höher die Anfangsgeschwindigkeit (v_0), desto rasanter die Flugbahn.

Ein leichteres Geschoß kann, wenn es eine höhere Geschwindigkeit hat, die gleiche Energie entwickeln wie eines mit mehr Masse und kleinerer Geschwindigkeit. So hat z. B. das kleine Kaliber 6,5 × 68 (6 g Geschoßgewicht) bei 300 m Entfernung mit 1720 J noch eine erstaunlich hohe Auftreffwucht; die Patrone 9,3 × 74 R hat auch nicht so viel mehr (1962 J), obwohl das Geschoß mehr als das Dreifache der Masse hat.

Oder: Bei 300 m hat das 12,8-g-Geschoß Kaliber 8 × 57 JS sogar eine höhere Energie als das 18,5-g-Geschoß im Kal. 9,3 × 74 R.

Darauf allein kommt es aber nicht an. Die größere Masse wirkt im Wildkörper stärker. Weiterhin muß das Geschoß in seiner Konstruktion so beschaffen sein, daß genügend Restkörper bleibt, um zuverlässigen Ausschuß zu liefern. Die erstgenannte Patrone (6,5 × 68 TMS 6 g) erfüllt zwar noch die gesetzlichen Mindestanforderungen auf Grund ihrer hohen Geschwindigkeit, und sie wird sogar in Munitionsprospekten für Schwarz- und Rotwild als „sehr gut geeignet" empfohlen. Doch der Durchschnittsschütze sollte nicht so weit an die untere Grenze gehen. Denn auch bei weniger guten Schüssen soll das Wild rasch zur Strecke kommen und nicht langsam qualvoll verenden und irgendwo verludern.

Bei den schweren Kalibern muß man den Nachteil der stärker gekrümmten Flugbahn berücksichtigen und gegebenenfalls die größere Wildpretzerstörung bei schwächeren Stücken. Da man solche – je nach den örtlichen Verhältnissen – zu 80–99 % schießt, spielt auch das eine Rolle bei der Überlegung zur Wahl der richtigen Waffe und Munition. Wenn man dagegen auf einen einzelnen starken Keiler pirscht, sollte man durch entsprechende Ausrüstung das Risiko einer – evtl. vergeblichen – Nachsuche vermindern. Und auch bei Saujagden in osteuropäischen Staaten ist ein stärkeres Kaliber empfehlenswert.

Ein Universalkaliber oder Universalpatronen gibt es nicht. Aber bei den heutigen modernen Patronen, die meist einen breiten Einsatzbereich haben, steht dem Jäger eine gute Auswahl für jedes Bedürfnis und alle Revierverhältnisse zur Verfügung.

In Revieren, in denen neben Rehwild auch Schwarzwild (und/oder Rotwild) vorkommt, wird man ein Büchsenkaliber wählen, dessen Geschosse für *alles* Schalenwild geeignet sind. In Revieren, in denen hauptsächlich Rot- und Schwarzwild bejagt wird, sind die stärkeren Kaliber zu empfehlen.

Nachstehend ist eine kleine Auswahl von Kalibern angeführt, die speziell für die Bejagung schwerer Wildarten (Schwarzwild und Rotwild, wie auch schweres Damwild) gedacht sind. Wegen der Vielzahl der Kaliber und Geschoßvariationen sind selbstverständlich auch andere Kaliber möglich.

Kal. 7 × 64 (65 R)	mit den verschiedenen Geschoßtypen ab 10 g (TIG, TUG, KS, ABC etc.)

.308 Win. .30–06 8 × 57 JS	Geschosse über 10 g	8 × 68 S .300 Win. Magnum 9,3 × 62 9,3 × 74 R 9,3 × 64 .375 H & H	für schweres Wild

Die Kal. 9,3 × 64 und .375 H & H sind schon ausgesprochene Großwildkaliber und für schwere, grobe Sauen sinnvoll, vor allem aber im Treiben auf flüchtige Sauen sehr empfehlenswert.

Noch einige Hinweise zu den Geschossen: Das Geschoß ist der wichtigste Teil der Patrone, der die gewünschten Wirkungen auf den Wildkörper überträgt. Es muß nicht nur gute ballistische Eigenschaften besitzen (z. B. geringer Luftwiderstand), sondern es soll auch noch eine ganze Reihe weiterer, z. T. gegensätzlicher Forderungen erfüllen. Es soll

- einen kalibergroßen Einschuß ergeben und dabei Schnitthaar ausstanzen,
- eine zersetzende Wirkung haben, d. h. lebenswichtige Organe, Blutgefäße stark verletzen, um rasch tödlich zu wirken (das kann durch Zerlegen oder Aufstauchen geschehen),
- eine Schockwirkung verursachen (durch hohe Geschwindigkeit, Auftreffwucht),
- möglichst noch einen gut schweißenden Ausschuß ergeben (für evtl. Nachsuche) und
- dabei auch noch möglichst wenig Wildpret zerstören.

Daß diese Forderungen alle zusammen schwer zu erfüllen sind, ergibt sich schon daraus, daß ein und dasselbe Geschoß sich unterschiedlich verhält, je nachdem ob es „hart" oder „weich" auftrifft.

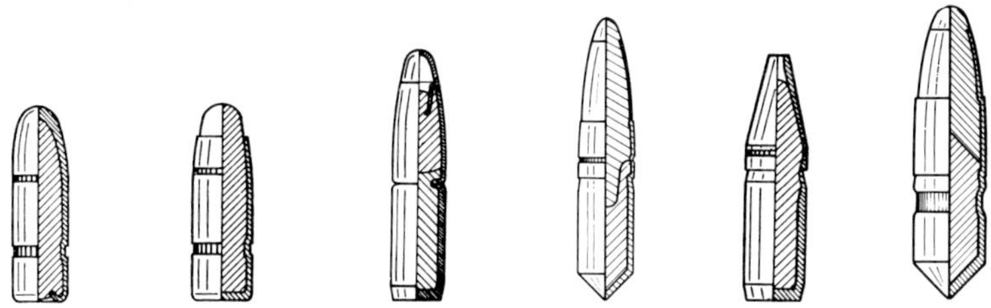

VM TMR HMK TIG KS TUG

Abb. 52. Geschoßtypen (RWS). Von links nach rechts:
8 mm Vollmantelgeschoß, 12,7 g, 26 mm lang
8 mm Teilmantel-Rundkopf, 12,7 g, 26 mm lang
7 mm H-Mantel mit Kupferhohlspitze, 11,2 g, 34 mm lang
7 mm Torpedo-Ideal-Geschoß, 11,5 g, 36 mm lang
8 mm Kegel-Spitz-Geschosse 11,7 g, 29 mm lang und 14,5 g, 33 mm lang
9,3 mm Torpedo-Universal-Geschoß, 19,0 g, 37 mm lang

Vollmantelgeschosse werden nur noch für spezielle Verwendungszwecke hergestellt, z. B. für Großwild (Dickhäuter) oder Kleinwild (Pelztiere, um den Balg zu schonen). Sie haben gute Tiefenwirkung, aber sie zerlegen sich nicht und durchdringen den Wildkörper meist, ohne sich zu deformieren. Für unser Schalenwild sind sie nicht zu gebrauchen.

Teilmantelgeschosse sind nur soweit ummantelt, daß oben noch der (runde oder spitze) Kopf des Bleikerns herausguckt. Sie stauchen sich im Wildkörper mehr oder weniger stark – entsprechend dem Widerstand, auf den sie treffen – und ergeben nicht immer einen Ausschuß. Sie zählen heute schon zu den veralteten Geschoßkonstruktionen.

Um die oben genannten Forderungen noch besser oder optimal zu erfüllen, wurden neben den vorgenannten Normalgeschossen zahlreiche *Spezialgeschosse* entwickelt:

Das *H-Mantelgeschoß* wird durch eine ringförmige Einschnürung in der Mitte (die „H-Rille“, die im Längsschnitt ein H andeutet) unterteilt. Der vordere Teil (mit offener Spitze, Kupferhohlspitze u. a. Varianten) zerlegt sich mit gleichzeitigen starken Gewebsverletzungen, der hintere Teil durchdringt den Wildkörper und ergibt den gewünschten Ausschuß.

Das *Torpedo-Idealgeschoß* hat aus dem gleichen Grund einen Geschoßkern unterschiedlicher Legierung. In einer trichterförmigen Vertiefung des härteren, hinteren Teiles sitzt mit einem Zapfen der vordere, weichere Bleikern. Dieser pilzt sich gut auf und bewirkt eine hohe Energieabgabe, während der härtere Kernteil den Ausschuß liefern soll. Die Wirkung ist gut auf schwaches und starkes Schalenwild.

Beim *Torpedo-Universalgeschoß* greift der härtere, hintere Kernteil mit einer flachkegelförmigen Spitze in eine entsprechende Vertiefung des vorderen Bleikerns. Dieser deformiert sich nicht so stark, jedoch ist dafür die Durchschlagskraft des hinteren Kernteils größer, was besonders bei starkem Wild von Bedeutung ist. Beide sind vorn scharfrandig und liefern Schnitthaar.

Das *KS-Geschoß* hat einen langen zylindrischen Führungsteil und eine kegelförmige Spitze (vorn offen oder mit vorgezogenem Bleikern). Das Geschoß hat in seiner ausgewogenen Gesamtkonstruktion sehr günstige aerodynamische Eigenschaften. Durch die nach hinten zunehmende Dicke des Mantels bleibt nach dem Aufpilzen im Wildkörper eine genügende Geschoßmasse für den Ausschuß erhalten. Trotz hoher und schneller Energieabgabe wirkt es nicht brutal und wildpretentwertend.

Daneben gibt es noch eine ganze Reihe ausländischer Geschoßkonstruktionen, die ebenso geeignet sind. Dazu gehören das Wosler-Geschoß, das ABC-Geschoß (Firma Hirtenberger, Österreich), Corelokt und Silvertip-Geschosse.

Es ist für jeden Jäger empfehlenswert, solange die Augen gut sind, auf flüchtiges Wild über Kimme und Korn zu schießen, denn damit ist das Ziel schnellstens zu erfassen. Muß aber, wenn die Augen kurz- oder alterssichtig sind, ein Zielfernrohr verwendet werden, so eignet sich am besten eine Vergrößerung von 1 1/2- bis höchstens 4fach mit ausgedehntem Gesichtsfeld. Bei den sechsfachen Zielfernrohren ist der Blickwinkel so klein, daß dadurch flüchtige Sauen namentlich im Wald kaum schnell genug erfaßt werden können. Günstig sind variable Zielfernrohre, z. B. 1 1/2- bis 6fach.

Ob eine Waffe mit Fernrohr oder über Kimme und Korn, mit Stecher oder mit Druckpunkt zu benutzen ist, kann nur der Jäger selbst entscheiden, nämlich je nach seiner Gewohnheit. Beim Schuß auf flüchtiges Wild ist im allgemeinen vom Stechen abzuraten. Besonders bei Gesellschaftsjagden ist ein gestochener Abzug gefährlich. Eine Waffe mit gutstehendem Flintenabzug ist aus Sicherheitsgründen vorzuziehen.

Das Waidmannsheil des Schützen hängt in jedem Fall von der richtig geführten Waffe ab. Daher ist es für das gute Treffen bei Sautrieben von Vorteil, wenn jeder Jäger seine gewohnte, ihm gut liegende Waffe nimmt. Falls er nur gelegentlich Sautreiben mitmacht, kann dies seine vertraute, vielgeführte Flinte oder sein Drilling sein. Beide Waffen müssen aber genau überprüft sein, ob die Treffpunktlage mit Flintenlaufgeschossen der des Schrotschusses entspricht. Ist das nicht der Fall, darf mit solchen Waffen nicht geschossen werden. In der Wirkung genügen Flintenlaufgeschosse bis zu Entfernungen von ungefähr 40–50 Schritt (= 35–40 m).

Für einen Waidmann, der öfter Gelegenheit hat, auf flüchtige Sauen zu schießen, eignet sich m. E. am besten eine ihm gut liegende Doppelbüchse, und zwar mit dem bewährten Kaliber 9,3 × 74 R. Es ist günstig, wenn die Geschosse Bleispitze haben, weil sie damit durch Grasstengel, dünnes Gebüsch und dergleichen in der Flugbahn weniger abgelenkt werden als solche mit Kupferhohlspitze, die dadurch sogar zersplittern können.

Aber auch Repetierbüchsen eignen sich gut für Sautreiben, wenn der Schütze damit im schnellen Schießen geübt ist. So habe ich gesehen, daß ein Meister mit fünf Schüssen seiner Mauser, die er ohne abzusetzen schnell hintereinander repetierend auf eine hochflüchtige Rotte abgab, fünf Sauen zur Strecke brachte. Ich selbst führe in letzter Zeit auf Sautreiben meine alte Mauserbüchse, Mod. 98, setze aber nach jedem Schuß ab, nicht zum Repetieren, sondern um vor erneutem Zielen einen Überblick zu bekommen, wohin die Sauen flüchten und ob nicht ein Hund oder gar fälschlicherweise ein Treiber in den Schußbereich kommt.

Mit einer Doppelbüchse kann buchstäblich im Bruchteil einer Sekunde zweimal so schnell hintereinander geschossen werden, daß ein Absetzen nicht üblich und auch nicht ratsam ist. Bei Doppelschüssen auf schnell hintereinander flüchtende Sauen ergibt es bessere Treffer, wenn zuerst auf eine hintere geschossen wird, um danach in gleicher Bewegung bleibend auf die vordere vorzuschwingen. Wird eine vordere zuerst aufs Korn genommen, muß nach dem ersten Schuß das Mitschwingen beim Zielen in der Geschwindigkeit des anvisierten Wildes unterbrochen, dann erst die Waffe mit dem zweiten Stück wieder vorgeschwungen werden, während im ersten Fall bei zügiger gleichbleibender Bewegung in derselben Richtung beide Ziele hintereinander gefaßt werden können. Das setzt allerdings genügend breites Schußfeld voraus. Auf schmalen Schneisen ist die erste Sau gegebenenfalls schon in Deckung, wenn die zweite kommt.

Sautreiben finden meist im Herbst und Winter bei niedrigen Temperaturen statt, weswegen die Jäger dick und warm angezogen sind. Dies wirkt sich nachteilig auf einen guten Trefferdurchschnitt aus, weil dadurch das Anschlagen weniger schnell und sicher gelingt. Es ist ratsam, schon vor der Jagd und sogar noch auf dem Stand vor Beginn des Treibens durch Anschlagversuche in der ungewohnten Kleidung das richtige Liegen der Waffe zu erproben. Stets aber bleiben bei Kälte schnelle und sichere Schüsse schwierig, denn oft dauert ein einziges Treiben längere Zeit, nicht selten mehrere Stunden, so daß der Schütze, der möglichst regungslos ausharrt, auf dem Stand steif friert und namentlich seine Finger verklammen. Daher gibt es bei hartem Frost in der Regel schwächere Trefferleistungen.

Über die Art des Vorhaltens auf flüchtige Sauen ist oft diskutiert worden. Wichtig ist das Mitschwingen der Büchse wie beim Flintenschuß auf getriebene Hasen. Bei Geschossen mit großer Geschwindigkeit kann ohne Verhalten vorn angehalten werden (s. Abb. 53), dann sitzen die Schüsse Mitte Blatt, und erst bei weiten Entfernungen muß kurz vor das Wild geschwungen werden. Zu beachten ist, daß Flintenlaufgeschosse langsamer fliegen als die hochrasanten Büchsengeschosse, also damit weiter vorn abgekommen werden muß.

Vorbedingung für jeden Erfolg im schnellen Schießen auf flüchtende Sauen mit der Kugel ist, wie beim Schrotschießen, das oftmalige Üben des Schützen. Abgesehen von regelmäßigen Anschlagsübungen muß immer wieder auf dem Schießstand die Scheibe „laufender Keiler" beschossen werden. Aber Vorsicht: Mit langsamem „Übungs"-Kaliber (z. B. .22 lfB) gewöhnt man sich leicht ein falsches Vorhaltemaß an! Ein Jäger, der sich so ernsthaft auf Sautreiben vorbereitet, wird beglückendes Waidmannsheil haben, wenn ihm dann durch die Gunst von Hubertus und Diana eine Rotte oder sogar ein Hauptschwein schußgerecht anläuft.

Sauen kommen im Treiben oft langsam oder im Troll, können aber außerordentlich schnell werden. Ein genauer Treffer ist auch dann möglich, da ihre Flucht gleichmäßig ohne hohe Ansprünge erfolgt, wie es dem Rotwild eigen ist, und so bleibt ihr Körper auch während dem schnellsten Flüchten fast stets in gleicher Höhe. Es kann also, wegen seiner gleichmäßigen Gangart, über Kimme und Korn oder mit dem Absehen des Zielfernrohres gut mitgezogen werden. Daher ist Schwarzwild auf schmalen Schneisen leichter mit einem Schnappschuß zu fassen als Rotwild, das solche offenen Stellen oft in einer einzigen hohen Flucht überfällt.

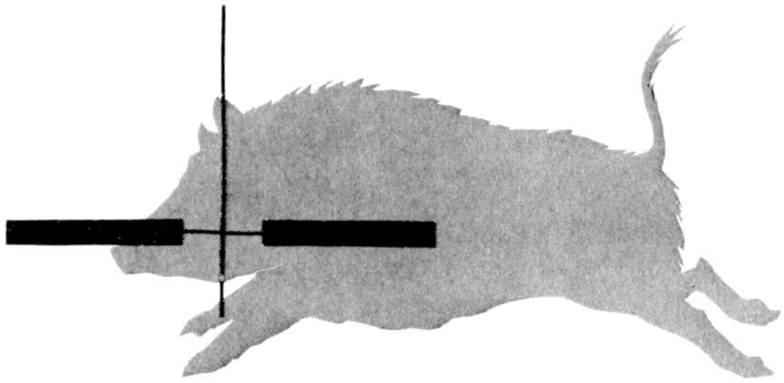

Abb. 53. Abkommen beim Schuß auf eine flüchtige Sau auf rund 50 Meter mit Zielfernrohr (4fache Vergrößerung)

Öfter wird angegeben, daß mit einem leichten, für Schwarzwild fast zu schwachen Kaliber ebenfalls gute Strecken erzielt werden. Beim Ausmerzen von schwachen oder kranken Frischlingen in Gehegen könnten diese sogar mit Kleinkaliber .22 lfB mit Gehirnschuß im Knall verendet fallen. Das sind aber Ausnahmen von geübten und erfahrenen Kugelschützen.

Die angegebenen Kaliber der unteren Grenze lassen sich gut verwenden, wenn in Ruhe ein genau gezielter Schuß möglichst auf ein breitstehendes Stück abgegeben werden kann.

Die schwereren Kaliber bewähren sich aber zweifellos am besten bei Drückjagden auf hochflüchtige Sauen, weil damit auch bei ungenauen Treffern das beschossene Stück bald liegt.

Schußwirkung auf Sauen

Damit der Jäger einen sicher wirkenden Schuß anbringen kann, muß sich das anvisierte Stück Schwarzwild in geeigneter Stellung befinden. Am günstigsten ist es, wenn eine Sau breit kommend von der Seite etwas tiefblatt getroffen wird, weil sie dann im Feuer liegt, da Herz und Lunge an der richtigen Stelle zerstört werden.

Eine Kugel spitz von vorn, nur nicht von oben aus nächster Nähe, ist stets unsicher und soll unterbleiben. In den meisten Fällen gibt es nur einen Gebrechschuß, und das Gehirn bleibt unverletzt, weil es nur den hinteren Teil des Kopfes ausfüllt. Um es zu treffen, ist von vorne der richtige Zielpunkt zwischen dem Ansatz der beiden Teller, beim Schuß von der Seite durch den Telleransatz und von seitlich rückwärts hinter den Tellern (s. Abb. 48).

Ein Wildpretschuß genau von hinten muß als nicht waidgerecht gelten, denn ein solcher zwar immer tödlicher Treffer wirkt erst nach längerer Zeit und Qual. Fast immer ergibt sich dann eine schwierige, weite Nachsuche, da in der Regel keine Schweißfährte vorhanden ist.

Leberschüsse sind besonders bitter, da das Stück zwar auch schwer getroffen ist, in vielen Fällen aber nicht schnell zur Strecke kommt, denn es läuft so weit und so lange, wie es Kräfte hat, und schiebt sich nicht so bald in ein Wundbett ein.

Flüchtige Sauen zeichnen oft sogar bei guten Treffern wenig oder gar nicht, sondern bleiben gleich schnell in der Flucht wie vorher. Manchmal kann der Schütze den Einschlag des Geschosses deutlich hören und danach etwa dessen Sitz beurteilen. Ein dumpfer Ton läßt auf einen Wildbretschuß, ein heller auf einen Knochenschuß schließen. Als sicheres Zeichen, allerdings nur für gewisse Treffer, gilt ein helles Klagen der geringen Sau oder ein wütendes Brummen des Keilers.

In einzelnen Fällen stürmt eine Sau mit Herzschuß noch eine weite Strecke und bricht dann wie vom Blitz erschlagen zusammen. Das gleiche kommt, wie viele Jäger beobachteten, bei anderem Schalenwild, so bei Hirsch und Reh, vor, die mit einem Blattschuß noch 100 m und weiter flüchten, bevor sie plötzlich verendet fallen. Wie ist das möglich? Mein Studienfreund, der Chirurg Prof. Hans Killian, gab folgende Erklärung: Das Geschoß hat das Herz getroffen, zerstörte es sogar weitgehend, aber die linke Kammer blieb noch soweit unverletzt, daß die dort abgehende Aorta nicht zerstört wurde. Deren selbsttätige Taschenklappen verschließen sich und verhindern den Rückstrom des arteriellen, mit Sauerstoff angereicherten Blutes, dieses hält noch einige Zeit das Muskelgewebe und das Gehirn in Funktion, bis dann der Verbrauch des Sauerstoffes, der Zusammenbruch der Versorgung, sich plötzlich auswirkt.

Zum Schluß ist besonders darauf hinzuweisen, daß ein jedes verendete Schwarzwild, das nicht baldigst gefunden und versorgt werden kann, für den menschlichen Genuß unbrauchbar wird, also verludert. Bei warmem Wetter genügen wenige Stunden zum Verhitzen des Wildprets, und auch bei kühler Jahreszeit muß eine gestreckte Sau so bald als möglich aufgebrochen oder wenigstens gelüftet werden. Deshalb ist es wichtig, daß Sauen rasch zur Strecke kommen, möglichst ohne Nachsuche. Die Wahl zweckentsprechender Waffen und Munition trägt dazu entscheidend bei. Im Zweifelsfalle ist etwas Wildpretverlust durch brutale Geschoßwirkung eher in Kauf zu nehmen als der Verlust eines ganzen Stückes.

X Brauchtum

Aus dem weiten Bereich des jagdlichen Brauchtums kann hier nur ein kleiner Ausschnitt angeführt werden, soweit er sich auf das Schwarzwild bezieht.

Die Waidmannssprache

Die Waidmannssprache ist seit alters her ein besonderes Kennzeichen der Jagd und der Jäger. Sie hat sich über Jahrhunderte hinweg erhalten und weiterentwickelt. Neben allgemein gebräuchlichen Ausdrücken, die für viele Wildarten – z. B. das Schalenwild – gleichermaßen gelten, haben sich für das Schwarzwild besondere Bezeichnungen herausgebildet, vor allem da, wo sie den Eigenheiten dieser Art besser gerecht wurden.

Man sagt: Sauen, die Sau oder ein Stück Schwarzwild, Keiler, Bache, Frischling. Am 1. April werden die Frischlinge Überläufer (Dezemberfrischlinge rechnen zum neuen Jahr), Überläuferkeiler, Überläuferbache. Wir unterscheiden: geringe Sauen = Frischlinge und Überläufer, grobe Sauen = zweijährige und ältere. Bei den Keilern sprechen wir von zweijährigen Keilern, 3- und 4jährige Keiler = angehende Schweine, 5- und 6jährige Keiler = hauende Schweine, 7jährige und ältere Keiler = Hauptschweine. Starke Keiler nennt man auch Bassen oder Kapitalschweine. Die Bache wird zweijährige, dreijährige usw. Bache genannt, endlich starke oder auch alte Bache. Der Vorderkopf heißt Wurf, die Ohren Teller oder Schüsseln, der Rüssel Gebrech. Die Sau steht aber im Gebräch, sie nimmt Fraß, z. B. Mast auf. Der Keiler hat im Unterkiefer Gewehre oder Waffen, im Oberkiefer Haderer, beides gemeinsam Gewaff, die Bache dagegen im Ober- und Unterkiefer Haken. Die Sauen haben eine Schwarte mit Borsten, auf dem Rücken Federn. Saufeder ist dagegen die blanke Waffe zum Abfangen der Sauen. Die Dünnungen heißen Wammen. Der Schwanz heißt Pürzel oder Federlein. Die Sauen rauschen (Rauschzeit), die Bache frischt. Vor den Hunden stellt sich das Schwarzwild, es geht durch, wenn es fortläuft, es wird von den Hunden wieder eingeholt, gepackt (Saupacker), auch festgemacht oder gedeckt, die grobe Sau schlägt dabei häufig die Hunde. Wenn die Sauen bei Schnee (weißer Leithund) eingekreist sind, so sind sie fest. Mehrere Sauen bilden eine Rotte, sie sitzen im Kessel, eine einzelne Sau im Lager. Sauen stecken im Revier, haben sich in einer Dickung gesteckt oder schieben sich dort ein. Der angeschweißte Keiler und auch die führende Bache nehmen den Jäger an. Alte Keiler haben häufig eine dicke Kruste auf den Blättern sitzen, sie tragen einen Panzer, sogenannte Panzerschweine. Die Sau grunzt, schnauft, bläst, kreischt, klagt und wetzt mit den Gewehren. Das Fett nennt man Weißes, auch Weiß. Die Sau hat einen Magen oder Waidsack.

Das Trittsiegel der Sauen hat ein Geäfter, auch Afterklauen genannt. Der (das) Schild ist die gepanzerte Stelle auf dem Blatt alter Keiler. Federn nennt man nicht nur die langen Rückenborsten, die den Kamm bilden, sondern auch die langen oberen Fortsätze der Rückenwirbel; durch einen dort sitzenden Schuß (wie generell beim Schalenwild), wird das Wild gefedert oder gekrellt, meist nur vorübergehend gelähmt. Und ein Wurf ist auch die Gesamtheit der Frischlinge einer Bache. Die Fütterung im Revier heißt Körnung oder Schüttung. Kirrung nennt man die spärlich ausgelegten Leckerbissen, z. B. Mais, Fischabfälle oder den Platz, an dem man das Schwarzwild anlockt, ankirrt. Eine erlegte Sau wird abgeschwartet.

Grobe Sauen ist die Sammelbezeichnung für die ausgereiften Stücke nach dem Überläuferalter, also mit Beginn des dritten Lebensjahres. Sonst bedeutet grob, spezifisch angewandt, soviel wie stark. Eine dreijährige Bache würde man noch nicht als grob bezeichnen, ein dreijähriger Keiler wird häufig auch geringer Keiler genannt. Die Bezeichnung Schwein steht nach altem Brauch eigentlich nur den Keilern zu, vom vierten Jahr an. Doch wird das in der Praxis nicht immer beachtet und verallgemeinernd statt von Sauen auch von Schweinen gesprochen. Scherzhaft werden die Frischlinge auch Frösche, die Überläufer – besonders in Ostdeutschland – Kujel und alle zusammen Schwarzkittel genannt.

Sauschwert und Saufeder

Blanke Waffen wurden früher gerade bei der Saujagd häufig verwendet – auch noch lange nachdem es schon Schußwaffen gab.

Das *Sauschwert* war eine Stichwaffe, denn Sauen konnte man mit Hieben weniger anhaben. Es galt vielmehr, durch einen tiefen Stich ins Leben das angreifende oder von Hunden gestellte wehrhafte Wild abzufangen. Besonders vom Pferd aus wurde das Sauschwert gehandhabt, wie dies viele Gemälde aus der Zeit zeigen, die bis in alle Einzelheiten wahrheitsgetreu Sauhatzen darstellen, so die von Rubens, auf denen reitende Jäger im wildesten Getümmel gemeinsam mit Hatzrüden gegen urige Keiler kämpfen. Sauschwerter sind im Gebrauch auf der Jagd als kurze Stichwaffe gänzlich verschwunden und daher weitgehend vergessen. Heutzutage wird allgemein der Fangschuß angewendet.

Es kann aber bei krankgeschossenen Sauen, die von Hunden gedeckt werden, nötig sein, zum Abfangen die kalte Waffe zu benutzen. Dazu ist die *Saufeder,* früher Sauspieß genannt, wo ein Schießen unmöglich ist, besonders geeignet. Daher sollten auf größeren Saujagden einige darin geübte Jäger und Treiber anwesend sein.

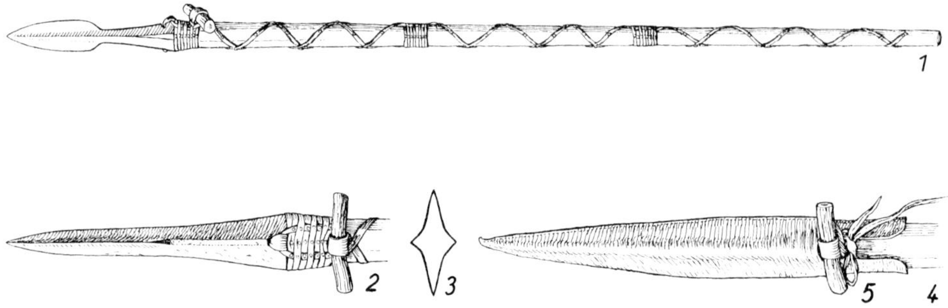

Abb. 54. Saufeder. 1= Gesamtbild, 2= Blatt (Klinge), hier in zwei angeschmiedeten Ösen mittels Riemen am Schaft befestigt, 3= Querschnitt des Blattes, 4= Blatt mit Lederscheide, 5= Knebel, es kann auch eine eiserne Parierstange sein

Die Gesamtlänge einer guten Saufeder ist 2 m, wovon auf den Schaft 1,65 m und auf den Eisenbeschlag 35 cm kommen. Die eigentliche Klinge ist 18 cm lang, in der Mitte 6 cm dick, nach den Seiten hin dünn, zweischneidig ausgeschmiedet und haarscharf geschliffen. Der hintere Teil ist als Tülle gestaltet, in die der Schaft eingesteckt und fest vernietet wird. Er besteht aus hartem, sehr festem Holz und ist, um ein Gleiten der Hand zu verhindern, mit schmalen Lederriemen umwickelt oder manchmal mit Knorren oder eingeschlagenen Kopfnägeln versehen (Abb. 54).

Eine nie fehlende charakteristische Zutat der Saufeder ist der Knebel, der unterhalb der Klinge angebracht ist, entweder ein starres, rechtwinklig zum Blatt stehendes ungefähr spannenlanges Stück Eisen oder ein an einem Riemen beweglich befestigtes Holz- oder Geweihstück derselben Länge. Dieser sogenannte „Auflaufknebel" verhindert ein zu tiefes Eindringen der Klinge in das Wild.

Einen angreifenden Keiler auflaufen zu lassen, kann nach meinen Erfahrungen nur so geschehen, daß der Jäger im Stand die annehmende Sau mit der Spitze der Saufeder auf den Kopf trifft, um so den Angriff abzuwehren und nach der Seite abzulenken. Berichte, wonach der Jäger hinkniet und den Keiler so auflaufen läßt, daß dieser sich selbst die scharfe Klinge tödlich durch die Brust rennt, kann ich nicht bestätigen, obwohl ich selbst angreifende Sauen ungefähr ein dutzendmal mit blanker Waffe auf verschiedenste Art abgetan habe. Mit der kalten Waffe abfangen kann der einzelne Jäger grobe Sauen nur, wenn sie bewegungsunfähig sind, sei es durch einen schweren Schuß oder auch dann, wenn sie von Bracken gedeckt sind. Doch dürfte es für ihn außerordentlich schwer oder sogar unmöglich sein, ein gesundes Stück Schwarzwild, das nicht von den Hunden gehalten ist, mit der Saufeder zur Strecke zu bringen.

Auf Grund meiner Erfahrungen möchte ich darauf hinweisen, daß es für jeden eine Überraschung gibt und wohl keine angenehme, wenn er zum erstenmal mit der blanken Waffe sich gleich an einen stärkeren Keiler oder sogar an ein sogenanntes Panzerschwein heranwagt. Die Schwarte auf dem Blatt und dem Schild ist so dick und fest, daß ungeheuer viel Kraft dazu gehört, mit der schärfsten Klinge zum tödlichen Stoß ins Leben durchzudringen. Der grimme Basse steht dem Jäger als wirklich wehrhaftes kraftvolles Wild gegenüber und bringt ihn, wenn nicht bestimmt, so doch mit größter Wahrscheinlichkeit tatsächlich in Lebensgefahr.

Abb. 55. Dem Landgraf Ludwig VIII von Hessen-Darmstadt (1739–1768), dessen Jagdmedaillen als einzigartig gelten, wird auch eine Anzahl von Spottmedaillen mit Jagddarstellungen zugeschrieben, wie die Aufschrift dieses Saudukaten zeigt: „Geld verbindet sucht und findet"

Ortsnamen

Welche Bedeutung das Schwarzwild im Volksleben des Mittelalters hatte, ergibt sich daraus, daß viele der damals gegründeten Ortschaften, Klöster und Burgen in ihrer Entstehungsgeschichte oder auch in alten Sagen damit in Verbindung gebracht wurden. Viele noch heute bestehende Ortsnamen drücken das aus, und einige davon seien genannt: Ebersbach gibt es im deutschen Sprachgebiet fünfzehnmal, Ebersdorf achtmal, Eberbach, Ebersberg und Eberstadt je viermal und schließlich von Eberau bis Ebertsried noch weitere rund vierzig Ortsnamen, die mit Eber- beginnen. Einige Ortschaften haben in ihr Wappen einen Keiler aufgenommen, drei davon, die ein sprechendes Bild führen, seien erwähnt:

Eberswalde: Eber im Wald. Dargestellt ist in Silber ein bewurzelter Eichbaum mit goldenen Eicheln, in der Baumkrone ein goldbewehrter roter Adler (der brandenburgische) und unter dem Baum rechts und links je ein schwarzer Keiler. Dieses Wappen stammt aus dem 13. Jahrhundert und wurde als Stadtsiegel geführt.

Abb. 56. Keiler oder wilde Eber in Stadtwappen. Links: Eberswalde (Mark Brandenburg). Mitte: Eberbach (am Neckar, Baden-Württemberg). Rechts: Kloster Eberbach (Rheingau, Hessen). – Wildsauen hatten auch früher keine Ringelschwänze; aber die Künstler werden keine Jäger gewesen sein wie die Höhlenzeichner und hatten wohl nur ein Hausschwein als Modell

Eberbach: Eber über einem Bach, in Silber auf blauem gewellten Grund schreitet ein goldbewehrter schwarzer Keiler, dessen Kamm aufrecht steht und dessen Gewaff deutlich sichtbar ist. Ein Siegelstempel, der in dieser Art den Namen wiedergibt, stammt aus dem 14. Jahrhundert.

Kloster Eberbach: Der auf dem Rücken eine Kirche tragende Keiler steht mit seinen Läufen in einem Bach. In seinem Gebrech trägt er eine Traube, das Symbol des Reichtums, der kulturellen Aufgabe, des Sendungserfolges der Eberbacher Mönche.

In diesem Kloster bei Hattenheim im Rheingau, einer Zisterzienser Abtei, die von 1135–1803 bestand, wurden im Graben vor dem Konversenbau noch bis zum vorletzten Kriege Wildsauen gehalten.

So manche andere mit dem Schwarzwild in Beziehung zu bringende Ortsnamen gibt es in allen deutschen Landen. Dabei wird auch öfter das Wort Ber anstelle von Eber verwendet, wie heute noch im Bayerischen Sprachgebrauch, wo es dreimal ein Bernried gibt.

XI Jagdwirtschaftliche Bedeutung des Schwarzwildes

Im Verlauf der Geschichte hat sich die Bedeutung der Jagd für den Menschen grundlegend geändert, und auch die Einstellung des Menschen zur Jagd hat sich mehrfach entscheidend gewandelt. Dem frühgeschichtlichen Jäger brachte die Jagd als Beute u. a. Fleisch und Felle; dem seßhaft gewordenen Menschen ging es daneben um die Abwehr wilder Tiere, die seine Existenz bedrohten. Die Jagd wurde adliges Vergnügen, Mutprobe, Zeitvertreib, sie wandelte sich vom Privileg des Landesherrn zum Aneignungsrecht des Grundeigentümers und ist heute für den Jäger zugleich Passion, Naturgenuß und Erholung sowie treuhänderische Verwaltung des Wildes als eines Teils unseres Lebensraumes.

Die wilden Sauen spielten in dieser Entwicklung von jeher eine bedeutende Rolle. Welche Bedeutung hat das Schwarzwild heute?

Noch immer ist es eine Wildart, die das Herz des Jägers höher schlagen läßt, die den Landwirt bangen läßt um die Früchte seiner Arbeit, die aber auch der Naturfreund in unserer freien Wildbahn nicht missen möchte.

Der Jäger heute hat die verantwortungsvolle Aufgabe, die Belange der Jagd, des Wildes und die der Landeskultur gleichermaßen berücksichtigen zu müssen und in einem ausgewogenen Gleichgewicht zu halten. Das ist, wie wir gesehen haben, beim Schwarzwild anscheinend besonders schwierig. Daß es möglich ist, haben die vorstehenden Kapitel gezeigt.

Schwarzwildstrecken

Welchen Platz das Schwarzwild heute innerhalb unserer einheimischen Wildarten einnimmt und wie sich sein Bestand in den letzten Jahrzehnten entwickelt hat, zeigt am besten die Jagdstatistik. (Die Zahlen sind den DJV-Handbüchern 1980–84, herausgegeben vom Deutschen Jagdschutzverband e. V., entnommen.)

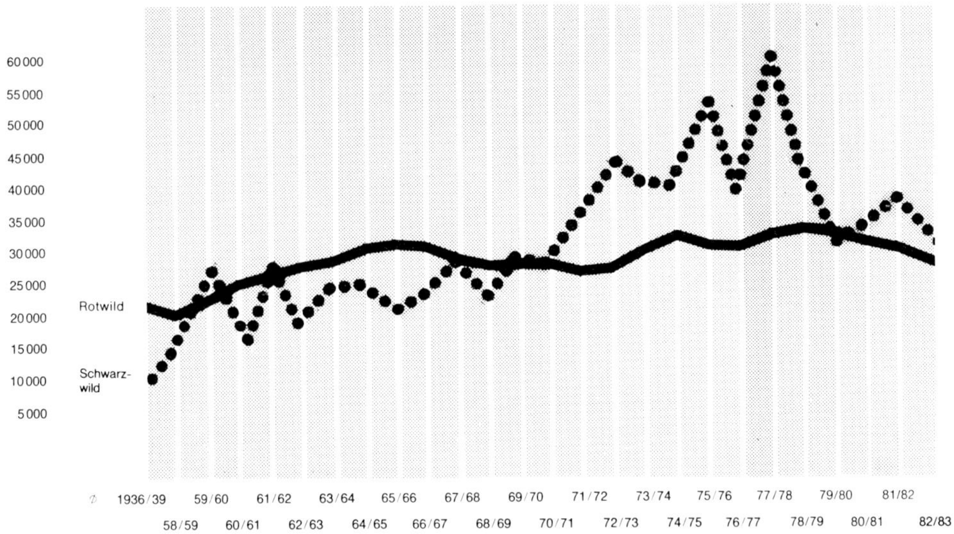

Graphik 15. Jahresstrecken von Schwarzwild und Rotwild in der Bundesrepublik Deutschland. Die Kurve zeigt deutlich die starken Schwankungen in Abhängigkeit von der Vermehrungsquote beim Schwarzwild – während sie beim Rotwild gleichmäßiger verläuft – bei allgemein steigender Tendenz (Aus DJV-Handbuch 1984)

Schwarzwild-Jahresstrecken in der Bundesrepublik Deutschland

Jagdjahr	B.Wttbg.	Bayern	Brem.	Hbg.	Hessen	Nieders.	NRW	Rhld.-Pf.	Saarl.	Schl.-H.	Jahres-strecke
1936/39 ∅	301	1 333	–	–	1 481	1 954	1 359	3 572	–	121	10 121
1958/59	1 376	1 115	–	–	2 159	3 192	2 210	3 167	428	638	14 285
1959/60	2 610	2 407	–	7	4 719	6 076	3 349	4 880	459	1 364	25 871
1960/61	2 002	1 417	–	4	2 497	3 744	2 235	3 777	482	826	16 984
1961/62	2 894	2 173	–	3	3 542	5 006	3 596	6 651	760	1 311	25 936
1962/63	2 244	1 255	–	4	2 989	4 677	2 797	4 598	845	1 163	20 572
1963/64	2 641	1 507	–	2	4 239	4 700	3 509	5 728	651	1 164	24 141
1964/65	2 137	2 190	–	2	4 328	5 356	2 466	6 505	588	1 048	24 620
1965/66	1 361	1 185	–	10	3 648	7 398	3 110	4 278	265	1 581	22 836
1966/67	2 207	1 439	–	6	4 185	5 503	2 820	5 819	601	1 184	23 764
1967/68	2 039	2 219	–	18	4 963	7 634	2 930	5 714	384	1 415	27 316
1968/69	1 983	2 046	–	3	3 805	7 104	2 492	4 740	245	1 479	23 897
1969/70	2 552	2 467	–	17	5 758	6 455	3 536	5 549	389	1 194	27 917
1970/71	2 335	2 057	–	5	4 518	7 133	3 618	5 864	454	1 259	27 243
1971/72	3 599	2 512	–	6	6 178	9 137	4 909	8 070	775	1 199	36 385
1972/73	3 840	3 972	–	12	6 573	10 638	6 468	10 154	1 375	1 963	44 995
1973/74	2 835	2 635	–	18	7 373	9 450	5 781	10 701	1 190	1 884	41 867
1974/75	3 822	4 832	–	8	7 470	8 170	5 527	7 802	1 250	1 803	40 684
1975/76	4 875	6 405	–	42	12 684	8 198	6 666	9 921	1 538	1 797	52 126
1976/77	2 785	5 030	–	6	7 055	10 241	5 151	6 340	665	1 966	39 239
1977/78	4 676	6 190	–	5	10 446	16 028	7 905	10 239	961	3 018	59 468
1978/79	5 047	5 047	–	32	6 565	10 737	5 532	8 616	891	1 299	43 766
1979/80	2 917	3 311	–	23	4 501	9 037	4 448	5 391	595	1 298	31 521
1980/81	3 612	2 928	–	3	4 481	10 427	5 175	5 771	619	1 569	34 585
1981/82	4 266	3 849	–	8	6 425	10 559	4 558	6 423	582	1 602	38 272
1982/83	2 936	3 291	–	12	4 760	9 609	3 502	5 023	357	1 928	31 418

In der folgenden Zusammenstellung sind einige Jahre herausgegriffen, die in größeren Zeitabständen typische Entwicklungstendenzen des Schwarzwildes im Vergleich zu Rotwild, Rehwild und Hasen zeigen. Die Jahresstrecken für Schwarzwild und Rotwild sind außerdem der graphischen Darstellung zu entnehmen.

	1936/39 Stück	1955/56 Stück	1965/66 Stück	1975/76 Stück	1975/76 Wert Mill. DM	1977/78 Stück	1977/78 Wert Mill. DM	1977/78 %	1982/83 Stück	1982/83 Wert Mill. DM	1982/83 %
Schwarzwild	10 100	20 000	22 830	52 126	16,4	59 468	22,7	13,4	31 418	15,7	9,0
Rotwild	20 700	20 000	29 600	31 510	14,1	33 439	18,2	10,7	27 938	18,2	10,4
Rehwild	337 000	330 000	567 000	637 412	58,0	711 626	78,6	46,4	671 895	96,1	54,8
Hasen	1 284 000	775 000	770 000	1 033 184	15,0	1 009 414	15,1	9,0	663 786	13,3	7,6
Übriges Wild							34,7	20,5		31,8	18,2

Bei der Ermittlung des Wildpretwertes der letzten drei Jahresstrecken nach DJV-Handbüchern 1978–1984 wurden nachstehende Zahlen verwendet:

	bis 1975/76 Durchschnitts-gewicht/Stück kg	bis 1975/76 Preis/kg DM	bis 1975/76 Stück-preis DM	1977/78 Preis/kg DM	1977/78 Stück-preis DM	1982/83 Durchschnitts-gewicht/Stück kg	1982/83 Preis/kg DM	1982/83 Stück-preis DM
Schwarzwild	45	7,–	315,–	8,50	382,50	50	10,–	500,–
Rotwild	64	7,–	448,–	8,50	544,–	65	10,–	650,–
Rehwild	13	7,–	91,–	8,50	110,50	13	11,–	143,–
Hasen			15,–		15,–			20,–

Der Kilopreis beim Schalenwild wurde – der Marktentwicklung folgend – auf 8,50 DM und ab 1981/82 auf 10,– bzw. 11,– DM erhöht. Außerdem wurde der Stückpreis für Hasen auf 20,– DM angehoben. Zum direkten Vergleich mit den Vorjahren kann man also nur die Stückzahlen heranziehen. Außerdem wäre anzumerken, daß beim Schwarzwild das der Wertermittlung zugrunde liegende Durchschnittsgewicht zu hoch angesetzt erscheint. In Niedersachsen dürfte es unter 40 kg liegen – und da muß es auch liegen, wenn der Hauptanteil der Strecke auf Frischlinge (und Überläufer) entfällt. Andererseits ist der Kilopreis dafür höher als der für grobe Sauen.

Aus vorstehenden Tabellen und aus der Graphik ist ersichtlich:

1. Ganz allgemein: Die häufig geäußerte Ansicht, wonach es früher viel mehr Wild gegeben haben soll, trifft nicht zu. Nicht nur beim Schwarzwild, bei fast allen wichtigen Nutzwildarten haben die Strecken in den letzten Jahrzehnten zugenommen, beim Schalenwild erheblich, desgleichen bei den Kaninchen, beim Hasen blieben sie bis 1978/79 etwa gleich, sind seitdem aber rückläufig. (Beim Federwild haben Fasanen, Enten, Tauben – sogar Schnepfen – heute ebenfalls höhere Jahresstrecken als vor 20 oder 40 Jahren; nur die Rebhühner haben abgenommen.)
2. Beim Schwarzwild kamen vor dem Kriege im Gebiet der Bundesrepublik Deutschland jährlich um 10 000 Stück zur Strecke, halb soviel wie Rotwild.
3. Nach der jagdlosen Zeit und der Übervermehrung nach dem Kriege lag die Strecke von 1958 bis 1970 (mit naturbedingten Schwankungen) zwischen 20 000 und 25 000 Stück, war also doppelt so hoch wie vor dem Kriege.
4. Nach 1970/71 hat sich die Schwarzwildstrecke nochmals verdoppelt auf 40 000 bis

45 000 Stück mit einer Spitze 1975/76 (über 52 000) und einem neuen Höchstwert 1977/78 (fast 60 000).

5. Seit 1978/79 hat sich die Jahresstrecke zwischen 30 000 und 40 000 eingespielt. Es ist aber damit zu rechnen, daß nach der letztjährigen (und der vermutlich diesjährigen) Mast die Schwarzwildbestände – und somit die Höhe der Strecke – wieder ansteigen.
6. Ab Jagdjahr 1971 werden jährlich mehr Sauen erlegt als Rotwild, in Spitzenjahren das Eineinhalb- bis Zweifache (vgl. 2)!
7. Obwohl sich im ganzen Bundesgebiet örtliche und regionale Extreme ausgleichen, zeigen die Jahresstrecken beim Schwarzwild (in Abhängigkeit von populationswirksamen Umweltfaktoren) erhebliche Schwankungen; in Schwarzwildjahren summieren sich die hohen Strecken. Die Entwicklung beim Rotwild (auch beim Rehwild u. a. Schalenwildarten) ist dagegen gleichmäßiger.

Wichtig für die Volkswirtschaft ist nicht nur der Schaden, den das Wild verursacht, sondern auch der Marktwert des Wildprets, den man gerechterweise gegenrechnen muß. Dem Jäger, der einerseits für den Wildschaden aufkommen muß, fließen also andererseits auch Einnahmen aus der Jagdnutzung zu. Der Anteil des Schwarzwildes daran ist beträchtlich:

8. Im Wildpretwert hat das Rotwild, da es im Durchschnittsgewicht und somit im Stückpreis erheblich höher liegt, seine Stellung vor dem Schwarzwild trotz dessen höherer Stückzahl im allgemeinen behauptet.
9. In Spitzenjahren (1975/76, 1977/78) hat allerdings das Schwarzwild auch schon das Rotwild überrundet und sogar noch mehr an Wildpretwert gebracht als die über eine Million Hasen, die im ganzen Bundesgebiet geschossen werden.
10. Eindeutige Spitzenstellung nach Stückzahl und Wert hat das Rehwild. Um den zweiten Platz streiten sich Hasen, Schwarzwild und Rotwild.

Heutiges Schwarzwildvorkommen in der Bundesrepublik Deutschland

Die Verteilung des Schwarzwildes im Bundesgebiet ist recht unterschiedlich – ebenso wie auch die Entwicklung der Bestände voneinander abweicht. Rheinland-Pfalz hat schon vor dem letzten Weltkrieg relativ hohe Jahresstrecken erzielt (3 500 Stück), während sie sonst nur noch in Niedersachsen, Hessen, Nordrhein-Westfalen und Bayern nennenswert (zwischen 1 300 und 2 000), in Baden-Württemberg (300) und Schleswig-Holstein (120) gering waren (s. Tabelle Schwarzwild-Jahresstrecken).

In den zwei Jahrzehnten zwischen 1958 und 1978 verlief die Aufwärtsentwicklung in Süddeutschland weniger stürmisch. Immerhin hat sich aber in Baden-Württemberg ein relativ höherer Bestand als in Bayern aufgebaut. Die Entwicklung in den drei Ländern mit den höchsten Jahresstrecken zeigt die Graphik 16.

Die zum Vergleich angegebene Kurve des gesamten Bundesgebiets hat in der Höhe einen auf ein Fünftel reduzierten Maßstab (siehe rechte Skala). Aus allen Kurven ist die steigende Tendenz offensichtlich. Bei den Kurven von Hessen und Rheinland-Pfalz (desgleichen in anderen Bundesländern) verlaufen auch die jährlichen Schwankungen in etwa synchron mit der Kurve des Bundesgebiets. Das ist logisch, da sich diese aus der Summe der Einzelwerte zusammensetzt. Es gibt ausgesprochene Schwarzwildjahre mit

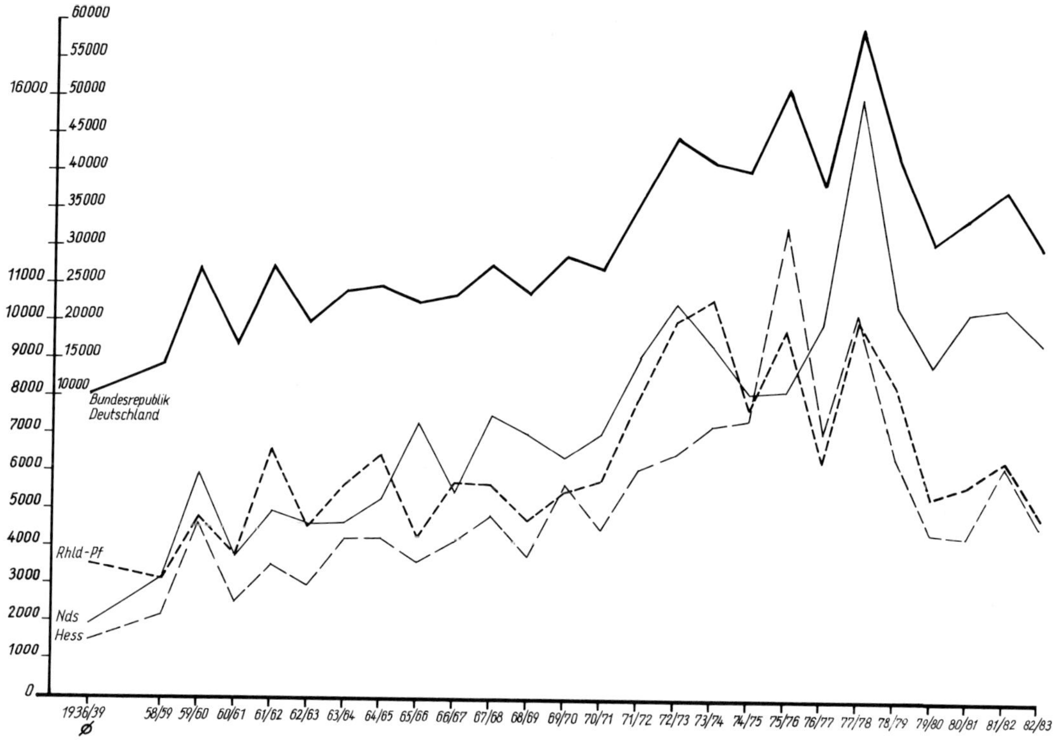

Graphik 16. Entwicklung der Schwarzwildbestände in den drei Bundesländern mit den höchsten Jahresstrecken: Niedersachsen (durchgezogene Kurve), Hessen (lang gestrichelt) und Rheinland-Pfalz (kurz gestrichelt). Hierfür gilt der Maßstab links neben der senkrechten Achse. Zum Vergleich dazu die Kurve der Bundesrepublik Deutschland darüber (anderer Maßstab, rechts). Erläuterungen siehe im Text

guten Strecken im ganzen Bundesgebiet, z. B. 1959/60, 1967/68, 1972/73, 1975/76 und 1977/78.

Die Jahre mit hohen Strecken sind aber nicht in allen Ländern dieselben, bedingt durch örtliche Besonderheiten (Klima, Mastjahre usw.). So zeigt Niedersachsen Abweichungen. Auf Grund eigener Beobachtungen und Aufzeichnungen seit 1964 soll versucht werden, hierfür Erklärungen zu geben:

- Winter 1964/65: In Niedersachsen (im Gegensatz zum übrigen Bundesgebiet) schneearm mit mildem Vorfrühling, der den Nachwuchs begünstigte.
- 1965/66: Früh einsetzender strenger Winter. Tauwetter im Januar mit anschließender wochenlanger Überschwemmung und Vernässungen, Kälterückfall ab Mitte Februar, tief gefrorener Boden und hoher Schnee brachten Notzeit für die Sauen, Frischlingsverluste. (In SW-Deutschland war Frühlingswetter.)
- Hinzu kam: Ab 1. Februar 1966 gilt in Niedersachsen die Schonzeit, die bei den Jägern zunächst eine vorsichtige Zurückhaltung bewirkte; der Abschuß blieb unter der Zuwachsquote. Mehr grobe Sauen überlebten den Winter und kamen ins nächste Jagdjahr.
- Dadurch war 1967 der Zuwachs größer, es wurde schärfer eingegriffen, die Strecke lag wieder höher.

- 1968/69 hatte Niedersachsen einen früh einsetzenden, strengen und trockenen Winter mit tief gefrorenem Boden.
- Der Winter 1969/70 war lang, streng und schneereich.
- 1970/71: Milder Winter, regional Eichen- und Buchenmastjahr; hohe Zuwachsraten, die aber nicht voll genutzt wurden.
- 1971/72 wurde die Vermehrung des Schwarzwildes erneut begünstigt durch einen milden, schneelosen Winter mit zeitigem, trockenem und warmem Frühjahr.
- Der Abfall der Jahresstrecke nach 1972/73 war vermutlich nicht durch geringere Wilddichte bedingt, sondern durch die Folgen der Sturmkatastrophe vom November 1972. Die Strecken in den (weitgehend verwüsteten) Waldrevieren blieben zurück. Es entstand ein Überhang.
- 1975/76 gute Eichelmast in Niedersachsen.
- 1976/77 ein zweites Mastjahr (Buche, z. T. Eiche) führte zu Übervermehrung und erforderte besonders starke Eingriffe = Höchststrecken bis 1977/78.

Nach diesem starken Aderlaß sanken die Strecken 1978/79 auf rund 11 000 und 1979/80 weiter auf 9000. Inzwischen hat sich die Jahresstrecke bei etwa 10 000 Stück eingependelt. Damit ist sie aber immer noch knapp doppelt so hoch wie in den Jahren 1960 bis 1970. Ähnlich werden sich auch örtliche Abweichungen in anderen Ländern erklären lassen.

Grundsätzlich sollte man meinen, daß in den Ländern mit der größten Fläche, dem höchsten Bewaldungsprozent, weniger Industrie und mehr Land- und Forstwirtschaft, geringer Bevölkerungsdichte auch die meisten Sauen zur Strecke kämen. Ob und inwieweit das zutrifft, soll die folgende Tabelle zeigen. Um die jährlichen Schwankungen auszugleichen, wurde ein Mittelwert aus den letzten fünf Jahresstrecken gebildet (Spalte 6). Die Länder sind nach der Flächengröße geordnet. Die Stadt-Staaten blieben wegen der besonderen Verhältnisse und weil dort Schwarzwild nicht oder nur in den Randgebieten (Hamburg) vorkommt, unberücksichtigt. Bayern nimmt eine Sonderstellung ein, weil weite Waldungen des Alpengebietes infolge der Höhenlage, des Klimas, Felsuntergrundes usw. als Biotop für Schwarzwild ungünstig sind und ausscheiden.

Bundesland	Gesamtfläche (rd.) km²	Waldfläche (rd.) km² (Platz)	Bewaldungs- %	Einwohner je km² (Platz)	mittlere Jahresstrecke 1978–83 (rd.) Stück	d. s. je km² (= 100 ha) Ges. fläche	Waldfläche
1	2	3	4	5	6	7	8
Bayern	70 550	23 100 (1)	33	153 (2)	3 700 (5)	0,05 (8)	0,16 (8)
Niedersachsen	47 430	9 750 (3)	21	153 (1)	10 100 (1)	0,21 (4)	1,04 (2)
Bad.-Wttbg.	35 750	13 000 (2)	36	255 (5)	3 600 (6)	0,10 (6)	0,28 (7)
Nordrh.-Westf.	34 050	8 030 (5)	24	503 (8)	4 600 (4)	0,14 (5)	0,57 (6)
Hessen	21 110	8 090 (4)	38	263 (6)	5 400 (3)	0,26 (2)	0,67 (5)
Rhld.-Pfalz	19 840	7 520 (6)	38	183 (4)	6 200 (2)	0,31 (1)	0,82 (3)
Schlesw.-Holst.	15 680	1 370 (7)	9	165 (3)	1 500 (7)	0,10 (6)	1,09 (1)
Saarland	2 570	810 (8)	32	423 (7)	600 (8)	0,23 (3)	0,74 (4)
BR Deutschland	248 000	71 400	29	247	35 900	0,14	0,50

Zum Vergleich: In Mitteldeutschland (DDR) mit 108 200 km² Gesamtfläche, davon 29 480 km² (= 27 %) Wald, stiegen die Jahresstrecken von rund 30 000 Stück im Jahre 1966 auf etwa 102 000 im Jagdjahr 1982/83. Das wären (1982) 0,9 Stück/100 ha Landesfläche oder 3,5 Stück/100 ha Waldfläche, d. i. – bezogen auf die Fläche – etwa das Siebenfache der Zahlen in der Bundesrepublik.

Im Bundesgebiet wurden die *absolut* höchsten Strecken der letzten fünf Jahre erzielt (Spalte 6)
- in Niedersachsen, Rheinland-Pfalz und Hessen.

Die *relativ* höchsten Strecken gab es
- bezogen auf die gesamte Landesfläche[1] in Rheinland-Pfalz, in Hessen und im Saarland,
- bezogen auf die Waldfläche in Schleswig-Holstein (!), in Niedersachsen und in Rheinland-Pfalz.

Man könnte aus der fünfjährigen Durchschnittsstrecke auf die Wilddichte schließen (Frühjahrsstand). Wenn man einen jährlichen Zuwachs von im Mittel 120 % unterstellt und weiter annimmt, daß der Abschuß dem Zuwachs entsprach, so wären die Zahlen in Spalte 7 und 8 durch 1,2 zu teilen.

Einige Daten dieser Auswertung sind verblüffend:
- In Schleswig-Holstein, wo große deckungsarme Gebiete für Schwarzwild ausscheiden, ist die Wilddichte in den besser geeigneten, bewaldeten Biotopen besonders hoch, ja relativ am höchsten.
- Kleinere Länder, wie z. B. Rheinland-Pfalz, haben sowohl absolut als auch relativ bedeutend höhere Strecken als erheblich größere, z. B. Bayern.
- In dem bevölkerungsreichsten Land Nordrhein-Westfalen gibt es mehr Schwarzwild als im dünnbesiedelten, wesentlich waldreicheren Bayern.
- Im relativ waldarmen Niedersachsen kommen zwei bis dreimal soviel Sauen zur Strecke wie in den bedeutend größeren Waldflächen Baden-Württembergs. Allerdings hat Niedersachsen große „hinter der allgemeinen Entwicklung zurückgebliebene Räume" (wie die Ministerkonferenz für Raumordnung 1970 festgestellt hat), also ländliche und Zonenrandgebiete. Aber daran allein kann es nicht liegen – siehe Nordrhein-Westfalen!

Klare Beziehungen zwischen den Jahresstrecken einerseits und Flächengröße, Waldanteil, Flächennutzung und Siedlungsdichte andererseits lassen sich aus diesen großräumigen Zusammenfassungen nicht erkennen.

Zum Teil ist die heutige Verbreitung des Schwarzwildes auch geschichtlich und jagdpolitisch bedingt. Interessant ist z. B., daß in Oberbayern inmitten eines großen schwarzwildfreien Gebietes nur im Kreis Ebersberg noch (oder wieder) einige Sauen vorkommen, wo es – wie der Name besagt – auch schon früher welche gegeben hat. Wo man Sauen haben will und kann, lassen sie sich einbürgern oder vermehren. Eine starke Aufwärtsentwicklung ist in allen Bundesländern gegeben, wobei auch früher schwarzwildfreie Räume besetzt wurden (z. B. in Baden-Württemberg und Schleswig-Holstein) und wohl noch weiter besiedelt werden, bis ein gewisser „Sättigungsgrad" erreicht ist. In einigen Ländern oder Gebieten scheint diese Grenze schon erreicht zu sein (z. B. in Schleswig-Holstein und im Saarland). Wenn man allerdings die Wilddichte in Mitteldeutschland zum Vergleich heranzieht, wäre noch einiger Spielraum vorhanden.

Klarer werden die Zusammenhänge bei detaillierter Auswertung der Jahresstrecken, wie sie der nachstehenden Karte zugrunde liegt. Als kleinste statistisch erfaßte Einheit wurden die Landkreise (bzw. Stadtkreise) gewählt, zugleich – neben den Staatlichen

[1] Die Jahresstrecke in Spalte 6 wurde auf die Landesfläche bezogen. Die Jagdfläche ist 3–5 % geringer. Zuverlässige gleichsinnige Daten dafür waren jedoch nicht zu bekommen.

Forstämtern – Unterstufe der Jagdbehörden. Die Strecken in den Staatsforsten wurden eingerechnet.

Die Karte basiert auf den – von den Landesjagdbehörden mitgeteilten – (gemittelten) Schwarzwildstrecken der letzten Jahre (Stand 1978). Da eine enge Korrelation besteht zwischen der Wilddichte und der Jahresstrecke und nur die letztgenannte sich genau ermitteln läßt, wurden diese Zahlen verwendet (Fallwild mitgezählt). In den einzelnen Jagdbezirken innerhalb der Kreise ist der Anteil an der Strecke naturgemäß hier höher und dort niedriger als der Kreisdurchschnitt; ebenso sind die Übergänge fließend und nicht an Grenzen gebunden wie die Darstellung. In Schwarzwild-„Ballungsräumen" hätte man noch zwei weitere Wilddichte-Stufen aufstocken können.

So hat z. B. der Landkreis Düren-Jülich die höchsten Jahresstrecken im Lande Nordrhein-Westfalen – relativ, auf die (gesamte) Kreisfläche bezogen. Tatsächlich liegen aber gut drei Viertel der Kreisfläche, die waldarme, landwirtschaftlich genutzte Jülicher Börde und Zülpicher Börde, außerhalb der Grenzen des Schwarzwildvorkommens (nach einer Karte von E. Ueckermann, Forschungsstelle für Jagdkunde und Wildschadensverhütung des Landes Nordrhein-Westfalen), und der Löwenanteil dieser „Kreis-Strecke" entfällt auf wenige Reviere, die in der Bürge (einem Waldgebiet nördlich Düren) und nahe der Kreisgrenze im Hürtgenwald bzw. in der Eifel liegen, wo Sauen massiert vorkommen (stellenweise sogar „gehalten werden"). Die Darstellung des ganzen Kreises in Stufe 4 hätte ein falsches Bild ergeben, was hier auf Grund genauerer Unterlagen korrigiert werden konnte. Und daß z. B. die jährlich etwa 20 Sauen im Stadtkreis Bonn nicht auf dem Marktplatz, sondern im stadtnahen Wald (Siebengebirge, Ville, Kottenforst) zur Strecke kommen, dürfte klar sein. Ähnliche Verhältnisse werden auch woanders gegeben sein. Solche örtlichen Unterschiede konnten in der Regel nicht berücksichtigt werden und sind bei dem gegebenen Maßstab der Karte auch kaum noch darzustellen.

Je kleiner die Kreise sind, desto genauer ist die Aussage. Durch Gebietsreformen, Zusammenlegung zu Großkreisen usw. in den letzten Jahren wurde die Erfassung und Auswertung der statistischen Daten erschwert. Dennoch läßt sich hinreichend genau das Wichtigste aus der Karte erkennen:

- Das Schwarzwild hat sich nach dem letzten Kriege nicht nur zahlenmäßig vermehrt, sondern auch räumlich weiter ausgebreitet; wo es früher kaum oder gar nicht vorkam, ist es heute z. T. schon Standwild geworden.
- Völlig schwarzwildfreie Landkreise gibt es nur noch wenige, so z. B. in den besonders waldarmen Gebieten im Küstenraum (Bezirk Weser-Ems, Schleswig) sowie im Hochgebirge (Oberbayern, Allgäu). In weiteren Kreisen, die praktisch auch schwarzwildfrei sind (in der Karte ebenfalls weiß), kommt nur gelegentlich ein Stück vor und zur Strecke (mit + beim Namen des Kreises angegeben).
- Höhere Wilddichten decken sich zumeist mit höherem Waldanteil. Siehe z. B. Schleswig-Holstein und Nordrhein-Westfalen, wo auf Grund genauerer Unterlagen noch innerhalb der Kreise die Schwerpunkte bzw. die Grenzen des Vorkommens angegeben werden konnten.
- Im Gebirge nimmt die Wilddichte in höheren Lagen – trotz Wald – wieder ab (Schwarzwald, Schwäbische Alb, Fränkische Alb, Oberharz), desgleichen bei rauherem Klima (z. B. Bayerischer Wald).
- Die Bevölkerungsdichte hat kaum Einfluß. Naturgemäß bieten industrielle Ballungsräume (Ruhrgebiet) dem Schwarzwild keinen Lebensraum. Doch sobald es dort (Stadt-)Wald gibt, haben wir schon vereinzelt (Frankfurt, Hamburg) bis viel Schwarz-

wild (Saarbrücken, Wolfsburg). Und dünnbesiedelte Gebiete ohne Wald sind schwarzwildfrei (z. B. Ost- und Nordfriesland, Schleswig).

- Die schwarzwildreichsten Kreise sind (von N nach S): Herzogtum Lauenburg, in der Lüneburger Heide (Lüneburg, Uelzen), im Ostbraunschweigischen Flachland und Hügelland (Helmstedt, Wolfenbüttel), im Weser-Bergland: Solling (Höxter/Holzminden), Reinhardtswald (Kassel/Hofgeismar) mit Fortsetzung in den Werra-Meißner-Kreis (Eschwege), im Westerwald (Lahn-Dill-Kreis), im Taunus (Bad Schwalbach, Bad Homburg) und im Spessart (Hanau, Main-Kinzig-Kreis), in der Eifel (Daun) und im Ahrgebirge (Ahrweiler), Stadtverband Saarbrücken, im Pfälzer Wald (Bad Dürkheim, Kaiserslautern, Pirmasens) und im Bienwald (Germershein). An der Spitze mit über 1 Stück/100 ha liegen: Herzogtum Lauenburg, Hochtaunuskreis (Bad Homburg v. d. H.) und Kreis Helmstedt.

Bei unseren drei wichtigsten Schalenwildarten, Rehwild, Rotwild und Schwarzwild, wird häufig behauptet, örtlich und regional sicher auch mit Recht, daß ihre Wilddichte schon zu hoch sei. Die weitere Entwicklung wird zeigen, welches ausgewogene Verhältnis erreicht werden muß und wo das Schwarzwild dann seinen angemessenen Platz hat. Aus der Spitzengruppe ist es nicht mehr wegzudenken.

Zu nebenstehender Karte:

Verbreitung und Vorkommen von Schwarzwild in der Bundesrepublik Deutschland und Berlin (West)

Stufe

0 = *vollkommen schwarzwildfreie* Landkreise (oder Stadtkreise). Seit Jahren kein Stück Schwarzwild erlegt.

(ein kleines Kreuz beim Namen des Kreises, sonst weiß)

= *praktisch schwarzwildfrei;* unter 0,01 Stück/km^2 (= 100 ha) (d. i. weniger als 1 Stück auf 10 000 ha). Nur gelegentlich kommt ein Stück zur Strecke.

1 = *vereinzelt;* 0,01 bis 0,09 Stück/km^2

Einige Sauen sind in der Regel jährlich auf der Strecke, etwa 10 bis 99 oder mehr im Kreis, je nach Flächengröße (bis 119 Stück z. B. auf 120 km^2 eines Großkreises).

2 = *gering;* 0,1 bis 0,39 Stück/km^2

(In einem Kreis von z. B. 100 000 ha = 100 km^2 werden durchschnittlich jährlich 100 bis 399 Sauen erlegt.) Hier kann bei Werten an der Obergrenze dieser Stufe und/oder bei örtlichen Konzentrationen, die über diesen (Kreis-)Durchschnittswert hinausgehen, die Gründung eines Schwarzwildringes schon lohnend sein.

3 = *mittel;* 0,4 bis 0,69 Stück/km^2

Bei solchen Jahresstrecken im ganzen Kreis ist eine Bewirtschaftung des Schwarzwildes schon von besonderem Interesse und ggf. – je nach Agrarstruktur – sogar geboten, zumal das Vorkommen regionale Schwerpunkte haben wird.

4 = *gut;* 0,7 Stück und mehr/km^2

Eine so hohe Wilddichte, wie sie Jahresstrecken dieser Größenordnung entspricht, ist nur möglich in Landkreisen mit relativ hohem Anteil an (Laub-) Wald und sonstigen guten Biotopen. Hier ist planmäßige Bewirtschaftung im Interesse des Schwarzwildes und der Landeskultur unerläßlich.

(Maßstab 1:3 800 000. © der Kartenvorlage: RV Reise- und Verkehrsverlag GmbH Berlin-Stuttgart 1980)

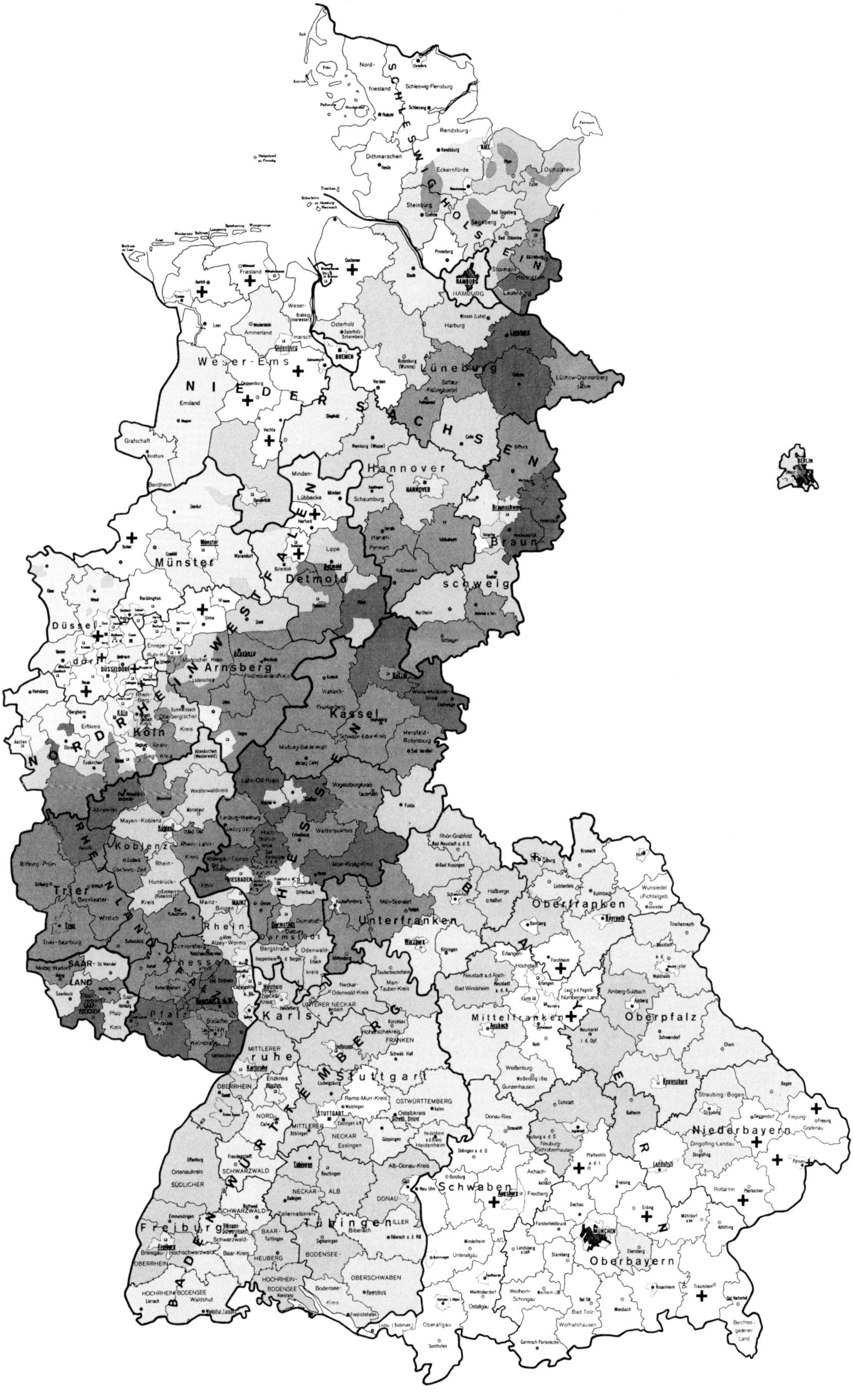

SCHLESWIG-HOLSTEIN
Nord-
friesland
Schleswig-Flensburg
Rendsburg-
Eckernförde
Dithmarschen
Ostholstein
Steinburg
Segeberg
Pinneberg
Stormarn
Herzogtum
Lauenburg
HAMBURG
NIEDERSACHSEN
Weser-Ems
Friesland
Ammerland
Emsland
Grafschaft
Bentheim
Osterholz
BREMEN
Harburg
Lüneburg
Lüchow-Dannenberg
Hannover
HANNOVER
Schaumburg
Braunschweig
Braun
schweig
Northeim
Göttingen
NORDRHEIN-WESTFALEN
Minden-
Lübbecke
Münster
Detmold
Lippe
Arnsberg
Düssel-
dorf
DÜSSELDORF
Ennepe-
Ruhr-Kreis
Märkischer Kreis
Hochsauerlandkreis
Köln
Erftkreis
Oberbergischer
Kreis
Rhein-
Sieg-Kreis
Euskirchen
Aachen
Heinsberg
HESSEN
Kassel
Waldeck-
Frankenberg
Werra-Meißner-
Kreis
Schwalm-Eder-Kreis
Hersfeld-
Rotenburg
Marburg-Biedenkopf
Vogelsbergkreis
Fulda
Lahn-Dill-Kreis
Limburg-Weilburg
Wetteraukreis
Main-Kinzig-Kreis
Rheingau-Taunus
WIESBADEN
Offenbach
Darmstadt
Bergstraße
Odenwald-
kreis
RHEINLAND-PFALZ
Westerwaldkreis
Mayen-Koblenz
Koblenz
Rhein-Lahn-
Kreis
Cochem-Zell
Bitburg-Prüm
Trier
Bernkastel-
Wittlich
Trier-Saarburg
Rhein-
Hunsrück-
Kreis
Mainz-
Bingen
MAINZ
Rhein-
hessen
Alzey-Worms
Pfalz
SAAR-
LAND
Saarlouis
St. Wendel
Saar-
Pfalz-
Kreis
BADEN-WÜRTTEMBERG
Karls-
ruhe
Neckar-
Odenwald-Kreis
Main-
Tauber-Kreis
UNTERER NECKAR
Hohenlohekreis
FRANKEN
Schwäb. Hall
MITTLERER
OBERRHEIN
Stuttgart
STUTTGART
Rems-Murr-Kreis
OSTWÜRTTEMBERG
Ostalbkreis
Heidenheim
NORD-
SCHWARZWALD
Calw
Freudenstadt
NECKAR-
ALB
Esslingen
Göppingen
Alb-Donau-Kreis
Tübingen
Reutlingen
Zollernalbkreis
DONAU-
ILLER
Biberach
SÜDLICHER
OBERRHEIN
Ortenaukreis
Freiburg
Emmendingen
Breisgau-Hochschwarzwald
Schwarzwald-
Baar-Kreis
SCHWARZWALD-
BAAR-
HEUBERG
Tuttlingen
Sigmaringen
BODENSEE-
OBERSCHWABEN
Ravensburg
Bodensee-
Kreis
HOCHRHEIN-BODENSEE
Lörrach
Waldshut
Konstanz
BAYERN
Unterfranken
Rhön-Grabfeld
Bad Kissingen
Haßberge
Würzburg
Kitzingen
Oberfranken
Kronach
Lichtenfels
Kulmbach
Wunsiedel
i.Fichtelgeb.
Bamberg
Bayreuth
Tirschenreuth
Forchheim
Erlangen-
Höchstadt
Neustadt a.d. Aisch-
Bad Windsheim
Nürnberger Land
Mittelfranken
Ansbach
Amberg-Sulzbach
Oberpfalz
Schwandorf
Cham
Neumarkt
i. d. Opf.
Roth
Weißenburg-
Gunzenhausen
Eichstätt
Kelheim
Regensburg
Straubing-Bogen
Regen
Deggendorf
Freyung-
Grafenau
Niederbayern
Dingolfing-Landau
Landshut
Passau
Rottal-Inn
Donau-Ries
Dillingen a. d. D.
Neuburg-
Schrobenhausen
Pfaffenhofen
a. d. I.
Aichach-
Friedberg
Schwaben
Augsburg
Neu Ulm
Günzburg
Freising
Erding
Mühldorf
a. Inn
Altötting
Dachau
Fürstenfeldbruck
München
Oberbayern
Ebersberg
Starnberg
Landsberg
a. Lech
Mindelheim
Unterallgäu
Marktoberdorf
Ostallgäu
Weilheim-
Schongau
Bad Tölz-
Wolfratshausen
Miesbach
Rosenheim
Traunstein
Berchtes-
gadener
Land
Oberallgäu
Sonthofen
Lindau (Bodensee)
Garmisch Partenkirchen
BERLIN

Literatur

AHRENS, M., im Druck: Untersuchungen zur Reproduktion beim Schwarzwild. Beitr. zur Jagd- und Wildforschung XIII, Berlin: VEB Deutscher Landwirtschaftsverlag.

BEHRNDT, W., 1979: Abschußplan für Schwarzwild? Nieders. Jäger, Jg. 24, H. 12, S. 563–569.

BERT, F., 1982: Wildfleischhygiene. Allg. Forstzeitschrift, Jg. 37, S. 1543–1547.

BIEGER, W.; NÜSSLEIN, F., 1977: Die Bewertung der europäischen Jagdtrophäen. 6. Aufl. Hamburg und Berlin: Paul Parey.

BOBACK, A. W., 1957: Das Schwarzwild. Radebeul: Neumann-Verlag.

BRANDT, E., 1961: Der Wert der Keilerwaffen als Altersweiser. Beiträge z. Jagd- u. Wildforschung I. Tag. Ber. Nr. 37 d. Deutschen Akademie d. Landwirtschaftswissensch. Berlin.

— 1965: Zur Altersbestimmung beim Schwarzwild. Unsere Jagd, Jg. 15, S. 69–71.

BRAUNSCHWEIG, A. v., 1970: Altersbestimmung beim Schwarzwild. Nds. Jäger, Jg. 15., S. 53.

BRIEDERMANN, L., 1965: Die Altersbestimmung erlegten Schwarzwildes. Merkbl. Nr. 22 d. Arbeitsgemeinschaft für Jagd- und Wildforschung, Eberswalde.

— 1966: Die Schwarzwildbewirtschaftung in Theorie und Praxis. Merkbl. Nr. 23d. Arbeitsgemeinschaft für Jagd- und Wildforschung, Eberswalde.

— 1970: Zum Körper- und Organwachstum des Wildschweines in der Deutschen Demokratischen Republik. Archiv f. Forstwesen, Bd. 19, S. 401–420.

CLAUSSEN, G., 1981: Aufbrechen und Abschwarten von Sauen. Sonderdruck aus Wild und Hund, Jg. 83, H. 11.

DÖBEL H. W., 1783: Jäger-Practica. Leipzig: Johann Samuel Heinsius.

DUB, 1952: Bestimmung des Schwarzwildalters. Wild und Hund, 55. Jg., S. 292–293.

FISCHER, M.; SCHUMANN, H.-G., 1973: Ansprechen des Schwarzwildes. Berlin: VEB Deutscher Landwirtschaftsverlag.

FREVERT, W., 1975: Wörterbuch der Jägerei. 4. Aufl. Hamburg und Berlin: Paul Parey.

— 1977: Rominten. 6. Aufl. München: BLV.

FREVERT, W.; TÜRCKE, F., 1981: Das jagdliche Brauchtum. 11. Aufl. Hamburg und Berlin: Paul Parey.

FRIESS, R., 1949: Hatz – Watz. München: BLV.

GENDRICH, G., 1976: Flaschenfütterung für Sauen. Jäger, Ztschr. f. d. Jagdrevier, Jg. 94, S. 60.

GOSSOW, H., 1976: Wildökologie. München: BLV.

HABERMEHL, K.-H., 1961: Altersbestimmung bei Haustieren, Pelztieren und beim jagdbaren Wild. Hamburg und Berlin: Paul Parey.

HALTENORT, T.; TRENSE, W., 1956: Das Großwild der Erde. München: BLV.

HATLAPA, H.-H. et al., 1978: Gutachten über tierschutzgerechte Haltung sonst freilebender Tiere – Wild in Gehegen oder ähnlichen Einrichtungen. BML, nicht veröffentlicht.

HECK, L., 1936: Jahrbuch Deutscher Bracken.

— 1968: Waidwerk mit bunter Strecke. Hamburg und Berlin: Paul Parey.

— 1950: Schwarzwild, Lebensbild des Wildschweins. München: BLV.

HEDIGER, H., 1966: Jagdzoologie – auch für Nichtjäger. Basel: F. Reinhardt.

HENNING, R., 1963: Schwarzwildhege – Schwarzwildjagd. Hannover: Landbuch-Verlag.

— 1972: Das Schwarzwild. Hannover: Landbuch-Verlag.

— 1981: Schwarzwild. München: BLV.

HOFFMANN, R. R.; KÖNIG R. (Hrsg.), 1980 und 1984: Schwarzwildsymposion Gießen, Sonderh. 1 u. 2. Stuttgart: F. Enke.

JAERISCH, M., 1930: Keilergewehre. Deutsches Waidwerk, Jg. 35, H. 7.

— 1933: Das Ansprechen des Alters von Keilern. Wild und Hund, Jg. 39, H. 21, S. 360–361.

JUNACK, H., 1982: Abschußrichtlinien für Rot-, Dam- und Schwarzwild in Niedersachsen aus der Sicht eines Hochwildringleiters. Nieders. Jäger, Jg. 27, H. 20, S. 972–975.

KELLERMANN, K., 1984: Abschwarten von Sauen. Jäger, Jg. 102, H. 12, S. 38–40.
— 1985: Vor und nach dem Gerben. Jäger, Jg. 103, H. 1, S. 28–30.
KIESSLING, W., 1925: Das Schwarzwild. J. Neumann, Neudamm.
KUJAWSKI, E. J. Graf; HEINTGES, F., 1984: Behandlung von Trophäen (Beispiel: Keilergewaff). Die Pirsch, Jg. 36, H. 2, S. 94–95.

MEYNHARDT, H., 1978: Schwarzwild-Report. Melsungen: J. Neumann-Neudamm.
MÖLLER, D., 1984: Ein Beitrag zur Altersbestimmung erlegten Schwarzwildes. Beitr. zur Jagd- u. Wildforschung XIII. Verlin: VEB Deutscher Landwirtschaftsverlag.
MÜLLER-USING, D., 1949: Grundlagen moderner Jagdwirtschaft. Hamburg: Krögers Verlagsanstalt.
MUNZEL, E., 1971: Der Saupark bei Springe. Dissertation a. d. Forstl. Fakultät d. Universität Göttingen.

NÜSSLEIN, F., 1959: Jagd. In: Grundlagen der Forstwirtschaft. Hannover: M. & H. Schaper.
— 1980: Jagdkunde. 10. Aufl. München: BLV.

OLOFF, H.-B., 1949: Die biologischen und ökologischen Ursachen der Schwarzwild-Massenvermehrung und die sich daraus ergebenden Forderungen für die jagdliche Bewirtschaftung des Schwarzwildes. Hann.-Münden: Diss. d. Univ. Göttingen, Forstl. Fakultät.
— 1951: Zur Biologie und Ökologie des Wildschweines. Frankfurt a. M.: Dr. Paul Schöps.

PEYER, 1930: Die Gewehre des Schwarzwildes. Deutsches Waidwerk, Jg. 35, H. 3.
— 1933: Keilergewehre. Wild und Hund, Jg. 39, H. 12, S. 199–200
PIELOWSKI, Z., 1976: Die Bewirtschaftung des Schwarzwildes in Europa. Wild und Hund, Jg. 79, S. 103–106.

RAESFELD, F. v., 1980: Das deutsche Waidwerk, 14. Aufl. Hamburg und Berlin: Paul Parey.
RAESFELD, F. v.; BEHNKE, H., 1978: Die Hege in der freien Wildbahn. 4. Aufl. Hamburg und Berlin: Paul Parey.
RASCHKE, G., 1970: Gedanken zur Schwarzwildhege. Wild und Hund, Jg. 73, S. 97–101; 125–130.
— 1972: Altersbestimmung beim Schwarzwild. Wild und Hund, Jg. 75, S. 207–208.
— 1978: Schwarzwildabschuß – Waidwerk oder Straftat? Wild und Hund, Jg. 80, S. 1221–1222.
Reichsbund Deutsche Jägerschaft (Hrsg.), 1938: Waidwerk der Welt. Berlin: Paul Parey.

SCHÄFF, E., 1907: Jagdtierkunde. Berlin: Paul Parey.
— 1914: Gebißtafeln zur Altersbestimmung des deutschen Schalenwildes. 2. Aufl. Berlin: Paul Parey.
SCHNEIDER, E., 1975: Mäuse im Magen eines Wildschweines (*Sus scrofa* L.). Z. Jagdwiss., Bd. 21, S. 190–192.
SIEBOLD, W., 1949: Das Schwarzwild. Berlin: Naturkundliche Korrespondenz.
SNETHLAGE, K., 1933: Keilerwaffen. Wild und Hund, Jg. 39, H. 21, S. 359–360.
— 1974: Das Schwarzwild. 6. Aufl. Hamburg und Berlin: Paul Parey.
— K. und K. H., 1966: Schwarzwildfibel. Hamburg und Berlin: Paul Parey.
STAHL, D., 1980: Das Lüneburger Modell '80. Wild und Hund, Jg. 83, S. 83–86.
STUBBE, W. u. M., 1977: Vergleichende Beiträge zur Reproduktions- und Geburtsbiologie von Wild- und Hausschwein. Beitr. zur Jagd- und Wildforschung X, S. 153–179. Berlin: VEB Deutscher Landwirtschaftsverlag.

TEUWSEN, N., 1977: Eine Stellungnahme zu den Reformbestrebungen der Schwarzwild-Abschußrichtlinien. Nds. Jäger, Jg. 22, S. 45–46.
— 1977: Bejagungsrichtlinien für das Schwarzwild im Kreis Lüneburg. Nds.Jäger, Jg. 22, S. 47–48.
— 1980: Das Lüneburger Modell, Nieders. Jäger, Jg. 25, H. 9.
TRENSE, W., 1981: Die Jagdtrophäen der Welt. Hamburg, Berlin: Paul Parey.
TÜRCKE, F., 1962: Erfahrungen über die natürliche und künstliche Ernährung des Wildes im Forstamt Saupark. Suppl. Ricerche di Zoologia Appl. alla Caccia, Vol. IV, S. 140–148.
— 1976: Schwarzwild – Zur Bewirtschaftung im europäischen Raum. Wild und Hund, Jg. 79, S. 417–421.
— 1985: Das Schwarzwild – Hinweise zur Hege und Bejagung des Schwarzwildes. (Merkbl. d. DJV) Mainz: Dieter Hoffmann.

UECKERMANN, E., 1971: Die Fütterung des Schalenwildes. 2. Aufl. Hamburg, Berlin: Paul Parey.
— 1975: Zum Abschuß von Frischlingen. Wild und Hund, Jg. 78, S. 352–354.
— 1978: Der Schwarzwildabschuß. Hamburg und Berlin: Paul Parey.

Wagenknecht, E. (Hrsg.), 1976: Altersbestimmung des erlegten Wildes. Melsungen: J. Neumann-Neudamm.
Wetzel, R.; Rieck, W., 1972: Krankheiten des Wildes. 2. Aufl. Hamburg und Berlin: Paul Parey.

Gesetze und Verordnungen

Tierseuchengesetz in der Fassung vom 28. 3. 1980 (BGBl I S. 386).
Fleischbeschaugesetz i. d. F. vom 28. 9. 1981 (BGBl I S.1045).
Bundesjagdgesetz i. d. F. vom 29. 9. 1976 (BGBl I S. 2849).
Verordnung über die Jagdzeiten vom 2. 4. 1977 (BGBl I S. 531).

Dazu die erlassenen Länderjagdgesetze und Verordnungen, z. B.:

Nieders. Landesjagdgesetz i. d. F. vom 24. 2. 1978 (Nds. GVBl S. 218), zuletzt geändert durch § 69 des Gesetzes vom 20. 3. 1981 (Nds. GVBl S. 31).
Durchführungs-VO zum Landesjagdgesetz vom 10. 4. 1978 (Nds. GVBl S. 301), geändert durch VO vom 10. 5. 1979 (Nds. GVBl S. 31).
VO über Sonderbestimmungen für Jagdzeiten vom 1. 8. 1980 (Nds. GVBl S. 326).

Verzeichnis der Abbildungen und sonstigen Darstellungen

Sachregister

Anmerkung: Bei vielen Schlagwörtern steht absichtlich die Seitenzahl 200 oder 201 an erster Stelle. Sie verweist auf den Abschnitt „Waidmannssprache", in dem dieser Ausdruck definiert wird.